权威·前沿·原创

皮书系列为
“十二五”国家重点图书出版规划项目

经济特区蓝皮书

BLUE BOOK OF
SPECIAL ECONOMIC ZONES

中国经济特区发展报告（2013）

ANNUAL REPORT ON THE DEVELOPMENT OF CHINA'S SPECIAL ECONOMIC ZONES(2013)

主　　编／陶一桃
执行主编／袁易明

社会科学文献出版社
SOCIAL SCIENCES ACADEMIC PRESS (CHINA)

图书在版编目(CIP)数据

中国经济特区发展报告. 2013/陶一桃主编. —北京：社会科学文献出版社，2014.4
（经济特区蓝皮书）
ISBN 978-7-5097-5680-5

Ⅰ.①中… Ⅱ.①陶… Ⅲ.①经济特区-经济发展-研究报告-中国-2013 Ⅳ.①F127.9

中国版本图书馆 CIP 数据核字（2014）第 035214 号

经济特区蓝皮书
中国经济特区发展报告（2013）

主　　编 / 陶一桃
执行主编 / 袁易明

出 版 人 / 谢寿光
出 版 者 / 社会科学文献出版社
地　　址 / 北京市西城区北三环中路甲 29 号院 3 号楼华龙大厦
邮政编码 / 100029

责任部门 / 经济与管理出版中心（010）59367226
责任编辑 / 王玉山
电子信箱 / caijingbu@ssap.cn
责任校对 / 李　敏　高忠磊
项目统筹 / 恽　薇　高　雁
责任印制 / 岳　阳
经　　销 / 社会科学文献出版社市场营销中心（010）59367081　59367089
读者服务 / 读者服务中心（010）59367028

印　　装 / 北京季蜂印刷有限公司
开　　本 / 787mm×1092mm　1/16
印　　张 / 27.25
版　　次 / 2014 年 4 月第 1 版
字　　数 / 438 千字
印　　次 / 2014 年 4 月第 1 次印刷
书　　号 / ISBN 978-7-5097-5680-5
定　　价 / 89.00 元

中國经济特区發展蓝皮書

谷牧题

本蓝皮书得到教育部哲学社会科学发展报告培育项目“中国经济特区发展报告”立项资助和广东省委宣传部“理论粤军·教育部在粤人文社会科学重点研究基地建设资助项目”立项，同时获得深圳市宣传文化基金资助。

经济特区蓝皮书编委会

主要编撰者简介

陶一桃 博士，教授（博士生导师）。1958年生于哈尔滨，1986年考取上海财经大学中国经济思想史专业博士研究生，师从著名学者胡寄窗先生，1989年获经济学博士学位。1994年调入深圳大学，曾任经济系主任、经济学院党委书记、经济学院院长。现任深圳大学党委副书记、纪委书记，深圳大学中国经济特区研究中心主任，深圳大学政治经济学学科带头人、博士生导师。中国经济思想史学会副会长；广东省社科联第五届委员；广东省经济学会副会长；广东省《资本论》研究会副会长；深圳市第四届人大代表；深圳市妇联第三届执委；深圳市政协第五届委员。

主要学术著作有：《经济文化论》（中国冶金工业出版社，2000年），《中国古代经济思想史评述》（中国经济出版社，2001年），《经济学是一种生活方式》（中国社会科学出版社，2002年），《西方经济学的问题演进》（中央编译出版社，2002年），《中国经济特区史论》（社会科学文献出版社，2008年），《粤港深公共经济制度比较》（人民出版社，2010年），《中国经济特区史要》（商务印书馆，2010年），《深圳经济特区年谱》（中国经济出版社，2010年）等。承担国家社会科学基金重点项目“经济特区与中国道路”；主编的《中国经济特区史论》获2010年广东省哲学社会科学优秀成果著作类一等奖，该书2010年获得国家社科基金“中华外译项目”，已由英国Emerald全球出版发行。

袁易明 经济学博士，教授、博士生导师。深圳大学中国经济特区研究中心副主任，博士授权学科——人口资源、环境经济学学术带头人，《中国经济特区研究》主编。深圳市科技工作者联合会副会长，产业经济研究会副会长。

长期致力于经济增长、产业发展、结构演进与政策研究。近年来主持研究世界银行课题，教育部、水利部等课题 25 项，主笔完成世界银行课题报告 2 个，深圳市政府重大政策课题报告 15 个。

出版的主要学术著作有：《资源约束与产业结构演进》（中国经济出版社，2007 年）、《中国经济特区产业结构演进与原因》（商务印书馆，2010 年）、《平等—效率的替代与选择》（中国经济出版社，2002 年）、《产权、机制、效率》（人民出版社，2001 年）、《台湾香港公营经济》（贵州教育出版社，1998 年）和《政治经济学的现代形态》《市场经济的两大结构》《世界国有企业研究》等，其中《台湾香港公营经济》是国内该领域第一部学术专著。在国际国内学术期刊《经济学动态》《南开经济研究》《学术研究》《海外事情研究》（日）等国内外刊物发表论文 80 余篇。多次受邀参加国际学术会议并演讲，2013 年 12 月在曼谷"亚洲跨境经济区与贸易便利化"国际学术会议上演讲，2012 年 1 月在联合国开发计划署"中非发展与减贫"国际会议上演讲，2011 年 2 月在亚的斯亚贝巴非洲联盟委员会的学术会议上演讲，2010 年 3 月在首尔"创新产业发展"国际学术会议上演讲。

摘　要

《中国经济特区发展报告（2013）》通过多学科研究小组一年的研究，针对经济特区一年来发展过程中的重要理论与实践问题，以特有的研究视角和规范的研究方法，对经济特区的一年进展进行客观分析与定量评价，进一步地提出经济特区下一步发展的对策建议，是经济特区在中国改革开放新发展阶段发挥引领作用的重要成果。

本报告分为总报告、专题研究报告、特区发展分述报告和特区发展动态考察报告四个部分：

（1）总报告站在国家整体发展战略和规划的角度，对中国经济特区，包括改革试验区和新兴经济特区2013年发展状况进行了整体评述。

（2）专题研究报告部分侧重于经济特区共性问题的研究比较，比如，特区所面临的转型问题、资源的使用与可持续发展问题、政治体制改革问题、经济社会发展问题、社会保障问题、科技创新问题、金融体制改革问题、文化及文化产业发展问题等，并提出发展建议。

（3）特区发展分述报告部分的重点在于对不同特区进行个案分析，主要是对深圳、珠海、汕头、厦门、海南五大特区以及上海浦东新区和天津滨海新区一年发展进行总结与研究。

（4）特区发展动态考察报告部分旨在反映中国与国外经济特区的最新发展状况，是一个具有灵活性与开放扩展特征的结构安排。本年度主要研究了深圳前海新区和中国（上海）自由贸易区等最新经济特区，国外经济特区则对南亚的巴基斯坦经济特区的建设与发展进行了理性分析，包括巴基斯坦经济特区的发展路径、成长模式、政策条件等。

Abstract

The *Annual Report on the Development of China's Special Economic Zones* (*2013*) is a significant achievement which argues that the special economic zones play important role in the new stage of China's reform and development, which is based on the multidisciplinary team's research for one year, and is on the major theoretical and practical issues of the special economic zones during the one-year development, from the special research perspectives and normative research methods, makes objective analysis and quantitative evaluation of the special economic zones' one-year development, and further, puts forward the measures and advice for the special economic zones' future development.

This report consists of four parts: general report, specific researches about special economic zones and trend investigation.

(1) In the part of general report, it makes an overall appraisal on the development for year 2013 of the special economic zones, including the reform pilot areas and emerging special economic zones, from the perspectives of national overall development strategy and planning.

(2) In the part of specific research, it focuses on the research and comparison of the general issues across the special economic zones, such as the issues that the special economic zones may encounter concerning the transformation, the resource usage and the sustainable development, political structure reform, economic and social development, social security, technology innovation, financial system reform, the development of culture and the culture industry, and then puts forward of the development advice accordingly.

(3) In the part of about special economic zones, it emphasises on the case analysis of different special economic zones, mainly the summary and study of the one-year development of the five special economic zones including Shenzhen, Zhuhai, Shantou, Xiamen and Hainan, and Pudong New Area in Shanghai and Tianjin Binhai New Area.

(4) In the part of trend investigation, it presents the updated development of the special economic zones domestically and outside. This part is a structure arrangement of flexibility, opening and extensibility. In this year, it mainly studies the latest domestic special economic zones such as Shenzhen-Hong Kong Cooperation on Modern Service Industries in Qianhai Area and China (Shanghai) Pilot Free Trade Zone, and makes the rational analysis of the establishment and development of the foreign special economic zones such as the Pakistan special economic zones in South Asia, including the analysis of the development route, growth mode and political conditions of Pakistan special economic zones.

目录

𝔹 Ⅲ 特区发展分述报告

𝔹 Ⅳ 特区发展动态考察报告

皮书数据库阅读使用指南

CONTENTS

B III Reports on the Special Economic Zones

B IV Investigation Reports on the Development Trends of the Special Economic Zones

深圳印证中国道路

（代序言）

陶一桃*

作为中国典型的经济特区，在中国的改革开放史上恐怕还没有哪一座城市能像深圳那样，以其自身的产生预示着一个时代的开始和另一个时代的结束；也没有哪座城市能像深圳那样，以其自身的发展体现、引领着整个国家制度变迁的方向，并创造着一种崭新的富有绩效的社会发展模式；更没有哪座城市能像深圳那样，以其自身的不断变革书写着社会转型的奇迹，并在创造财富的同时创造着新的观念、精神和理念。

因此，深圳成长的历史，不仅是一座城市的发展岁月，而且是一个转型国家制度变迁与发展道路的探索轨迹，以及一个民族寻求富裕的奋斗历程。她以年轻的历史记载着中国33年的改革开放的实践，而这33年的历程不仅是对以往近半个世纪传统体制的反思与批判，更是对未来中国发展目标与方向的确定；她以33个岁月为转型的中国提供了许多有价值的思想，然而那些富有冲击力和挑战精神的思想与观念，摧毁的不仅仅是桎梏改革的精神枷锁，更是在传统体制下一直被视为绝对真理的那些“神圣”的东西。概括起来说，深圳作为最典型而又成功的经济特区，她对中国改革开放做出了四大历史性贡献。

（一）率先探索、示范、实践了社会主义市场经济，为中国社会的经济发展贡献了一个“崭新的体制”——社会主义市场经济，从而为中国社会的改革开放及制度变迁提供了制度－意识形态方面的基础性保障。

深圳经济特区作为特殊政策的产物是一个划时代的标志，她标志着中国社会由计划经济向市场经济转型的开始，标志着国门的开放，标志着思想的解放

---

* 陶一桃，深圳大学党委副书记，中国经济特区研究中心主任，教授，博士生导师。

与观念的更新。可以说，33 年前开始的改革开放，是从在中国这样一个计划经济的汪洋大海中，创立市场经济的绿洲开始的。深圳作为计划经济最薄弱的地方，凭借着区位优势（毗邻香港）首先成了这块绿洲。

早在 1984 年，邓小平同志就说："深圳经济特区是窗口，是技术的窗口、管理的窗口、知识的窗口，也是对外政策的窗口。"① 应该说，在中国社会由计划经济向市场经济的转型中，深圳很好地完成了成立时中央所赋予它的历史使命——改革开放的示范地区、市场经济的试验田、对外开放的排头兵。深圳是一个制度创新的奇迹。作为中国制度变迁的试验田，深圳的发展集中反映了中国由计划经济向市场经济转型的制度绩效。而令人瞩目的经济增长速度，正是这种制度绩效的突出体现。因此可以说，在过去 30 多年的发展历程中，深圳经济增长的高速度，在相当程度上是一种转型社会特有的"释放效应"的结果。所谓转型社会的"释放效应"是指由于制度变迁，改变了原来体制内部的无效率或低效率的资源配置状况，从而带来了经济增长的高速度和财富规模的迅速提升。

经济特区作为特殊政策的产物，它的主要功能就是在计划经济的体制中完成市场经济的实践，并在全国范围内推动市场经济体系的建立。然而，经济特区作为制度变迁的模式与路径，它不仅要以自身的实践促进市场经济体系的形成，而且还要以自身的发展来完善市场经济体制，推动中国社会的改革开放向纵深发展。在审阅十四大报告第四稿时邓小平说："我赞成使用社会主义市场经济体系这个提法，实际上我们是在这样做，深圳就是社会主义市场经济。"②

中国改革的目标是建立市场经济体制，而深圳作为先行先试的改革城市，在相当程度上探寻、示范、诠释了社会主义市场经济的实质与内容。改革开放 33 年后的今天，建立、完善社会主义市场经济体制依然是深化改革的制度——意识形态的大背景。它既指明了深化改革的目标，又确定了深化改革的方向。改革不能停顿，开放不能止步，以开放促改革仍然是中国社会制度变迁的路径选择。我们既不能把改革的阶段性成果当作最终目标的实现，更不能以

① 中共中央文献研究室编《邓小平年谱》，中央文献出版社，2004，第 84 页。
② 中共中央文献研究室编《邓小平年谱》，中央文献出版社，2004，第 1347 页。

发展代替改革，否则不仅会葬送已取得的改革开放的巨大成果，更意味着社会的倒退。

（二）以其自身的发展与成功，为中国实现现代化验证了一条“独特的道路”——中国道路，从而使中国社会通过非均衡发展战略比较迅速地实现了从普遍贫穷走向共同富裕的最终目标。

以市场经济体制确立为主线的中国社会的制度变迁，构成了经济特区成长、发展的艰辛而灿烂的历程。以深圳为典型代表的中国经济特区曲折然而成绩卓越的改革开放的实践，不仅揭示出了一条实现现代化的有特色的中国道路产生的独特路径、主要特征以及未来发展态势，同时也以其路径选择的正确和发展的辉煌，掷地有声地推动、促进了中国社会转型与发展和马克思主义的中国化、时代化。

“中国道路”就是指，在中国以选择创办经济特区这条道路来完成体制转型，实现经济发展。更确切地说，就是在一个已有30年计划经济历史，同时传统意识形态又占据主导地位的计划经济大国里，以创办经济特区作为冲破传统体制的突破口，从而在全国逐步完成由计划经济向市场经济的转型，使中国社会全面走上市场经济的道路，真正成为一个经济繁荣、制度昌明的法治社会主义市场经济国家。

中国现代化道路问题，不仅为学者们所普遍关注，更是几代政治家和有志之士为之终生奋斗的理想所在。我们曾有过“师夷长技以制夷”的真诚与无奈，更有过“超英赶美”的狂热与尴尬，但目标与实现目标道路的南辕北辙，让穷怕了的中国人不得不反思已选择道路的正确性。直到20世纪90年代，才找到一条被实践证明是正确的现代化道路。这就是邓小平所规划的以改革开放为宗旨创办经济特区，走一条中国特色的社会主义现代化道路①。

近半个世纪的盲目而狂热的社会主义实践和当时中国社会经济发展的现状都已经清楚地证明，计划经济不行，盲目的赶超发展战略也不行，小农经济的平均主义更加不行。在一个落后的由计划经济的平均主义维系着的普遍贫困的大国

---

① 张艳国：《毛泽东邓小平现代化思想比较研究论析》，《武汉大学学报》（哲学社会科学版）2004年第3期。

里，摆脱贫困的唯一出路就是打破传统体制下导致普遍贫穷的一般均衡状态，使非均衡发展的社会变革成为中国社会最佳的制度变迁的路径选择，从而也使中国这个历经了近半个世纪计划经济的大国，能在一个较短的时间里开始由普遍贫困的“计划”，走向“部分人先富”的“市场”。这条非均衡的发展道路就是邓小平所说的：“让一部分人、一部分地区先富起来。”

“中国道路”应该是一条体现中国特色的实现现代化之路。“中国特色”所表明的是历史性、民族性与国别性，而不是对现代化本质内涵与固有价值判断的否定。所以“中国特色”只能特在实现目标的道路上，特在达到目标的路径选择上，而不是目标本身。“中国特色”是对市场经济通行的规则的认同，而绝不是对国际惯例的否定。可以说，随着喀什、霍尔果斯、图们江等新兴经济特区的成立，从沿海开放到沿边开放已经成为在中国大地上确立、完善市场经济体系的战略大思路，经济特区将成为中国社会在区域发展不平衡的背景下，实现现代化的一条捷径。

（三）以“先行”的实践与“敢为天下先”的勇气，为推进中国社会改革开放的进程提供了一种“新精神”——敢闯、创新，从而推动了足以影响亿万人的观念更新的革命，促进了与社会主义市场经济相适应的观念及改革创新文化的形成。

邓小平多次总结说：“深圳的重要经验就是敢闯。”① 他倡导：“第一要大胆去干，第二发现干得不对的地方要及时纠正，总结经验，不是考虑犯不犯错误。”② 从时任国务院副总理万里：“你们要先走一步，闯出一条新路，犯了错误也不要紧，国务院负责”③；吴南生“我愿到家乡去搞实验，要杀头先杀我”④；习仲勋“杀出一条血路”⑤；到袁庚在蛇口提出来的响彻中国的口号

① 《邓小平文选》第3卷，人民出版社，2001，第372页。

② 《邓小平文选》第3卷，人民出版社，2001，第379页。

③ 中共广东省委党史研究室编《广东改革开放决策者访谈录》，广东省出版集团、广东人民出版社，2008，第18页。

④ 中共广东省委党史研究室编《广东改革开放决策者访谈录》，广东省出版集团、广东人民出版社，2008，第217页。

⑤ 中共广东省委党史研究室编《广东改革开放决策者访谈录》，广东省出版集团、广东人民出版社，2008，第221页。

"时间就是金钱，效率就是生命"，都是这种精神的集中而精彩的体现。正如有的学者说：特区对"中国精神"的贡献就是使人在状态上形成了一种勇于创新、善于创新的品格，它突出反映在思想的解放和科技的创新上①。

应该说，深圳最初的吸引力并不是她的高楼大厦、现代化街道和丰厚的收入，而是改革开放的氛围，较之内地传统体制宽松的机制和传统体制依然占据支配与主导地位的内地所无法提供的创新机会。正因为如此，最初涌入深圳的移民既不是做着发财梦的淘金者，更不是做着黄粱美梦的机会主义者，而是期望寻找发展空间，借以施展在内地传统体制中被压抑着的个性和创造力的"吃螃蟹"的人和"叛逆者"。正是那些在当时不怕丢掉公职的"吃螃蟹"的人和"叛逆者"，构成了深圳这座城市几乎"与生俱来"的改革创新的土壤。另外，靠改革创新起家、靠改革创新发展、靠改革创新而闻名中外本身则证明，改革创新不仅仅是深圳的传统，而且还是深圳这座城市重要的政治资本。

30 多年前的中国社会的改革开放，是从解放思想开始的。如果说改革开放是中国制度变迁的路径，那么解放思想则是实现这一制度变迁的前提。没有解放思想就不可能有改革开放，而改革开放又把解放思想从口号变成实践。

我以为，进一步解放思想，摆脱传统意识形态的束缚，对今天的中国社会来说，并不是一件已经完成了的事情，而是一个尚未根本解决的问题。尽管历经 30 多年的改革开放的实践，市场经济体系已基本确立，但与计划经济相适应的传统的意识形态，并没有完全随着市场经济体系的确立而一同彻底消除。尤其当摆脱传统意识形态的过程与权力的剥夺及既得利益的丧失相伴随时，人们不仅会本能地以对传统意识形态的留恋来维护个人的既得利益，而且还会以对传统意识形态的坚守来捍卫手中的权力。30 多年前，由于不解放思想，不打破计划经济体制，任何人都无法收获制度创新的好处，所以官员们很容易成为传统意识形态的批判者和社会改革的推动者，然而，30 多年后的今天，当进一步改革的个人收益小于社会收益时，僵化、保守便有可能成为既得利益者的必然的选择。所以说约束经济发展的不仅仅是资源，还有比资源更严重的人的思想和观念。无论是 30 多年前还是 30 多年后的今天，观念更新，从而解放

① 苏东斌、钟若愚：《中国经济特区导论》，商务印书馆，2010，第 12 页。

思想都是中国社会实现并深化改革的前提与保障。观念不能直接改变社会，但观念能够改变人，而人则能够改变社会。

（四）以率先发展的富裕和引领中国改革开放的成就证明了一个大道理——人的自由发展是社会发展的内容与目标；每一个公民的创造力，既是社会发展的原动力，又是实现中国梦的原动力；深化改革既是中国实现现代化的必由之路，也是实现中国梦的必由之路。

中国的改革开放是从解放生产力开始的。生产力的解放就是人性的解放，就是人的创造力的释放与解放。30 多年来，在由普遍贫穷走向共同富裕的历程中，从传统的计划经济的牢笼里解放出来的中国人，一旦得到了追求财富的自由与自立，就表现出了令世人惊叹的伟大的创造力。30 多年中国社会改革开放所取得的辉煌成就已深深印证了这一点：给了农民以自由发展的权利，就有了乡镇企业和农民工，有了“中国奇迹”的创造；给了企业以自由发展的权利，就有了企业家，有了中国经济的高速增长；给了知识分子以自由的权利，就有了思想家，有了开放而包容的思想碰撞；给了公众以自由的话语权利，就有了公民意识，有了监督、责任、担当和义务等法治社会的品格。可以说，人的创造力的释放与解放在创造经济奇迹的同时，必然把人的发展写在了社会发展的旗帜上。

以人为本绝不是一个自上而下的体恤百姓的政治口号，而是以人的自由发展为内涵的发展理念，也是科学发展观的核心（十八大报告）。人不仅是创造财富的力量，同时更是享受自己有理由珍视的那种生活的力量。正如我们如果仅仅把 GDP 作为衡量社会发展的尺度，我们将失去发展的真正目的一样，如果我们仅仅把人当作“生产力”来对待，那么我们就是用别的主体替代了真正的主体。正确发展观的确立，是一个用观念战胜观念的过程，也是政府认识能力提升的过程。

人自身解放的标志不仅仅是富裕（当然，没有富裕就谈不上解放），还必然包括与富裕同时拥有的权利与尊严；生产力解放的标志不仅仅是获得自由流动的权利，还要有在市场规律与政府的远见卓识下的交换的公平实现、对合法权益的有效保护、机会的事实平等和选择权利的平等给予。没有选择的公平与自由，就没有发展的幸福与尊严。

深圳乃至中国社会经济发展的实践告诉我们，当人的经济价值提升时，我们的社会就会处于一些新的、更好的机会领域。人的发展既是社会发展的内容与目的，又是社会发展的结果与收获，同时又是促进人类社会真正走向文明与自由的前提与保障。

人力资本的非物质性决定，它的生存、生长是需要生活制度环境的。它在为社会创造财富，也向社会提出了对自身具有保障性的制度要求；它在促进社会经济的增长，也在完成自身经济价值的提升，并且这种源于经济发展和制度绩效的人的经济价值的提升，又会以激励的方式促进更有利于人力资本形成的社会制度环境的生成。良好的社会制度环境不仅有利于人力资本的形成与再创造，而且更有助于提高人力资本投资的报酬率。同时，相应于人的经济价值提高的制度变迁，呼唤新的经济模式和增长方式。从这个意义上说，经济增长方式转变的真正力量不是主观愿望，而是构成经济社会内在机制与动因的人的经济价值的提升。

雨果说："无知结束之日就是自由开始之时。"对于一个民族而言，一旦摆脱了无知、保守、封闭，走向了自觉、变革、开放，也就获得了自由发展的强有力的制度力量。这个制度力量就是"十八大"报告展示给人们的社会主义制度的魅力所在。

总　报　告

General Report

B.1

中国经济特区发展年度报告

陶一桃　李　猛*

本报告通过对可获取的最新统计数据的分析，力图展现中国经济特区的最新发展现状。为了与上年度报告相承接，本报告采用了与上年度报告基本相同的写作框架和数据分析指标。

一　2013 年经济特区发展的基本背景

目前，我国改革和发展已进入一个重要转折的关键期，之前改革的制度红利已慢慢消失殆尽，社会经济发展（政治法律要素、经济要素、技术要素、社会要素、文化要素、生态资源）等诸多方面正面临着瓶颈和受到掣肘，原有的发展模式已经无法持续，中国需要寻找新的经济增长引擎。而经济特区在

* 陶一桃，深圳大学党委副书记、中国经济特区研究中心主任，教授，博士生导师；李猛，深圳大学经济学院副教授，中国社会科学院博士后、中国数量经济学会理事。

以上诸多方面的持续创新、发展和引领，无疑为中国提供了一条充满机遇和挑战的前行路径。

就国内而言，经济特区在经济增速上日益呈现出结构性放缓的态势；其中，传统经济增长方式受到巨大冲击，同时随着世界局部地区贸易保护主义的重新抬头和比较优势的空间区际迁移，经济特区的经济增长方式、产业结构和贸易模式都面临着突破和调整的巨大压力，正经历着重要的转折。与此对照，就国际而言，世界比以往更依赖中国特区及其成功的经济转型，也更依赖中国来加强世界不同经济区域的经济互补性。特别是，世界不少发展中国家纷纷效仿中国，向中国取经然后建设各种类型的经济特区，如巴基斯坦、古巴和朝鲜等。

在这样一个国际、国内的新背景下，中国经济正从“旧常态”向“新常态”迈进。这需要从制度、体制和经济发展等层面不断推新，并形成彼此间良性、有机的互动，推动产业结构优化升级，推进体制、机制创新，不断走向国际，从而在未来的开发开放中推进不同地区、不同层面、不同发展路径的经济特区与非经济特区在经济、制度、文化等方面的相互融合与发展。

因此，在我们看来，2013 年中国共产党第十八届三中全会的胜利召开，是中国新一轮改革开放由此扬帆启航的又一个伟大的里程碑。无独有偶，中国（上海）自由贸易试验区①建立，是一个从经济体制到监管体制再到行政体制改革的综合试验区，对于进一步完善中国经济制度架构的意义堪比第一轮以开放促改革时建立的深圳经济特区；此外，作为“特区中的特区”——前海，其致力于未来的开发开放中推进深港两地在经济、制度、文化等方面的融合发展，联合深港共同构建世界级的国际大都市。它们将为未来中国不断推进体制、机制创新，不断走向国际带来弥足珍贵的经验。

综上所述，针对当前在中国经济与社会发展中存在的日益尖锐的诸多非均衡、非协调性问题，党中央正在从社会经济（政治法律要素、经济要素、技术要素、社会要素、文化要素、生态资源）等诸多方面系统性地提出“科学发展观、转变经济发展方式”等一系列重大问题的举措。

转变经济发展方式必须要处理好与之有关因素的协调性及匹配性问题，否

---

① 以下简称上海自贸区。

则，转变经济发展方式难以实现。一方面，转变经济发展方式必须顾及社会发展、收入分配、区域发展及经济增长途径等问题；另一方面，经济因素之外的诸多因素也必然会对经济发展产生重要的影响，这种影响既可以对转变经济发展方式起积极的促进作用，又可以起严重的阻碍作用。

中国在改革开放初期选择的是一种“局部优先发展”的非均衡发展方式。其他如“先经济增长、后治理污染”“先注重效率、后解决公平”“先发展经济、后发展社会”等也是这种发展方式的体现。事实表明，这种发展方式的确有效地促进了中国的经济增长，使人民生活水平与综合国力均得到显著提高。然而，现阶段就要选择协调、均衡和可持续的发展方式。这是因为过去长期采取“非均衡”“非协调”发展的方式，积累下来了诸多日益突出的矛盾和问题，这些矛盾和问题如不尽早得到有效解决，中国经济发展及改革开放事业将会受到严重阻碍，甚至会“前功尽弃”。

在特定阶段内，如在中国改革开放的初期采用“先发展经济、后发展社会”的非均衡发展方式可能是有效的，但从现阶段来看，这种经济与社会的非均衡发展方式已不再具有长期的系统稳定性，从而导致整个社会经济系统的不稳定。转变经济发展方式，实际上就是要全面、系统地来看经济发展的问题，就是要全面统筹并处理好经济发展与其他各方面的关系。

而由经济层面因素所导致的对社会和谐性的影响，最终还需要从经济领域本身来解决。也就是说，由于在经济制度或经济机制设计上存在的缺陷所导致的社会不和谐，不是仅凭法律法规、思想教育、道德规范或爱心救助等非经济性的方式可以从根本上解决的，而必须从经济发展与社会发展的内在本质关系中去寻找解决问题的方法。如果不是这样，而仅把构建创新型和谐社会理解为是在经济领域之外的社会、法律、文化、生态资源、道德等领域内采取一系列补救性措施，其结果只能是事倍功半，而不能从根本上解决问题。也就是说，构建“中国梦”不是单一方面的问题，而是涉及诸多方面的系统问题。按系统论的观点，人类社会是由经济、政治、社会、文化与自然生态等多方面系统组成的复杂系统。这就要求在未来中国经济与社会发展过程中，要更多地从系统性方面考虑问题，即把经济与社会发展涉及的诸多问题作为一个有机系统来考虑。

事实上，经济因素与社会和谐有密切的关系。例如，保持适度的经济增长是构建和谐社会的必要物质基础；但由收入分配关系不合理导致的贫富差距过大，容易引发社会的不稳定；过于强调效率优先的产业结构与产业政策，可能会导致失业增多，而失业者增多则是影响社会安定的隐患；政府的投资结构可能影响不同方面的利益关系；其他如社会保障与福利制度、市场的开放与垄断等都是影响社会全面发展的重要因素。综上所述，构建“中国梦”所涉及的许多问题不是纯属社会范畴的问题，而必须要从经济与社会关系方面进行全面考虑。

二　经济特区进展与评述

总的来看，近年来各类型经济特区在推动科学发展、构建“中国梦”的过程中适应了新形势、取得了新进步、实现了新跨越，并为中国经济社会不断创新、深入发展——从沿海到内陆、沿江和沿边的“极点拉动”“由点到线”“由线及面”的经济梯度发展战略发挥了非常重要的作用。

具体来看，除当初五大特区——深圳、汕头、珠海、厦门、海南，六个“国家级新区”——甘肃兰州新区、重庆两江新区、浙江舟山群岛新区、广州南沙新区、上海浦东新区、天津滨海新区之外，作为进一步深化改革的开放试验区（示范区、合作区）成立，区域规划也已制订完成，国家级保税区、保税物流园区、国家级高新区、国家级保税港区、保税物流中心、出口加工区边境经济合作区、综合保税区、特殊经济开发区等各类型特区的发展潜力进一步提升。与此同时，区域经济发展已纳入国家发展战略，在原有“东部率先、中部崛起、西部开发、东北振兴”这四大区域经济战略板块的基础上，更为细致的区域规划正在不断完善和实施[①]。从以往的区域规划来看，在一个范围

① 目前已出台规划文件或在规划中的经济区域分别有：天山北坡经济带、辽中南地区、辽宁沿海经济带、沈阳经济区、哈大齐工业走廊、长吉图经济区、成渝地区、兰西经济区、黔中经济区、关中－天水经济区、长江中游城市群、鄱阳湖生态经济区、长株潭经济区、中原经济区、广西北部湾经济区、黄河三角洲高效生态经济区等。2012 年以来，国家审批区域发展规划较为密集，如已审批通过的有《陕甘宁革命老区振兴规划》《黔中经济区发展规划》《中原经济区发展规划》等。

较大的空间上实施一个政策，仍然显得比较宽泛，将范围进一步缩小，每个地方的侧重点不同，则可以进一步凸显地区优势。梳理经济特区经济的最新进展，可以为经济特区进一步推进改革提供一个良好、坚实的理论和实践基础，也为今后中国社会经济（经济产业层面，政治、社会要素层面，文化要素层面，生态资源层面）等诸多方面进一步发展指明了新方向。

（一）经济特区在中国社会经济发展诸多方面进一步率先深化改革

1. 经济特区在经济、产业层面的进展

2012 年，深圳、珠海、汕头、厦门、海南五大经济特区地区生产总值由 2011 年的 19248.17 亿元增长至 21551.16 亿元，地区生产总值增长率均高于全国增速，其中，深圳和厦门实现了两位数的增长。在五大经济特区中，深圳、珠海、厦门的人均地区生产总值都高于 10000 美元，而汕头、海南的人均地区生产总值仍然低于 5000 美元。从增速上看，深圳、海南、汕头的人均地区生产总值均实现了两位数的增长。

现阶段，在国际经济形势持续低迷、外需乏力的背景下，中国经济发展方式转变的形势将更加急迫。作为外贸依存度较高的经济特区，工业产值稳步提高，但工业产值增速较上年同期明显放缓。其中，珠海、厦门、深圳增速下降幅度较大，降幅分别为 8.4 个、6.3 个和 5.3 个百分点。工业增加值同比增速高于全国水平的是汕头和厦门，分别为 12.4% 和 12.8%。深圳、珠海和海南的工业增加值增速低于全国水平，分别只有 7.3%、6.4% 和 8.8%。

五大经济特区在经济增速上呈现出结构性放缓的同时，正稳步推进传统产业转型升级，优化产业结构。深圳、汕头、珠海、厦门、海南经济特区持续推动传统产业逐步由价值链低端向高端延伸，加快产业结构调整升级步伐。其中，深圳近年来率先出台了战略性新兴产业振兴发展规划及配套政策，重点发展生物、互联网、新能源、新材料、新一代信息技术和文化创意六大战略性新兴产业。2012 年深圳战略性新兴产业总规模达 12480 亿元，占深圳生产总值的比重达 27%，同比增长 25.5%，是经济增速的 2 倍以上。汕头目前已经形

成了新材料、高端电子信息、生物医药、半导体照明、动漫、太阳能光伏、环保、软件等战略性新兴产业。其中，锆产业、北斗导航和卫星遥感产业、大数据产业、环境友好型新材料产业等已形成一定的发展基础。珠海坚持“有所为有所不为”和“重大项目引领，产业集聚发展”的原则，积极打造“3+4”战略性新兴产业发展格局，重点突破高端新型电子信息、生物医药、新能源及新能源汽车产业，布局发展新材料、航空、海洋工程、节能环保产业。厦门按照岛内外一体化和“高起点、高标准、高层次、高水平”要求，遵循高度集聚与相对集中相结合的原则，依托厦门科技创新园、火炬产业区、海沧生物医药港和软件、机械等特色园区，积极推动战略性新兴产业集聚发展。海南近年来高度重视培育并逐步形成了以新材料、信息、生物医药、新能源为典型代表的新兴产业群。

2. 经济特区在文化要素层面的进展

2012年11月，党的十八大报告再次强调要“促进文化和科技融合，发展新型文化业态，提高文化产业规模化、集约化、专业化水平”。五大经济特区中的深圳在国内率先提出“文化立市”的发展战略。2012年2月，深圳市召开“深圳市深入实施文化立市战略建设文化强市工作会议”，宣告从“文化立市”向“文化强市”发展战略迈进。2012年深圳市文化产业实现产业增加值1150亿元，同比增长25%，占全市GDP比重达9%。其中，文化软件、动漫游戏、新媒体及文化信息服务业等以数字内容为核心的产业，平均增速近30%，保持了高水平增长。珠海按照市委市政府“文化强市”和促进公共体育事业发展的方针政策，文化产业快速发展，已初步形成创意设计、数字内容、影视娱乐、现代传媒、文化产品制造和艺术品原创服务等六大文化产业重点发展领域。珠海市2012年实现文化产业投资63.82亿元，同比增长58.5%①。厦门在文化产业发展中，创意及设计产业的表现尤为突出。截至2012年，厦门全市从事创意设计的法人单位共计1995家，主营收入57.47亿元，实现增加值42.0亿元，占全市文化产业增加值的19.4%。汕头目前已经

① 《加大文化产业投入 建设广东文化强省》，广东统计信息网，http://www.gdstats.gov.cn/tjzl../tjfx/201306/t20130617_122580.html。

形成具有自身特色的较为完整的文化产业体系，初步形成了潮阳光盘音像、澄海动漫玩具、金平和龙湖包装印刷三大区域性优势产业。2012 年实现文化产业投资 88.23 亿元，文化产业投资总量仅次于广州，列广东全省第 2 位。[①] 海南制订了《海南省“十二五”时期文化改革发展规划》，“落实全岛一体化发展战略，倾力打造海口、三亚两大文体产业带，充分发掘建设中西部少数民族地区特色文体产业群，为加快文化产业发展指明了方向，推动了全省文化产业持续健康发展”[②]。2012 年文化产业取得了长足的发展，成果显著，全省文化产业增加值突破 100 亿元大关，同比增长 60%，[③] 增长幅度位居全国前列。

3. 经济特区在社会、政治要素层面的进展

现代化并不是单一的经济增长过程，它包括整个社会各方面和人的现代化的发展。各经济特区根据国务院《社会保障“十二五”规划纲要》，坚持“广覆盖、保基本、多层次、可持续”的原则，加快推进覆盖城乡居民的社会保障体系建设，逐步实现全民“应保尽保”，各个特区政府在实践过程中充分发挥协调作用。

从以上数据可以看出：第一，对于同一个经济特区来说，社会保险中各个保险的参保率相差较大，社保结构的发展不平衡；第二，对于同一种社会保险而言，每个经济特区的参保率不尽相同甚至相差悬殊，说明了经济特区间社会保险的发展也不平衡。进一步来看，发展阶段和经济水平的不同是造成社保基金经济适应性不同的客观物质基础，适应性很低的原因有两种极端情况，一种是有些地区 GDP 数值很大，如深圳，虽然社保基金支出是经济特区中最多的，但比重反而是最低的；还有一种就是虽然 GDP 数值不大，但基金支出特别低，如海南。另外，因为我国社保采取的模式不是西欧的普惠福利型国家模式，GDP 和财政支出比重自然不会那么大。其中，产出适应性以珠海和厦门为首，占 3%；其次为汕头，占 2%；最后为深圳和海南，占 1%。

---

① 《加大文化产业投入　建设广东文化强省》，广东统计信息网，http://www.gdstats.gov.cn/tjzl../tjfx/201306/t20130617_122580.html。

② 《海南 2012 年文化产业破 100 亿元　增幅居全国前列》，新华网，http://news.xinhuanet.com/local/2013-01/24/c_114478234.htm。

③ 《海南 2012 年文化产业破 100 亿元　增幅居全国前列》，新华网，http://news.xinhuanet.com/local/2013-01/24/c_114478234.htm。

回顾中国三十多年改革开放的得失，我们可以看到一条清晰的主线，改革的成果与政府的放权呈现一种正相关关系，凡是政府放权充分的地方，改革的成果就比较显著；凡是政府管得太多、卡得太紧的地方，改革就显得举步维艰。因此，本届政府成立以后，一个重要的改革举措就是简政放权，以此来向市场释放被权力禁锢起来的活力，这已经收到了很好的效果。而上海自贸区实行的“负面清单”则将基本上终结政府审批的制度，完全由企业来自行决定是否进入市场。这种管理模式也与国际准则相一致，国外的实践已经证明，它更有利于吸收投资，也更有利于市场的形成和成熟。当然，这种以政府放权为前提条件的“负面清单”管理模式对于政府来说无异于一场革命。长期实施的政府审批制已经使我国的各级政府出现了“经济人”的色彩，形成了与民争利的习性，因此，这种改革需要政府具有“壮士断腕”的勇气，政府需要与市场中的既得利益告别。

4. 经济特区在生态资源要素层面的进展

目前中国仍未进入工业化进程的中高级阶段，经济特区的发展虽然领先一步，但其经济增长仍需要较高的要素投入来拉动。

从各特区相关指标间关系来看，直接物质输入量（DMI）增长基本上与人均 GDP 增长、人口增长和资源生产率增长三者之和一致。例如，2012 年海南 DMI 增长 6.71%，这与人均 GDP 增长（7.97%）、常住人口增长（1.05%）之和减去资源生产率增长（2.24%）得到的 6.78% 基本一致。2012 年深圳 DMI 消耗的增长为负（-5.56%），资源生产率增长（16.43%）远高于其他几个特区，其人均 GDP 增长也仅次于最高的厦门。可见，2012 年五大经济特区相关指标数据，验证了几个特区间资源、人口、产出之间基本关系的一致性。

从年度指标看，2012 年各特区维持了较高的人均 GDP 增长，但经济发展对物质资源投入的依赖程度仍然较高，除深圳、汕头之外，其余特区 DMI 增长均保持在 4.1% ~6.7%，人均 DMI 指标只有深圳特区近年来维持平稳，其余经济特区仍处于人均物质资源投入持续增长阶段。可见，目前各特区仍处于工业化快速发展阶段，伴随着较高的经济增速，经济增长对资源消耗的依赖程度仍旧较高。

（二）新区肩负新阶段的国家发展战略

国家发改委的公开资料显示，下一步会加大对“新区”的制度供给。发改委未来将“重点加快上海自贸区、新疆喀什经济特区”等功能区建设，加快重点领域改革和先行先试步伐，为改革全局提供经验，并通过制度创新为转型发展提供新动力。

上海自贸区推动中国步入改革新路：中国（上海）自由贸易试验区①是国务院2013年8月22日正式批准设立的我国大陆境内第一个自由贸易园区，9月29日，中国（上海）自由贸易试验区在上海挂牌成立，中国的新一轮改革开放由此扬帆启航。建立上海自贸区既是深入贯彻党的十八大精神，在新形势下深化改革开放的重大战略举措，又是中国在新的世界贸易格局下，与全球经济接轨的重要布局。上海自贸区的设立标志着中国将把自己置身于全球大的经济背景下，以开放促改革，按照比较优势原则培育新的国际竞争优势，逐步形成与国际投资、贸易通行规则相衔接的基本制度框架，通过倒逼机制促进新一轮的经济改革。

建立上海自贸区是一项重大的国家战略，对于我国在新形势下参与国际竞争，参与世界经济规则制定具有重要的推进作用。进入21世纪的第二个10年，中国经济发展正面临着一个重要的转折关头。从国内来说，原来的经济发展模式已经不可持续，经济结构调整面临各方面压力，推动改革的阻力越来越大。就外部世界来说，金融危机以后，美、欧等通过建立区域经济和贸易安排，正在将本国经济所面临的压力外推。② 面临这种国内外经济格局产生的变化，中国要取得突破，就必须参与到全球经济秩序的确立当中，也就必须建立起与世界互动的“共同语言”，也就是要让国内的经济管理体制与世界各国的经济管理体制能够产生协调作用，这是一种体制创新，它对我国现有经济管理制度将形成较大的冲击，从而推动中国必须闯出一条改革新路。中央特别强调，建立上海自贸区不是由政府给予某些特殊政策，而是

① 以下简称上海自贸区。

② 参见《李克强：中国三大新经济支撑带出炉》，http://finance.ifeng.com/a/20131021/10894199_0.shtml。

让上海去试验，适应国际惯例，为中国改革开放积极探索，积累经验。从目前来说，它对全国进一步改革开放具有探路者的作用，其意义不可低估。上海作为我国一个社会经济十分发达的城市，具有进一步改革开放的良好的社会基础和经济基础，中央将这样一块“试验田”放在上海，将为中国深化改革闯出一条具有借鉴意义的新路。

深圳“前海”合作区的新进展。2012～2013年是前海合作区进入全面开发建设的重要一年，作为国家指定的“粤港现代服务业创新合作的示范区”，这一年前海合作区在“示范区”“现代服务业集聚区”以及“深化与香港的紧密合作和融合发展”三个方面都取得了长足的发展。①土地管理制度的改革创新。土地管理制度的改革创新是前海合作区制度创新的重点，前海合作区的土地制度创新不仅要服务于深港在现代服务业领域的合作，而且还要在深圳、珠三角乃至全国体现示范效应[①]。2013年5月24日，深圳市政府批复了前海合作区的《前海深港服务业合作区土地管理改革创新要点》（以下简称“创新要点”）。根据该“创新要点”，前海合作区将会在土地的供应模式、运作模式、集约利用、监管机制、管理机制等五个方面实现创新突破。②金融机制的改革创新。金融服务是前海合作区未来产业发展的重头戏，金融机制的改革创新将会为合作区内金融服务业的健康顺利发展提供重要的制度环境和体制保障。2012年6月29日，国务院批复了关于前海合作区开发开放的相关政策。在这次批复的22条先行先试的政策中，有8条是关于金融创新的，主要在跨境人民币业务、资本项目对外开放、金融机构设立三个方面进行了先行先试。随着前海合作区的开发开放，这些金融创新政策也一一落地。③法律机制的改革创新。“探路试水、立法先行”，这是国家赋予“前海”的权力。例如，为了便利粤港企业解决大量的商事纠纷，粤港两地积极地在仲裁机构改革方面进行探索，2012年6月粤港（前海）国际仲裁合作正式开始启动，2013年9月22日前海合作区又迎来了深圳国际仲裁院的正式入驻。④管理机制的改革创新。2012～2013年前海合作区在管理机制创新方面又有

① 资料引自刘永红《前海前行——关于深圳市前海地区土地制度创新的思考》，《中国土地》2013年第6期。

了新的突破。2013 年 5 月 8 日，前海廉政监督局正式在合作区内挂牌成立。前海廉政监督局是借鉴香港廉政公署的做法，将我国原有的纪委、公安、审计等监督机构独立设置的格局打破，将其所有监督部门的监管职能合并在一起，实现大监督格局，是我国首次建立的统一的廉政监督机制和运行体制，它将为前海合作区内的反腐倡廉工作“护驾保航”。⑤现代服务业集聚方面取得新进展，如前海湾保税港区的“无纸化”改革、商事登记制度改革、“e站通”和前海股权交易中心的建立等。

三　经济特区发展面临的挑战

总体而言，2013 年既是各经济特区进一步加快结构调整和继续走向科学发展的一年，又是既有问题依然存在、形势仍旧严峻的一年。留存的主要问题需要切实的措施和长期的努力加以解决。这些问题包括：外延性发展特征仍然突出，创新能力亟待提升；转型提质的紧迫性增强，可持续发展的压力不容忽视；特区经济发展的资源环境压力依然严峻，改善民生福祉的支持系统亟待加强。从中短期来看，目前广大人民群众密切关注的几个方面的问题，需要着重研究和实践。

（一）激活内生增长动力，推进持续发展、深度转型的挑战

中国经济特区的发展目前正处在一个关键时期。长期来看，特区制度创新所需破除的全局性、根本性障碍日趋显现，特区发展的制度创新优势相对内地省份日趋衰减，制度创新诱发的增长活力空间越发狭小。短期来看，特区经济发展正与全国经济发展呈现出越来越强的趋同性。2012 年，中国经济特区经济增长速度虽然高于全国平均水平，但也呈现出增速放缓的迹象。在国际经济形势持续低迷、外需日趋乏力的背景下，作为外贸依存度较高的经济特区，其产业发展会遭受更大的外部风险。2013 年，在党的十八大会议上，党中央提出加快实施“创新驱动发展战略”，并将其作为加快完善社会主义市场经济体制和加快转变经济发展方式的一个重要内容，强调要适应国内外经济形势新变化，加快形成新的经济发展方式，把推动发展的立足点转到提高质量和效益上来。在此背景下，中国经济特区的产业转型更应从特区战略转型的全局

出发，针对当前绝大多数经济特区科技投入产出能力不足、科技创新水平低等突出问题，积极挖掘技术创新诱发的内生增长动力，加快推动特区产业的深度转型。

（二）房地产等资产价格问题的挑战

除了 CPI 之外，当前经济特区的房地产价格也在高位上持续攀升。特别是部分经济特区（深圳、上海自贸区和天津滨海新区等地）房地产价格上涨过快、过高，已经严重阻碍了中青年人才的自由流动，势必影响经济特区未来发展的潜力和活力。根据最新报道，全国 70 个大中城市房屋销售价格自 2013 年 8 月份同比上涨 7.6%，9 月份同比上涨 7.7% 后，10 月份再创新高，同比上涨达 8.2%。当然不可否认，房地产市场价格上升有正面因素的作用：居民生活水平不断提高，居住条件的改善意愿日益增强，是房地产市场价格上升的因素之一。但是，2012 年以来房地产市场上房价大幅上升，泡沫成分日益加大，值得高度重视。① 特别应该强调的是，保持高房价及其继续上升的势头，将严重危害国民经济的协调、健康发展，高房价最终会持续将成本传导到各个领域和部门，蚕食大多数人的切身、长远利益，严重削弱特区经济的竞争力，并进一步阻碍城镇化进程，危害建设创新型国家。

因此，应重点调整土地的分配制度，建立起一套市场体系和机制以更好地分配土地；同时，地方政府未来也需要扩大财政收入来源，而不要过于依靠土地出售；另外，短期来看，需加强人民币防火墙建设，阻止国际热钱非法流入，中期而言，应加快人民币国际化。但从长期来看，中国需要通过加快解除利率管制，来解决导致市场扭曲的根源问题。

（三）社会日益增长的保险需求对保险制度建设的考验

日益扩大的社会保险需求给社会保险制度建设带来重大考验。从宏观方面

---

① 参见中国社会科学院学部委员吕政教授《论高房价对国民经济的严重危害》，《中国经济时报》2013 年 10 月 10 日。

来说，包括人口老龄化、城镇化和就业结构的变化带来的挑战。首先是人口老龄化带来的挑战。经济特区大多为移民城市，目前人口年龄较轻，尤其是深圳、珠海，各项社会保险费率相对较低，但随着全国人口红利大环境的消失，人口老龄化的到来将使城镇养老负担系数大幅增加，不断加重医疗费用的需求和支出，这就对未来经济特区社会保险基金的支付能力也即文中的资金适应性提出挑战。其次为城镇化。随着中国城镇化的不断发展，经济特区的社会保险制度面临由此带来的两方面问题：一是外来流动人口、转移劳动力的社会保险问题；目前经济特区的社会保险制度主要是针对城镇人口制定和实施的，如何解决城镇化过程中本地与外来人口社会保障问题，确保不同人群享受同等社保待遇以及劳动者在特区工作和缴纳社保费后回乡或去他地的社保关系转移和接续都是摆在经济特区面前的重大课题。二是在城镇化过程中，随着大量的青壮年劳动力进入城市，农村老弱、留守人群的基本生存问题变得更为突出，农民、被征地农民、留守妇女和儿童的养老保险工作显得任重而道远，这对于农村人口比例较多的海南省来说，更具现实意义。最后是就业形式的日益多样化对扩大社会保险的覆盖范围发出了前所未有的需求呐喊。经济特区的就业格局和全国相比，非公有制经济更为活跃，吸纳新生和存量劳动力更为有力，是外来劳动力就业的主要渠道，且还有大量劳动者以灵活方式就业。就业结构的格局使得许多非公有制经济的从业人员和灵活就业人员有时容易成为社会保险安全网的“漏网之鱼”，提高这部分人员的参保率，保障其基本权益，促进社会保险的公平性是今后经济特区社会保险工作中亟待直面和解决的又一个重大问题。

四　2014 年特区发展的路径建议

（一）把经济增长速度特别是投资增长速度降下来，转向追求品质

2014 年，经济特区必须下大力气把经济增长转向追求质量，加快结构调整，同时继续减缓房地产等行业固定资产投资增长速度。必须持续、深化改革，重点加强和提高各个经济特区宏观层面和产业升级调控的有效性。切实落

实科学发展观，积极扭转盲目追求 GDP 的倾向，把提高经济发展质量和效益放在首位。

（二）加快利率、汇率等市场化改革，增加公共服务支出

2014 年，经济特区应积极推进并加快利率、汇率等市场化改革，加大财政政策对结构调整和社会公共事业的支持力度，提供资金用于当地公共服务支出，如教育、医疗卫生（目前基本由最低一级政府县级政府承担）。随着全国人口红利大环境的消失，人口老龄化的到来将使城镇养老负担系数大幅提高，由此不断加大医疗费用的需求和支出。另外，要努力保证有足够数量的新建住房投入市场，防止一二线城市房屋价格的非理性增长①。要大力发展资本市场，加强资本市场基础性制度建设，完善市场结构和运行机制。

（三）把节能减排标准作为调控经济发展的第三个闸门

自 2013 年开始的此次宏观经济调控把控制信贷规模和控制政府支出作为宏观调控的两个闸门，取得了一定的成效。在当前宏观调控面临更加复杂局面和更加艰巨任务的时候，需要把坚持和提高节能减排标准作为实现特区经济发展和调控目标的第三个闸门。在过去的几年中，针对“十二五”规划要求的节能减排目标完成难度大的问题，经济特区应强化节能减排标准，这样做可以一箭双雕，既可以降低过快的增长速度，又可以助推经济结构转变，进一步促进科学发展观的落实，为长期社会经济的可持续发展创造更有利的条件。

（四）加大关键领域的改革力度

2013 年年初开始实施的反腐措施正取得显著的成效，行政审批权力正受到制约，一些价格正在放开（利率、天然气），在经济低速增长的形势下货币政策并未放松。我们认为，十八届三中全会将在这些已初显眉目的改革趋势中

---

① 根据国际货币基金组织的计算方式，以房价相对薪酬来考虑的全球十大最不可负担的房地产市场中已经有七个来自中国，包括北京、上海、深圳、香港、天津、广州和重庆。中国的新房价格在 2013 年 7 月出现了 7.11% 的同比增长，也是 2012 年 12 月以来的最大涨幅。

起到催化剂的作用，同时推动更多变革。

2013 年在党的十八届三中全会精神的鼓舞下，围绕着中国实现社会主义“中国梦”的目标，特区改革更加注重向社会民生领域倾斜，更加注重发展的协调和平衡。目前建设创新、和谐社会的落脚点“已经从思想意识形态层次的论证阶段向制度建设层面转移”。新时期不断“改革”的目的，就是让市场经济的活力长起来，让社会制度的优势长起来，让人民的幸福长起来。“持续、深化改革”是中国经济社会永远向前的强大引擎，将保证中国这艘行进在伟大民族复兴征程上的巨轮，坚定不移地驶向光明、理想的彼岸，取得建设社会主义和谐社会的新成绩，实现“中国梦”。

未来中国经济特区的创新和成功，是中国迈向现代化进程中的重要媒介，是市场经济体制与中国特殊的制度相结合的完美产物。

“给我一根杠杆和一个支点，我将撬动地球。”阿基米德如是说。我们猜测习近平主席和李克强总理也认同这一点：这里的“杠杆”是政府体制改革，不失时机的体制改革和制度变迁将促进经济增长模式的进一步转变，只有这样才会使“中国梦”完美地演绎下去。

参考文献

[1] 国家统计局 2000～2013 年历年《中国统计年鉴》。
[2] 国家统计局：《新中国五十五年统计资料汇编》，新华出版社，2005。
[3]《中国统计摘要·2013》。
[4] 全国及各省区市 2013 年统计公报。
[5] 国家统计局网站（www. stats. gov. cn）有关数据。
[6] 中国政府网（www. gov. cn）有关政策。
[7] 国土资源部（www. mlr. gov. cn）有关规划、政策和公报。
[8] 国家环境保护总局（www. mep. gov. cn）有关规划、政策和公报。
[9] 国家发展与改革委员会（www. ndrc. gov. cn）有关规划、政策。
[10] 陶一桃主编《中国经济特区发展报告（2012）》，社会科学文献出版社，2012。

专题研究报告

Reports on Specific Researches

B.2

中国经济特区产业转型发展报告*

袁易明　周轶昆　闫振坤**

产业转型是新时期经济特区加快产业发展和保持持续竞争优势的重大课题。本报告在研析经济特区产业升级发展基本趋势的基础上，采用定性和定量分析相结合的方法，较为系统地剖析和评价了中国经济特区产业转型发展能力的动态变化，并据此提出了促进经济特区产业转型发展的政策建议。本报告的创新之处在于不仅搭建了分析经济特区产业转型能力的逻辑框架，而且积极探索构建了衡量经济特区产业转型发展能力的评价体系，

* 本文是教育部人文社会科学重点研究基地项目："经济特区转型发展的制度研究"（项目编号11JJD790050）；深圳市社科联"十二五"规划重点项目："深圳特区转型发展的制度研究"（项目编号125A050）；深圳市"十二五"规划项目"深圳市高新技术产业核心竞争力的提升路径与对策研究"（项目编号125C034）；深圳大学中国经济特区研究中心项目"广东省加工贸易转型升级研究"的研究成果。

** 袁易明，深圳大学中国经济特区研究中心副主任，教授、博士生导师，从事产业组织理论与转型理论研究。周轶昆，深圳大学中国经济特区研究中心讲师，经济学博士。闫振坤，深圳大学中国经济特区研究中心博士研究生。

并结合统计分析方法对中国五大经济特区的产业转型发展能力做出了较为全面的评价。

中国经济特区目前正处在一个关键时期，面临着经济增速放缓的考验。2012 年中国经济特区经济增长速度虽然高于全国水平，但也呈现出增速放缓迹象。五大经济特区（深圳、珠海、汕头、厦门、海南）的 GDP 增长速度，只有深圳和厦门继续保持两位数增长。其中，深圳 GDP 增速（10%）与上年持平，厦门 GDP 增速（12.1%）比上年增速下降了 3 个百分点，珠海 GDP 增速为 7.0%，略低于全国平均水平。

在国际经济形势持续低迷、外需日趋乏力的背景下，作为外贸依存度较高的经济特区，工业产值稳步提高，但工业增加值增速较上年同期明显放缓。其中，珠海、厦门、深圳增速下降幅度较大，分别下降了 8.4 个、6.3 个和 5.3 个百分点。工业增加值同比增速高于全国水平的是汕头和厦门，分别为 12.4% 和 12.8%。深圳、珠海和海南的工业增加值增速低于全国水平，分别只有 7.3%、6.4% 和 8.8%（见表 1）。

表 1　五大经济特区工业增加值及其增速

经济指标	深圳*	珠海	汕头	厦门	海南
工业增加值(亿元)	5091.42	740.17	667.84	1163.98	521.15
工业增加值增速(%)	7.3	6.4	12.4	12.8	8.8
与上年增长比较(百分点)	-5.3	-8.4	-1.7	-6.3	-4.6
国有企业增加值增速(%)	1	8.7*	4.9*#	—	25.4
与上年增长比较(百分点)	-9.2	-8.8	-2.7*#	—	11.2
股份制企业增加值增速(%)	15.7	21.3	16.3*#	—	15.4
与上年增长比较(百分点)	-12	1	-4.1*#	—	-3.7
外商及港澳台投资企业增加值增速(%)	0.1	-1.8*	5.1*#	18.2*#	-0.6
与上年增长比较(百分点)	-3.2	-15.2	-7.6*#	—	-10.2
轻工业增加值增速(%)	10	6.5	—	5*#	14.5
与上年增长比较(百分点)	7.4	-18.6	—	-6.8*#	4
重工业增加值增速(%)	6.6	6.0	-2.56*#	16.9*#	7.5
与上年增长比较(百分点)	-8.7	-2.8	-0.76*#	-4.7*#	-7.7

注：*：规模以上工业；#：工业总产值。

数据来源：五大经济特区 2011 年、2012 年国民经济和社会发展统计公报。

一 2012 年经济特区产业升级发展的基本趋势

（一）传统产业转型升级稳步推进

2012 年，五大经济特区稳步推进传统产业转型升级，产业结构日趋优化。深圳为积极推进传统优势产业的改造升级，新设立 7 亿元产业转型升级专项资金，专项资金已累计超过 20 亿元。出台了促进产业转型升级 36 条政策，支持产业转型升级项目 693 个，淘汰“两高一低”企业 1575 家。大力引导企业通过加大技术创新、更新改造投资以及品牌培育推广等方式进一步提高产品质量和附加值，推动传统产业向制造业高端攀升，传统产业转型升级取得重要成效。目前，深圳先进制造业占规模以上工业增加值的比重近 70%，服装、钟表、黄金珠宝等产业的品牌优势进一步显现。深圳累计拥有“中国驰名商标”103 件，成为国内首个突破百件的副省级城市。与此同时，资源能源消耗首次出现三个总量下降，用水总量、汽柴油销售量、制造业用电量分别下降 0.61%、1.79% 和 1.06%。万元 GDP 能耗降幅超过 4.25%，万元 GDP 水耗下降 11.7%。

珠海通过逐步淘汰落后产能，依法关停和转移 100 多家企业，推动了传统产业逐步由价值链低端向高端延伸，加快了产业结构调整升级步伐，电子电器制造业、打印设备及耗材产业等传统产业素质有了新的提高。以打印设备及耗材产业为例，该产业既是珠海重点发展的产业集群之一，也是珠海产业转型升级的重要突破点。珠海自 2012 年起，每年在传统产业转型升级专项资金中安排 1000 万元，扶持打印设备及耗材产业技术创新、公共平台建设和市场开拓等。珠海一方面着力推进以格力电器为代表的传统优势产业升级跨越，进一步提升省级产业集群升级示范区发展水平，积极培育 2～3 个工业总产值超过 500 亿元的产业集群。另一方面，在发挥好现有企业作用的同时，继续提高一般贸易比重，做大服务贸易，加快推动加工贸易从 OEM 向 ODM、OBM 转变。电子信息、家用电器、石油化工、电力能源、生物医药、精密机械制造六大支柱产业增加值占全市规模以上工业增加值的 74.8%。中航通用飞机、中海油深水海洋工程装备制造、三一重工、北车轨道交通等一批重大项目纷纷落户珠海，先进制造业占规模以上工业增加值的比重为41.8%。珠海以高端制造业、高新技术产业、高端服务业、特色海洋经济和农业为核心，初步形成了“三高一特”现代产业体系。

2012年汕头市八大支柱产业实现产值1539.79亿元，占全市规模以上工业总产值的73%，同比增长17.5%，比全市规模以上工业增速多2.7个百分点。其中，工艺玩具和纺织服装增势突出，分别比上年增长39.3%和18.2%。八大传统产业虽然取得了一定的发展，但存在工业企业规模偏小、自主创新能力较弱和环境污染较严重等问题。引导企业通过运用高新技术提升改造传统产业、促进传统产业的转型升级迫在眉睫。为此，汕头一方面积极打造传统产业集群电子商务平台，另一方面，积极帮助企业申报品牌，带动产业整体素质和竞争力的提升。汕头188家名牌及商标企业，实现产值482.25亿元，占汕头规模以上工业产值的22.9%，增长13.7%。澄海玩具基地被认定为第二批国家外贸转型升级专业型示范基地，通过实施“四大产业计划”及相关配套政策，汕头产业结构得到不断优化。

厦门大力鼓励企业提升生产自动化水平，以生产设备现代化提高市场竞争力。保沣实业、正新集美厂等企业自动化生产线投产。厦门钨业列入全省首个国家循环经济标准化试点单位。2012年厦门完成工业投资260亿元，同比增长12.6%。新增世界500强项目11个，新设立外资项目330个，实际利用外资25.3亿美元。央企对接合作项目8项，16个在建项目。对接民企项目194项，总投资808亿元。单位电力产值为福建省平均值的近2倍。同时，大力帮扶企业，2012年为企业减负23亿元。还加大了对中小微企业扶持力度，全年提供财政扶持资金超过36亿元。对重点企业实施“一企一策”，推动企业转型升级。七成规模以上工业企业实现赢利，工业经济效益指数比年初回升16个百分点。传统产业产品经营不断向品牌经营扩展，2012年厦门新增中国驰名商标16件，累计拥有中国驰名商标67件；新增福建省著名商标109件，累计543件；新增厦门市著名商标107件，累计580件；新增厦门优质品牌产品59项，累计193项。

海南省积极应用高新技术，通过对传统产业进行改造和提升，万元规模以上工业增加值能耗下降 4.3%。企业燃煤机组脱硫设施安装率达 100%，工业企业污染物排放达标率达到 96.6%。化学需氧量（COD）排放量 18.34 万吨，比上年下降 8.3%，二氧化硫（SO_2）排放量 2.89 万吨，下降 11.3%。钢铁、造纸、水泥等落后产能淘汰率达 100%。淘汰小炼钢“88 万吨”、小水泥“287 万吨”、小造纸“3.2 万吨”及一批实心黏土砖等落后产能。工业完成增加值 521.15 亿元，比上年增长 8.8%。工业完成投资 336.6 亿元，同比增长 25.9%。但六大高耗能行业产值占规模以上工业比重达 62.1%，工业经济依然过度依赖油气化工、造纸、汽车三大传统优势产业，工业结构还需要进一步优化。

（二）战略性新兴产业发展良好

经济特区战略性新兴产业基地建设取得新成效，产业发展载体不断优化。深圳近年来率先出台了战略性新兴产业振兴发展规划及配套政策，重点发展生物、互联网、新能源、新材料、新一代信息技术和文化创意六大战略性新兴产业。并积极设立战略性新兴产业创投基金，促进科技与金融紧密结合，大力培育一批拥有核心关键技术、创新能力强的龙头企业。2012 年深圳战略性新兴产业总规模 12480 亿元，占深圳生产总值比重达 27%，同比增长 25.5%，是经济增速的 2 倍以上。战略性新兴产业中，互联网产业增加值 356.91 亿元，比上年增长 22.6%；生物产业增加值 205.03 亿元，增长 17.2%；新能源产业增加值 325.26 亿元，增长 19.8%。深圳为重点扶持的 2784 个项目提供了超过 40 亿元的扶持资金，23 个战略性新兴产业基地集聚区的规划全面启动，第一批 9 个基地进入建设阶段。这些举措极大地推动了六大战略性新兴产业的快速发展，深圳已成为国内战略性新兴产业规模最大、集聚性最强的城市之一。

珠海坚持“有所为、有所不为”和“重大项目引领，产业集聚发展”的原则，积极打造“3+4”战略性新兴产业发展格局，首批 24 个战略性新兴产业重点项目开始实施。海洋工程装备制造、通用航空等新兴产业不断发展壮大，先进制造业、高技术制造业增加值占规模以上工业增加值比重分别提升至 45% 和 24%。高栏港经济区升级为国家级经济技术开发区，海洋工程装备制造基地成为省级战略性新兴产业基地。目前，珠海的软件产业规模在广东省列第三位，是国家软件产业基地。印刷线路板产量占全国的 10% 以上。集成电路设计收入超过广东省总收入的70%以上。生物医药行业每年以30%左右的速度增长，成为广东省重要的生物医药产业基地。智能电网行业在国内具有领先地位，产品几乎覆盖了当前整个智能电网产业链。电动汽车产业形成了覆盖电池材料、动力电池、电控、整车制造、电动汽车充电站等全部重要领域的完整产业链。

汕头目前已经形成了新材料、高端电子信息、生物医药、半导体照明、动漫、太阳能光伏、环保、软件等战略性新兴产业。其中，锆产业、北斗导航和卫星遥感产业、大数据产业、环境友好型新材料产业等已有了一定的发展基础。汕头卫星应用产业园区、西北航空科技飞机刹车片、猛狮纯电动汽车研发等一批战略性新兴产业项目建设顺利，中国锆城与广东省经信委共建战略性新兴产业基地，总投资超过23亿元的首期项目全面开工。在财政扶持措施方面，为促进汕头战略性新兴产业发展和园区集聚建设，凡进入规划专业园区投资的战略性新兴产业项目，固定资产投资5亿元以上的，按合同约定期限完成建设并按时投产的，可按不低于所在地土地等别相对应全国工业用地出让最低标准的70%执行。自其投产年度起五年内，第一年按缴入汕头市本级、区（县）级库税额的50%给予扶持，之后每年按缴入税额环比增量的80%给予扶持。在园区外布局的战略性新兴产业项目，固定资产投资总额在20亿元以上，按合同约定期限内完成建设并按时投产的，也可享受此项政策。

厦门按照岛内外一体化和“高起点、高标准、高层次、高水平”要求，遵循高度集聚与相对集中相结合的原则，依托厦门科技创新园、火炬产业区、海沧生物医药港和软件、机械等特色园区，积极推动战略性新兴产业集聚发展。跨岛发展战略稳步推进，厦门火炬高新区已经发展为由火炬园、创业园、软件园、信息光电园、同集园、火炬（翔安）产业区、厦门科技创新园等组成的一区多园格局，为厦门大力发展先进制造业，壮大战略性新兴产业集群提供了坚实宽广的载体和平台。厦门重点发展的战略性新兴产业有新一代信息技术产业、装备制造业、节能环保及新材料产业、生物医药产业等。其中，生物与新医药产业累计实现工业总产值165.9亿元，同比增长34.75%；上亿元产值企业由上年度的26家增至36家，累计实现总产值149.52亿元，同比增长36%。生物与新医药特色产业基地通过国家认定，世界第一支重组戊肝疫苗获批生产，河豚毒素完成二期临床试验。为加快培育战略性新兴产业，厦门还制定了建设海峡西岸先进制造业、新兴产业基地产业发展导向目录，组织推荐133家申报省战略性新兴产业企业、42家申报省战略性新兴产业骨干企业、15个申报省战略新兴产业项目。

海南高度重视培育和发展战略性新兴产业，逐步形成了以生物医药、高端装备制造、信息、新能源、新材料为代表的战略性新兴产业群。2012年电子信息及电气制造、新材料和新能源、生物制药等战略性新兴产业增速达26.5%，战略性新兴产业和高新技术产业产值约700亿元。海南将建成国内最大的太阳能光伏产业基地、高端特种玻璃产业基地和华南地区重要的软件信息产业基地。目前已具备英利400兆瓦太阳能电池完整产业链、中航特玻一二期、海南生态软件园等项目基础，在建和下一步建设的总投资300多亿元。

（三）现代服务业水平提升

2013年，深圳现代服务业快速发展，现代服务业比重进一步提高。服务业占深圳生产总值的比重提高到近56%，现代服务业占服务业比重达68%，处于历史最高水平。前海深港现代服务业合作区开发开放取得突破性进展，22条先行先试政策获国务院批复，跨境人民币贷款业务获批。302家企业和机构被批准入区，注册资本达372.7亿元，并建立了粤港（前海）国际仲裁合作平台，为现代服务业注入了新活力。金融业总资产突破5万亿元，金融业增加值占GDP的比重达到14%。深交所全年新增上市企业129家，继续位居全球第一。金融服务科技创新的能力进一步增强，新增股权投资企业1450家，累计3500家以上。实际外商直接投资额52.3亿美元，现代服务业成为利用外资的主体。港口集装箱吞吐量2300万标箱，连续10年位居全球第四。物流业不断创新，目前集聚了全国80%以上的供应链企业，以怡亚通、朗华、信利康、越海、普路通、年富、一达通等为代表的供应链管理创新服务龙头企业，形成了仓储、运输、配送等一体化运作，在全国乃至全球布局。

2012年珠海第三产业投资增长24%，金融服务、休闲旅游、国际会展、科技教育等高端服务业加速发展。现代服务业增加值374.47亿元，同比增长7.8%，占GDP的24.9%，对整体经济的带动作用不断增强。其中，金融业占现代服务业增加值比重为20.5%，物流业占比为10.3%，房地产业占比为21.3%。第九届中国国际航空航天博览会的规模、签约额均创历史新高，航展的品牌效应不断提升。长隆国际海洋度假区完成投资90亿元，横琴总部大厦、横琴梧桐树大厦商贸服务项目，保税区物流市场与商品展示中心等第三产业重点项目如期开工。横琴新区开发取得重大进展，总投资超过1750亿元的41个重点高端产业项目加快建设。横琴金融服务产业基地一期投入使用，引进金融类机构和企业100多家，已成为珠海打造现代服务经济发展集聚区的重要载体。

汕头2012年现代服务业实现增加值225.88亿元，占服务业增加值的37.4%，增速为9%，比服务业增速高1.7个百分点，是推动服务业稳定增长的主要因素。现代服务业投资占汕头固定资产投资的36.9%。随着一批大型服务性企业总部的落户，汕头现代物流、信息服务、金融保险、商务会展、文化创意、服务外包等现代高端服务业加快发展，形成与周边地区错位发展的产业格局。电信服务业和互联网服务业的装备水平和通信能力位居全国同类城市前列，并入选第三届中国城市信息化50强。四大电子商务产业园区建设顺利推进，4个项目纳入国家电子商务应用试点，电子商务交易规模突破200亿元。西部智慧生态新城先期启动现代物流商务新城项目建设。粤东物流产业园项目不断推进，投资8000多万元的展示中心投入使用，并设立“汕头市龙湖区电子商务产业基地”和“共建粤东现代物流发展示范区”。

厦门现代服务业水平不断提升，突出发展金融商贸、航运物流、会展旅游等现代服务业。2012年服务业增幅居福建省首位，对经济增长贡献率超过60%。两岸新兴产业和现代服务业合作示范区发展规划上报国务院，示范区建设正在稳步推进中。划定合作示范区面积约156平方公里，包括金融商务、保税物流、综合服务、文化旅游、新兴产业、空港产业和生态休闲带等“六区三带”功能区。电子商务企业快速成长，海峡电子商务创业园正式运营。石油交易等专业市场初具规模，新引进总部155家。离岸服务外包合同金额增长67%，离岸服务外包执行金额增长37%。软件园三期加快推进。2012年新增认定软件企业73家，新增软件产品登记665件，新增认定动漫企业19家。美亚柏科超级计算中心建成使用。电信、移动、联通动漫基地落户厦门，软件和信息服务业销售收入461亿元。全年举办各类展览活动160场，比上年增长

7.4%。接待境内外游客4016万人次，旅游总收入531亿元，比上年增长17%。

海南服务业2012年完成增加值1340.12亿元，比上年增长9.4%，服务业的比重达到46.9%，高于全国44.6%的平均水平，服务业拉动地区生产总值增长6.34个百分点。服务业布局以海口、三亚为发展核心区，重点发展信息、金融、文化创意、现代物流等高附加值关联性强的服务产业，两市服务业增加值占海南省服务业增加值的62.48%。服务业固定资产投资占全社会固定资产投资的80%，服务业从业人数占全社会就业总人数的近40%。现代服务业发展加快，信息传输、计算机服务和软件业、金融业、房地产和商务服务业、科学研究、技术服务和地质勘查等现代服务业占海南省服务业的比重为36.9%。受房地产宏观调控政策影响，房地产业回归正常发展，增加值增长5.9%，占服务业增加值的近20%。金融业增加值增长21.3%，成为服务业的一大亮点。交通运输邮政仓储业、批发零售业、住宿餐饮业等保持较快增长。

（四）产业创新能力增强

深圳出台建设国家自主创新示范区“1+10”文件，强化创新政策支撑，创新生态体系更趋完善，自主创新成为经济增长内生动力。2012年全社会研发投入占GDP比重提高到3.81%，居全国领先水平。国家超级计算深圳中心投入运行，国家基因库动工建设。创新载体建设加速，核心技术研发能力和技术成果产业化能力不断提升。现有757家创新载体，新增国家省市级重点实验室、工程实验室、工程中心、技术中心等180家。第四代移动通信、基因测序、超材料、新能源汽车等技术处于世界前沿。PCT国际专利申请量8024件，占全国的40.3%，连续9年居全国首位。其中，光启研究院专利申请量占全球超材料领域的85%以上，华为、中兴在LTE技术领域的基本专利占全球的20%。高新技术产品产值1.29万亿元，其中具有自主知识产权的达61%。企业主导或参与制定国际、国家和行业标准416项，其中国际标准137项。

珠海科技支出占财政支出的4.2%，研究开发经费占GDP比重达2.01%。2012年有6个项目获广东省科学技术奖，3个项目通过省级科技成果鉴定。高新技术产品产值占规模以上工业总产值的比重为43%。经广东省认定的高新技术企业285家，新增54家。全年申请专利7097件，增长26.9%。其中，发明专利申请增长 54.1%。专利授权量 4936 件，增长 33.8%，其中，发明专利授权量增长 55.7%。每百万人口发明专利申请量达到 951 件，在广东省名列第二位。横琴成为“全国人才管理改革试验区”，丽珠集团蛋白质药物研究开发及产业化团队入选广东省第三批引进创新科研团队，高层次、高技能和创新型人才队伍不断壮大。

汕头积极扶持企业开展技术创新，规模以上工业企业 R&D 活动人员 7302 人，R&D 经费内部支出约 1.03 亿元。新产品产值约 140 亿元，新产品销售收入达到 137.1 亿元。2012 年专利申请量 10388 件，专利授权量 6583 件，比上年增长 50.6%。其中，发明专利 184 件，增长 23.5%。获得科技成果 72 项，其中达到或超过国内先进水平 71 项，获省科技进步奖 6 项。国家级高新企业 128 家，高新技术产品出口 3.39 亿美元。民营科技企业 771 家，其中省级民营科技企业 268 家。签订各类技术合同 27 项，技术交易额 1724.57 万元。参与国家、行业标准和省地方标准 44 项，制定产业联盟标准 22 项，承担省标准化技术委员会 3 个，国家玩具质量监督检验中心（汕头）获得 3C 认证出厂检验资质。

厦门积极推进企业技术创新，自主创新能力进一步提高。2012 年新认定高新技术企业 169 家，累计共 772 家，实现产值 2300 亿元，同比增长 20%。其中国家火炬计划重点高新技术企业 25 家，创新型企业 166 家。科技企业孵化器 12 个，产业技术创新战略联盟 11 个，工程技术研究中心 83 个，企业技术中心 139 个，重点实验室 37 个，技术贸易机构 568 家。火炬高新区国家级孵化器面积超过 50 万平方米，在孵企业 1000 多家。火炬高新区完成产值 1775.08 亿元，同比增长 27.3%。参与起草国家、行业技术标准 58 项。国家标委会组织达 11 家。专利申请 9246 件，授权 7178 件。其中发明专利授权量 919 件，增长 49.0%。登记技术合同 3109 项，比上年增加 361 项；合同总成交额 59.28 亿元，增长 53.1%。

海南大力支持企业技术创新，2012 年为符合政策规定的企业落实奖励和扶持资金 1391 万多元。为提高园区科技创新服务能力，安排省科技园区建设专项资金 650 万元。投入科研经费占生产总值的比重达 0.49%。专利申请 1824 项，比上年增长 23.2%；专利授权 1084 项，增长 38.3%。拥有国家级和省级技术中心35家、省级重点实验室26家。2012年高新技术企业总收入270亿元以上，工业增加值超70亿元，收入超亿元企业有41家。在新能源、新材料、电子信息、生物制药等领域新增24家国家高新技术企业。新增省级工程技术研究中心1家、省级重点实验室10家，9个重点实验室和7个工程技术研究中心共获300万元经费支持。设立了热带植保产业技术创新战略联盟和槟榔产业技术创新战略联盟、数字信息安防产业技术创新战略联盟，致力于产业的共性、关键性和前沿技术的研究与集成应用。

二　经济特区产业转型发展能力分析

在经济增长速度放缓和经济结构性矛盾依然突出的双重影响之下，经济特区必须围绕科学发展主题，继续发挥在改革开放中大胆探索、先行先试的重要作用，快速适应国内外环境条件复杂变化的新要求，积极应对所面临的挑战和问题，探索出一条“稳增长”与“调结构”同步推进的发展道路。

产业转型是一个国家或地区在产业结构、产业规模、产业组织、产业技术装备等方面发生显著变动的综合性过程。从产业形态上看，产业转型是在结构、组织和技术等多方面实现高级化发展的过程；从要素配置的角度来看，产业转型是在一定的市场需求条件下，资本、劳动力等生产力从衰退产业向新兴产业转移的过程。基于当前产业转型中制造业和服务业在现代产业体系中的突出地位，本文在分析经济特区产业发展总体情况的基础上，结合经济特区中制造业和服务业的转型特征和演进趋势，对五大特区经济的产业转型进行了定量评价。

（一）经济特区工业产业转型分析

1. 经济特区产业成长性

2012年，深圳、珠海、汕头、海南、厦门五大经济特区地区生产总值（见图1）由2011年的19248.17亿元增长至21551.16亿元，地区生产总值增长率均高于全国增速，其中，深圳和厦门实现了两位数的增长。在五大经济特区中，深圳、珠海、厦门的人均地区生产总值都高于10000美元，而汕头、海南的人均地区生产总值仍然低于5000美元（见图2）。从增速上看，深圳、海南、汕头的人均地区生产总值均实现了两位数的增长。

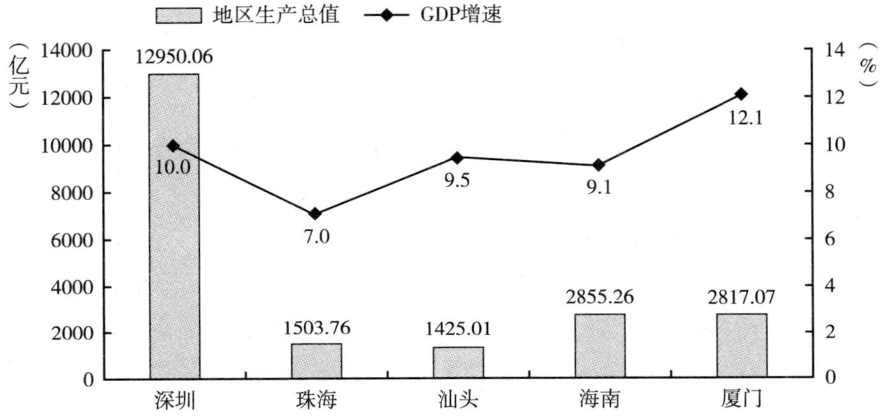

图1　2012年五大经济特区三大产业地区生产总值及增长率变化趋势

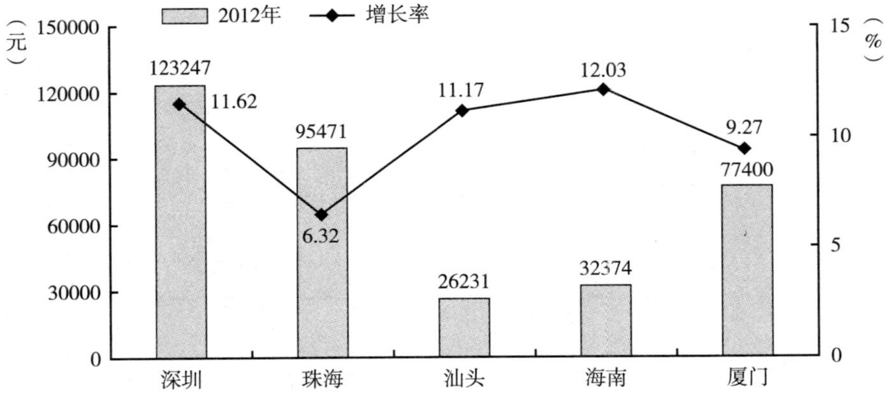

图2　2012年五大经济特区人均地区生产总值及增长率变化趋势

分地区看，深圳地区生产总值为12950.06亿元，比上年（下同）增长10.0%，高于全国全省平均水平。生产总值在全国内地城市中继续保持第四位。深圳人均生产总值为123247元，同比增长11.62%。在2012年全国副省级（含）以上城市技术产业化能力测评中，深圳排名第一位，显示出产业发展具有良好的内生动力。

珠海地区生产总值为1503.76亿元，比上年增长7.0%，人均生产总值

95471 元，同比增长 6.32%。

汕头特区在五大经济特区中相对落后，2012 年，汕头地区生产总值为 1425.01 亿元，比上年增长 9.5%。汕头人均生产总值 26231 元，同比增长 11.17%。

厦门地区生产总值为 2817.07 亿元，按可比价格计算，比上年增长 12.1%。厦门人均生产总值 77400 元，同比增长 9.27%。

海南地区生产总值为 2855.26 亿元，按可比价格计算，比上年增长 9.1%。海南人均生产总值 32374 元，同比增长 12.03%。

2. 经济特区产业结构转换水平情况

从五大特区的三次产业规模和增速来看（见图 3、图 4），2012 年，深圳第一产业增加值为 6.3 亿元，同比增长 0.1%；第二产业增加值 5737.64 亿元，增长 7.3%；第三产业增加值 7206.12 亿元，增长 12.3%。

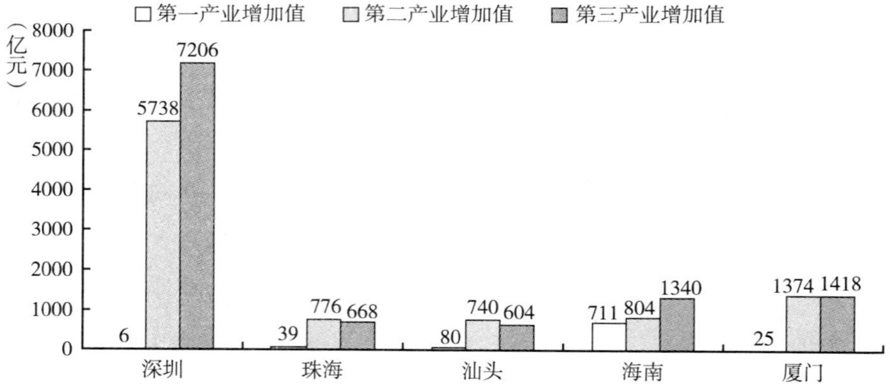

图 3　2012 年五大经济特区三次产业增加值

注：为了便于制表，图中数据只保留到个位数。

珠海第一产业增加值 39.02 亿元，同比增长 4.9%；第二产业增加值 776.36 亿元，增长 3.1%；第三产业增加值 668.38 亿元，增长 12.1%。

汕头第一产业增加值 80.44 亿元，同比增长 4.2%；第二产业增加值 740.2 亿元，增长 11.9%；第三产业增加值 604.37 亿元，增长 7.3%。

厦门第一产业增加值 25.21 亿元，同比增长 0.4%；第二产业增加值 1374.01 亿元，增长 12.6%；第三产业增加值 1417.85 亿元，增长 11.7%。

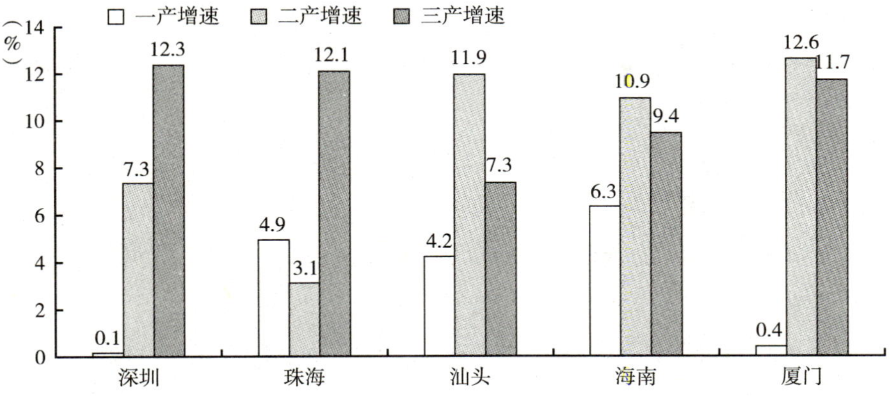

图 4　2012 年五大经济特区三次产业增速

海南第一产业增加值 711. 47 亿元，同比增长 6. 3%；第二产业增加值 803. 67 亿元，增长 10. 9%；第三产业增加值 1340. 12 亿元，增长 9. 4%。

从三次产业结构看，2012 年深圳的三次产业结构比例由上年的 0. 0∶46. 5∶53. 5调整为0. 0∶44. 3∶55. 7，产业结构进一步优化。珠海的三次产业结构由2. 6∶54. 4∶43. 0 调整为2. 6∶52. 9∶44. 5，汕头的三次产业结构由上年的5. 8∶50. 9∶ 43. 3 调整为 5. 8 ∶ 51. 5 ∶ 42. 7，厦门的三次产业结构由 1. 0∶51. 4∶47. 6调整为 0. 9∶48. 8∶50. 3，海南则由 26. 1∶28. 3∶45. 6 调整为 24. 92∶28. 15∶46. 94（见图 5）。

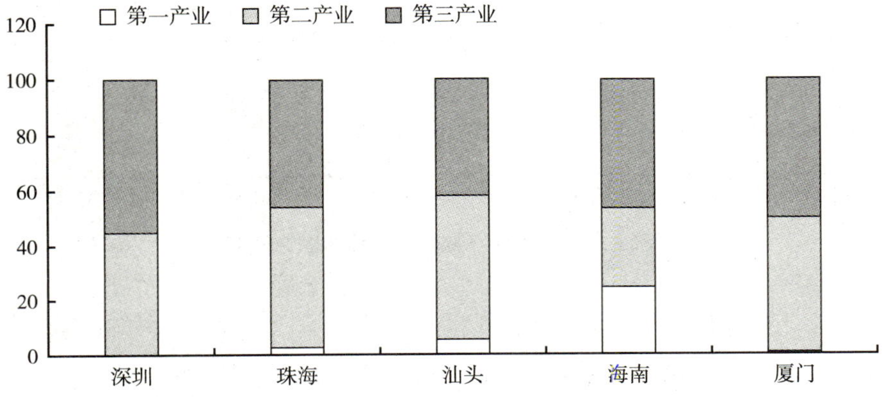

图 5　2012 年五大经济特区三次产业构成

2012 年，深圳、珠海、汕头第一产业所占 GDP 比重都与上年持平，除汕头外，其他四个经济特区第二产业所占 GDP 的比重都较上年下降；第三产业所占 GDP 的比重都较上年上升。

在五个经济特区中，深圳、厦门和海南的三次产业结构为“三、二、一”，其中深圳、厦门的第三产业所占比重已经超过了 50%，显示产业结构演进已经处于较为高级的阶段；珠海和汕头的三次产业结构为“二、三、一”，第二产业所占比重超过 50%，说明工业化进程还处于深化中。

为了更好地说明经济特区三次产业结构的总体变化状况，可以计算经济特区的产业结构变化值 C_{ij}。令 $C_{ij} = \sum |Q_{ij1} - Q_{ij0}|$，其中，$Q_{ij}$ 为 i 经济特区的 j 产业在整个产业中所占比重，其下标 0、1 分别代表 2011 年和 2012 年。C_{ij} 值越大，说明经济特区产业结构变化程度越大；反之，则越小。

根据计算结果，与上年相比，深圳、珠海、汕头、厦门和海南的产业结构变化值依次是 4.39%、5.55%、6.09%、2.67% 和 5.46%（见图 6）。由此可见，五大经济特区中，汕头产业结构变化值相对较大，珠海、厦门和深圳产业结构变化值居中，而海南最小。

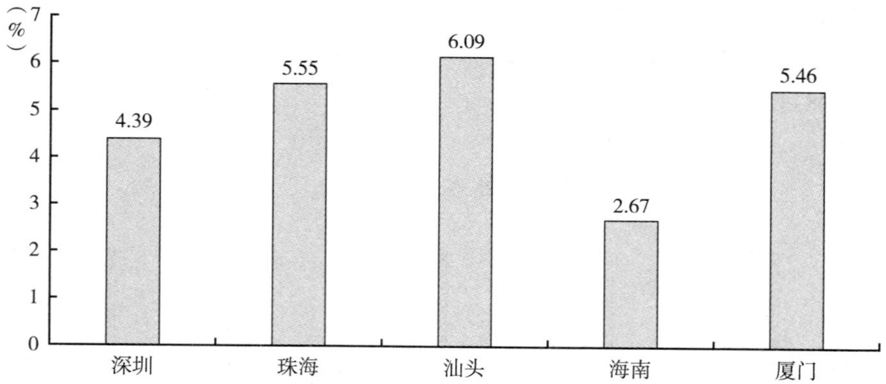

图 6　五大经济特区产业结构变化值

除了了解经济特区产业结构变动的总体状况之外，为了了解经济特区三次产业变动的方向和强度，还需要计算产业变化趋势值 B_{ij}，令 $B_{ij} = \frac{Q_{ij1}}{Q_{ij0}}$，当 B_{ij} 大于 1 时，表明 i 经济特区的 j 产业比重提升，即 j 产业出现相对扩张；当 B_{ij}

等于1时，表明j产业比重保持不变；当B_{ij}小于1时，表明j产业比重下降，产业相对而言在收缩。B_{ij}值与1的距离越大，说明j产业扩张或收缩的强度越大；反之，则越小（见图7）。

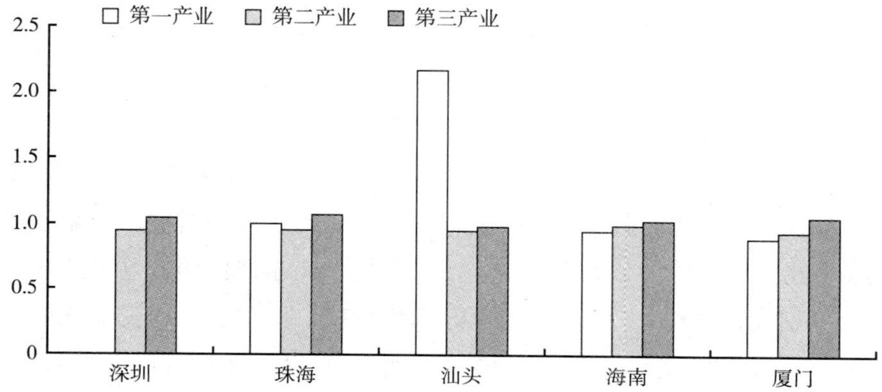

图7　五大经济特区三次产业变化趋势值

根据计算结果，从三次产业变化趋势的平均值来看，五大经济特区总体呈现出第一产业比重保持不变，第二产业收缩和第三产业扩张的趋势（见图8）。

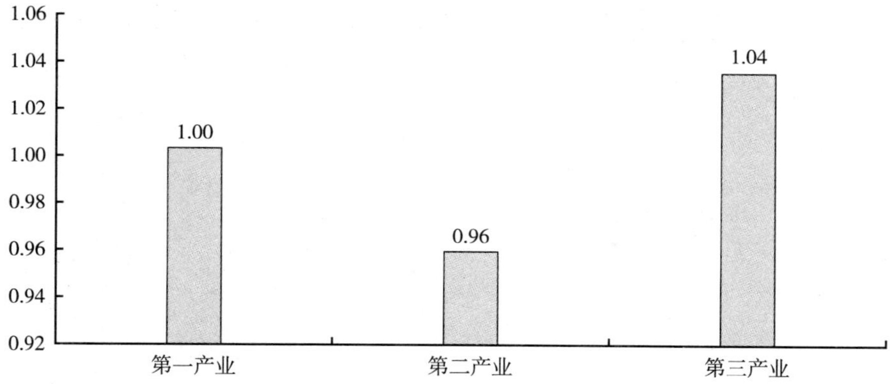

图8　五大经济特区三次产业变化趋势平均值

分地区来看，五大经济特区又表现出不同的特点。根据五大经济特区第一产业变化趋势值，深圳、海南、厦门三大地区的第一产业均在收缩，汕头和珠海的第一产业相对扩张。从五大经济特区第二产业的变化趋势值来看，五大经济特区表现出完全相同的趋势，即第二产业比重都在下降。从五大经济特区第三产业的变化趋势值来看，五大经济特区中除汕头外，其他四大经济特区的第三产业均呈现扩张的趋势。

3. 经济特区高级产业的规模水平

制造业转型是一个逐步演进的过程，在表现特征上，既体现为工业新产品、新产业的出现与兴起，又体现出传统制造业效率的提升。以深圳为例，2012 年，全年高新技术产品产值 12931.82 亿元，比上年增长 8.9%，其中具有自主知识产权的高新技术产品产值 7888.41 亿元，占高新技术产品产值的 61.0%，比上年提高 0.2 个百分点。在高新技术产品产值中，电子信息产业 11360.20 亿元，增长 8.7%；新材料及新能源 722.50 亿元，增长 11.0%；光机电一体化 625.70 亿元，增长 8.9%；生物技术 134.10 亿元，增长 11.8%；环保及其他 89.30 亿元，增长 12.9%，显示出产业转型过程中新兴产业与新产品对产业转型的巨大带动作用。

由于海南新产品产值数据不可得，从其他四大经济特区的新产品产值来看，深圳较珠海、汕头、厦门都有显著的优势。2012 年，珠海、汕头、厦门新产品产值分别为 727.91 亿元、139.94 亿元和 1237.77 亿元。深圳分别是珠海、汕头、厦门新产品产值的 9 倍、44 倍和 5 倍（见图 9）。

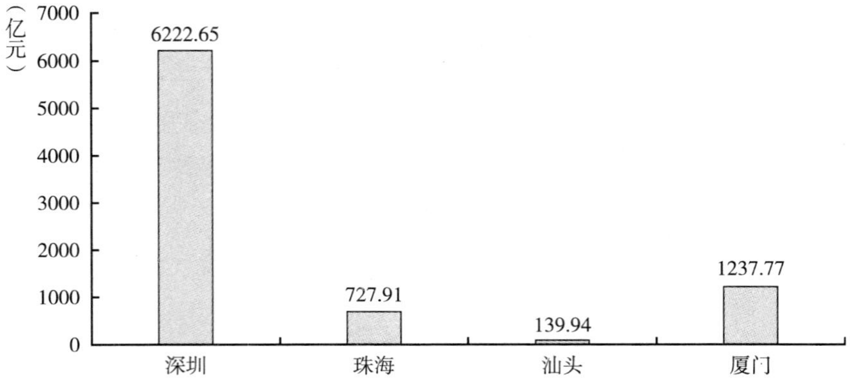

图 9　四大经济特区新产品产值

从其他四大经济特区的新产品销售收入来看，深圳较珠海、汕头和厦门有显著的优势。在新产品销售收入中，深圳新产品出口占新产品销售收入的比重为64.4%，厦门为51.4%，显示出强劲的出口需求拉动特征。相较而言，珠海比重为30.2%，汕头为25.7%，显示出新产品转化为出口竞争力的能力较弱（见图10）。

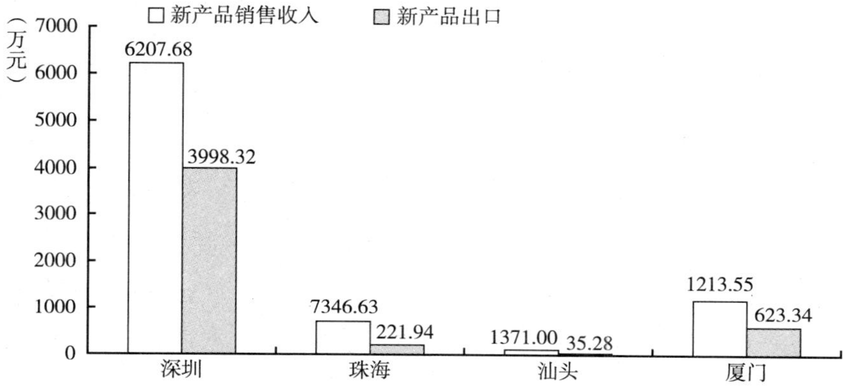

图10　四大经济特区新产品销售收入及出口收入

从全员劳动生产率指标来看，海南全员劳动生产率最高，达到337067元/人，其次是厦门，为168700元/人，深圳与珠海分别为148073元/人和146606元/人，汕头最低，仅为129593元/人（见图11）。

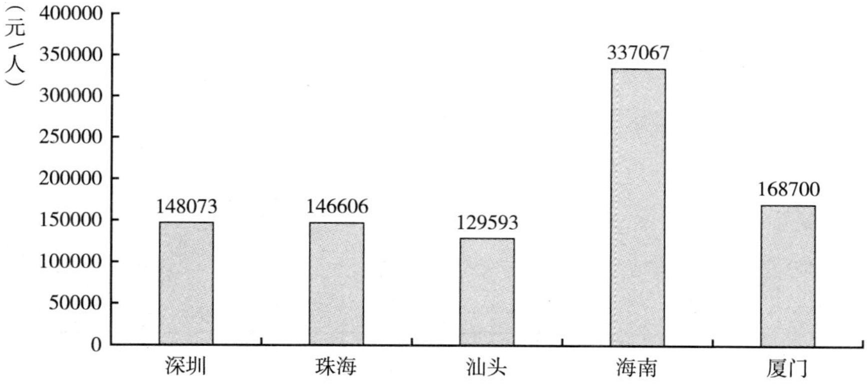

图11　五大经济特区全员生产率比较

4. 经济特区产业转型的支持条件

研发投入对经济增长、国家竞争力和创新能力的提升有间接影响。高强度的研发投入有助于迅速提升一国技术水平，通过技术创新促进经济增长。国际经验表明，研发投入强度与经济增长存在显著的正相关关系，而且在工业化和后工业化过程中持续上升。为深入观察五大经济特区制造业产业转型的潜力，以下选取工业企业 R&D 活动人员、R&D 经费内部支出和专利数量三类指标进行分析。

2012 年，在五大经济特区中，深圳工业企业 R&D 活动人员达 1962020 人，R&D 内部支出 461.87 亿元，均显著高于其他四大特区（见图 12、图 13）。在珠海、汕头、海南和厦门四个特区中，厦门在以上两项指标上追赶深圳，具有较大的潜力，但从创新投入强度和单个企业创新能力来看，两者还有较大的差距，2012 年，厦门规模以上工业企业研发投入强度（R&D 经费内部支出与主营业务收入之比）为 1.5%，新产品开发投入强度（新产品开发经费与主营业务收入之比）为 1.6%，分别比深圳低 0.7 个和 0.8 个百分点。此外，在厦门开展研发活动的规模以上工业企业中，2012 年平均每个企业拥有 R&D 人员折合全时人员 74 人年，投入企业内部 R&D 经费 0.18 亿元，开展 R&D 项目 6.23 项；与深圳 190 人年、0.50 亿元、12.30 项的平均水平相比，存在明显的差距（见表 2）。

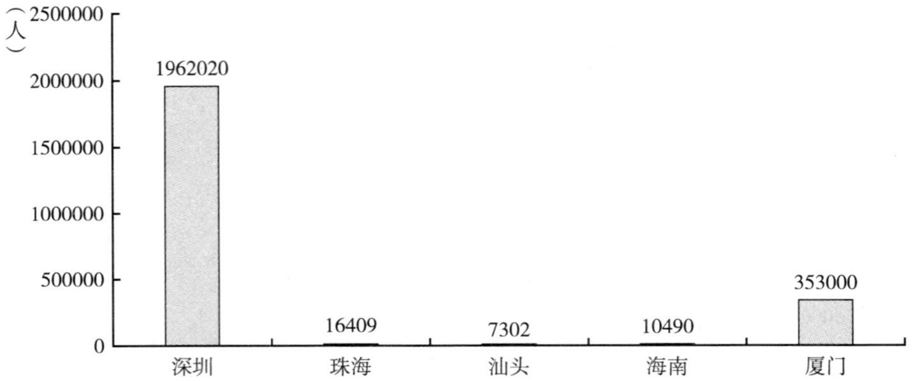

图 12　五大经济特区工业企业 R&D 活动人员

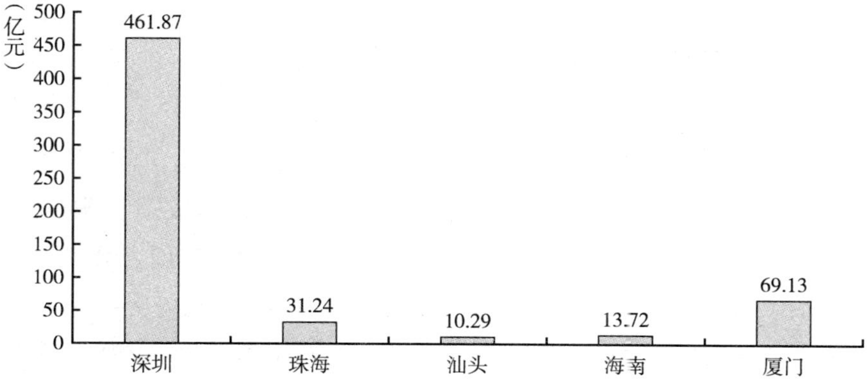

图 13　五大经济特区 R&D 经费内部支出

表 2　2012 年厦门、深圳规模以上工业企业主要科技指标对比

指　　标	厦门	深圳
规模以上工业企业单位数(个)	1658	5835
有 R&D 活动单位数(个)	392	928
主营业务收入(亿元)	4549. 75	20986. 93
研发投入强度(%)	1. 5	2. 2
新产品开发投入强度(%)	1. 6	2. 4
平均每个企业 R&D 人员折合全时人员(人年)	74	190
平均每个企业 R&D 经费内部支出(亿元)	0. 18	0. 50
平均每个企业 R&D 项目(项)	6. 23	12. 30
企业研究机构数(个)	233	608

从专利指标来看，2012 年五大经济特区专利申请量中，深圳以 73109 项专利名列第一，汕头以 10388 项专利总量位居第二，专利总数均显著超过制造业规模排名第二和第三的厦门和珠海（见表 3）。

表 3　2012 年五大经济特区专利申请量

	发明	实用新型	外观设计	合计
深　圳	31068	23706	18335	73109
珠　海	2287	3513	1297	7097
汕　头	1638	2130	6620	10388
海　南	865	747	212	1824
厦　门	2513	5263	2189	9965

（二）经济特区服务业转型分析

1. 经济特区服务业结构变化

按照国民经济统计行业分类，服务业主要包括交通运输、仓储和邮政业、批发和零售业、住宿和餐饮业、金融业、房地产业和其他服务业。根据对五大经济特区服务业增加值的行业数据分析，可计算出2011～2012年深圳、珠海、汕头、海南和厦门的服务业结构调整变化值分别是4.72%、3.84%、1.08%、12.97%和7.89%。其中，海南、厦门服务业内在结构变化值较大，而深圳、珠海、汕头内在结构变化值相差不大，这表明珠三角服务业内在结构调整相对稳定，而海南和厦门结构调整相对较大（见图14）。

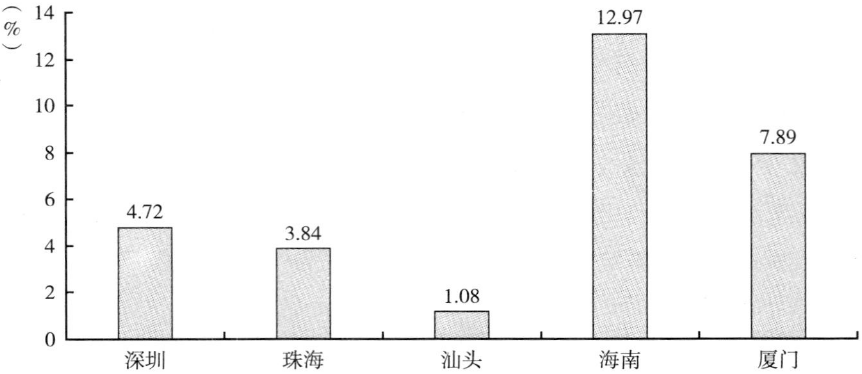

图14　五大经济特区服务业内在结构变化值

2. 经济特区服务业行业变动

通过计算五大经济特区的服务业行业变化趋势值，可以发现，2011～2012年，五大经济特区除交通运输、仓储和邮政业与住宿和餐饮业略小于1外，其他四种服务业变化趋势值均大于1，说明多数服务业处于平稳扩张的态势（见图15）。

分城市来看，深圳交通运输、仓储和邮政业（0.92），住宿和餐饮业（0.93），金融业（0.94）均处于收缩状态，批发和零售业（1.03）、房地产业（1.07）和其他服务业（1.02）均处于扩张状态。

珠海交通运输、仓储和邮政业（0.90），批发和零售业（0.94）、住宿和

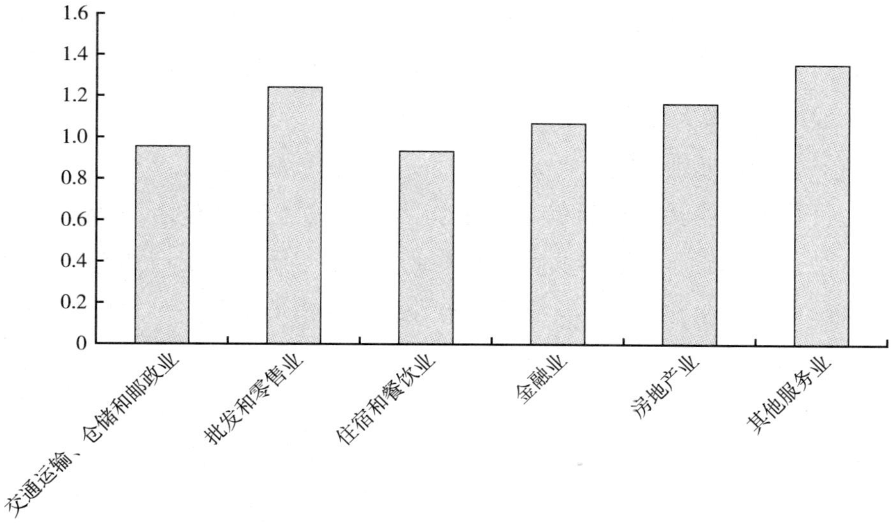

图 15　五大经济特区服务业行业变化趋势平均值

餐饮业（0.98），变化趋势值都小于1，处于收缩状态，金融业（0.94）、房地产业（1.07）和其他服务业（1.02）均处于扩张状态。

汕头交通运输、仓储和邮政业（1.02）、住宿和餐饮业（1.01）均处于扩张状态，金融业和其他服务业均等于1，说明产业结构处于稳定状态，住宿和餐饮业（0.95）与房地产业（0.99）变化趋势值都小于1，均处于收缩状态。

相较深圳、珠海和汕头，海南、厦门多数服务业门类处于扩张状态。其中，海南批发和零售业、金融业、房地产业和其他服务业行业变化趋势值均显著大于1，交通运输、仓储和邮政业与住宿和餐饮业均小于1。厦门住宿和餐饮业、金融业、房地产业和其他服务业行业变化趋势值均显著大于1，交通运输仓储和邮政业、批发和零售业均小于1。

三　经济特区产业转型发展能力定量评价

（一）经济特区产业转型评价指标体系设计

1. 评价指标体系的设计原则

构建特区产业转型评价指标体系是为了更加客观地反映经济特区产业转型

发展的进程，进而在比较中识别五大经济特区在产业转型过程中的关键难点和存在的问题。经济特区产业转型评价指标体系的设计既要遵循指标体系建立原则的一般性，也要突出本研究主题的典型性。

（1）系统性原则

经济特区产业转型评价指标体系作为一个完整的有机体，是一个大系统，必须要尽可能通过指标设计揭示产业转型的本质。基于产业转型发展的内在逻辑，从产业发展的成长性、结构升级、规模扩张等多维角度构建指标体系。

（2）可操作原则

在指标设计过程中，要充分考虑五大经济特区的数据基础。一方面，指标内容要力求明确、具体、可供测量、易于应用，定量指标应能方便获取或者测算。

（3）代表性与动态性原则

在指标设计过程中，指标的选取和设置要尽可能与经济特区产业转型发展的评价目标直接相关，并结合经济特区转型发展的特点，从产业转型的主体需求角度出发，区分不同指标的重要性差异，选择关键性和最具代表性指标，摒弃一般性指标。

（4）引导性原则

设计经济特区产业转型评价指标体系的目的在于通过对五大经济特区产业转型发展的评价，起到加快特区产业转型的作用。

2. 评价指标体系的确定

遵循上述经济特区产业转型评价指标体系设计的四大原则，借鉴国内外关于产业转型评价的相关文献，确定评价指标体系（见表4）。

本评价指标体系的相关定量数据主要来源于《广东统计年鉴》《深圳统计年鉴》《厦门统计年鉴》《海南统计年鉴》《汕头统计年鉴》《珠海统计年鉴》等统计年鉴和相关省市政府等公布的年报。

（二）定量评价过程与结果

对经济特区产业转型发展的评价主要基于主成分分析法。具体步骤是：

表 4　经济特区产业转型评价指标体系

评价目标	一级指标	二级指标
经济特区产业转型评价体系	产业成长水平	工业增加值同比增速
		高技术制造业增加值增速
		现代服务业增速
	结构转换水平	先进制造业增加值占规模以上工业比重
		高技术制造业增加值占规模以上工业比重
	规模水平	新产品产值
		现代服务业产值
	效益水平	人均产出
		地均产出
	相关支撑条件（市场和技术创新）	R&D 经费内部支出
		新产品出口收入
		专利申请数量

（1）标准化原始数据。

（2）显著性验证。经 Bartlett 检验结果显示：Bartlett 值为 281.39，自由度为 45，检验概率 p 小于 0.0001，表明适合进行因子分析。结果显示，KMO 值为 0.621，大于 0.5，表明可以接受观测变量做因子分析。

（3）公因子提取。根据碎石图（见图 16），前 3 个公因子特征值都大

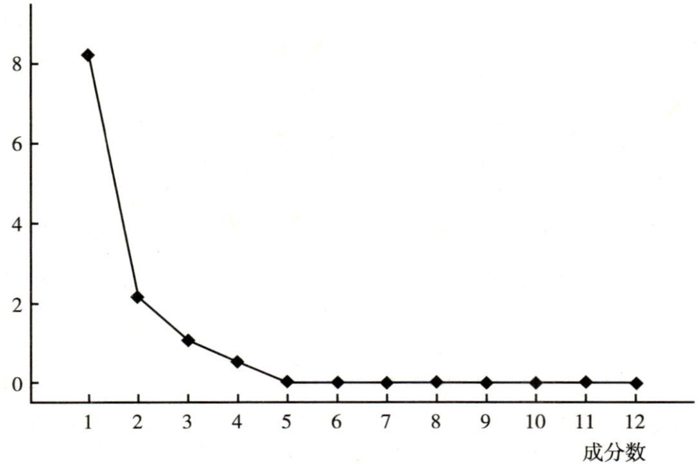

图 16　公因子特征值

于1，显著大于后者，从第4个公因子开始特征值变化平稳，且小于1。表5所示前3个公因子的累计贡献率为95.537%，因此，提取前3个公因子比较合适。

表5　总方差解释度汇总

成分	初始特征值			提取平方和载入			旋转平方和载入		
	合计	方差的百分比（%）	累积百分比（%）	合计	方差的百分比（%）	累积百分比（%）	合计	方差的百分比（%）	累积百分比（%）
1	8.213	68.441	68.441	8.213	68.441	68.441	5.134	42.783	42.783
2	2.171	18.088	86.529	2.171	18.088	86.529	4.440	37.000	79.783
3	1.081	9.008	95.537	1.081	9.008	95.537	1.890	15.754	95.537
4	0.536	4.463	100.000						
5	3.482E−16	2.902E−15	100.000						
6	2.998E−16	2.499E−15	100.000						
7	1.140E−16	9.501E−16	100.000						
8	7.284E−17	6.070E−16	100.000						
9	−2.021E−17	−1.684E−16	100.000						
10	−8.254E−17	−6.878E−16	100.000						
11	−3.361E−16	−2.801E−15	100.000						
12	−3.815E−16	−3.179E−15	100.000						

提取方法：主成分分析法。

根据表5可得，高技术制造业增加值占规模以上工业比重（$X5$）、新产品产值（$X6$）、现代服务业产值（$X7$）、R&D经费内部支出（$X10$）和新产品出口（$X11$）五项指标在第一个公因子上有较高的载荷，可称之为转型效果因子，其贡献度最大，为42.783%；高技术制造业增加值增速（$X2$）、现代服务业增速（$X3$）、先进制造业增加值占规模以上工业比重（$X4$）、人均产出（$X8$）、地均产出（$X9$）、申请专利数（$X12$）在第二个公因子上有较多的载荷，可称之为转型进程因子，其贡献度为37%。工业增加值同比增速（$X1$）在第一个公因子上有较多的载荷，可称之为转型基础因子，其贡献度为15.754%。

（4）计算公因子得分。根据公因子得分系数矩阵（见表6、表7），可以得出各因子得分的表达式：

表6 旋转后的公因子载荷矩阵

	成分		
	1	2	3
Zscore(*X*1)	-.221	.017	-.893
Zscore(*X*2)	-.063	-.967	-.116
Zscore(*X*3)	.286	.624	.595
Zscore(*X*4)	.564	.785	.202
Zscore(*X*5)	.714	.647	.216
Zscore(*X*6)	.943	.262	.196
Zscore(*X*7)	.978	.085	.186
Zscore(*X*8)	.563	.636	.527
Zscore(*X*9)	.396	.824	.405
Zscore(*X*10)	.960	.200	.179
Zscore(*X*11)	.961	.204	.175
Zscore(*X*12)	-.080	-.917	.247

提取方法：主成分分析法。
旋转法：具有 Kaiser 标准化的正交旋转法。

表7 公因子得分系数矩阵

	成分		
	1	2	3
Zscore(*X*1)	.127	.139	-.691
Zscore(*X*2)	.132	-.305	.031
Zscore(*X*3)	-.121	.104	.355
Zscore(*X*4)	.043	.168	-.053
Zscore(*X*5)	.109	.100	-.060
Zscore(*X*6)	.243	-.058	-.084
Zscore(*X*7)	.280	-.122	-.080
Zscore(*X*8)	-.012	.079	.234
Zscore(*X*9)	-.066	.179	.149
Zscore(*X*10)	.261	-.080	-.095
Zscore(*X*11)	.261	-.078	-.099
Zscore(*X*12)	.037	-.328	.330

提取方法：主成分分析法。
旋转法：具有 Kaiser 标准化的正交旋转法。

$$F_1 = 0.127X1 + 0.132X2 - 0.121X3 + 0.043X4 + 0.109X5 + 0.243X6 + 0.28X7 - 0.012X8 - 0.066X9 + 0.261X10 + 0.261X11 + 0.037X12$$

$$F_2 = 0.139X1 - 0.305X2 + 0.104X3 + 0.168X4 + 0.100X5 - 0.058X6 - 0.122X7 + 0.079X8 + 0.179X9 - 0.080X10 - 0.078X11 - 0.328X12$$

$$F_3 = -0.691X1 + 0.031X2 + 0.355X3 - 0.053X4 - 0.060X5 - 0.084X6 - 0.080X7 + 0.234X8 + 0.149X9 - 0.095X10 - 0.099X11 + 0.330X12$$

将五大经济特区的指标值代入上述方程，计算出各因子得分。运用总方差解释表中3个公因子方差的贡献率，可以构造出综合评价模型：

$$F = 0.42783F_1 + 0.37F_2 + 0.15754F_3$$

将各因子得分代入上式，可以得到五大经济特区产业转型的综合得分（见表8）。

表8　五大经济特区产业转型综合得分排序表

	F_1	F_2	F_3	综合得分	排序
深　圳	0.73569	0.078178	0.270903	1.084771	1
厦　门	-0.08555	0.312339	-0.09874	0.128048	2
珠　海	-0.38215	0.275668	0.193368	0.086883	3
汕　头	-0.16092	-0.06322	-0.21258	-0.43672	4
海　南	-0.10707	-0.60297	0.066166	-0.64387	5

（三）评价结论

从综合得分来看，深圳处于五大经济特区产业转型综合得分的首位，其次是厦门、珠海、汕头和海南。从构成综合得分的三大因子来看，深圳由于在高技术制造业增加值占规模以上工业比重（X5）、新产品产值（X6）、现代服务业产值（X7）、R&D经费内部支出（X10）和新产品出口（X11）五方面具有显著的竞争优势，且转型模式日趋成熟，因此在转型效果方面处于五大经济特区领先地位；在转型进程方面，厦门、珠海在高技术制造业增加值增速（X2）、现代服务业增速（X3）、先进制造业增加值占规模以上工业比重（X4）等方面快速提升，因此占据五大经济特区产业转型排名的领先地位。雄厚的产业基础是加快产业转型发展的必要条件，在此方面，深圳、珠海、海南均具有较强的优势条件，产业转型具有坚实的基础。

四　促进经济特区产业转型发展的政策建议

（一）激活内生增长动力，推动特区产业发展深度转型

中国经济特区的发展目前正处在一个关键时期。长期来看，特区制度创新所需破除的全局性、根本性障碍日趋显现，特区发展的制度创新优势相对内地省市日趋衰减，制度创新诱发的增长活力空间越发狭小。短期来看，特区经济发展正与全国经济发展呈现出越来越强的趋同性。2012 年，中国经济特区经济增长速度虽然高于全国水平，但也呈现出增速放缓迹象。在国际经济形势持续低迷、外需日趋乏力的背景下，作为外贸依存度较高的经济特区，其产业发展会遭受更大的外部风险。2013 年，在党的十八大会议上，党中央提出加快实施“创新驱动发展战略”，并将其作为加快完善社会主义市场经济体制和加快转变经济发展方式的一个重要内容，强调要适应国内外经济形势新变化，加快形成新的经济发展方式，把推动发展的立足点转到提高质量和效益上来。在此背景下，中国经济特区的产业转型更应从特区战略转型的全局出发，针对当前绝大多数经济特区科技投入产出能力不足、科技创新水平低等突出问题，积极挖掘技术创新诱发的内生增长动力，加快推动特区产业的深度转型。

（二）突破产业转型发展薄弱环节，增强特区产业转型能力

从经济特区产业转型发展能力上看，除深圳在多年的产业发展中积累了较为雄厚的规模、效益和科技支撑基础外，其他四个经济特区仍面临着产业转型的长效动力不足、产业结构转换水平较低、高新产业规模较小等突出问题。如从高新产品的发展规模上看，2012 年，珠海、汕头、厦门新产品产值分别为 727.91 亿元、139.94 亿元和 1237.77 亿元。深圳分别是珠海、汕头、厦门新产品产值的 9 倍、44 倍和 5 倍，经济特区之间新产业发展的速度、效益不平衡问题极为突出。在经济特区产业转型发展能力的定量评价中，深圳尽管在高

技术制造业增加值占规模以上工业比重、现代服务业产值等方面领先，但高技术制造业增加值增速、现代服务业增速等速度指标在经过多年发展之后日趋放缓；珠海尽管拥有与深圳近似的全员生产率，但产业规模、R&D 投入等指标却与深圳有较大的差距；相较其他四大经济特区，海南产业结构的水平仍处于较低层次，产业转型效果、支撑条件指标均较其他经济特区存在较大差距；汕头属于经济总量较小的经济特区，在一定程度上制约了产业集聚辐射功能的有效发挥，削弱了创新资源的聚集效应和衍生效应，其在参与国际中高端竞争中容易处于劣势；厦门尽管具有产业转型发展的优良基础，但在科技投入产出能力和研发水平上均较深圳有较大差距，极大地束缚了厦门产业转型的内生增长动力。在资源要素环境制约日益尖锐的大环境下，五大经济特区只有针对产业转型发展的薄弱环节不断增强产业转型能力，才能赢得改革开放新时期的历史新机遇，完成好特区产业发展对全国产业发展的使命和起到应有的带动作用。

参考文献

[1]《深圳市 2012 年国民经济和社会发展统计公报》，http：//www. sztj. gov. cn/xxgk/tjsj/tjgb/201304/t20130412_ 2127275. htm，2013 年 4 月 10 日。

[2]《2012 年珠海市国民经济和社会发展统计公报》，http：//www. stats－zh. gov. cn/o_ tjgb/tjgb/2012. htm，2013 年 3 月 29 日。

[3]《2012 年汕头国民经济和社会发展统计公报》，http：//sttj. shantou. gov. cn/tjgb/20130509gb. html，2013 年 3 月 25 日。

[4]《2012 年海南省经济和社会发展统计公报》，http：//www. hi. stats. gov. cn/hnstjj/tjsj/tjgb/fzgb/n/201301/t20130130_ 901804. html，2013 年 1 月 27 日。

[5]《海南统计年鉴 2013》，中国统计出版社，2013。

[6]《深圳统计年鉴 2013》，中国统计出版社，2013。

[7]《广东统计年鉴 2013》，中国统计出版社，2013。

B.3

中国经济特区资源效率与可持续发展报告

钟若愚　林 滨*

城市文明不仅要着眼当代，更要思虑未来。解读经济特区可持续发展的两个关键词是跨期约束与选择价值，在资源跨期约束条件下解析可持续发展，强调保存选择的原则，即当代人应当为后代人保存自然和文化资源的多样性，使之具有选择的多样性①。

本报告引入物质流分析（Material Flow Analysis，MFA）方法，从资源生产率视角解析可持续发展，构建城市和区域层面基于MFA分析的资源效率研究指标，将城市和区域发展进程中资源投入及其效率问题纳入经济分析框架，考察中国五大经济特区资源效率和可持续发展问题。

一　城市层面物质流分析与资源效率分析框架

可持续发展视角下的生产效率不仅要关注劳动生产率、资本产出率等指标，更要关注生态效率视野中的资源生产率问题。借助于物质流分析（MFA），可以为研究资源效率与可持续发展问题提供一种新的视角②。

---

* 钟若愚，深圳大学中国经济特区研究中心教授、经济学博士，深圳市应用经济研究会会长；林滨，深圳大学中国经济特区研究中心硕士研究生。本报告同时也是教育部人文社科重点研究基地重大项目（10JJDZONGHE019）的阶段性成果。

① 参见钟若愚《选择价值与城市未来》，《中国社会科学报》2012年10月29日。

② 参见钟若愚《自然资源价值与效率问题研究》，《求索》2008年第5期；钟若愚：《中国资源生产率和全要素生产率研究》，《经济学动态》2010年第7期。

（一）城市层面的物质流分析框架与指标

物质流分析把社会经济系统看作一个整体，考察其总体输入、消耗与输出，即“社会的新陈代谢”。从输入端对进入经济系统的物质流进行研究，可以界定城市或区域层面物质流分析的物质类目。

城市物质流分析目前仍大多采用国家 MFA 分析框架，但城市 MFA 与国家 MFA 在研究尺度上的差异，导致国家层次的 MFA 分析框架并不适合直接用于研究城市可持续发展问题（陈波等，2010）①。国内现有的城市 MFA 研究大都基于欧盟导则这一框架。如徐一剑等（2004）利用欧盟导则分析贵阳市物质流情况，给出了 2000 年的物质流全景及 1978 ~2002 年资源投入，1996 ~2002 年污染排放总量、结构、强度与人均规模的变化②，但该研究仅核算城市系统固体物质代谢情况，并未完整考虑与系统代谢相关的所有物质流。此后黄和平（2006）③、黄晓芬（2007）④、钟若愚（2008）⑤ 等同样利用欧盟导则分别对常州市武进区、上海市、深圳市等地开展了城市物质流分析研究。

由于城市和区域层面与国家层面物质流分析的边界不同，对城市或区域开展物质流分析需要界定区域内经济体系与自然环境之间的边界、区域内经济体系与国外经济体系的边界和区域内经济体系与国内其他经济体系的边界⑥。其中，国内经济体与国外的物质流交换主要通过进口和出口的形式表现，为了与国家层面的进口、出口相区别，本文将城市和区域层面进口、出口称为调入、调出。

---

① 陈波、杨建新等：《城市物质流分析框架及其指标体系构建》，《生态学报》2010 年第 22 期。

② Xu Y. J. , Zhang T. Z. , Shi L. , Chen J. N. , Material flow analysis in Guiyang. *Journal of Tsinghua University*（Science and Technology），2004，44（12）：1688 -1691.

③ Huang H. P. , Bi J. , Li X. M. , Zhang B. , Yang J. Material Flow Analysis（MFA）of an eco-economic system：a case study of Wujin District，*Changzhou Acta Ecologica Sinica*，2006，26（8）：2578 -2586.

④ Huang X. F. , Zhu D. J. , Material input analysis of Shanghai economic and environmental system，*China Population*，*Resources and Environment*，2007，17（3）：96 -99.

⑤ 钟若愚：《深圳资源生产率的变迁及其影响》，《开放导报》2008 年第 4 期。

⑥ 参见周震峰《基于 MFA 的区域物质代谢研究——以青岛市城阳区为例》，中国海洋大学硕士学位论文，2006。

本报告将建立一个物质流分析的简化框架以探讨城市或区域层面资源效率问题。对于不同资源消耗类型的城市而言，直接物质输入量与本地物质消耗指标有几种对应关系，其中对于资源调入型的城市而言，简化的分析框架可将直接物质消耗等同于直接物质输入指标。[①] 从城市边界系统的界定以及城市物质资源使用数据的可得性等因素考虑，且服从于本报告对经济增长过程中着重研究与工业化发展相关的物质资源利用问题的需要，本文对所用的直接物质输入指标加以简化分类（见表1）。

表1　城市物质流分析的简化框架：直接物质输入指标的分类

<table>
<tr><th>指标</th><th>大类</th><th>构成项目</th><th>细分指标</th><th>主要内容</th></tr>
<tr><td rowspan="7">输入指标 DMI</td><td rowspan="3">直接物质输入=本地投入+外地调入</td><td rowspan="15">本地投入 DE</td><td rowspan="3">1. 化石燃料</td><td>(1)原煤</td></tr>
<tr><td>(2)原油</td></tr>
<tr><td>(3)天然气</td></tr>
<tr><td rowspan="4">$DMI = DE + I$</td><td rowspan="4">2. 工业金属矿物</td><td>(1)铁矿石</td></tr>
<tr><td>(2)铝矿石</td></tr>
<tr><td>(3)铜矿石</td></tr>
<tr><td>(4)其他</td></tr>
<tr><td rowspan="10">消耗指标 DMC</td><td rowspan="4">直接物质消耗=直接物质输入-本地调出</td><td rowspan="4">3. 工业非金属矿物</td><td>(1)化学化工原料</td></tr>
<tr><td>(2)初级形态的塑料</td></tr>
<tr><td>(3)玻璃、水泥等</td></tr>
<tr><td>(4)其他</td></tr>
<tr><td rowspan="6">$DMC = DMI - E$</td><td rowspan="4">4. 生物质</td><td>(1)农作物</td></tr>
<tr><td>(2)林产品</td></tr>
<tr><td>(3)水产品</td></tr>
<tr><td>(4)畜产品</td></tr>
<tr><td>调入(进口)I</td><td colspan="2">化石燃料;工业矿物;生物质</td></tr>
<tr><td>调出(出口)E</td><td colspan="2">化石燃料;工业矿物;生物质</td></tr>
</table>

注：①本文根据研究需要提出物质流简化分析框架；②城市物质流分析框架借鉴国家物质流分析框架，对应于国家层面的进、出口，城市层面上则称为调入、调出；③以上简化框架可参考钟若愚、庄伟锋：2012年《中国经济特区资源效率与可持续发展报告》（《中国经济特区发展报告2012》，社会科学文献出版社，2013，第41～47页）。

① 反映物质资源投入的指标主要有：直接物质输入量（DMI）、总物质输入量（TMI）、总物质需求量（TMR）、本地总物质需求量（DTMR）以及内部物质消耗指标（DMC）。本报告采用直接物质输入量（DMI）表征城市层面的物质输入量。

（二）基于物质流分析的资源生产率指标构建

资源生产率 $P_{resource}$ 可以用经济社会发展的价值量 *Value*（一般是 GDP 总量）和资源实物量 *Material* 的比值来衡量：

$$P_{resource} = \frac{Value}{Material} \tag{1}$$

借助物质流分析方法，可以从一种新的视角研究资源效率与可持续发展问题。物质流分析通过对经济系统的投入物质、排出物质和存量物质进行详细分类，把物质流体系和国民经济核算体系相结合，构建出一系列衍生指标，主要包括以下三类：①与物质投入相关的指标，如资源使用强度、资源生产率；②与物质消耗相关的指标，如资源消耗强度与资源消耗产出率；③与物质排放相关的指标，如物质排放强度与物质排放产出率等。在此基础上，构造出基于物质流分析的资源生产率指标体系，并进而建立物质流基础上的资源生产率分析框架。在这个框架中，社会经济系统是一个整体，考察其总体的物质输入、消耗与输出，对从输入端进入经济系统的物质流进行研究。从资源生产率的含义出发，还可进一步分析经济增长中的资源生产率因素的影响，分解出其中由于经济增长所带来的反弹效应、提高资源生产率所带来的物质减量效应等①。

目前衡量自然资源生产率最常采用的简化指标被称为 *Pearce* 指标（Pearce，2001）②：$P_{Pearce} = \frac{V_{output}}{M_{input}}$，这里 V_{output} 是价值形态的产出量，M_{input} 是物质资源投入量（materials input）。

资源生产率首先是一种生产效率，它衡量经济活动使用自然资源的效率。现有新古典经济学的框架中，自然资源只是与劳动、资本等结合在一起发生作

① 参见钟若愚、庄伟锋《中国经济特区资源效率与可持续发展报告》，《中国经济特区发展报告2012》，社会科学文献出版社，2013。

② Pearce，D. W.，Measuring Resource Productivity. Paper to DTI/Green Alliance Conference，2001。这种简单的测算方式为何会引起研究者的兴趣，Allan 和 Hanley（2006）等认为这基于以下三个好处：①有利于节约稀缺的物质资源；②有利于保护物质资源被转化为废弃物时作为接收器的自然环境；③提升企业的收益率。

用，衡量产出时资源因素的作用并未体现。因而，新古典经济学中资源的效率问题也仅仅是一种经济效率，即资源配置的效率，相应地，获取资源效率的手段也只是市场价格。从可持续发展的角度来考虑，生产效率不仅要注重劳动生产率，而且还要关注生态效率视野中的资源生产率。Pearce 等构造的资源生产率，是对经济效率与生态因素的综合而非仅仅考虑配置效率，因而本质上是一种超越了经济效率的生态效率概念①。

二　中国五大经济特区物质流分析及结果

（一）物质流分析的数据来源及处理

本文数据均来自公开出版的统计年鉴以及相关调研数据。由于城市和区域系统界面存在着数据匮乏、获取成本过高等问题，数据处理的过程遵循以下假设并进行整理：①对某种物质的消费需求，如果本地有生产则优先选择本地生产；②本地生产的某种物质如果供过于求，假设其调入量为零；③如果本地生产物质无法满足本地需求量，假设其调出量为零。② 除了海南省之外，其他经济特区的化石燃料、金属矿物、工业非金属矿物均处于内部供给不足、需从外部调入或进口的状态，可依据假设③进行数据处理。珠海、厦门生物质数据的处理与深圳生物质数据处理方法一样，生物质本地供应不足，远远大于本地产量，由于外地调入量无法可靠取得，鉴于城市直接物质投入量 = 本地生产 + 外地调入量，同时本地生产基本就近消耗，假定不存在出口情况，故采用本地人均消费量估算生物质消耗量。

主要类别物质流数据处理如下：

(1) 化石燃料、金属矿物、工业非金属矿物均由市外引进，本地基本上没有开采。化石燃料、金属矿物、工业非金属矿物以年产量代表，化石燃料由

① 参见钟若愚《自然资源价值及其效率问题研究》，《求索》2008 年第 5 期，第 26 页。

② 城市或区域物质流分析的难点在于物质进出口数据的处理。此处的进口、出口是指深圳市域内与中国其他省市物质流通以及与国外各国、地区的贸易，而不是通常意义上的国与国之间的进出口贸易。

原煤、原油和天然气三部分组成，数据取自历年统计年鉴①。

（2）工业金属矿物由金、铜、铝、铅、锌和铁矿石等物质组成，本文采用可获得的成品钢材及个别年份的进口铁矿石数量、铝材等进行计算②，从相应统计年鉴仅可以得到产品产量数据，而缺乏原矿产量数据。计算方法是由其金属制品的产品，通过投入产出关系，计算其原矿需求量。基于上述对本地产量供不应求的假定，可令直接物质投入量 = 本地开采 + 外地调入，原矿需求量也即本地开采量 + 外地调入量，因此原矿需求量等于直接物质投入量。此外，本报告不计算矿产资源开采的生态包袱数值。

（3）生物质由农作物、经济作物和林木年产量、水产品等代表。城市直接物质投入量 = 本地生产 + 外地调入量，深圳等城市生物质基本上是供不应求、需求量远大于本地产量，且外地调入量无法可靠取得。本文根据主要生物质本地人均消费量水平对生物质消耗量进行估算得到。

（二）各经济特区物质流分析结果

本报告在城市或区域层面引入物质流分析方法，得到物质流分析的基本指标直接物质输入指标 DMI，并用来表征各经济特区经济发展过程中物质资源投入，在此基础上，进一步衡量其资源效率问题。

1. 历年 DMI 总量及其变化

DMI 指标反映了各经济特区经济增长过程中直接物质投入总量的情况。表 2 和图 1 为 1996 ~ 2012 年各经济特区 DMI 总量变化情况，在所考察的五大经济特区中，海南省直接物质消耗总量高于其他特区，DMI 总量较低的是厦门、汕头和珠海。

从资源消耗增长情况看，厦门 DMI 总量从 1996 年的 211.4 万吨增长到 2012 年的 1103.2 万吨，1996 ~ 2012 年年均增长速度为 10.9%；DMI 年均增速最低的是深圳（3.2%），海南、汕头和珠海的年均增速分别为 8.3%、4.5% 和 9.8%。

---

① 参见钟若愚、庄伟锋《中国经济特区资源效率与可持续发展报告》，《中国经济特区发展报告 2012》。

② 根据铝矿石含铝量 40%、1 吨粗钢需要 1.6 吨含铁量为 62% 的铁矿石等技术指标进行换算。

表 2　1996～2012 年五大经济特区直接物质投入指标（DMI）情况

单位：万吨

年份	直接物质投入(DMI)				
	海南	深圳	厦门	汕头	珠海
1996	1327.0	1150.4	211.4	647.4	267.6
1997	1495.3	1121.1	231.8	667.1	312.8
1998	1641.6	991.8	271.5	621.8	356.9
1999	1746.2	1270.7	280.1	622.7	398.4
2000	1829.4	1340.2	313.0	605.7	443.9
2001	1832.5	1387.6	330.5	562.2	498.0
2002	2009.1	1562.4	371.1	595.6	548.2
2003	2171.4	1789.6	414.4	636.3	613.9
2004	2382.3	1777.5	462.4	700.3	629.9
2005	2300.2	1743.0	571.0	745.6	641.7
2006	2599.8	1889.3	679.8	771.5	691.2
2007	2843.3	1910.8	674.6	771.1	932.3
2008	3005.7	1863.5	766.5	760.4	1031.0
2009	3408.5	1787.3	768.1	873.6	1052.2
2010	3807.2	1861.3	944.1	1177.6	1123.0
2011	4423.2	2024.7	1049.1	1288.8	1144.1
2012	4720.1	1912.1	1103.2	1308.6	1191.2

资料来源：根据本研究物质流分析简化框架计算整理得到。

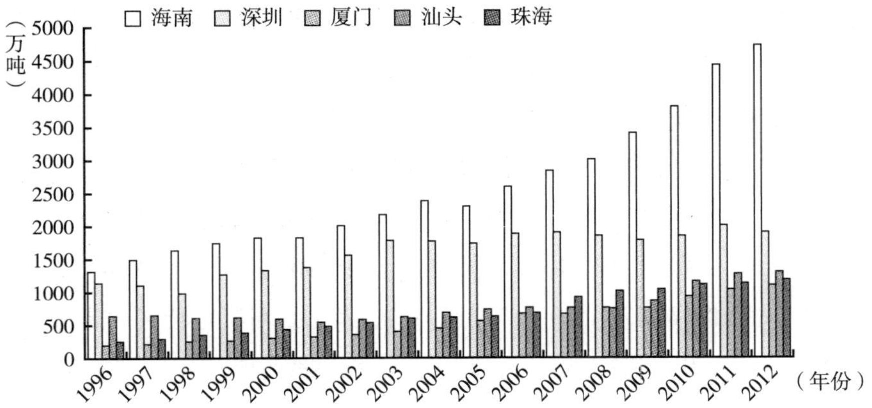

图 1　1996～2012 年五大经济特区直接物质投入指标比较

从历年变化情况看，珠海 2007 年 DMI 指标比上年增长 34.9%，分析其 DMI 构成的增长情况可知，当年 DMI 增长主要来自化石燃料的大幅增长（比上年增长 51.7%①）；汕头 2010 年 DMI 指标比上年增长 36.2%，分析其构成发现，DMI 增长主要来自当年化石燃料的大幅增长（比上年增长 56.9%），化石燃料中原煤使用量比上年增长 59.1%（见图 2）。

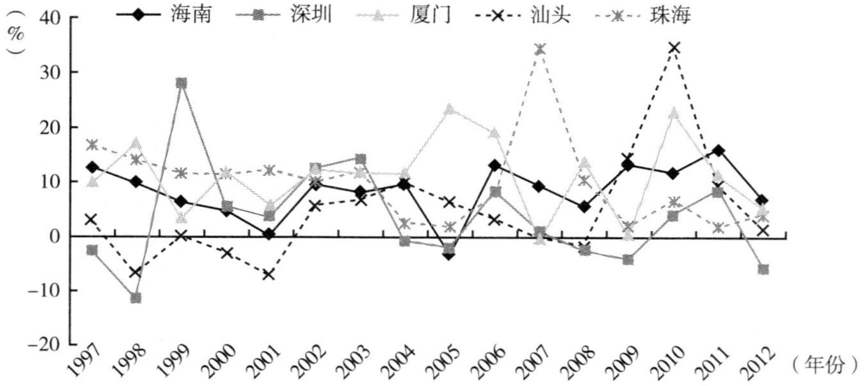

图 2　1997～2012 年各经济特区 DMI 指标增长率

深圳 1999 年 DMI 指标比上年增长 28.1%，分析其 DMI 构成发现，当年化石燃料规划仅 9.9%，而金属矿物质使用量增长 42.7%，金属矿物质占 DMI 总量比重由上年的 43.1% 上升到 1999 年的 48.0%。可以发现，化石燃料、金属矿物质等使用情况的剧烈波动是影响考察期间 DMI 增长变化的主要因素，这说明使用 DMI 构成指标表征和反映了各特区工业化进程中对主要物质资源的消耗及变动情况。

2. 人均 DMI 指标及其比较

人均 DMI 指标反映各特区经济增长过程中物质资源消耗的人均投入水平。从表 3 可见，珠海人均 DMI 在各特区中最高，2012 年高达 7.53 吨/人；2012 年人均 DMI 指标最低的两个特区是深圳市（1.81 吨/人）和汕头市（2.40 吨/人）。厦门人均 DMI 投入在 1996 年为 1.1 吨/人，是当时各特区中最低的；但到了 2012 年已上升至 3.01 吨/人，高于深圳、汕头两地。

① 其中当年原煤使用量比上年增长 69.3%。

表 3　各特区 1996～2012 年人均 DMI 指标比较

单位：吨/人

年份	人均直接物质投入				
	深圳	汕头	厦门	海南	珠海
1996	2. 38	1. 52	1. 10	1. 86	2. 82
1997	2. 12	1. 53	1. 18	2. 06	3. 08
1998	1. 71	1. 39	1. 36	2. 24	3. 29
1999	2. 01	1. 36	1. 39	2. 35	3. 44
2000	1. 91	1. 29	1. 53	2. 40	3. 59
2001	1. 92	1. 18	1. 51	2. 38	3. 88
2002	2. 09	1. 24	1. 60	2. 58	4. 17
2003	2. 30	1. 31	1. 69	2. 75	4. 55
2004	2. 22	1. 42	1. 79	2. 96	4. 54
2005	2. 11	1. 51	2. 09	2. 78	4. 53
2006	2. 17	1. 54	2. 36	3. 11	4. 78
2007	2. 09	1. 52	2. 22	3. 36	6. 32
2008	1. 95	1. 48	2. 35	3. 52	6. 82
2009	1. 80	1. 67	2. 33	3. 94	6. 83
2010	1. 79	2. 18	2. 65	4. 38	7. 19
2011	1. 93	2. 38	2. 91	5. 04	7. 30
2012	1. 81	2. 40	3. 01	5. 32	7. 53

注：人均指标用历年常住人口数计算。

从图 3 可以看出，珠海人均 DMI 指标一直高于其他几个特区，2007 年人均 DMI 指标有较大增长（比上年增长 32. 2%），从其 DMI 指标构成发现，当年 DMI 构成中化石燃料的消耗增幅较大（比上年增长 51. 7%）。

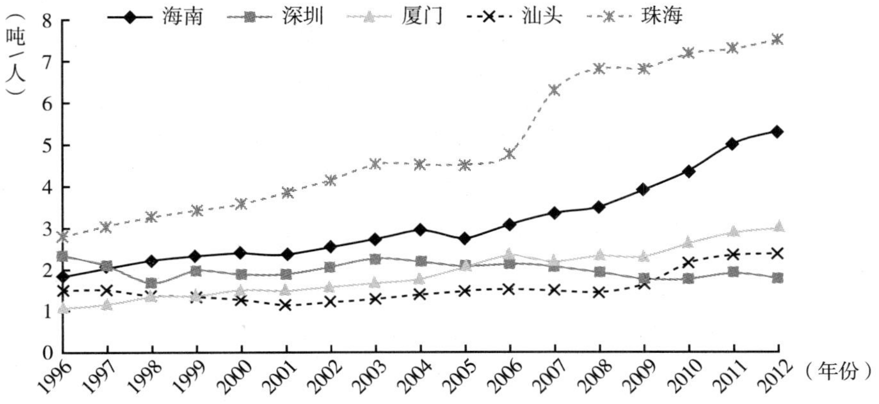

图 3　1996～2012 年五大经济特区人均 DMI 指标变化

从人均 DMI 年均增速来看，在考察期间，海南、厦门、珠海三地人均物质资源消耗的增长在 5 个经济特区中居于高位（分别为 6.8%、6.5%、6.3%），汕头的人均物质消耗增长平稳（2.9%），只有深圳实现了人均 DMI 的净减少（-1.7%）（见表 4）。

表 4　1996～2012 年各特区人均 DMI 及其年均增速比较

年份＼人均DMI	厦门	汕头	海南	深圳	珠海
1996 年(吨/人)	0.97	1.39	1.86	2.38	2.82
2012 年(吨/人)	3.01	2.40	5.32	1.81	7.53
年均增速(%)	6.5	2.9	6.8	-1.7	6.3

资料来源：根据本研究物质流分析结果计算整理得到。

1996～2012 年，深圳 DMI 总量年均增速仅为 3.2%，在各特区中物质投入总量增长速度最低，同期常住人口年均增长速度却高达 5.0%，因而人均 DMI 指标逐步降低，到 2012 年已成为各特区中人均物质资源消耗最少的城市。这也说明深圳在各特区中率先进入 DMI 总量平稳增长且人均物质投入逐步趋缓甚至下降的阶段，一定程度上反映出近年来深圳经济增长过程对物质资源消耗的需求在逐步趋缓。

（三）1996～2012 年各特区资源利用构成的比较

考察 1996～2012 年各特区 DMI 构成情况变化，可以发现各特区资源投入的构成结构均发生了较大变化，其中深圳、海南两地具有一定的特点。

首先考察深圳。从 DMI 构成情况（见图 4）来看，我们可以发现，在 1990～2012 年，深圳经济增长中自然资源投入的构成结构发生了以下变化。第一，化石燃料在整体比重中快速提高，1990 年所占比重为 7.9%，到 2012 年达到 38.2%，略低于 2010 年的最高值 40.9%。第二，工业、建筑业的金属和非金属矿物质投入一直占比最大，1990 年二者合计占 DMI 比重为 66.3%。随着深圳产业结构发生变化，制造工业快速成长，金属和非金属矿物质使用量占 DMI 投入的比重到 90 年代中期已高居 80% 左右（其中 1993 年、1995 年占 DMI 比重均为 81.3%）。此后随着深圳产业发展结构调整和升级，第二产业发

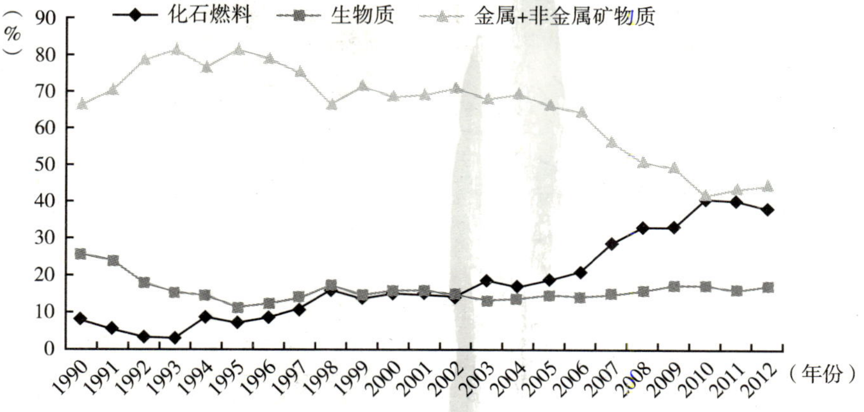

图4　1990～2012年深圳直接物质输入指标DMI的构成变化

展对金属和非金属矿物投入量的需求占比开始逐年下降，到2000年二者合计占DMI比重为68.7%，到2012年降低到44.6%（其中2010年达到最低值41.8%）。

由此可见，自然资源投入的构成变化，与深圳产业发展的阶段性变化密切相关。深圳工业化进程中，加工贸易制造业、高技术产业发展，伴随着深圳物质资源消耗结构的变化，一方面，表现为化石能源投入的快速增长，另一方面，第二产业所使用的金属与非金属矿物质所占比重在快速上升到90年代中期的高位之后，开始逐步降低。

其次考察海南。从1996年到2012年DMI构成情况可以发现，海南直接物质资源投入总量由1996年的1327.0万吨上升到2012年的4720.1万吨，年均增长8.3%；DMI构成中，化石燃料在整体比重中持续上升，年均增速10.9%，所占比重由1996年的22.8%上升到2011年的33.8%（最高值为2007年的35.5%）。生物质年均增长仅为4.2%，低于DMI总量增长速度，所占比重则持续下降，由1996年占DMI比重的37.2%降至2012年的20.1%（见图5）。

海南DMI构成出现的变化，也反映了三次产业结构变化与对应的物质资源消耗构成变化相一致。在考察期间，海南三次产业结构发展经历了第二产业快速上升、第一产业比重下降的过程，三次产业比重由1996年的36.2∶20.9∶42.9变化至2011年的24.9∶28.2∶46.9。此外，DMI和人均DMI指标在此期

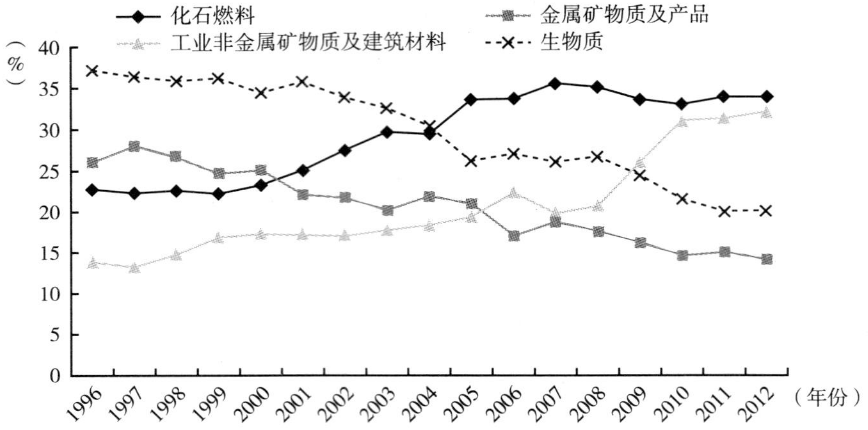

图5　1996～2012年海南直接物质输入指标DMI的构成变化

间经历了较快增长，年均增长分别为8.3%、6.8%，在本文五大特区比较中物质资源消耗总量和人均值均较高。①

三　2012年中国经济特区资源投入、资源效率比较

（一）2012年各特区资源投入指标比较

从物质资源投入总量指标DMI及人均DMI指标来看，各特区2012年直接物质资源投入总量DMI指标从高到低依次为海南（4720.1万吨）、深圳（1912.1万吨）、汕头（1308.6万吨）、珠海（1191.2万吨）、厦门（1103.2万吨）；但表征人均物质资源投入水平的人均DMI指标排序则不同，从高到低依次为珠海（7.5）、海南（5.3）、厦门（3.0）、汕头（2.4）、深圳（1.8）（见表5）。各特区物质资源总量投入大小与人口总量、经济总量、经济发展的

① 一些研究对资源消耗问题只考虑了能源等单要素资源消耗的情况，因此得出诸如海南省的资源消耗系数较小的结论（参见刘慧媛、杨忠直《资源消耗与经济增长：一个动态面板数据方法》，《投资研究》2012年第8期）。但综合考虑资源投入（而不是单一资源投入），例如使用MFA分析方法将资源投入进行分类整理和综合计算，我们发现，采用综合资源消耗对应的产出等指标，能更为真实地反映过去30多年经济发展过程中的真实资源投入与消耗情况，得出的结论自然也颇为不同。

资源需求总量直接相关，人均资源投入指标则将人口总量因素排除，较为明确地反映出各地经济发展所消耗的资源情况。

表 5　2012 年各特区 DMI 及人均 DMI 等指标比较

指标	DMI（万吨）	人均 DMI（吨）	资源生产率（元/吨）	GDP（亿元）	年末常住人口（万人）	人均 GDP（万元）	人均 GDP（美元）
海南	4720. 1	5. 3	4131. 4	1950. 1	886. 6	2. 20	3519
深圳	1912. 1	1. 8	54938. 8	10504. 9	1054. 7	9. 96	15936
汕头	1308. 6	2. 4	9740. 7	1274. 7	544. 8	2. 34	3743
珠海	1191. 2	7. 5	11319. 6	1348. 4	158. 3	8. 52	13632
厦门	1103. 2	3. 0	23188. 7	2558. 2	367. 0	6. 97	11153

资料来源：根据本报告的物质流分析框架及相关数据计算整理；GDP 及人均 GDP 以 2000 年不变价计算；人均 GDP 美元用 2012 年底人民币兑美元中间价计算。海南省年末常住人口数据有较大调整。

因部分省市对其常住人口数、GDP 等进行了调整，以及在计算过程中个别数据存在出入，特将 2011 年各特区 DMI 及人均 DMI 等指标进行调整修订和重新计算（见表 6）。

表 6　2011 年各特区 DMI 及人均 DMI 等指标调整修订情况

指标	DMI（万吨）	人均 DMI（吨）	资源生产率（元/吨）	GDP（亿元）	年末常住人口（万人）	人均 GDP（万元）	人均 GDP（美元）
海南	4423. 2	5. 04	4041. 0	1787. 4	877. 4	2. 04	3260
深圳	2024. 7	1. 93	47184. 4	9553. 3	1046. 7	9. 13	14603
汕头	1288. 8	2. 38	9032. 2	1164. 1	541. 7	2. 15	3438
珠海	1144. 1	7. 30	11014. 3	1260. 2	156. 8	8. 04	12862
厦门	1049. 1	2. 91	21753. 0	2282. 1	361. 0	6. 32	10114

注：根据相关统计年鉴数据进行调整修订和重新计算。

（二）2012 年各特区资源投入构成情况比较

从资源投入的构成情况看（见表 7），2012 年各特区 DMI 构成中最大比例的部分均为化石燃料的消耗，其次是工业用金属矿物质和非金属矿物质，这与当前经济发展中工业化增长对能源与工业矿物质的消耗需求相一致。

表7　2012 年各特区 DMI 构成比较

指标	DMI（万吨）	化石燃料（%）	金属矿物质（%）	非金属矿物质（%）	生物质（%）	人均 DMI（吨）
海南	4720.1	33.8	14.1	32.0	20.1	5.32
深圳	1912.1	38.2	17.8	26.8	17.2	1.81
汕头	1308.6	55.1	12.3	15.0	17.6	2.40
珠海	1191.2	53.5	26.9	12.7	6.9	7.53
厦门	1103.2	45.9	31.9	11.6	10.6	3.01

资料来源：根据本报告的物质流分析框架及相关数据计算整理。

其中化石燃料占比最高的是汕头（占 DMI 比重达 55.1%），最低的是海南（占 33.8%）。进一步考察可见，汕头自 2010 年以来化石燃料消耗比重均保持在 53% 以上，在各特区中该比重最高。分析其消费构成，从规模以上工业能源购进、消费及库存指标得到，2011 年消费量合计原煤 982.8 万吨；以 2011 年规模以上工业能源加工转换情况来分析，当年加工转换投入能源合计当量为 663.8 万吨标准煤，其中火力发电消耗 656.3 万吨标准煤，占 98.87%。可见汕头化石燃料消耗的特殊情况主要由其火电为主的能源使用结构决定。化石燃料占比最低的海南，其化石燃料消费总量（1594.6 万吨标准煤）其实在各特区中最高，远高于占比最高的汕头（721.1 万吨标准煤）；其化石燃料构成也较为均衡，原煤 616.22 万吨标准煤、原油 594.47 万吨标准煤、天然气 383.92 万吨标准煤，这与汕头化石燃料消费构成几乎全集中在原煤这一项的情况大有不同。

工业用金属与非金属矿物质合计占比情况，从高到低依次为海南（占 DMI 比重为 46.1%）、深圳（占 44.6%）和厦门（占 DMI 比重为 43.5%）珠海（占 39.6%）、汕头（占 27.3%）。

（三）2012 年各特区资源使用效率比较

资源生产率以每投入 1 吨物质量（DMI）所创造的 GDP 来表示，能综合反映区域（或城市）的资源使用效率。为便于比较，GDP 按 2000 年可比价格计算。计算结果表明（见表 8），1996 年以来，各特区资源使用效率总体呈上升趋势，个别年份出现负增长。

表 8　1996～2012 年各特区资源生产率指标

单位：元/吨

年份	海南	汕头	珠海	厦门	深圳
1996	2897.4	4519.5	8084.3	13161.0	10639.9
1997	2746.7	5084.1	7695.5	14187.3	12757.0
1998	2713.4	6196.2	7549.7	13953.9	16617.5
1999	2767.1	6756.1	7445.4	15554.5	14882.4
2000	2879.7	7432.0	7487.8	16034.4	16322.0
2001	3135.9	7854.9	7479.7	17040.2	18026.1
2002	3134.2	7837.3	7635.5	17541.9	18543.0
2003	3207.4	7981.3	8009.1	18376.8	19294.7
2004	3235.9	8056.8	8915.7	19105.8	22785.4
2005	3703.3	8422.2	9894.0	17948.0	26738.9
2006	3709.2	9083.7	10664.9	17668.3	28754.9
2007	3927.3	10270.7	9251.1	20830.3	32649.2
2008	4097.7	11507.8	9136.4	20807.8	37532.9
2009	4036.4	11089.4	9538.8	22426.0	43301.8
2010	4192.0	9369.3	10086.7	21001.2	46639.1
2011	4041.0	9032.2	11014.3	21753.0	47184.4
2012	4131.4	9740.7	11319.6	23188.7	54938.8

资料来源：根据本报告的物质流分析结果计算整理得到，其中资源生产率指标均采用 2000 年不变价 GDP 计算。

2012 年各特区资源生产率水平以深圳最高（5.49 万元/吨），以下依次为厦门（2.32 万元/吨）、珠海（1.13 万元/吨）、汕头（0.97 万元/吨）、海南（0.41 万元/吨）。结合表 6 的数据，人均资源消耗水平珠海最高、深圳最低，人均 GDP 指标则深圳最高、海南最低。

四　经济特区资源效率与可持续发展分析

资源效率与可持续发展的比较分析以资源效率为基础，由于数据可得性问题，在物质流分析基础上引入全要素生产率指标来进一步研究各特区可持续发展问题目前还存在困难，本报告目前对资源效率与可持续发展问题的解析只以资源生产率等指标为依据，在此基础上结合人口、经济、资源消耗之间的关联度加以评价分析。

（一）1996～2012年各经济特区资源生产率

1996～2012年各经济特区资源生产率水平比较参见图6。

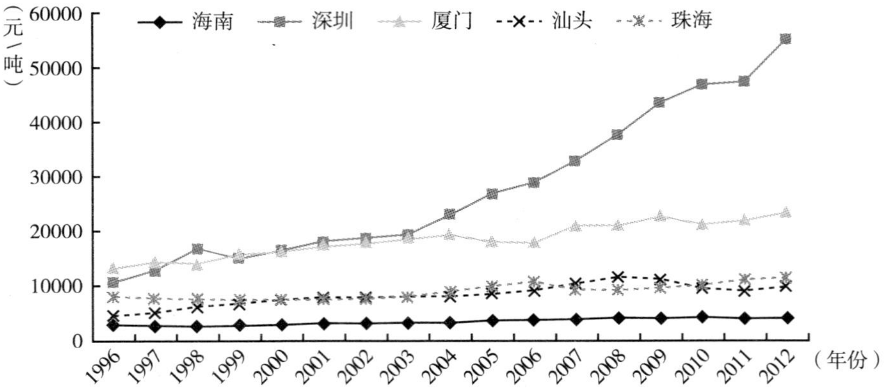

图6　1996～2012年各经济特区资源生产率水平比较

各经济特区资源生产率增长速度比较参见图7。1996年厦门的资源生产率水平在各特区中最高为1.32万元/吨，其次为深圳1.06万元/吨。到2012年，深圳资源生产率水平达到5.49万元/吨，1996～2012年年均增速10.8%；厦门资源生产率水平2012年达到2.32万元/吨，1996～2012年年均增速3.6%。

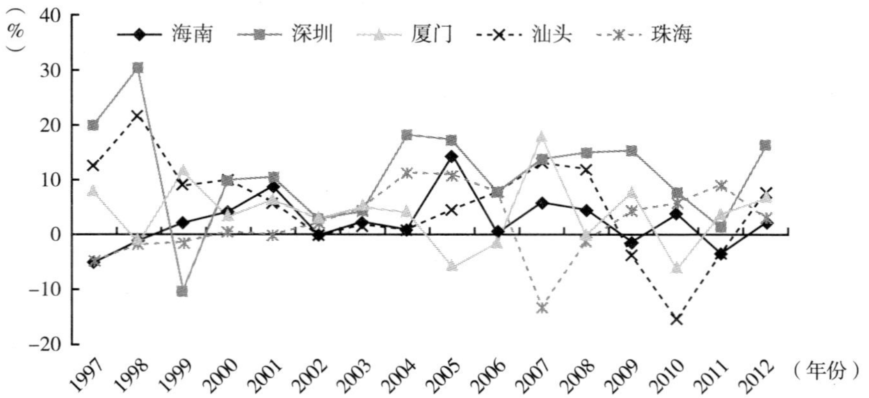

图7　1997～2012年各特区资源生产率增长速度比较

珠海、海南两地资源生产率增长速度在各特区中最低，年均增速分别为2.1%和2.2%，2012年资源生产率水平海南位居各经济特区之末（见表9）。

表9　1996年和2012年各特区资源生产率及其年均增速比较

资源生产率（元/吨）	海南	珠海	厦门	汕头	深圳
1996年	2897.4	8084.3	13161.0	4519.5	10639.9
2012年	4131.4	11319.6	23188.7	9740.7	54938.8
年均增速（%）	2.2	2.1	3.6	4.9	10.8

资料来源：根据本报告的物质流分析结果计算整理得到。

（二）经济特区资源效率与可持续发展

1. 各特区主要指标增长情况

用各特区资源生产率等指标的年均增速来衡量比较，可以看到，1996～2012年，各经济特区经济经历了持续快速增长。用2000年不变价比较计算的各特区年均经济增长均在9.6%以上，深圳和厦门均超过年均14%以上的增长。与此同时，资源投入总量的增长也保持在较高水平，深圳、汕头DMI年均增长速度为3.2%、4.5%，但海南、珠海、厦门的资源消耗总量的增长速度较高（见表10）。考虑人口增长因素，人均资源消耗的年均增速仅深圳为负，这与深圳在此期间常住人口总量高达5%的年均增长有关。因而，综合人口、资源消耗和经济增长因素，各特区资源生产率的增长水平以深圳为最高，年均增速10.8%。

表10　1996～2012年各特区主要指标增长率比较

单位：%

各指标增长率	深圳	汕头	厦门	海南	珠海
DMI	3.2	4.5	10.9	8.3	9.8
GDP	14.4	9.6	14.9	10.7	12.1
常住人口	5.0	1.5	4.1	1.4	3.2
人均DMI	-1.7	2.9	6.5	6.8	6.3
资源生产率	10.8	4.9	3.6	2.2	2.1

2. 深圳的资源消耗、资源效率与经济发展

以深圳为例进一步说明资源消耗、资源效率与经济发展间的关联度。作为物质资源消费特大型城市，深圳自然资源消费对外部的依赖程度极高。除去土地、水资源短缺外，能源、矿产资源等更是稀缺，其中一次能源几乎100%靠市外调入，重要的石油、煤以及其他矿产品等长期以来一直依赖从市外调入或进口，是典型的资源依赖型城市。

与过去30多年经济增长中的快速工业化特征相一致，其资源消耗特征则表现为化石能源、工业用矿物质消耗占DMI比重极高，大部分年份合计值均在85%以上。计算结果表明（见图8），1990年以来，深圳市物质资源使用效率总体上呈上升趋势。1990年深圳资源生产率为1.5万元/吨，2012年为5.49万元/吨，均为2000年不变价计算，1990～2012年年均增长6.1%。同期深圳市GDP由1990年的271.7亿元上升到2012年10504.9亿元（2000年不变价），年均增长率达到18.1%，远高于资源效率的提升速度。

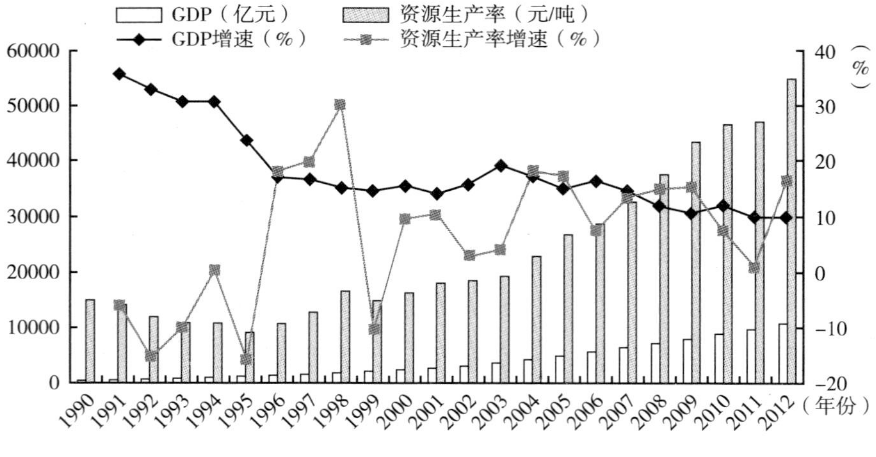

图8 1990～2012年深圳资源生产率发展情况（2000年不变价）

深圳从1990年开始，自然资源消耗一直呈现出较高增长，早期的工业经济发展主要依靠资源投入，GDP增速低于同期DMI增长率，形成了以第二产业为主的经济形态。随着90年代中后期产业升级及转型，GDP增长率渐渐趋同并超过DMI增长率。2000年以后，GDP增长率开始显著高于DMI增长率，除个别年份外资源生产率均增长较快。

可见，1990～2012 年，深圳资源利用效率逐渐提高，近年来有大幅度提高，物质资源消耗速度减缓；产业结构的变化尤其是高技术产业的快速发展使经济保持持续快速发展。不过，资源生产率的提高速度仍低于经济增长速度。这说明，尽管在此期间深圳资源利用效率实现了持续上升，但过去 20 多年以快速工业化为主的经济增长仍然依赖于大量物质资源的投入。

（三）各特区资源效率与经济发展的关联度

下面进一步考察各经济特区资源、产出增长关系。

人均 DMI 指标和资源生产率水平的比较显示，2012 年各特区人均 DMI 水平由低到高排序分别为深圳、汕头、厦门、海南、珠海，资源生产率水平由高到低排序则为深圳、厦门、珠海、汕头、海南。前者反映人均物质资源消耗水平，后者反映整体的资源产出效益状况（见表 11）。

表 11　2012 年各特区人均资源消耗及资源效率水平排序

指　标	深圳	汕头	厦门	海南	珠海
人均 DMI（吨）	1.81	2.40	3.01	5.32	7.53
指　标	深圳	厦门	珠海	汕头	海南
资源生产率（万元/吨）	5.49	2.32	1.13	0.97	0.41

资料来源：根据本研究物质流分析结果计算整理得到。

结合各特区资源消耗、资源效率和经济增长指标来看，深圳和厦门的人均资源消耗水平在各特区中相对较低且资源生产率水平相对较高。通过进一步提升资源效率水平，经济特区的发展将步入通过效率提升改善其持续性的发展阶段。

用 Pearce 的增长恒等式可以对 2012 年各特区资源消耗、资源效率、人口增长与经济增长间的关系作出一个基本判断。以 Pearce（2001）的增长核算形式，围绕以下等式展开：

$$R_{DMI} = yP_{population}/P_{resource} \tag{2}$$

其中 R_{DMI} 为资源使用量，以直接物质投入量 DMI 指标来表征；y 是人均产出，以 $GDP_{real}/P_{population}$ 表示；$P_{population}$ 指人口，以年末常住人口表示；$P_{resource}$ 是资源生产率（Resource Productivity），以当年物质投入对应的实际产出表示。

取对数并对时间求全微分可得：

$$\dot{R}_{DMI} = \dot{y} + \dot{P}_{population} - \dot{P}_{resource} \tag{3}$$

其中 $\dot{y} = \frac{1}{y} \cdot \frac{\mathrm{d}y}{\mathrm{d}t}$，其余依此类推。这种表达方式是考虑资源消耗与人口、经济产出等基本关系的一个有意思的框架。由上式可知，要避免资源使用量的增长，资源生产率的增长（$\dot{P}_{resource}$）必须大于人口与人均产出的增长之和。①

表 12　2012 年各特区资源、人口、产出增长关系的年度基本判断

单位：%

经济特区	DMI 增长	人均 GDP 增长	人口增长	资源生产率增长	恒等关系核算
海南	6.71	7.97	1.05	2.24	6.78
厦门	5.16	10.27	1.66	6.60	5.33
深圳	-5.56	9.13	0.76	16.43	-6.54
汕头	1.54	8.88	0.57	7.84	1.61
珠海	4.11	5.99	0.96	2.77	4.18

资料来源：根据本研究的物质流分析结果及相关数据计算整理得到。

表 12 给出了对各特区资源、人口、产出基本关系的 2012 年度计算结果，从各特区相关指标间关系来看，DMI 增长基本上与人均 GDP 增长、人口增长和资源生产率增长三者之和一致。例如，2012 年海南 DMI 增长 6.71%，这与人均 GDP 增长（7.97%）和常住人口增长（1.05%）之和减去资源生产率增长（2.24%）得到的 6.78% 基本一致。2012 年深圳 DMI 消耗的增长为负（-5.56%），资源生产率增长（16.43%）远高于其他几个特区，其人均 GDP 增长也仅次于最高的厦门。可见，2012 年五大经济特区相关指标数据，验证了几个特区间资源、人口、产出之间基本关系的一致性。

① Grant Allan and Nick Hanley, *The Macro-Economic Rebound Effect and the UK Economy*, Report for DEFRA, May 2006.

从年度指标看，2012 年各特区维持了较高的人均 GDP 增长，但经济发展对物质资源投入的依赖仍然较强，除深圳、汕头之外，其余特区 DMI 增长均保持在 4.1% ~6.7% 之间，人均 DMI 指标只有深圳特区近年来维持平稳，其余经济特区仍处于人均物质资源投入持续增长阶段。可见，目前各特区仍处于工业化发展的快速阶段，伴随着较高的经济增速，经济增长对资源消耗的依赖程度仍旧较高。

（四）对经济特区资源效率与可持续发展的相关建议

1. 以效率和质量看待经济特区的可持续发展

研究发现，中国最近十多年的经济增长，是自然资源消耗压力最大、增长效率最低的一个工业化发展阶段。对中国全要素生产率的测算结果说明，1978 年以来的三十多年，在中国经济高速增长的过程中，全要素生产率增长的贡献约占 30%，要素数量投入增加对经济增长的贡献高达 70% 以上。而在这 30% 的贡献份额中，前 20 年全要素生产率对经济增长的贡献占 44% 左右，而 1998 年以来的后 10 年中，TFP 对经济增长的贡献下降到只占 4.4%，这说明 1998 年以来要素投入驱动的经济增长特征较以前更为显著。从中国全要素生产率数值的变化可以推论：引入自然资源要素后，在用余值方法衡量的技术进步概念中，发现资源占用对可能发生的技术进步产生了“挤出”效应。

本文对各特区资源效率与可持续发展问题的研究，也印证了 1996 ~2012 年经济特区经济快速增长的同时对资源投入仍存在较高的依赖性，对 2012 年度的考察也验证了各特区资源、人口、产出间增长关系的一致性。未来 30 年，经济特区的发展应更注重可持续发展的质量和效率，着力提高经济发展的整体品质，加快经济发展方式转变。构建核心竞争优势、提升经济发展质量不是经济特区的独特追求，中国各地的发展中都面临类似问题。但由于经济特区多年来经济持续高速增长，率先发展的领先优势明显，更要求在未来发展中为质量和效率提升留下创新发展空间。①

① 钟若愚：《以效率和质量看待经济特区的未来发展》，《特区经济》2012 年第 2 期。

2. 物质流分析是考量资源效率与可持续发展的有效方法

物质流分析方法从经济系统的物质量投入、消耗和流动状况进行分析，得到了简洁的衡量资源投入与消耗状况的指标，从而拓展了可持续发展研究的方法。由于 MFA 方法使用质量等物理量作为衡量单位，在一定程度上弥补了使用货币单位在不同地区和不同时期进行可持续性程度比较的缺陷，使可持续发展的度量建立在规范的量化基础上，物质流分析因而不仅在欧盟主要成员国被列为国家统计体系的一部分，而且在近年来得以在世界范围内推广和践行。

目前我国尚未建立起规范的物质流分析体系，不同学科、不同学者测算的结果还存在一定差异，其应用也因而受到相当多的制约。尽快构建起中国的物质流核算体系及资源生产率指标，对中国可持续发展的研究和政策制定是十分必要的基础工作。

3. 资源效率应成为衡量经济特区可持续发展的重要指标

目前中国仍未达到工业化进程的中高级阶段，经济特区的发展虽然领先一步，但其经济增长仍需要较高的要素投入来拉动。从经济发展的阶段性来看，虽有其必然性，但要素投入的高增长不可能长期维持下去，必须认识提高资源生产率、提高全要素生产率对实现经济长期持续增长的重要性。因而，以效率和质量看待经济特区的可持续发展，首先要求大幅提升资源效率水平。更直接地，在即将到来的“十三五”期间，应将资源效率问题作为可持续发展和科学发展的重要内容纳入新的国民经济和社会发展规划。

参考文献

［1］陈效逑、乔立佳：《中国经济——环境系统的物质流分析》，《自然资源学报》2000 年第 1 期，第 17 ~ 23 页。

［2］黄晓芬：《基于资源生产率的城市绿色竞争力研究》，同济大学博士学位论文，2006。

［3］苏东斌、钟若愚：《中国经济特区导论》，中国经济出版社，2010。

［4］钟若愚：《以效率和质量看待经济特区的未来发展》，《特区经济》2012 年第 2 期。

[5] 钟若愚：《中国资源生产率和全要素生产率研究》，《经济学动态》2010 年第 7 期。

[6] 钟若愚：《选择价值与城市未来》，《中国社会科学报》2012 年 10 月 29 日。

[7] 钟若愚、庄伟锋：《中国经济特区资源效率与可持续发展报告》，陶一桃主编《中国经济特区发展报告 2012》，社会科学文献出版社，2013。

[8] European Communities, Economy-Wide Material Flow Accounts and Derived Indicators, A Methodological Guide, Luxembourg: Office for Official Publications of the European Communities, 2001.

[9] Gylfason, Thorvaldur, (2001). Natural resources, education, and economic development, *European Economic Review*, 45 (4-6): 847-859, May.

[10] Krutilla, J. V., Conservation Reconsidered, *American Economic Review*, 57 (4), 1967: 777-786.

[11] OECD, 2001. Measuring Productivity: Measurement of Aggregate and Industry-Level Productivity Growth. Paris: OECD Publications.

[12] D. W. Pearce (2001), Measuring resource productivity. Paper to DTI/Green Alliance Conference, February 2001.

B.4
中国经济特区创新发展报告

张 凯 魏子凯*

2012 年，全球经济恢复缓慢、增长乏力，国际经济环境日趋复杂。受此影响，中国传统的经济增长方式受到严峻挑战，全国大部分城市经济增长速度普遍放缓。在此背景下，党中央和国务院高度重视创新发展，把增强自主创新能力作为推进经济转型的重要举措。经济特区作为改革的先行先试者，在创新发展方面率先积累了一定的经验和优势。在这些经验基础上，特区在 2012 年不断改进先前创新发展中的不足，并根据自身特点继续探索创新发展的新模式。

一 2012 年度经济特区创新发展的总体概况

（一）深圳创新发展年度概况

2012 年中国经济形势严峻而复杂，大部分城市经济增长速度放缓，但深圳的经济增长速度依然高于全国的平均水平。原因在于，在经济转型的关键时期，深圳坚持走可持续发展之路，不过分追求经济的高速增长，而是由追求“量”的增长转变为追求“质”的提高。在过去的一年里，深圳始终坚持经济转型、产业升级和创新发展三者并举，很好地完成了各项经济社会发展指标，在知识创新基础设施、战略性新兴产业和创新平台的建设上取得了显著成效。

* 张凯，深圳大学经济学院教授，广东省“千百十工程”培养对象；魏子凯，深圳大学经济学院硕士研究生。

1. 知识创新基础设施的建设

知识创新基础设施在这里主要指的是高等院校、大型实验室、科研机构以及数量庞大的高水平人才队伍等因素。2012 年，深圳在这些方面都取得了一定的成绩。

在高等院校建设方面，南方科技大学已基本完成了一期建设并已开始招生和培养相关人才；深圳大学医学院及其附属医院已基本建设完毕；香港中文大学（深圳）的基建工作基本完成并于 2013 年开始招生。在大型实验室的建设上，国家基因库已经进入了项目的建设期，曙光 6000 超级计算机的应用已完成原计划的一半。在科研机构的建设方面，市政府积极与企业、高校合作。在政府的主导下，企业与高校合作联合建设了多个科研机构。此外，政府建立和扶持了多个具有“以知识理论促进生产实践、生产实践促进知识理论”的特色科研机构。由于深圳市政府与中科院签订了“十二五”期间的合作协议，全年引进了一大批高端人才，这使得深圳在某些领域上的创新能力走在了全国前列。在高水平人才的引进方面，深圳在人才引进媒介和人才发展平台上加大了政策力度。研究表明，良好的社会保障、福利制度和优惠政策对吸引高水平人才起着至关重要的作用。深圳很好地运用了这一经验，对高水平人才提供了入户便利、医疗保障、住房补贴、子女入学便利等优惠条件，并出台了一系列人才扶持计划。此外，深圳市依托四个海内外高层次人才联络处，积极举办人才交流会招募国内外精英。因此，深圳在 2012 年全年引进了大批高层次人才，明显提高了高素质人才的比例。

2. 战略性新兴产业的建设

产业的转型和升级是提高经济特区创新能力的必要条件之一，但不是提高经济特区创新能力的全部。要提高经济特区的创新能力，不仅需要对原有的产业进行升级和转型，还需要对战略性新兴产业进行大力扶持。

2012 年深圳对战略性新兴产业的建设可概括为以下四个方面：第一，“新能源”建设，即在扩大“新能源”产业规模的同时加强开发“新能源”的自主创新能力。例如，2012 年深圳新能源的产业规模接近千亿元并且开发了两个国家级研发平台。第二，“新技术”建设。“新技术”建设是为了提高互联网创新和生物技术创新的能力，如开始建设的中国农科院深圳生物育种创新研究院、莲塘互联网产业集聚园等。第三，“新文化”建设。在创新城市发展中，文化创新也是一个十分重要的环节，因此深圳希望借助高新技术手段提升文化产业的自主创新能力。第四，“新制度”建设。“新制度”建设主要体现在一系列促进“新能源”“新技术”和“新文化”（简称“三新”）建设的政府政策及其配套措施上，“新制度”的安排为建立“三新”提供了一系列的扶持和激励措施，进而促进了“三新”的建设。

3. 创新平台和融资平台的建设

国际上许多著名的创新企业（如美国的社交网络 Facebook、微软和苹果公司等）都是通过创新人才的自主创业而建立的。这些知名企业都有一个共同点：创业与创新相结合。在深圳，随着自主创新能力的不断提高，近些年涌现了大量的创新型小微企业。但初创的创新型企业因规模小、风险大等因素，难以获得项目贷款，企业的“融资难”限制了创新产出。为此，2012 年深圳特区在建设创新型企业的融资平台、建立健全初创企业的孵化机制等方面做出了一些重要的探索性工作。

在创新平台方面，深圳同时开展了多个产业基地的建设。例如，开始建设深圳湾区、留仙洞、大山和创新走廊等新兴产业基地。它们为新兴产业提供了良好的配套设施和产业聚集条件。另外，作为孵化器的留学生创业大厦已经进入了项目建设期，预计 2013～2014 年便可竣工并投入使用。在融资平台方面，深圳尝试采取组建创业投资基金和小额贷款公司，以及实施资产证券化等措施为成长期的创新企业提供便利的融资渠道，为企业的发展注入新鲜“血液”。与此同时，深圳借助其创业板优势，大力开展对一些战略性新兴产业企业的上市培训工作，在政策允许的范围内积极帮助其中的优质企业上市。此外，深圳联交所也为创新性企业的产权交易提供了便利。

（二）珠海创新发展年度概况

在经济下行的压力下，珠海 2012 年全年的经济增长速度略低于全国的平均水平，这主要是由出口受阻、投资边际效率递减等因素造成的。但珠海采用调整产业结构、促进产业创新等手段缓解了经济下滑的压力。尽管经济增长速度有所下降，但珠海经济依然保持着较好的增长态势。2012 年珠海的创新成果依然明显，主要体现在现代服务业、产业协作和品牌建设三个方面。

1. 现代服务业的创新发展

现代服务业包含了众多创新型产业，如文化旅游产业、软件信息产业和商业服务业等。因此，实现现代服务业创新是体现城市创新发展的重要环节。根据其自身的特色和基础条件，珠海采取了一系列因地制宜的创新发展措施。

在文化旅游方面，珠海在原有的基础上，加强了与其他“珠中江区域”城市的文化交流，形成了产业集聚效应。例如，珠海加大对当地南方影视文化产业基地的扶持力度，并加强了和中山、江门等地的文化产业基地的交流；另外，珠海更是基于“蓝色珠海、美好珠海”的理念构建生态化旅游，依托城市绿化和环境治理优势提供人性化的旅游产品。

在软件信息产业方面，珠海大力扶持珠海国家南方软件园，促进软件信息科学方面的技术创新。例如，珠海加强了电子商务、医疗信息技术、互联网和信息产业聚集等方面的建设，为当地提供了良好的信息技术发展条件。与此同时，珠海还加强了和“珠三角区域”中其他软件园的信息创新交流，降低了信息交流成本，为技术扩散提供了便利，为软件信息产业创新打下了坚实的基础。

在商业服务方面，监管力度的加强促进了商业服务的发展和创新。珠海加强了对技术贸易、科技咨询、产业孵化和产业交流方面的监管，逐步完善了各项管理制度，推动了产业评估、审计、管理咨询等方面的标准化，为商业服务的进一步发展提供了制度保障。例如，珠海定期承办的中国（珠海）航空航天博览会，降低了信息成本和产业交流成本。同时更加完善的制度安排减缓了产业交流方面的信息不对称，进而促进了相关行业的创新发展。

2. 产业协作交流和创新共享方面的发展

根据中央出台的《珠江三角洲地区改革发展规划纲要（2008～2020年）》和广东省委省政府制定的《推进珠中江区域紧密合作框架协议》，珠海、中山和江门（简称“三市”）加强了相关产业的产业协作交流。加强产业协作的建设不仅促进了“三市”的经济发展和产业交流，还加快了“三市”的产业创新。

在产业创新方面，珠海、中山和江门正在建设产业创新共享平台。例如，

“三市”正在建设科技专利共享数据库、共享型专家数据库和电子仪器专利共享平台等，降低行业内部的技术壁垒，在区域内以最快的速度和最低的成本推行新兴专利技术。按此路径建设，将会促进“三市”R&D的运作效率，有利于更多的专利技术诞生。在战略性新兴产业的协作方面，“三市”共享战略性新兴产业平台、共同建立战略性新兴产业设施，特别是在新能源、新兴医药技术、高端信息技术产业等方面加强协作。由于珠海、中山和江门现有的自主创新能力存在差异，协同发展“三市”的战略性新兴产业有助于产业内部的错位交流，以长补短共同发展。在人文旅游方面，“三市”正在积极开展人文旅游，以旅游促进当地与外部的交流，提供良好的人文环境，设计一站式的旅游线路。“三市”还制订了港澳台三地的旅游规划和人文交流计划。由于珠海在地理位置上与澳门特别行政区接壤，依托人文旅游交流，潜移默化地为其创新发展提供了人文基础和别具特色的创新路径。

3. 品牌建设方面的发展

一地区或一城市知名品牌的数量直观地体现了该地区或该城市的创新能力，因此，加强品牌建设对城市的创新发展有着特殊的意义。以往，珠海树立了驰名中外的格力空调品牌，还有三个中国驰名商标：金山杀毒软件、罗西尼手表和天年健康被。这些企业为珠海当地的经济发展和创新做出了突出的贡献。

2012年，珠海继续大力支持品牌建设，巩固并提高了企业的品牌意识。技术条件是品牌建设的前提，这就对企业的自主创新意识提出了客观要求。因此，珠海在加强品牌建设的同时，也加强了自主创新能力的建设，从而对当地企业的创新能力起到了积极的促进作用。截至2012年底，珠海市新增了25个省级以上的驰名商标。这表明珠海在品牌建设上取得了显著成效。

（三）汕头创新发展年度概况

2012年，汕头经济发展势头良好，经济增长速度超过全国平均水平。在科技创新和产业转型的背景下，汕头政府提出了建设“幸福汕头”的目标，不断加强对各项社会事业的建设，如加快调整产业结构、推动电子商务的发展和加强民生建设。

1. 产业结构的快速调整

城市的自主创新主要集中在第二产业和第三产业上，特别是目前的战略性新兴产业主要集中在第二产业，而科研机构的科技创新和现代服务业主要集中在第三产业。这就在客观上要求城市产业结构做出相应的调整，尽量在保证经济可持续发展的情况下，降低第一产业的比重，将更多的产业政策向第二产业和第三产业倾斜，尤其是提高这两个产业内的战略性新兴产业和现代服务业的比重。

此前，汕头市政府提出了四个计划，目的是为了扶持传统优势产业、推动现代服务业的发展、大力建设战略性新兴产业和提高海洋综合开发能力。这四个计划分别是《汕头市战略性新兴产业倍增计划》、《汕头市传统优势产业提升计划》、《汕头市现代服务业提速计划》和《汕头市海洋综合开发计划》。以上述计划为指导，汕头在2012年实现了工业经济的平稳增长，并在传统优势产业、现代服务业的发展上取得了显著成效。在传统优势产业中，儿童玩具、服饰和化工依然保持着良好的增长势头，特别是在服饰方面，汕头潮南区荣获了“中国内衣家居服装名城”的光荣称号；在现代服务业方面，汕头为了促进其传统优势企业的发展，重点加大了围绕前者的电子商务创新和物流系统创新；这样，不仅促进了传统优势企业发展，还创造性地融入了现代化的物流管理技术和信息系统管理技术。这使得传统优势产业和现代服务业两者相辅相成、共同发展，为推动汕头的创新发展做出了重要贡献。

2. 电子商务的大力发展

汕头在儿童玩具、服饰和化工方面具有十分明显的传统优势和市场地位。汕头企业生产的儿童玩具和服饰闻名海内外，每年贸易量巨大。这在客观上促进了物流管理系统和信息管理系统的不断创新。可见，电子商务创新成为汕头保持传统产业优势地位并加快创新发展的重要推动力。

2012年，汕头市政府出台了一系列的法律法规以促进电子商务的创新发展，其中有四个电子商务平台项目被列为国家电子商务试点应用项目。澄海国际玩具商贸物流电子商务平台是这四个平台中较为典型的一个，该平台的建立为澄海玩具的出口提供了便利条件，提高了澄海玩具的销售能力和创新能力。新的电子商务平台使得汕头澄海出现了更多技术含量高、可玩性强和玩法新颖的玩具（例如中国最小的遥控直升机模型）。另外，汕头市政府不仅扶持了一大批中小型物流企业，还准许大型物流企业建设物流项目设施，如苏宁易购物流中心和广澳国际集装箱物流中心等。通过这些措施，汕头物流业的基础设施得以完善，为产业创新和城市创新提供了条件。

3. 民生建设方面的投入和人才保障体系的完善

改善民生、完善人才保障体系不仅是建设幸福汕头的重要内容，也是吸引创新型人才和留住创新型人才的重要制度保障。2012 年，汕头市政府在民生建设上的投入大约占了财政预算的 3/4，同比有所提高。汕头市政府不仅加大了在保障性住房、公租房和廉租房上的资金投入，还提高了失业保险和养老保险覆盖率。与之前相比，汕头市的社会保障体系更具吸引力。

另外，汕头市政府还计划推行对大学生创业项目的资金补贴。一旦该计划得以实施，将会鼓励更多的大学生走上创业的道路。创新型创业项目是众多创业项目中的一部分，激励大学生创业将会推动一部分大学生开展创新型项目。这些创新型项目的成功将会极大地提高汕头市的自主创新能力和促进汕头市经济发展。

（四）厦门创新发展年度概况

2012 年，厦门的经济保持了高速发展。从“量”上看，地区生产总值同比增长 12.1%，远高于全国 7.8% 的平均水平；从“质”上看，厦门协调了经济增长和社会发展的矛盾，特别是在厦门突出的公共服务上（如厦门在主要城市的基本公共服务满意度评比中位列第五）。通过对厦门相关政府报告和统计数据的分析，我们发现厦门在城市信息化建设、创新型产业发展和对外交流三个方面取得了比较显著的成果。

1. 城市信息化程度的提高

城市信息化程度是体现其创新能力的一个重要方面。城市信息化程度的提高可以提升知识经济的运行效率且可以促进信息产业的创新。另外，城市信息化程度的提高还可以带动软件和信息产业的发展，而软件和信息产业的发展同样可以促进城市信息化程度的提高。两者相辅相成，缺一不可。纵观 2012 年全年，厦门市城市信息化程度的提高主要体现在两个方面：一是加强了信息传递媒介的建设；二是加强了信息产出主体的建设。

在信息传递媒介建设方面，厦门作为我国 TD－LTE 规模商用城市，截至 2012 年底，两百多个岛内基站已经覆盖了近九成的厦门岛区域；同时，厦门还开展了光纤入户工作，近八成的用户享受光纤上网。通过以上举措，厦门的网络覆盖率和上网速度得到了很大的提高；这一措施为厦门的创新环境提供了良好的条件。在信息产出主体的建设方面，主要体现在软件企业和动漫企业的建设上。全年新增近七十家软件企业，新增软件产品近三千三百件。另外，在动漫产业方面，厦门新增了近二十家动漫企业，一家动漫基地正式运营并且成功举办了第五届厦门国际动漫节。厦门通过对软件主体和动漫主体的大力支持，直接提高了信息文化产出，使得该市的创新能力进一步提高。

2. 创新型产业的显著增长

厦门市创新型产业的增长主要体现在战略性新兴产业、大型研究中心和先进制造业这三个方面。

在战略性新兴产业方面，厦门有一大批战略性新兴产业跻身自主创新的行列中。例如，厦门市美亚柏科信息股份有限公司，它不仅是厦门新兴产业的龙头企业，也是全国相关产业的龙头企业之一，其产品的市场占有率为全国之首；2012 年，该公司还建成了一个海西经济区运算速度最快的超级计算中心。在生物制药方面，在厦门诞生了世界上第一支戊肝疫苗，该疫苗是由厦门万泰沧海公司研制的。在大型研究中心建设方面，厦门积极筹办国家级、省级项目，全年建立了两家国家创新型试点企业以及四家工程技术研究中心。此外，厦门还引进了许多研发机构，如稀土研究所、南方海洋中心、新医药特色产业基地等。除了各个企业自身的研发资金投入外，厦门市还提供了 3.5 亿元的创新研发资金，为企业提供研发资金支持。而在先进制造业方面，机械、电子已经发展为工业部门的主体，并且起到了工业支柱的作用，如先进制造业的产值已经占到了工业总产值的六成以上；另外，高新技术企业产值不断提高，少数龙头企业的市场份额不断加大，如宸鸿科技这样的龙头企业年产值的净增平均超过十亿元。

3. 对台交流的加强

加强对外交流，开展对外经济联系是全球创新型城市的共同特征之一。厦门和台湾的交流有着独特的历史渊源。因此，加强对台交流也是厦门创新发展的重要一环。2012 年，厦门对台交流主要体现在交通运输、文化交流和贸易往来上。

在交通运输上，新增一条空中航线和一条海上航线。新增厦门至澎湖的包机航线，不仅方便了两地的旅游，还为两地的物流运输提供了更便捷的方式。另外，厦门与金门之间开通了一条海上夜航航线，促进了金门澎湖两地旅游业的发展。在文化交流上，文化交流活动更加频繁，协作关系不断深化。通过开展旅游节、海峡论坛、文博会和台交会等，加强了厦门和台湾的文化交流，使得厦门的城市文化更加开放、更加多元化。另外，两地校级之间开展直接的文化交流活动，通过涉台班、交换生等方式进行直接、深入的交流。在贸易往来上，厦门成为进口台湾农产品的主体。台湾的农业对大陆的依赖性较强，每年都需要和大陆进行充分的贸易往来，而厦门因为其独特的地理优势和历史原因逐渐成为对台贸易的主体。通过更紧密的贸易活动，厦门和台湾经济发展会更加相互依赖，这有利于两地的创新交流。据统计，2012 年全年厦门对台贸易增长了 7.5%，这说明两地的经济交流还在继续深入，为日后的创新交流提供了良好的创新环境条件。

（五）海南创新发展年度概况

2012 年，由于全球经济复苏压力犹存以及我国经济增速减缓，海南省的经济增长速度有所放缓。但是，海南省全年地区生产总值相比 2011 年增长了 9.1%，仍高于全国平均增长水平，并且海南省人均地区生产总值也突破了 5000 美元。这说明海南省的经济增长水平上升到了一个新的台阶，为海南的创新发展提供了良好的经济环境。尽管海南省的产业结构有待优化、区域发展不平衡，但是海南省在对外交流、生态保护和建设国际旅游岛三个方面取得了较好的成绩。

1. 对外交流与合作的建设

加强对外交流并逐步提高自身对外界的影响力是众多创新型城市或地区的发展经验。加强对外交流与合作既可以吸收外界的创新型技术和理念，也可以向外界传播自身的优势，让外界了解。因此，加强对外交流与合作具有共赢的效果。

2012 年，海南省举办或承办了多个大型年会、论坛以及博览会等大型交流活动，如中非合作圆桌会议、冬交会和博鳌亚洲论坛年会等。以 2012 博鳌亚洲论坛年会为例，该会议的主题是“变革世界中的亚洲：迈向健康与可持续发展”，世界的目光都聚焦于此，国内外的政客、专家和学者在这里云集；这对海南省来说是提高自身知名度和把握宏观经济形势的最好机会。另外，对海南省更具有特殊意义的是“第八届泛珠大会”；在此次大会上，海南省获得了 2017 亿元的投资，这为海南省日后的产业转型、创新能力提高以及经济发展提速都提供了资金支持。另外，对外交流与合作还体现在调整放宽离岛税和洋浦开发区免税面积的扩大上。为了拉动旅游业，提高游客的消费热情，每人每次免税购物限额提高到 8000 元并且扩大免税商品品种至 21 种；洋浦开发区的免税面积扩大了 9.7 平方公里，吸引了更多来自外界的投资。这不仅大大促进了当地的经济发展，还借助外部交流提高了当地的自主创新能力。

2. 生态保护举措的加大

加强生态保护不仅是对人文环境的保护，还可以反映出当地经济运行质量、当地的创新能力以及当地可持续发展能力。例如，万元 GDP 能耗是评价经济增长质量和衡量当地创新能力的一项重要指标之一。因此，加大对生态环境的保护举措能够提高经济发展水平、提升国民生活质量。2012 年，海南省主要在两个方面体现了生态保护的效果：一是降低污染；二是提高生产效率。

在降低污染方面，城镇生活垃圾无害化处理率和污水集中处理率提高到了 75% 以上，并且严格控制了温室气体、氮氧化物、二氧化硫等气体的排放量。这些举措，提高了居民的生活质量，缓解了环境污染问题。在降低污染的背后，实质上是海南省技术创新的提升，因为处理和控制废水、废气的排放需要“三废”处理技术和产业升级等环节的配合。例如，清洁能源发电量在全年统调发电量中的比例提高到 28.1%，这就是海南省在新能源创新上获得的显著成果。另外，旅游产业是海南省的支柱产业，降低污染保证了空气质量和水文环境，可以吸引其他地区的居民前来旅游，促进当地经济发展。保护生态环境的另一个方面就是促进生产效率的提高。据统计，海南省万元 GDP 能耗同比下降 2% 以上。这说明海南省的创新能力有了很大提高并且经济效率有了实质性的增长。另外，海南省还开创性地建立逐年增长的生态补偿投入机制。清昌江资源枯竭型城市获得了国家1.41亿元的资金用以进行生态补偿。

3. 国际旅游岛的持续建设

海南拥有得天独厚的自然优势，旅游业已经成为了海南的支柱产业。因此大力建设国际旅游岛，有助于海南岛的经济发展和人文发展。更重要的是建设国际旅游岛有助于海南创新能力的提高，如将海南建设成为国际经济文化合作与交流基地、现代农业和南海资源开发基地等。2012年，海南对国际旅游岛的建设成果体现在以下三个方面。

第一，优惠政策的推出。为了加快国际旅游岛的建设，海南省将每人每次免税购物限额提高到8000元，并且扩大了免税商品品种，使得免税商品品种上升至21种。这一举措的推出，吸引了更多外地游客，如全年接待旅游过夜人次比2011年增长了10.6%；吸引游客的同时还促进了当地的经济增长，如全年旅游收入为239.56亿元，相对于2011年增长了17%。由此可以看出，对国际旅游岛建设的扶持政策确实取得了显著成效。

第二，三沙市的建立。三沙市的建立不仅是我国海上维权的重要举措，还是促进南海资源开发的重要环节。海南省已经开展了三沙市的基础设施建设，使得三沙市驻岛居民的生活质量大幅提高。另外，海南省还在努力开展三沙市的海上油田建设和远洋船队建设。

第三，旅游产业不断发展。2012年，海南省加大了对旅游基础设施的投入，建立了一批旅游小镇，例如布隆赛乡村文化旅游小镇、观澜湖旅游小镇等。受益于这些投入，海南省2012年旅游客流量稳步增长，接待国内游客3238.80万人次，比2011年增长了10.9%，旅游收入也出现大幅增长，在全省GDP的占比上升到了13.27%，在全省第三产业中的占比上升到了28.29%。

二　特区创新发展水平评价体系

（一）特区创新发展水平评价体系的指标选取

1. 创新型特区定义

创新型城市的定义在过去一段时间成为国内外学者争论的焦点，其起源最早可以追溯到约瑟夫·熊彼特提出的创新理论。然而，直至近年学术界对创新型城市的看法才基本成型，只是各方所站的角度和表达的方式有所不同而已。本部分仅简单介绍近期国内学者的一些观点。惠宁等①认为创新城市是在一类新经济条件下，以创新为核心推动力，依靠科技、文化、制度、知识、人力、环境等创新要素，调整经济结构，提高城市竞争力，促进城市经济与社会和谐、快速发展的城市。刘玲玲等②认为创新型城市是一类主要依靠科技、知识、人力、文化、制度等创新要素来驱动经济与社会的发展并对其他区域具有辐射作用的城市。邹燕③认为创新型城市是知识创新、技术创新和产业创新三者共同呈现出密集性和常态化特征的城市形态。马海涛等④虽然没有给出创新型城市的定义，但是他们通过研究得出了全球创新型城市的八个基本特征：较强的经济实力和较大的人口规模、快捷便利的对外交通联系、较强的对外经济联系和广泛的全球市场、多样化高层次人才云集、高研发能力组织机构的介入、发达的科技中介和优质的科技服务、具有国际闻名的创新平台和空间载体以及开放包容的创新文化氛围。按照马海涛等的思路具有上述八个基本特征的城市就是创新型城市。

由上我们定义创新型特区为一种当经济发展程度达到一定高度时，以创新作为核心驱动力，凭借其创新主体、创新资源和创新环境来走可持续发展道路的经济特区。其中，创新主体是指高水平的研究机构、高等院校、企业和政府；创新资源是指多元化高层次人才资源、金融资源和物质资源；创新环境是指完善的基础设施、发达的外部交流网络以及开放多元的人文环境。

2. 衡量指标

近几年，国内学者站在不同的角度构建了多种创新型城市评价体系。但从

① 惠宁等：《创新型城市指标评级体系研究》，《经济学家》2009 年第 2 期，第 102～104 页。

② 刘玲玲等：《创新型城市评价指标体系研究》，《北京城市学院学报》2011 年第 4 期，第 44～49 页。

③ 邹燕：《创新型城市评价指标体系与国内重点城市创新能力结构研究》，《管理评论》2012 年第 24 卷第 6 期，第 50～57 页。

④ 马海涛等：《全球创新型城市的基本特征及其对中国的启示》，《城市规划学刊》2013 年第 1 期，第 69～77 页。

总体上看，这些评价体系的模型大同小异且过分依赖主成分分析、因子分析等建模方法，与国际上较流行的评价体系相比仍有不小的差距。尽管和发达国家相比，我国在创新型城市理论和实践上才刚刚起步，但是通过近几年的创新探索，我国取得了较为明显的进步。下面简单介绍一下国内学者是如何选取指标、如何建立模型去评价城市的创新发展能力的。

惠宁等①认为创新型城市具有五个构成要素，分别是创新资源、创新载体、创新环境、创新能力和创新品牌。他们基于这五个要素提出了十五个评价指标，通过构造评价矩阵、确定指标权重构造了矩阵评价模型，并且借助该模型对北京、天津、上海、重庆和西安做出了综合评价。但该模型需要聘请专家打分并通过 WAS 构造权重。另外，惠宁等没有给出各个评价指标的具体数据类别，因而该模型的评价成本较高且不利于推广。

邹燕认为创新环境支撑能力、技术与产业创新能力和知识创新能力是评价城市综合创新能力的三个重要评价模块。在对创新环境支撑能力评价模块中，主要侧重在城市的基础设施、经济环境、发展水平和信息化水平等宏观方面来评价创新环境；在技术与产业创新能力以及知识创新能力方面，主要是通过投入和产出两个过程来评价的。基于上述三个评价模块，邹燕对每个模块选出了 3～4 个二级指标并选出了 37 个三级指标。随后，根据这 37 个三级指标通过主成分分析方法建立了城市创新能力评价模型，并对国内 23 个城市进行实证分析，最后，给出了这 23 个城市的创新能力得分和排名。该模型具有灵活性和可操作性，对于邹燕给出的三级指标，可以根据实际情况做出相应调整。另外，主成分分析方法也可以和其他的统计分析方法相结合来构建更好的评价模型。

刘玲玲等提出了五个创新型城市的基本要素并且对过去国内外学者所提出的评价指标进行了分析，并提出创新城市评价研究所存在的问题和改进建议。刘玲玲等人认为创新主体、创新资源、创新机制、创新环境和创新绩效是创新型城市的基本要素。他们认为原有的评价体系缺乏评价指标的统一性和完整性、过度的重视对技术创新能力的评价而忽略了创新能力的其他方

① 惠宁等：《创新型城市指标评级体系研究》，《经济学家》2009 年第 2 期，第 102～104 页。

面，并且缺乏相关预警机制的研究。为了解决上述三个问题，刘玲玲等人认为应该完善对创新型城市理论的研究，建立具有科学性、客观性和实用性的创新型城市指标体系并给出城市创新能力的评价基准和建立城市创新能力的预警机制。

另外，马池顺等①通过因子分析模型从创新主体、创新资源和创新环境三个维度对上海市做了实证研究。彭小兵等②对金融支持和创新型城市发展之间的灰色关联度进行了研究，表明金融支持效率与城市的创新发展能力之间有较强的灰色关联度，如金融从业人员比例、边际资本生产率、贷款增速、金融相关比率等与创新能力发展的关联度大于 0.7；其中金融从业人员比例和创新能力发展的关联度达到了 0.8772；因此，为了加快创新能力的发展，应该大力推动金融支持建设。吴价宝等③站在创新投入—创新产出的角度上选出了 31 个指标，建立了以主成分分析为主的创新城市评价模型。许治等④参照联合国开发计划署（UNDP）的《2001 年人类发展报告》，根据其中的技术成就指数（TAI）对我国国家级创新型城市进行了创新能力测评并基于 CART 俱乐部划分，将我国国家级创新型城市由高到低划分为三个组别：第一组由深圳单独成组；第二组以上海、广州和北京等 8 个城市为一组；其他的国家级创新城市处于第三组。

综合上述研究，本报告借助邹燕所提出的三个评价模块建立指标评价体系，在保留原有模块的基础上，调整原有的评价指标，最终采用表 1 中的评价指标。另外，未解决刘玲玲等人所提出的问题（即原有评价指标体系缺乏统一性和完整性），本报告创新性地提出了一套包括基于灰色关联度的综合评价模型以及基于单个创新型模块的模块评价模型。下面将详尽地描述这一评价体系。

---

① 马池顺等：《创新型城市成长的三维主导因素研究》，《区域经济》2013 年第 1 期，第 61 ~ 63 页。

② 彭小兵等：《金融支持创新型城市建设的灰色关联分析》，《科技与管理》2013 年第 15 卷第 2 期，第 17 ~ 23 页。

③ 吴价宝等：《创新型城市动态评价研究》，《工业技术经济》2013 年第 3 期，第 113 ~ 120 页。

④ 许治等：《国家级创新城市技术成就指数俱乐部收敛效应》，《科学学研究》2013 年第 31 卷第 5 期，第 790 ~ 800 页。

表 1 城市创新能力评价指标体系

创新模块	评价指标
创新环境支撑能力 X_1	人均生产总值 X_{11}（元/人） 第三产业增加值比重 x_{12}（%） 每万人在校大学生数 x_{13}（%） 每百人拥有图书馆藏书 x_{14}（本/百万人） 每万人拥有医疗机构病床数 x_{15}（张/万人） 养老保险覆盖率 x_{16}（%） 失业保险覆盖率 x_{17}（%） 生活垃圾无公害化处理率 x_{18}（%） 绿化覆盖率 x_{19}（%） 每百人互联网接入用户数 $x_{1,10}$（户/百人） 人均邮电业务量 $x_{1,12}$（元/人） 电视人口覆盖率 $x_{1,13}$（%） 广播人口覆盖率 $x_{1,14}$（%）
知识创新能力	教育支出占财政预算支出 x_{21}（%） 每万人专利申请量 x_{22}（件/万人） 高等教育学校数量 x_{23}（个） R&D 占 GDPx_{24}（%） 每万人专利拥有量 x_{25}（件/万人）
技术和产业创新能力	科技支出占财政支出的比重 x_{31}（%） 每万人拥有技术人员 x_{32}（人） 高新技术产业产值 x_{33}（亿元）

注：由于本年度各地区的《科技统计年鉴》还没有公布，部分统计数据可能会不完整；根据数据的可得性需要调整相应的指标。

（二）创新发展水平评价体系的建立

该评价体系可分为两个部分：第一部分是基于灰色关联度的综合评价模型；第二部分是基于单个创新型模块的评价模型。

1. 基于灰色关联度的综合评价模型

构建灰色关联度综合评价模型的基本思路是：首先选取一个“标杆城市”，它既可以是一个虚拟的基准城市，也可以是现实中的一个城市或省份，但是这个“标杆城市”必须在各个方面领先于待测评的城市或省份；其次，提取“标杆城市”与待测评省市的所有创新评价指标数据；再次，分别计算每一个创新省市和“标杆城市”的灰色关联度；最后，依照灰色关联度结果，进行创新发展能力排名，该模型的思路如图1所示。

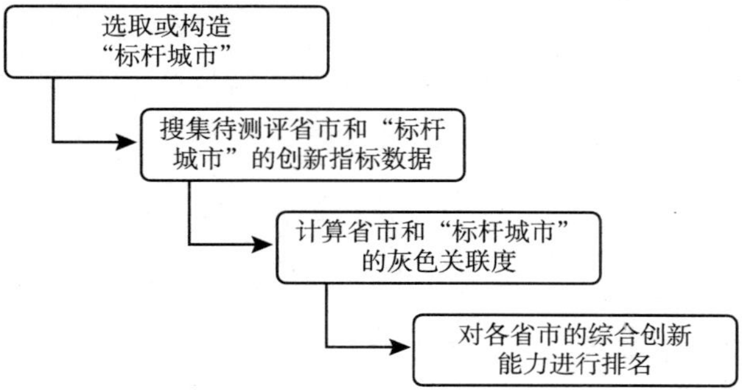

图1 灰色关联度综合评价模型的建模思路

“标杆城市”是灰色关联度模型的基石。本报告采用构造“标杆城市”的方法建立评价基准。构建灰色关联度综合评价模型的目的是为给各省市的综合创新能力排名。为此，在每一评价指标上通过各个城市在该指标上的比较，选出该评价指标的最大数值，随后以每一个评价指标的最大值构建“标杆城市”，最后按照本模型的评价思路进行创新型城市排名。

首先，令 X_{ij} 为所有省市中第 i 个模块中的第 j 个创新型指标的最大值即：

$$X_{ij} = \max\{x_{ijk}\}$$

其中，$i=1, 2, 3$，分别表示三个创新模块中的创新环境支撑能力、知识创新能力以及技术与产业创新能力；$j=1, \cdots, n_i$，表示在各个创新模块下的创新指标，n_i 为第 i 个创新模块下的创新要素，例如 n_1、n_2 和 n_3，分别取值14、5和3；$k=1, 2, 3, 4, 5$，分别表示五个经济特区，依次是深圳、珠海、汕头、厦门和海南。

其次，设特征序列即“标杆序列”为：

$$\alpha = [\alpha(1), \alpha(2), \cdots, \alpha(N)]$$

其中，N 为创新评价指标个数；α（1），α（2），…，α（N）分别对应

Y_{11}，…，X_{1n1}，…，X_{3n3}的各项数值；同理，对样本序列，即对任意城市或省份 k 有：

$$\beta_k = [\beta_k(1), \beta_k(2), \cdots, \beta_k(N)]$$

其中，β_k（1），β_k（2），…，β_k（N）分别对应 x_{11k}，…，x_{1n1k}，…，x_{3n3k} 的各项数值。则样本序列（待测评省市序列）与特征序列（“标杆城市”序列）的始点零化像分别为：

$$\alpha^0(i) = \alpha(i) - \alpha(1)$$
$$\beta_k{}^0(i) = \beta_k(i) - \beta_k(1)$$

最后，计算相应的灰色关联度 ε_k，其表达式为：

$$\varepsilon_k = \frac{1 + |S| + |S_K|}{1 + |S| + |S_K| + |S_K - S|}$$

其中 S、S_K 以及 $S_K - S$ 的表达式分别为：

$$S = \sum_{W=2}^{N-1} \alpha^0(W) + \frac{1}{2}\alpha^0(N)$$
$$S_K = \sum_{W=2}^{N-1} \beta_k{}^0(W) + \frac{1}{2}\beta_k{}^0(N)$$
$$S_K - S = \sum_{W=2}^{N-1} [\beta_K{}^0(W) - \alpha^0(W)] + \frac{1}{2}[\beta_k{}^0(N) - \alpha^0(N)]$$

ε_k 就是每一个城市或省份的综合创新能力得分；得分越高说明该城市或省份和“标杆城市”的灰色关联度越强，也说明该城市或省份的创新能力更接近于“标杆城市”，说明该城市或省份的创新型程度、发展程度更高。

2. 基于单个创新型模块的评价模型

综合评价模型可以在总体上对各个创新型省市评分、排序，但是难以比较在各个创新型模块上的发展程度。在《中国创新指数研究报告 No. 1》中，曾提出基于两级等权重的创新指数①，本报告按照该创新指数的逻辑框架，

① 纪宝成等：《中国走向创新型国家的要素：来自创新的依据》，中国人民大学出版社，2008，第 43 ~ 44 页。

对原来的创新指数进行了重新建模，提出能够评价三个创新发展模块的评价模型。

对任意地区 k 的任意一个创新评价模块 i，其创新指数 R_{ik} 可表示为：

$$R_{ik} = \sum_{j=1}^{n_i} \frac{r_{ijk}}{n_i}$$

其中，r_{ijk}是地区 k 在创新模块 i 下的第 j 个评价指标上的得分，其表达式为：

$$r_{ijk} = 100 \times \phi(\frac{x_{ijk} - \overline{x_{ij}}}{S_{ij}})$$

其中，$i = 1$，2，3，分别表示三个创新模块中的创新环境支撑能力、知识创新能力和技术与产业创新能力；$j = 1$，…，n_i，表示在各个创新模块下的创新指标，n 为第 i 个创新模块下的创新要素，如 n_1、n_2 和 n_3，分别取值 14、5 和 3；$k = 1$，2，3，4，5，分别表示五个经济特区，依次是深圳、珠海、汕头、厦门和海南。

（三）创新发展水平评价体系的实证分析

1. 数据来源及其说明

本报告的数据主要来源于各省市 2013 年统计公报以及国民经济和社会发展计划执行情况与 2013 年国民经济和社会发展计划，并按照表 1 所给出的创新型评价指标相关数据。由于 2012 年的统计年鉴和科技年鉴还没有公布和发行，部分指标数据可能会缺失 2012 年的数据；解决办法是通过其历史数据推算出 2012 年的待公布数据。通过上述方法，整理出了 2012 年各个经济特区的评价指标数据。

2. 综合评价模型的实证分析

首先，根据前文给出的建模思路和经济特区的创新指标数据，确立“标杆城市”指标数据；其次，根据上文的灰色关联度模型计算出各个经济特区与“标杆城市”创新能力的灰色关联度；最后，通过灰色关联度得分（0 ~ 1）对五个经济特区进行排名，结果见表 2。

表 2　经济特区创新综合能力测评结果

经济特区	得分	排名
深圳	0.9998	1
珠海	0.8860	2
汕头	0.6057	5
厦门	0.8143	3
海南	0.6315	4

2012 年经济特区综合创新能力的排名由高到低分别是：深圳、珠海、厦门、海南和汕头；与 2011 年经济特区综合创新能力的排名相一致。

3. 模块评价模型的实证分析

模块评价模型的核心在于对各个指标的标准化处理。首先，计算每一个创新能力指标的标准化得分；其次，根据创新指标的标准化模型计算创新指标的得分（最低 0 分，最高 100 分）；最后，根据创新指标得分对创新模块进行评分，结果见表 3。

表 3　各经济特区的创新指标和创新模块得分

创新模块	评价指标	深圳 ($k=1$)	珠海 ($k=2$)	汕头 ($k=3$)	厦门 ($k=4$)	海南 ($k=5$)
创新环境支撑能力 x_1	人均生产总值 x_{11}	89.73	72.06	13.98	56.31	17.66
	第三产业增加值比重 x_{12}	93.15	24.54	15.05	67.24	41.66
	每万人在校大学生数 x_{13}	22.71	93.72	17.80	65.90	39.34
	每百人拥有图书馆藏书 x_{14}	89.09	18.39	12.56	61.87	69.67
	每万人拥有医疗机构病床数 x_{15}	19.99	93.20	15.85	54.94	58.99
	养老保险覆盖率 x_{16}	85.59	75.88	11.18	63.23	18.79
	失业保险覆盖率 x_{17}	51.17	89.76	14.08	74.77	18.74
	生活垃圾无公害化处理率 x_{18}	14.42	13.55	80.26	67.75	80.26
	绿化覆盖率 x_{19}	66.21	90.13	46.37	43.76	7.22
	每百人互联网接入用户数 $x_{1,10}$	34.43	38.99	18.81	43.89	95.72
	人均邮电业务量 $x_{1,12}$	93.59	59.74	17.51	51.32	19.31
	电视人口覆盖率 $x_{1,13}$	73.59	73.59	40.75	73.59	4.86
	广播人口覆盖率 $x_{1,14}$	77.86	77.86	55.55	50.00	4.70

续表

创新模块	评价指标	深圳 (k=1)	珠海 (k=2)	汕头 (k=3)	厦门 (k=4)	海南 (k=5)
	模块得分	62.42	63.18	27.67	59.58	36.69
知识创新能力 x_2	教育支出占财政预算支出 x_{21}	27.61	66.20	93.98	17.71	32.64
	每万人专利申请量 x_{22}	92.65	71.74	37.05	22.93	17.02
	高等教育学校数量 x_{23}	47.44	41.11	6.56	85.53	76.99
	R&D 占 GDPx_{24}	92.96	44.68	40.09	58.61	9.59
	每万人专利拥有量 x_{25}	91.66	69.75	28.33	45.66	11.18
	模块得分	70.46	58.69	41.20	46.09	29.48
技术和产业创新能力 x_3	科技支出占财政支出的比重 x_{31}	95.37	48.15	18.29	43.70	28.36
	每万人拥有技术人员 x_{32}	95.02	48.34	26.46	48.67	17.29
	高新技术产业产值 x_{33}	95.80	45.03	20.23	37.21	32.87
	模块得分	95.40	47.17	21.66	43.19	26.18

根据表3的创新模块结果，对各个经济特区的创新模块进行排序，排序结果见表4。

表4　经济特区创新模块得分与排名

经济特区	创新环境支撑能力		知识创新能力		技术和产业创新能力	
	得分	名次	得分	名次	得分	名次
深　圳	62.42	2	70.46	1	95.40	1
珠　海	63.18	1	58.69	2	47.17	2
汕　头	27.67	5	41.20	4	21.66	5
厦　门	59.58	3	46.09	3	43.19	3
海　南	36.69	4	29.48	5	26.18	4

由表4可以看出，在创新环境支撑能力上，排名依次是珠海、深圳、厦门、海南和汕头；在知识创新能力方面，依次是深圳、珠海、厦门、汕头和海南；在技术与产业创新能力方面，依次是深圳、珠海、厦门、海南和汕头；更直观的表达见图2。

通过图2可以看出深圳的综合创新能力最强，它在知识创新能力、技术与产业创新能力方面处于领先地位，特别是其技术与产业创新能力明显强于其他

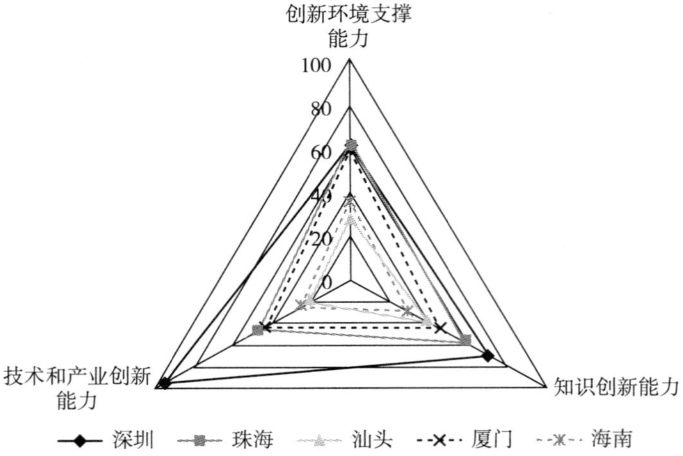

图 2　经济特区创新能力雷达图

经济特区；处于第二梯队的是珠海和厦门，它们的综合创新能力差距较小；处于第三梯队的是海南和汕头，它们的创新能力总体较差。

三　经济特区创新发展的不足与制约因素

（一）经济特区创新发展的不足之处

通过对各个经济特区创新模块得分（见表 3）、创新能力雷达图（见图 2）和统计公报的分析，发现经济特区在 2012 年度的创新发展中存在如下问题。

1. 创新环境有待进一步改善

从整体来看，创新环境是各个经济特区的短板。五个经济特区的创新环境支撑能力的平均分仅为 49.91 分，远低于百分制及格线 60 分。在该模块上，得分及格的城市仅有深圳和珠海；尽管它们的分数高于及格线，但也仅仅高出及格线 2 ~4 分。

从局部来看，深圳在创新环境方面有待提高的主要有：高等教育方面、医疗保障方面、社会保障方面和信息化程度方面，具体反映在每万人在校大学生数、每万人医疗机构病床数、失业保险覆盖率、生活垃圾无公害化处理率和百人互联网接入用户数上；珠海在产业结构调整、公共知识服务、城市环境和信息化程度上有待提高；汕头在经济发展、教育环境、社会保障和信息化程度等诸多方面存在不足；厦门则在城市环境、医疗保障和信息化程度上存在不足；海南和汕头情况类似，需要在创新环境的方方面面进行进一步改善。

2. 知识创新能力有待提高

从整体上看，五个经济特区在知识创新能力评价中的平均分仅为49.91分，同样远低于百分制及格线。尽管深圳在该模块的得分为70.46分，但与它在技术和产业创新能力上的得分（95.40分）相比，前者远远低于后者；其他四个城市的知识创新得分均低于60分。

在局部上，深圳对教育的投资还有待加强，主要表现在教育支出占财政预算支出的比重偏低；珠海虽然在知识创新方面相对较好，但相对于其自身的其他知识创新指标，珠海仍然需要提高当地高等院校的数量；汕头最显著的不足就是缺乏高等院校，全汕头市仅有一所汕头大学，远远少于其他经济特区；厦门需要提高政府对教育支出的比例；海南省在知识创新能力上表现最差，主要体现在专利产出低、R&D经费投入少以及对知识创新能力的重视程度不足。

3. 创新发展不平衡

创新发展不平衡主要分为两个方面：创新能力发展不平衡与创新模块发展不平衡。

一是创新能力发展不平衡。从创新发展综合能力上看，创新能力最强的经济特区依次是深圳、珠海、厦门、海南和汕头。其中，深圳综合创新能力最强，远远高于其他经济特区，处于第一梯队；处于第二梯队的是珠海和厦门，它们和深圳的综合创新能力相比有明显差距；处于第三梯队的是海南和汕头，它们在创新能力的各个方面都要落后于其他经济特区。因此，各个经济特区的创新能力的发展明显不平衡。

二是创新模块发展的不平衡。在创新环境支撑能力、知识创新能力和技术与产业创新能力上，各个经济特区的创新发展不平衡性明显。例如，深圳前三个能力得分分别为62.42分、70.46分和95.40分；其中，深圳的技术与产业创新能力要远远胜过其创新环境支撑能力和知识创新能力，说明深圳在创新发展过程中，过分注重技术与产业创新能力的提高，而忽略了其他两个能力的发展。

（二）经济特区创新发展的制约因素

1. 现有的信息化程度限制了创新环境的发展

信息化程度的高低对经济特区的创新环境有着重要影响。特区的信息化程度主要反映在互联网、电信、邮政、广播和电视的传播质量与覆盖率上，特别是在互联网接入方面。在电信、邮政、广播和电视的传播质量与覆盖率上，经济特区已经达到了一个相对较高的水平。然而在互联网覆盖率和接入质量上，五个经济特区均落后于发达国家。据相关资料显示，发达国家的家庭入网率约为70%①，然而根据统计公报所计算的各经济特区家庭入网率均低于发达国家的平均水平（例如，经济特区创新能力发展排在前两位的深圳和珠海的家庭入网率仅有28.86%和31.89%）。另外在接入质量上，同期发达国家的平均网速约为9.42Mbps，即使上海和中国台湾的平均网速也达到了4.70Mbps②，而五个经济特区不仅均低于发达国家水平，也低于上海和中国台湾的水平。可见，无论是在接入规模还是在接入质量上，经济特区与上海和中国台湾以及发达国家仍有不小的差距。因此，互联网的接入规模与质量制约了经济特区的信息化程度，信息化程度的落后又限制了经济特区的网络创新能力，受制约的网络创新能力又限制了创新环境支撑能力。

2. 现有的融资环境制约了知识创新的发展

以知识创新为主的新兴企业是经济特区创新能力发展的重要源泉。这些企业具有资金密集度高、项目风险高和研发周期长的特点。一方面，这些企业需要有更多的资金注入，将这部分资金用于研发；另一方面，这些企业开发一款新的新兴技术往往需要3~5年甚至更长的时间，并且在研发过程中企业还会面临项目失败的风险。基于上述两方面的原因，商业银行往往因为上述风险而

---

① 瑞闻：《全球移动用户数量超过60亿——互联网用户达到23亿》，中国信息产业网，2012年8月16日，http://www.ciia.org.cn/xwzx/yjdt/201208/t20120816_36305.html。

② 奇虎360：《2013年第一季度中国互联网上网测速报告》，http://bbs.360safe.com/forum.php?mod=redirect&goto=findpost&ptid=1049802&pid=8318914。

不愿意向这些企业发放贷款，而企业要通过其他渠道进行资金的融通就必须承担更高的融资成本。因此，在现有金融环境下，创新型企业往往因资金问题而不得不终止或暂停正在进行或者准备进行的研发项目。这就在客观上制约了特区内创新企业知识创新发展，进而制约了经济特区知识创新能力的发展。

3. 交流与合作的不密切制约了创新发展的均衡

由前面的分析可知，经济特区面临着创新能力发展失衡的问题。在现有交流与合作程度下，经济特区在创新能力发展上明显分为了三个梯队：第一梯队，深圳；第二梯队，珠海和厦门；第三梯队，海南和汕头。然而，造成这种情况的主要原因是经济特区之间交流与合作不密切。这主要体现在两个方面：第一，缺乏纵向的交流合作。例如，在相关的政策中，深圳并没有制订与其他经济特区交流与合作的计划，相反，深圳市人民政府在《深圳国家创新型城市总体规划（2008~2015年）》中仅提出了加强“深港合作”、忽略了与其他经济特区的交流与合作。第二，缺乏横向的交流与合作。例如，珠海和厦门同属于第二梯队，但两者之间缺乏创新能力发展的交流与合作；相反，珠海主要与其周边城市如中山和江门开展合作，并联合制订《珠中江区域紧密合作规划（2012~2020年）》。综上所述，缺乏纵向、横向的交流与合作是导致经济特区创新能力发展失衡的一个重要原因。

四　经济特区创新发展建议

如前所述，经济特区在创新发展中面临信息化程度低、融资困难和特区间交流合作不密切问题，要解决这些问题需要明确三者在特区创新发展中的相关作用。

（一）明确金融支持在特区创新发展中的推动作用

1. 制定创新型企业的金融优惠政策

前面已经提到，目前各经济特区的创新型企业正面临“研发项目融资难”的问题。“研发项目融资难”严重制约了企业的创新积极性，降低了企业的知识创新产出与技术创新产出。如果这一问题不解决，将对经济特区的创新环境、知识与技术创新能力造成长期的制约。政府应该制定对创新型企业的金融优惠政策，如对银行制订强制性的“研究项目贷款”配额、对向企业发放“研究项目基金”的金融中介公司提供税收优惠或放宽对优质创新型企业的上市条件等措施。

2. 提供多样化的融资渠道

导致创新型企业的“研发项目融资难”的另一个原因是原有的融资渠道过窄。当企业面临项目资金短缺的问题时，通常的做法是向商业银行贷款，而商业银行考虑到项目的风险高、投资回收期长和企业规模等因素，不愿向一些创新型企业放贷，这使得企业只能转向民间机构寻求贷款。又由于最近几年的“房地产热”，社会大部分资金都流向了房地产行业；同时，投资者对房地产的投资回报预期要远远高于官方规定的银行贷款利率，这使得民间机构向创新型企业要求高额的贷款回报率，提高了创新型企业的融资成本。因此，要解决这一问题，各经济特区政府应该加快金融服务基础建设，并且提供多样化的融资渠道，如建立地方融资平台，为创新型企业提供项目资金贷款，加快对产权交易所的建设以促进企业的产权交易，鼓励民间机构对创新型企业进行风险投资等。

3. 提供政府补贴与辅导

降低创新型企业的征税税率或增加对它们的转移支付，可以让创新型企业有更多的资金用来研发新的知识与技术；与此同时，对创新型企业提供税收优惠和财政补贴还可以吸引外资在经济特区建立创新型企业，进而可以提高特区的研发能力。另外，特区政府还应向创新型企业提供项目规划辅导，这样不仅可以规范政府对企业技术研发的监管，还能让金融机构对企业的研发项目有更清楚的了解，进而为企业获得金融机构的资金支持提供便利。

（二）明确信息化程度在特区创新发展中的支撑作用

在知识经济时代，信息化程度的高低决定了知识创新和技术创新效率的高低。另外，信息化程度的提高还可以提升其对创新发展的支撑作用。根据前文的分析可知，互联网的网络接入质量制约了经济特区的信息化发展程度，进而限制了信息化程度对创新发展的支撑作用。因此，应该明确信息化程度在特区创新发展中的支撑作用。

1. 加快提升互联网的接入质量

加快提升网络的网速和稳定性是提升互联网接入质量的有效方法，也是提升信息化程度的重要举措。提升网络速度，实际上就是提升每秒钟可传输的信息量；提升网络的稳定性，实际上就是提升信息传输的安全性，降低信息丢失或传输中断的可能性。因此，提高互联网的接入质量不仅可以提高信息的传递效率，还可以提高经济特区的创新效率。

2. 提升对信息的数据挖掘能力

提升对信息的数据挖掘能力，可以促进知识创新能力的提高。在信息化的今天，信息和数据贯穿社会生活的方方面面。如果在海量的信息里找到了数据与数据之间的相关性，就有可能挖掘到有价值的信息，将这些有价值的信息应用到生产和生活中，便有机会产生巨大的经济效益。这就是知识创新产出的价值。因此，提升各行业的数据挖掘能力，可以直接提高各个经济特区的知识创新能力，并最终提升它们的综合创新能力。

（三）明确交流与合作在特区创新发展中的促进作用

如前所述，五个经济特区按综合创新能力可划分为三个梯队，依次是：深圳、珠海和厦门、海南和汕头。这是经济特区创新能力发展失衡的显著表现。导致特区创新发展失衡的一个重要原因就是特区之间缺乏纵向和横向的交流合作。因此，应明确交流与合作在特区创新发展中的促进作用，加强特区内部之间的“横纵交流”并拓展特区与外部的交流与合作。

1. 加强特区之间的横向交流

珠海和厦门之间、海南和汕头之间应该开展政府合作，共同构建创新发展规划。由于各个梯队内部（除第一梯队外）的创新综合能力差异小、所面临的创新问题类似，这为开展梯队内部的合作提供了良好的前提条件。各个特区之间，可以通过在各个模块上的相互借鉴和交流弥补原有的不足。例如，海南在创新环境支撑能力、技术与产业创新能力方面略强于汕头，而汕头在知识创新能力方面要强于海南；可以通过两者的相互交流、借鉴和学习，达到创新能力的共同提高。

2. 增强特区之间的纵向交流

特区内部明显的创新能力差异为特区之间的纵向交流提供了基础。创新发展能力差异较大的特区之间，应该加强政府之间的合作与交流，定期开展创新发展交流会并签署创新合作协议；以政府为主导，促进特区之间的企业合作，缓解创新发展不平衡的问题。例如，在五个经济特区中，深圳的创新综合能力处于领先地位，特别是在技术与产业创新能力方面；这是因为2012年深圳大力促进“新能源”“新技术”和“新文化”的建设，并且建立了“新制度”，为更好地促进前三者的建设出台了一系列的项目扶持政策；其他的经济特区可以借鉴深圳的这一创新发展经验，提高自身的技术与产业创新能力。

3. 加强经济特区的外部交流与合作

加强经济特区的外部交流与合作需要注重两个方面：一是“深化对外的交流与合作”；二是“宽化对外的交流与合作”。“深化对外的交流与合作”是指各经济特区应继续与原合作伙伴保持合作关系，并在原有的合作基础上拓宽合作领域、巩固并加强合作关系（如“深港合作”等）。“宽化对外的交流与合作”是指各经济特区在与原有合作对象保持合作的基础上，寻找新的合作对象并在新的领域上开展合作。例如，各个特区在战略性新型产业领域，向国内外积极搜寻新的合作伙伴，进行协同创新，进而实现经济特区自身创新能力的提高。

参考文献

[1] 深圳市人民政府：《关于印发〈深圳国家创新型城市总体规划（2008~2015）〉的通知》，2008年9月21日。

[2] 深圳市人民政府：《深圳市人民政府关于印发深圳国家创新型城市总体规划实施方案（2011~2013年）的通知》，2012年4月27日。

[3] 深圳市发展和改革委员会：《关于深圳市2012年国民经济和社会发展计划执行情况与2013年计划草案的报告》，2013年1月15日。

[4] 深圳市统计局：《深圳市2012年国民经济和社会发展统计公报》，2013年4月10日。

[5] 珠海市发展和改革局、中山市发展和改革局、江门市发展和改革局、广东省社会

科学院宏观经济研究所：《珠中江区域紧密合作规划（2012～2020年）》，2012年9月27日。

[6] 珠海市统计局、国家统计局珠海调查队：《珠海市2012年国民经济和社会发展统计公报》，2013年3月29日。

[7] 珠海市统计局：《2013珠海概览》，2013，http：//www.stats－zh.gov.cn/Zhoverview/2013zhgl.pdf。

[8] 郑晓奇：《汕头市2012年国民经济和社会发展计划执行情况与2013年计划草案报告》，2013年2月20日。

[9] 汕头市统计局、国家统计局汕头调查队：《汕头市2012年国民经济和社会发展统计公报》，2013年3月25日。

[10] 厦门市发展和改革委员会：《关于厦门市2012年国民经济和社会发展计划执行情况与2013年国民经济和社会发展计划草案的报告》，2013年2月26日。

[11] 厦门市统计局、国家统计局厦门调查队：《厦门市2012年国民经济和社会发展统计公报》，2013年3月20日。

[12] 厦门市统计局：《厦门规模以上工业企业创新能力比较分析》，2013年9月10日。

[13] 海南省统计局、国家统计局海南调查总队：《2012年海南省经济和社会发展统计公报》，2013年1月27日。

[14] 厦门市发展和改革委员会：《关于海南省2012年国民经济和社会发展计划执行情况与2013年国民经济和社会发展计划》，2013年2月6日。

[15]《2012国际旅游岛建设成果：三沙建设等有新成效》，《海南日报》2013年4月7日。

[16] 纪宝成等：《中国走向创新型国家的要素：来自创新的依据》，中国人民大学出版社，2008。

[17] 惠宁等：《创新型城市指标评级体系研究》，《经济学家》2009年第2期，第102～104页。

[18] 刘玲玲等：《创新型城市评价指标体系研究》，《北京城市学院学报》2011年第4期，第44～49页。

[19] 邹燕：《创新型城市评价指标体系与国内重点城市创新能力结构研究》，《管理评论》2012年第24（6）期，第50～57页。

[20] 马海涛等：《全球创新型城市的基本特征及其对中国的启示》，《城市规划学刊》2013年第1期，第69～77页。

[21] 马池顺等：《创新型城市成长的三维主导因素研究》，《区域经济》2013年第1期，第61～63页。

[22] 彭小兵等：《金融支持创新型城市建设的灰色关联分析》，《科技与管理》2013年第15（2）期，第17～23页。

[23] 吴价宝等：《创新型城市动态评价研究》，《工业技术经济》2013年第3期，第

113 ~ 120 页。

[24] 许治等:《国家级创新城市技术成就指数俱乐部收敛效应》,《科学学研究》2013 年第 31 (5) 期,第 790 ~ 800 页。

[25] 蒋玉涛等:《创新型城市建设路径及模式比较研究》,《科技管理研究》2013 年第 14 期,第 24 ~ 30 页。

[26] 陈伟军:《基于因子分析的创新型城市评价》,《经济导刊》2013 年第 2 期,第 78 ~ 79 页。

[27] 李靖华等:《世界创新型城市建设模式比较:三个案例及其对上海的启示》,《中国科技论坛》2013 年第 2 期,第 139 ~ 146 页。

B.5

中国经济特区体制改革报告

陈家喜　左瑞婷*

体制改革是指通过变革和革新的方式，消除社会政治系统中一些陈旧的制度、结构、规则弊病，以推进社会政治系统的良性运转。体制改革涉及面较广，既包括经济体制改革、社会体制改革、文化体制改革、科技体制改革，也包括政治体制改革、行政体制改革和军事体制改革等。在计划经济向市场经济、传统社会向现代社会的快速转型过程中，伴随着急剧的体制改革与转型，而在这其中，经济特区又担当了体制改革的先行者和试验区的角色。经济特区从20世纪80年代的市场经济的试验田，逐步转变成为当下中国改革的排头兵。本文通过对比深圳、珠海、厦门、海南、汕头五个经济特区，在经济体制、社会体制、文化体制和行政体制方面改革的速度、步履、突破性等，检验经济特区在体制改革上的先进性和均衡程度。本文力图阐明，中央不断授予经济特区体制改革的先试权利，以及经济特区改革的主动性和自觉性是最终决定体制改革走向的两大因素。

一　经济特区体制改革的进展

尽管经济特区设立以来，经济、社会、文化以及行政领域发生了重大变化，但是有些变化是自然演进的，有些变化是政府主动改革完成的。从近期经济特区体制改革的进展来看，深圳、珠海、厦门、汕头、海南均进行了一些标志性的探索，有些探索还具有全国性的示范意义。

---

* 陈家喜，深圳大学当代中国政治研究所副所长；左瑞婷，深圳大学管理学院政治学专业硕士生。

（一）经济体制改革

1. 深圳：商事登记制度改革和自主创新示范区建设

深圳探索建立与市场经济相匹配、符合国际惯例的商事登记制度，进一步增强市场活力，优化营商环境。这一商事登记制度改革的中心聚焦到“营业执照”上，将商事主体资格与经营资格区分开来，将审批与监管、监管与自律统一起来。2012 年 10 月 30 日，深圳市人大常委会审议通过《深圳经济特区商事登记若干规定》，为深圳商事等级制度改革确立了法律规范。根据这一规范，改革现行个体工商户登记制度，逐步实现自然人经营豁免登记；改革现行注册资本实缴制度，逐渐实现注册资本认缴制；改革现行企业市场退出机制，逐步实行商事主体除名制度；改革现行企业登记年度检验制度，逐步实行商事主体年报备案制度；改革传统登记方式，推行网上登记、电子营业执照制度；改革现行商事登记公示制度，健全商事主体登记许可及信用信息平台。[①] 深圳商事登记制度改革于 2013 年 3 月 1 日正式启动。此后，在深圳注册成立一家企业，不再需要向审批部门提交注册资金验资报告、审批文件、经营范围，也无须应付烦琐的年检程序，注册程序在 3 日内便可完成，大大降低了企业进入市场的门槛。

深圳加强自主创新，提升核心技术自主创新能力，推进战略性新兴产业跨越式发展，为经济发展转型升级提供支撑。2012 年 11 月 4 日，深圳市颁布《关于努力建设国家自主创新示范区实现创新驱动发展的决定》，提出建设“国家自主创新示范区，打造科技体制改革的先行区、开放创新的引领区、创新创业的集聚区、战略性新兴产业的先导区，以及具有世界影响力的国际创新中心”的战略目标。在具体举措上提出：进一步深化科技体制改革，全面激发创新活力，特别是完善以企业为主体的技术创新体系；抢抓产业发展新机遇，打造具有国际竞争力的战略性新兴产业集群，集中力量突破互联网、生物、新能源、新材料、文化创意、新一代信息技术的关键共性技术，推动战略性新兴产业的快速发展；着力推进协同创新，完善开放式创新体系，鼓励跨部

① 《深圳经济特区商事登记若干规定》，《深圳特区报》2012 年 11 月 15 日。

门、跨区域、跨领域协作，构建多渠道、多形式、网络化的协同格局，形成以市场为导向，以企业为主体，产学研用资结合，各类创新资源充分发挥协同效能的创新模式；等等。①

2. 珠海：商事登记制度改革与横琴开发

珠海也十分注重商事登记制度的改革完善。2012 年 11 月 29 日，珠海市出台了《珠海经济特区商事登记条例》，2013 年 3 月 1 日正式实施。该条例与深圳商事等级制度改革几乎同步进行，具体内容也颇具相似之处，具体包括：一是改革以往以“营业执照”为中心的商事登记制度，实现商事主体资格与经营资格相分离；二是改革注册资本实缴登记制度，实行注册资本认缴登记制度；三是改革对于企业住所进行审查的形式，实现住所和经营场所各自独立的登记管理方式；四是改革企业退出市场的机制，建立商事主体经营异常制度；五是改革企业例行年检制度，实行商事主体的年报备案；六是改革企业登记公示制度，建立商事主体登记许可及信用信息的统一平台；七是改革企业传统登记方式，实行网上登记、电子营业执照制度；八是改革传统的证照号码管理制度，探索以营业执照为基础，将营业执照、组织机构代码证、税务登记证“三证合一”的登记制度；九是改革“重登记轻管理”的体制，实行“宽进严管”机制，建立企业自律、自责清晰、信息透明的社会诚信监管体系。②

珠海还利用横琴新区开发开放的契机，出台了一系列促进体制机制改革的创新举措，《珠海经济特区横琴新区条例》、《珠海经济特区横琴新区商事登记管理办法》、《海关总署关于支持横琴新区开放开发的意见》、省政府《关于加快横琴开发建设的若干意见》等法规政策陆续实施。根据上述文件，横琴新区在经济体制上实施了一系列的改革举措，包括：一是横琴新区设立开发运营公司作为投资建设管理机构。开发运营公司由管委会管理，经管委会授权，负责融资、投资、基础设施建设、国有资产经营、土地一

① 《中共深圳市委　深圳市人民政府关于努力建设国家自主创新示范区实现创新驱动发展的决定》，《深圳市人民政府公报》2012 年第 45 期。

② 珠海市工商局课题组：《对珠海市商事登记制度改革的调研报告》，南方网，http://lj.southcn.com/l/2013-01/11/content_61757064.htm。

级开发和城市特许经营等招商引资、投资建设事项。二是横琴新区实行企业主体资格登记与经营项目许可相分离的登记制度。三是横琴新区实行一定范围的免税、保税和退税的优惠政策，如横琴新区企业之间货物交易免征增值税和消费税。四是实行“一线放宽，二线管住，人货分离，分类管理”的分线通关管理制度，方便横琴开发和人员、货物、交通运输工具进出。五是横琴新区管理委员会在企业发展、用地预审、规划建设与管理、企业登记、人才引进等方面，享有省级经济管理权限。在上述政策激励下，横琴新区开发开放迅速，2012 年，环岛东路等多条岛内主干道建成通车，横琴二桥动工，广珠城轨延长线项目、金海大桥加紧推进，水、电、气等市政配套设施建成使用，横琴新家园首期工程完工。《横琴产业发展指导目录》通过国家发改委初审，总投资超过 1750 亿元的 41 个重点高端产业项目加快建设。①

3. 厦门：落实综合配套改革方案与两岸区域性金融服务建设条例

厦门围绕“深化两岸交流合作综合配套改革试验总体方案”，进行经济体制改革的重要创新和探索，包括实施营业税改征增值税试点，开展一系列两岸金融产业合作和业务创新，同意将大嶝对台小额商品交易市场免税携带额从 3000 元提高到 6000 元，建设两岸新兴产业和现代服务业合作示范区，建设东南国际航运中心和两岸区域性金融服务中心。

其中，2013 年 1 月 4 日，厦门市政府通过了《厦门经济特区促进两岸区域性金融服务中心建设条例（草案）》，该草案致力于建设多功能、多层次金融市场体系，培育和发展货币、票据、证券、保险、产权、融资租赁、期货等金融市场，重心是开展两岸人民币现汇清算、现钞兑换和调运业务。具体举措包括：一是建立和完善适应离岸投资贸易发展的宽松可控的存贷款制度、外债管理制度和外汇资金结算制度，建设对台离岸金融市场。二是推动国家金融监督管理机构优先审批符合条件的台湾地区金融机构来本市设立法人机构、分支机构或者代表处。三是支持金融机构拓展海洋金融、航运金融、科技金融、旅游金融、茶叶金融等领域。四是设立两岸区域性金融服务中心金融集聚区，引

① 何宁卡：《2013 年珠海市政府工作报告》，《珠海特区报》2013 年 1 月 25 日。

导金融机构合理配置金融服务资源。①

4. 汕头：经济体制改革“十二五”规划

2012年8月，汕头市制订并颁布了《汕头市经济体制改革“十二五”规划》，该规划针对“改革创新意识亟待加强”“促进经济发展方式转变的体制机制尚不到位”“公共服务体系建设相对滞后”等发展瓶颈，提出坚持系统配套、先行先试、科学实效的总体要求，到2015年，建立起比较完善的社会主义市场经济体制。在具体经济体制改革的行动上，该规划提出：一是围绕科技与经济紧密结合这个核心问题，强化企业技术创新主体地位，加快建立企业主导产业技术研发创新的体制机制。健全政、产、学、研、用合作机制，完善以企业为主体，市场为导向，政、产、学、研、用相结合的技术创新体系，充分发挥企业、高校、科研机构的作用，集中力量攻克战略性新兴产业的核心技术。二是完善产业转型升级的支撑保障机制，促进低端产业向高端产业转型。三是建立健全绿色低碳发展体制机制，探索促进产业结构调整、能源结构优化、生活方式及消费模式转变等方面节能减排的政策措施。四是加快现代市场体系建设，打破市场垄断和价格垄断，创造有效配置资源、促进转型升级的条件。五是加快地方金融改革步伐，拓宽中小企业融资渠道，提高直接融资比例。六是不断扩大对内对外开放，形成多层次区域合作体系，包括推进“汕潮揭”一体化，加速融入珠三角，参与粤港澳合作，加入海西经济区建设，拓展与中国－东盟自由贸易区的合作渠道。七是加强市场监管体系建设，完善行政执法、行业自律、舆论监督、群众参与相结合的市场监管体系。②

5. 海南：积极拓展开放型服务业

2013年7月26日，海南省委六届四次会议通过了《中共海南省委关于学习贯彻落实习近平总书记视察海南重要讲话精神的决定》，围绕经济社会体制改革提出了一系列的规划部署。该决定提出，海南将以国际旅游岛建设为科学

① 《关于征求〈厦门经济特区促进两岸区域性金融服务中心建设条例（草案征求意见稿）〉意见的通知》，厦门市人民政府网站，http://www.xm.gov.cn/zxgg/201211/t20121114_563641.htm。

② 《汕头市经济体制改革“十二五”规划》，汕头市政府门户网站，http://www.shantou.gov.cn/publicfiles/business/htmlfiles/0001010/2.3.3/201208/274235.html。

发展的总抓手，把开放改革作为科学发展的强劲动力，把生态环境作为科学发展的核心资源，实施更加主动的开放战略，争创发展开放型服务业的实践范例。具体内容包括：一是率先实现服务业开放的新突破。用好用足国家赋予的保税港区、离岛免税、邮轮游艇、体育彩票、离岸金融、落地免签等各项开放政策，优先发展金融、商业、航运、物流、通信、会展、电子商务等现代服务业，努力使海南服务业成为国家服务业对外开放的重要窗口。进一步放大离岛免税政策效应，大力培育免税品产业链，加快建设国际购物中心。二是着力打造对外开放的新高地。积极创造条件，全力争取中央给予海南更加开放的投资、贸易、金融、旅游、人员往来、就业等政策。依托洋浦区位、政策、港口等优势，加快发展生产性服务业，举全省之力把洋浦打造成面向东南亚的航运枢纽和物流中心，逐步推进洋浦自由贸易港区建设，使之成为国际旅游岛的产业支撑和对外开放的新高地。充分发挥侨乡优势，拓展海外联谊渠道。积极参与东盟自由贸易区、泛北部湾经济圈、泛珠三角区域合作，深化琼台和琼港澳的交流合作。①

（二）社会体制改革

1. 深圳：风景林工程与织网工程

2012 年 1 月，深圳市颁布实施《深圳经济特区社会建设促进条例》，该条例提出深圳社会建设的总体目标是：以保障和改善民生为重点，以完善社会服务为基础，以促进公平正义为导向，以社会管理及其创新为特色，以体制机制改革为动力，以法治建设为保障，实现社会的富裕安康、公平正义、活力创新、文明有序。② 围绕社会建设与管理，深圳市近期着力推动了“风景林工程”和“织网工程”。

2012 年 8 月 17 日，《2012 年度深圳市社会建设“风景林工程”项目推进方案》颁布实施，旨在总结、提炼和推广实践探索中的社会建设先进经验。该方案围绕“基层党建工作区域化”“社区服务中心”“社区居民议事会”

---

① 《中共海南省委关于学习贯彻落实习近平总书记视察海南重要讲话精神的决定》，《海南日报》2013 年 8 月 5 日。

② 《深圳经济特区社会建设促进条例》，《深圳特区报》2012 年 2 月 29 日。

“社区公益服务”“楼（栋）长”等5个项目开展2012年的社会建设的“造林”工程。其中，一是基层党建工作区域化项目。坚持区域统筹、条块联动的原则目标，提升社区党组织的领导核心和战斗堡垒作用。二是社区服务中心项目。推进社区服务中心和社区家园网建设，形成富有特色的社区服务模式。三是社区居民议事会项目。探索建立社区居民参与社区事务的民主平台，如建立和谐理事会和说事评理、居民议事厅等，实现社区的和谐共治和民主协商。四是社区公益服务项目。开发社区公益服务岗位，不断拓展社区公益服务范围和内容，提高社区居民、驻社区单位参与社会建设的积极性和主动性。五是楼（栋）长项目。以住宅楼宇为单位，建立楼（栋）长队伍，使之成为参与社区管理服务的重要成员，协助社区工作站、社区居委会和网格管理员共同管理社区事务。[①] 通过完善、整合、共享和推广各级各部门在社区建设工作中创造的典型经验，构建互通、互融、互相支撑的社区服务管理体系。

2013年11月5日，深圳市颁布实施了《关于全面推进社会建设“织网工程”的实施方案（征求意见稿）》，全力推进社会建设“织网工程”。该方案提出，通过设立“公共信息资源库、网格信息员队伍、社会管理工作网、社区家园网、社区综合信息采集系统、决策分析支持系统”（一库一队伍两网两系统），建设覆盖市、区、街道、社区四级的“织网工程”服务管理综合信息系统。到2014年末，完成“一库一队伍两网两系统”建设和试运行，实现信息资源的跨区域、跨层级、跨部门的互联互通、融合共享。从2015年起，市、区、街道、社区四级“织网工程”综合信息系统正式运行，全面提升公共服务保障能力，提高城市精细化管理水平。[②]

2. 珠海：探索社区行政事务准入制度与社会组织培育管理制度

2009年6月，珠海市颁布《关于推进社会管理体制改革先行先试的意见》，提出了珠海社会管理体制的阶段目标：从2009年开始，逐步推进社会管理体制改革先行先试的试点工作；到2013年，总结试点经验，有序推进社会

① 《2012年度深圳市社会建设“风景林工程”项目推进方案》，宝安区社会工作委员会网站（http://wcm.baoan.gov.cn/pub/sgw/zwgk/zcfg/zcfg_58675/201208/t20120829_511128.html）。

② 《深圳“织网工程”取得重大成果　为新时期社会建设探新路》，《深圳特区报》2013年11月6日。

管理体制改革先行先试工作；2016～2020年，基本确立党委领导、政府负责、社会协同、公众参与的新型社会管理体制机制。

珠海市推行社区行政事务准入制度，深化社区民主自治。2013年6月，《珠海市城市社区行政事务准入管理办法（征求意见稿）》进入立法审核阶段，并向社会公开征求意见。根据该办法，珠海市拟建立城市社区行政事务准入制度，除法律、法规规定由居委会协助政府做好与居民利益有关的治安、计生、优抚救济等工作外，其他确需由社区居委会承担或者协助的行政事务，应当经一定程序批准后，方能由居委会承担或协助。经批准，各级政府职能部门、镇、街道不得将自身行政事务委托或者转移给社区居委会，对未经批准进入行政事务的事项，社区居委会有权拒绝承接。同时还要求对准入社区的行政事务，要建立费随事转经费保障机制，同步匹配相应工作经费。此外，还要求建立监督考核评估机制，对行政事务准入社区实施效果进行评议。[①] 珠海在各镇街设立镇街政务服务中心，拦截、过滤政府下达的大部分行政事务。这一办法的突出特点在于理顺城市社区工作关系，促进政府职能转变，优化城市社区工作机制，保障社区自治的发展；同时解决社区干部承担过多、过重的行政事务负担，没有足够的时间为社区居民服务这个突出问题，即为社区干部减负。[②]

珠海还着力加强社会组织的培育发展，深化政府职能转变。2009年以来，珠海先后出台了《关于进一步发展和规范我市社会组织的意见》《关于政府购买社会组织服务的实施意见》《关于加快推进我市公益慈善类社会组织规范发展的实施意见》《珠海市社会组织孵化基地暂行管理办法》《珠海市异地商会登记管理实施细则》和《珠海市社会组织评估暂行办法》等一系列法规文件，推动社会组织的快速成长。根据上述制度规范，珠海市初步形成了社会组织培育和规范管理的制度体系，包括：建立政府购买服务的长效配套机制，将购买、委托、评估、认证、问责等诸环节纳入相应的法定程序，为社会组织参与提供制度化的渠道；采取“政府引导、专业运作、多方参与、跨界合作”的

---

① 《珠海市社区行政事务准入办法公开征求意见》，《珠海特区报》2013年6月21日。

② 杨雪冬：《限权与放权同步　提升社区自治水平》，《南方日报》2013年6月25日。

运营模式，加快社会组织培育发展中心项目建设；按照“政府指导、社会参与、独立运作、分类评定、动态管理、客观公正”的总体原则，推行第三方评估；加强社会组织基础数据的管理，推行社会组织信息公开、社会组织等级评估、社会组织执法监察管理、社会组织培育发展管理、社会组织联合监管五大功能为一体的管理平台；健全责权明确、运转协调、有效制衡的法人治理结构和治理机制，完善会员（或会员代表）大会、理事会、监事会和执行团队等内部运行机制。① 截至2012年9月底，珠海登记注册的社会组织达1238个，其中社会团体531个，民办非企业单位707个，平均每万人拥有社会组织7.7个。②

3. 厦门：社区管理服务网格化改革

2012年厦门市制定了《关于加强和创新社会管理的实施意见》，编制完成《厦门市加强和创新社会管理规划纲要（2013～2015年）》，制订了社会体制改革的整体方案。根据上述文件内容，厦门市重点实施37个社会管理创新项目，成立了民生保障、实有人口服务管理等10个专项工作组，推进思明、海沧两区综合试点，初步探索矛盾纠纷“大调解”、实有人口服务管理、社会治安综合防控、对台司法服务保障、基层社会服务管理五大社会管理创新体系。

其中，厦门市海沧区推行的社区“网格化、信息化、精细化、人性化”建设试点，具有较强的探索意义，入选“全国社区管理和服务创新试验区”，并在全省推广。这一模式的特点在于：一是以“责任网格化”为手段，创新社区服务管理机制。按照每个网格管辖300～400户的标准划分社区网格单元，原则上每个网格配备2～3名网格管理员，把社区工作前移、管理服务下沉，实现社区管理的扁平化。二是以“平台信息化”为支撑，实现社区服务管理便捷高效。整合社区内的“人、事、地、物、组织”等各类数据，建立以社区居民信息为基础，集办公、管理、数据同步于一体

① 《珠海市加强社会组织培育和规范管理　推动政府职能加快转移》，南方网（http://lj.southcn.com/l/2013－11/14/content_84499482.htm）。

② 陆茜：《珠海社会组织发展面临的问题及对策》，《中共珠海市委党校珠海市行政学院学报》2013年第1期。

的社区信息管理系统。三是以“管理精细化”为导向，实现社区管理全方位，加强精细化管理平台的规范化建设，强化组织领导、资金保障、队伍建设。四是以“服务人性化”为目标，努力提升居民幸福指数。围绕百姓急需解决的热点问题，重点关注空巢老人、儿童、残疾人、未就业人员等特殊人群，精心设计多样化、人性化的民生服务项目。① 全市目前已有141个社区开展网格化建设工作，农民工、外籍人士等群体全部纳入社区综合服务对象范围。

4. 汕头：城乡基层社会管理服务体制改革

2012年7月14日，国家民政部、省民政厅、汕头市政府决定共建汕头经济特区民政工作改革创新综合观察点，以充分发挥汕头经济特区的特区优势、区位优势。根据协议，民政部、省民政厅将在汕头建立直通互动工作机制，给予技术、政策、资源等方面的支持，着力在推进城乡基层社会管理服务体制改革、深化社会组织管理体制改革、探索建立普惠型社会福利制度、建立社会工作职业制度、健全完善救灾救助体系、完善拥军优抚安置服务体系、促进公益慈善事业健康发展、强化行政区划管理和地名公共服务八个方面进行改革创新。

根据协议内容，汕头市在推进城乡基层社会管理服务体制改革方面，被赋予了一系列的特殊权限：一是根据城乡社区不同特点，探索“一站多居”“一站一居”等治理模式，在社区设立“社区公共服务站”作为政府公共管理服务覆盖到城乡社区的综合平台，并采取社区行政事务准入机制、政府购买服务机制等方式，推动社会管理重心下移、公共服务向基层延伸，提升社区管理与服务的能力和水平。二是在有条件的社区，实行社区居委会成员与业主委员会成员交叉任职、居民代表与业主代表交叉任职，适当提高社区居委会成员属地化、兼职化比例，拓展居民自治的内涵和领域。三是建设一批社区服务中心（站），加快完善社区服务设施，推进政府公共服务进社区；积极推进农村社区建设实验工作，推动公共服务向农村延伸，扩大公共服务的受益面和覆盖

---

① 《厦门市海沧区关于开展全国社区管理和服务创新实验区的实施方案》，厦门社区建设网，http：//www.xmsqjs.cn/Html/5/11442.html。

面。四是把基层群众自治工作纳入法制化、规范化轨道；培育和壮大社区社会组织，推进社区居民有序参与社区管理服务，丰富村（居）民自治的形式和内容。①

此外，在深化社会组织管理体制改革层面，汕头市也进行了一些积极尝试，包括：重点培育发展行业协会商会、枢纽型社会组织和公益慈善类社会组织；进行公益慈善组织社会化运作改革，打造一批具有潮汕特色的慈善组织品牌；编制社会组织承接政府职能和获取政府购买公共服务名录，拓展社会组织发展空间，促进社会组织健康快速发展；积极探索适合本地的社工发展模式，培育发展民办社工服务机构，开发一批社会工作岗位，探索“社工＋义工”联动机制；全面推进居家养老服务示范活动，建设第二批城市居家养老服务示范中心；等等。②

5. 海南：海岛型立体化治安防控体系

《2013 年海南省政府工作报告》提出要加强和创新社会管理，一些富有特色和创新的举措包括：建设海岛型立体化治安防控体系，完善社会管理体制机制，加强对非公有制组织、社会组织和新兴媒体的规范管理，加强社区服务体系建设，推广流动人口居住证制度。增强风险防范意识，健全突发事件应急管理体制机制，完善防灾减灾和灾害救助体系。③

2012 年，海南加快推进海岛型立体化治安防控体系建设，这一体系主要由“两道防控圈”和“六张防控网”构成。“两道防控圈”是指环琼海上安全防控圈和环岛海岸口岸防控圈。目前，广东、广西两省区入琼通道安装的“动态防控报警系统”已开始运行；海南省内进出岛主要海空港建立了车辆、外国免签团人员查验系统。“六张防控网”则是指单位和行业场所防控网、街面巡逻防控网、区域警务协作网、城乡社区防控网、公共安全技术防控网和虚拟社会防控网。④

① 《推进城乡基层社会管理服务体制改革——共建汕头经济特区民政工作改革创新综合观察点协议解读之六》，《汕头日报》2012 年 7 月 21 日。

② 《2013 年汕头市政府工作报告》，汕头市政府门户网站，http：//www. shantou. gov. cn/business/htmlfiles/0001010/5/201302/284577. html。

③ 《2013 年海南省政府工作报告》，《海南日报》2013 年 2 月 4 日。

④ 宋洪涛、陈炜森：《海南构筑海岛型立体化治安防控体系》，《人民公安报》2012 年 9 月 17 日。

海南近年来还开展社会矛盾大排查、大调处活动，推动社会矛盾的化解。这一机制的具体内容包括：建立党委政府牵头，相关部门包括政法、综治、维稳、法制、信访等部门参加的协调工作机制；注重发挥人民法庭、乡镇检察室、公安派出所、司法所的协调作用，社会各界广泛参与，建立全覆盖的多元调解组织体系；调动工会、共青团、妇联、民政、统战和工商联等各方力量，调动基层党政组织、行业管理组织、群众自治组织的积极性，共同参与化解社会矛盾；建立市（县、区）、乡镇（街道）、社区（村）的矛盾纠纷调处平台，实现矛盾纠纷排查调处的经常化、制度化、即时化。[①]

（三）文化体制改革

1. 深圳："文化改革创新三年行动计划"

深圳先后出台了《文化发展规划纲要》《文化产业发展规划纲要（2007～2020）》、促进文化产业发展"1+4"文件、《深圳市文化产业促进条例》等一系列文化发展规划和政策法规，加快推进"文化立市"战略。2011年，深圳市发布《深圳文化创意产业振兴发展规划（2011～2015年）》及其配套政策，明确文化创意产业年均增长25%，2015年增加值达2200亿元，总产出超过5800亿元，并将在每年集中5亿元设立文化创意产业发展专项资金。[②] 深圳加速推进文化体制改革，出台国有文化集团资产监督管理"1+7"文件，成立国有文化资产监督管理办公室，报业、广电、出版发行三大文化集团国有资产由国资监管部门委托市委宣传部实施监督管理，初步形成规范化的国有文化资产监督管理体制机制。[③] 正是由于上述改革取得了显著成效，深圳连续三次被通报表彰为"全国文化体制改革工作先进地区"。

2013年6月，《深圳市文化改革创新三年行动计划（2013～2015年）》正式颁布，12项文化领域重点改革创新项目被推出，具体包括：一是以"全球视野、民族立场、时代精神、深圳表达"为宗旨，以改革创新和城市文化研究为重点，"出版深圳改革开放丛书和深圳学派研究丛书，加快建设'深圳学

---

① 林捷：《创新社会管理　助力海南绿色崛起》，《法制日报》2012年7月13日。
② 《深圳文化体制改革亮点纷呈》，《深圳特区报》2012年2月20日。
③ 《深圳文化体制改革亮点纷呈》，《深圳特区报》2012年2月20日。

派'”。二是开展“中国梦与深圳”“中国经济升级版与深圳”课题集中宣传和调研；三是申请“世界图书之都”，推广“文化钟点工”。四是打造前海国家级文创产业园区，发布“文化出口10强”。五是建立重大决策“全程发布”机制，引进文化新人文化名人；等等。[①] 该计划力争用三年时间，初步建立和完善有利于文化科学发展的体制机制，建设文化强市，当好中国文化改革发展的领头羊。

2. 珠海：推进文化强市战略

珠海市确立文化强市战略，出台了《关于深化文化体制改革加快文化事业和文化产业发展的决定》《珠海市关于深化文化体制改革的若干配套政策》《关于加强珠海历史人文资源保护的实施意见》《中共珠海市委珠海市人民政府关于建设文化强市的实施意见》《珠海市购买公共文化产品与服务专项资金管理办法》《珠海市文化艺术活动扶持资金使用办法（试行）》《珠海市文艺精品创作扶持和奖励专项资金管理暂行办法》等一系列配套政策。[②]

近年来，珠海还着力推动文化创意产业，重点发展数字内容产业、文化旅游产业、创意设计产业、文化产品制造业以及文化产品与服务出口；规划建设横琴“粤港澳文化创意产业园区”；加快珠海南方影视文化产业基地、南屏V12文化创意产业园等龙头项目建设。

3. 厦门：文化强市的战略部署

2012年2月，厦门市颁布实施《关于贯彻落实党的十七届六中全会精神推动文化强市建设的实施意见》，该意见提出，坚持先行先试，深化文化体制改革，增强自主创新能力，创新文化发展理念，激发全社会的文化创造活力，推出文化创新成果，实现“文化管理体制和文化产品生产经营机制充满活力、富有效率，支持文化改革发展的政策环境更加优化”。[③] 具体内容包括：一是

---

① 《文化改革创新三年行动计划推出》，《深圳特区报》2013年6月13日。

② 张梅生：《加快珠海文化强市建设　推动文化大繁荣大发展》，《珠海特区报》2013年11月10日。

③ 《中共厦门市委关于贯彻落实党的十七届六中全会精神　推动文化强市建设的实施意见》，厦门市人民政府网站，http：//www. xm. gov. cn/xmyw/201202/t20120223_ 457077. htm。

深化国有文化单位改革，基本完成文化市场综合执法改革和有线电视网络整合。二是加快文化管理体制创新。转变文化行政部门政府职能，实行政事分开、政企分开和管办分离，强化导向把握、政策调节、市场监管、社会管理、公共服务职能。创新公共文化服务设施运行机制，促进公共文化服务投入多元化、运营社会化、管理企业化。三是完善政策保障机制，围绕财政税收、市场准入、金融信贷、土地使用、社会保障、人员安置，制定促进文化改革发展更加优惠具体的扶持政策，保证公共财政对文化建设投入的增长幅度高于财政经常性收入增长幅度。①

4. 汕头：推进文化强市建设

近年来，汕头推进文化强市建设，鼓励和吸引社会资金投入公益性文化项目，先后开展了文化惠民工程和文化设施达标工程，发掘地方特色文化，如特区文化、华侨文化、海洋文化和潮汕传统文化的丰富内涵。汕头还加快推进文化体制改革。具体探索包括：一是构建“大文化”管理格局，推进政府职能转变，实施简政放权等。汕头进一步推动政事分开、政企分开、管办分离，理顺文化行政部门与文化企事业单位的关系，强化政府市场监管、社会管理和公共服务的职能。二是倡导行业自律，发挥出版印刷发行协会、网吧协会、娱乐协会等行业组织的引导和规范作用，扶持和发展民办文化组织，各类民间文艺团体、书画创作、艺术培训、考级机构和研究机构纷纷涌现。三是创新服务方式，加快建立文化产权交易平台和文化产业投融资平台。②

5. 海南：文化体制改革稳步推进

近年来，海南省的文化体制改革围绕四个方面稳步推进：一是加快推进经营性文化单位转企改制。海南省文体厅根据院团的不同性质和功能，按照“划转一个，合并一个，保留一个，核销一个”的思路，实行分类改革，给参与转企改制的市县和文艺剧团列出“时间表”，下达“任务书”，确保改革工作扎实稳步推进。二是积极稳妥推进非时政类报刊出版单位体制改革。省文体厅作为牵头单位，协调成立了非时政类报刊出版单位体制改革工作领导小组。

① 《中共厦门市委关于贯彻落实党的十七届六中全会精神推动文化强市建设的实施意见》，厦门市人民政府网站，http：//www. xm. gov. cn/xmyw/201202/t20120223_ 457077. htm。

② 《文化体制改革激活汕头“文化力量”》，《汕头日报》2011 年 10 月 31 日。

非时政类报刊转企改制工作于 2012 年 9 月底前全面完成。三是推动文化市场综合执法改革，建立和完善了投诉举报、网络监控、联动协作机制等长效机制。四是推进公共文化服务单位的运行机制创新。[①] 海南省进一步明确各类文化事业单位的性质和功能，其中公益性文化事业单位改革的重点是转换内部机制，提高政府投入，构建公共文化服务体系，深化公共文化服务运行机制创新。

（四）行政体制改革

1. 深圳：近期行政改革的重点领域

深圳按照“三个定位”“两个率先”的目标要求，进一步弘扬改革创新精神，2013 年 5 月 9 日出台的《深圳市全面深化改革总体方案（2013～2015 年）》更好地发挥了我国改革开放窗口、试验田、排头兵和示范区的作用。该方案将行政体制改革纳入政治体制改革范畴加以推进，提出继续推进行政审批制度改革。[②] 同期公布的《深圳市 2013 年改革计划》，涉及行政体制改革的内容包括[③]：一是继续深化行政审批制度改革。压减行政审批事项，优化行政审批权配置，建立审批事项动态清理机制。优化行政审批流程，制定行政审批标准，提高行政审批规范化水平。二是深化公务员管理体制改革。增设行政执法类专业性执法职系与专业技术类部门职系，完善分类招考制度，健全聘任制合同管理机制。三是建立健全权力运行制约和监督机制，完善政务公开及监督检查机制，建立健全公共资源配置、公共资产交易、公共产品生产相关制度。四是创新公务员养老保障和薪酬制度，探索社会统筹和个人账户相结合的基本养老保险制度。五是创新基层管理服务和基层自治体制，整合街道和社区工作站行政管理和公共服务资源，建立社区服务管理新体系，完善社区自治法规及政策措施。六是建立完善公用事业监管体制，引入市场竞争机

---

① 《海南省文化体制改革全面提速》，《海南日报》2012 年 12 月 7 日。

② 深圳市委政策研究室（市改革办）：《深圳新一轮改革的路线图——〈深圳市全面深化改革总体方案（2013－2015 年）〉解读》，《深圳特区报》2013 年 6 月 20 日。

③ 《中共深圳市委 深圳市人民政府关于印发〈深圳市 2013 年改革计划〉的通知》，《深圳市人民政府公报》2013 年第 18 期。

制，推动公用事业服务提供方式多元化，建立新型的公共服务质量评价体系，创新公用事业监管体制，为居民和企业提供稳定、可靠、满足普遍需要的公用事业产品。

2. 珠海：深入推进第五轮行政审批制度改革

2012年9月27日，《珠海市第五轮行政审批制度改革工作方案》颁布实施，珠海市行政审批制度改革深入推进。该方案着力解决政府职能界定不清的问题，具体包括经济调节越位、市场监督缺位、社会管理错位、公共服务不到位，加快构建“小政府、大社会”与营造法治化、国际化营商环境。加大简政力度与减少审批事项、实行“阳光审批”、并联审批和“一站式”服务，成为改革的主要任务，而投资、社会事业、非行政许可审批等领域成为改革重点。同时，加大政府职能转移和购买服务力度，逐步将行业管理、社会生活服务职能转移给有资质条件的社会组织。力争通过本轮改革，把行政审批事项减少30%，行政审批总时限减少50%，行政审批全部实行网上办理和网上监察。[①] 该方案还提出“四个结合”：把行政审批制度改革与大部门改革结合起来，机构精简与行政审批下放同步推进，最大限度发挥改革综合效应；把行政审批制度改革与优化政务服务结合起来，推进阳光审批、依法审批、并联审批、高效审批；把行政审批制度改革与培育社会组织结合起来，充分发挥其在社会公共事务管理中的作用，努力构建政社协同共治良好格局；把行政审批制度改革与切实加强监管结合起来，确保审批事项取消、转移、下放或委托管理后，不留“管理真空”。[②]

3. 厦门：行政审批改革持续推进

行政管理体制改革是厦门全面实施综合配套改革的重要环节。《厦门市深化两岸交流合作综合配套改革试验总体方案》（以下简称《总体方案》）明确指出：“以法治政府和服务型政府建设为目标，构建‘小政府、大社会、大服务’的高效行政管理体制，为参与国际、国内和密切两岸交流合作营造优越

① 《何宁卡在全市第五轮行政审批制度改革工作动员大会上强调　对本轮改革落实不到位者要追责》，《珠海特区报》2012年11月3日。

② 《珠海市人民政府办公室关于印发珠海市第五轮行政审批制度改革工作方案的通知》，中国珠海网，http：//www.zhuhai.gov.cn/xxgk/zcfgjgfxwj/gfxwj/201301/t20130124_358859.html。

的政府服务环境。”①

厦门深化行政审批制度改革，先后进行了六轮行政审批制度改革。经过第五轮审改工作梳理，厦门市级审批事项从609项减少到341项；审批时限全部压缩至法定时限的40%以内，平均为35.4%。除20个不适合进驻且获市政府批准的审批事项外，其余市级审批事项321项全部进驻市行政服务中心。审批事项的办理环节全部压缩在5个以内；148个审批服务事项实现“一审一核”。正在开展的第六轮行政审批改革，旨在推进行政审批制度改革和政府职能转变，推动行政审批流程再造，打造在信息化基础上的建设项目优化并联审批、工商照后并联审批、房地产权籍登记并联审批、外经贸企业审批“一条龙”服务、高层次人才全程代办的“一站式”服务，建设全市统一的行政审批综合系统、审批数据交换平台和政务资源库，打造市区一体化的行政服务智慧中心。②

4. 汕头：建设公共服务型政府

汕头经济特区积极推进行政体制改革，解决“重经济、轻社会”“重管理、轻服务”的问题。具体改革举措包括三个层面：一是继续推进大部制改革，建立健全决策执行监督相对分离又相互制衡的机制。继续深化濠江区行政体制综合改革，总结推广濠江改革经验，逐步在全市各区（县）全面推开。濠江区统筹党政机构设置，形成“大规划”“大经济”“大建设”“大执法”等综合性大部门，政府部门从22个减为14个，精简超过1/3。创新大部门实现形式，在市场监管、绩效评估与行政问责、重点项目等跨部门事项上建立行政联席会议（专委会）制度，打破部门分割。③ 二是继续深化行政审批制度改革。以“放权”为核心，按照“放权、简政、服务”的要求，积极稳妥地推进行政审批制度改革，坚决取消一批、下放一批、向社会转移一批行政审批事项，减少并规范行政自由裁量权，着力建设精简、高效、廉洁的服务型政府。

① 陈振明、吕志奎：《以行政体制改革为突破口，推进厦门综合配套改革试验区建设》，《电子科技大学学报（社会科学版）》2012年第5期。

② 《厦门行政审批制度改革：新企业证照章4天内可办好》，《福建日报》2013年11月8日。

③ 《汕头市濠江区启动行政体制综合改革》，广东机构编织网，http://www.gdbb.gov.cn/detail.jsp?Sinfoid=11273。

建立行政审批事项动态评估、管理和调整制度，进一步减少和规范行政审批。三是进一步改进政府管理方式。创新特区立法，进一步促进依法行政和司法公正，推动人情社会加快向法治社会转型。加强公众参与、专家论证和行政机关决定相结合的行政决策机制建设，建立健全行政决策听证和反馈纠偏制度。构建政府、公众和社会三方共同参与、有机结合的监督评价体系。逐步推行公益性项目“代建制”、项目法人招标制和重大项目公示制，建立健全咨询评估论证制、专家评议制度和投资责任追究制。①

5. 海南：行政审批制度改革“三集中”

海南省在省政务服务中心推行行政审批“三集中”改革模式，获得第六届（2011～2012年度）“中国地方政府创新奖”和第二届“中国法治政府奖”。这一模式的基本内容包括：一是“审批事项集中、审批权力相对集中、审批人员集中”。海南省具有行政审批事项的省本级49个部门中，有34个（其中5个中直部门）进驻省政务服务中心大厅，共有683项审批事项（分项1240项）在省政务服务中心审批大厅集中办理。省政务服务中心成为了省直部门集中服务企业、群众的大窗口。同时实现全部审批事项通过新闻媒体、政府网站、文本示范、办事指南等途径或形式向社会“八公开”（即公开项目名称、法律依据、办事程序、申报材料、承诺时限、收费项目、收费标准、收费依据，统一审批标准和审批程序），增强了行政审批权力公开透明度。二是推进网上标准化审批工作。2011年，海南省在“三集中”改革到位的基础上，实现互联网与省政务服务中心审批内网的信息交互，对审批事项开通网上申报、网上咨询、网上查询等针对申请人的服务功能。2012年，在压缩、精简、优化审批流程的基础上，海南省绘制审批流程图，并固化在审批系统中，从受理、初审、复审到最后核准，每一个环节的执行人、工作标准和责任也都固化在审批系统中。至2012年11月5日，34个审批办1240分项项目全部实现网上标准审批。三是推行多部门网上并联审批。海南省政务服务中心在优化审批流程、加强目录管理、实现单一事项网上标准化审批基础上，推出多部门网上

① 《关于印发汕头市经济体制改革“十二五”规划的通知》，汕头市政府门户网站，http：//www.shantou.gov.cn/publicfiles/business/htmlfiles/0001010/2.3.3/201208/274235.html。

并联审批程序。例如海口海关审批办牵头与省工商局、省商务厅审批办等6部门依托中国电子口岸信息平台，实现“电子口岸用户入网”网上并联审批，真正做到高效便民。[①]

二　经济特区体制改革的绩效评估

经济特区担当了中国体制改革的试验田和排头兵。从经济特区体制改革的领域、进展与成效来看，经济特区先行一步。经济领域的改革惯性、强烈的改革意识、自觉的改革行动以及积极争取改革的授权，是这些经济特区实现体制改革突破的重要因素。当然，这一整体先进性与内部改革步伐的不均衡性并不矛盾，在深圳、珠海、厦门、汕头、海南这五个经济特区的内部，在体制改革层面也存在速度、内涵、步伐上的显著差异。

（一）经济特区具有先行先试的改革意识，体制改革具有先进性和突破性

改革的自觉意识和创新意识，是经济特区进行体制改革的持续动力。深圳、珠海、厦门、汕头、海南这些传统经济特区，仍然坚定地将改革作为老特区在新时期发扬担当精神的重要缘由。深圳市委书记王荣提出，“作为一座因改革而生、因改革而兴的城市，深圳向来不缺改革的自觉……作为经济特区和改革开放的排头兵，深圳……继续高举改革大旗……以自我革新的勇气和胸怀大胆先行先试，力争在重点领域和关键环节率先取得重大突破”。[②] 珠海市委书记李嘉也强调，改革创新是特区的灵魂，是珠海30多年改革开放取得成功的最根本经验。要以改革创新精神为动力，推动社会建设工作上新台阶。[③] 厦门市也提出，要“围绕增创特区新优势，全面深化改革扩大开放”，以更大的

---

① 《海南省着力推进行政审批制度“三集中”改革》，海南省政务服务中心，http://www.hizw.gov.cn/。

② 王荣：《为全面深化改革再立新标杆》，《人民日报》2013年11月20日。

③ 《市委书记李嘉在全市社会工作会议上强调　以改革创新为动力全面加强社会建设》，中国共产党珠海市委员会网站，http://www.zhsw.gov.cn/sww_ky/swggb/gcdx/201207/t20120723_306260.html。

决心和勇气深化改革，用创新的思维和举措开辟发展路径，为发展提供强劲的动力活力源泉。[①] 海南省也强调，海南25年的跌宕起伏，都贯穿着拓荒创业、敢为人先的特区精神；要弘扬特区精神，强化使命意识，更加自觉地扛起开放改革、先行先试的海南担当旗帜，勇于突破思想观念的束缚和利益固化的藩篱，创造海南特色，争创实践范例。[②] 正是上述改革意识，不断地推动着经济特区在经济、社会、文化和行政等各领域的持续改革与不断创新。

（二）经济特区体制改革的步伐呈现不均衡性，体制改革需要更多的中央授权

从总体来看，经济特区的体制改革需要自觉的改革意识，但更离不开中央的改革授权，后者甚至更为关键。因为在单一制的国家结构形式，以及中央强调统一领导的精神要求下，地方政府包括经济特区政府必须在获得中央授权或者默许的前提下，方能开展地方性的探索与创新。而经济特区最初设立本身就是作为中央推行“市场经济的试验田”，被赋予在市场经济、对外开放等领域的先行先试权力，而这也恰恰证明了经济特区的体制改革需要中央授权。

深圳、珠海、厦门、汕头、海南五个经济特区，在体制改革速率上的差异性与它们所获得的中央授权的多少有关。2009 年 5 月国家发改委批准颁布《深圳市综合配套改革总体方案》，提出了“六区一市”的改革目标，并要求做到“四个先行先试”，即“对国家深化改革、扩大开放的重大举措先行先试，对符合国际惯例和通行规则，符合我国未来发展方向，需要试点探索的制度设计先行先试，对深圳经济社会发展有重要影响，对全国具有重大示范带动作用的体制创新先行先试，对国家加强内地与香港经济合作的重要事项先行先试”。[③] 该方案还提出了深圳综合配套改革的“六个方面”，即行政管理体制、经济体制、社会领域、自主创新体制、以深港亲密

---

① 《2013 年厦门市政府工作报告》，中共南京市委网站，http：//www. njsw. gov. cn/www/swww/2013gzbg - mb_ a3913013187506. htm。

② 罗保铭：《更加自觉扛起开放改革先行先试的海南担当》，《海南日报》2013 年 4 月 26 日。

③ 《深圳市综合配套改革总体方案》，深圳市人民政府新闻办公室，http：//www. sznews. com/zhuanti/node_ 49900. htm。

合作为重点、建立资源节约环境友好的体制机制。从这一方案内容大体可以看出，综合配套改革试验区实际上赋予了深圳进行全方位、多领域改革试验的特权。

相比之下，其他经济特区所获得的改革特权，带有专题性和具体性，而非综合性。例如，2011 年底，国务院批准厦门作为深化两岸交流合作综合配套改革试验区，是要求厦门经济特区发挥在改革开放和两岸交流合作中的“窗口”“试验田”和“排头兵”作用，为推动两岸交流合作向更广范围、更大规模、更高层次迈进提供有力的制度保障，构建两岸经贸合作最紧密区域、两岸文化交流最活跃平台、两岸直接往来最便捷通道、两岸同胞融合最温馨家园。[①] 海南则是在国务院的支持下，获批《国务院关于推进海南国际旅游岛建设发展的若干意见》。根据该意见，到2020 年，海南岛初步建成世界一流的海岛休闲度假旅游胜地。《意见》明确海南国际旅游岛战略定位是我国旅游业改革创新的试验区，世界一流的海岛休闲度假旅游目的地，全国生态文明建设示范区，国际经济合作和文化交流的重要平台，南海资源开发和服务基地，国家热带现代农业基地。[②]

对于珠海和汕头来说，它们未能获得中央对于上述三个经济特区的特别授权，而是在一些特定区域或者低一级政府，获得了较为有限的改革权限。珠海利用横琴开发的契机，把横琴改革作为撬动珠海特区体制改革的杠杆。根据2009 年国务院通过的《横琴总体发展规划》，横琴新区致力于建设成为“一国两制”下探索粤港澳合作新模式的示范区、深化改革开放和科技创新的先行区、促进珠江口西岸地区产业升级的新平台。横琴开发的推动，为珠海建设珠江口西岸核心城市带来了重大机遇，为珠海继续发挥经济特区先行先试作用，探索科学发展模式注入了强劲动力。汕头也先后被赋予国家主体功能区规划的重点开发区域、海峡西岸经济区、海洋强省试点城市以及汕潮揭一体化牵头市等头衔，在经济改革与发展领域被赋予了一定的改革权限。

---

① 《厦门市深化两岸交流合作综合配套改革试验总体方案》，厦门市人民政府网站，http：//www. xm. gov. cn/zt/zhptgg/bj/201202/t20120221_ 456880. htm。

② 《国务院关于推进海南国际旅游岛建设发展的若干意见》，国务院办公厅网站，http：//www. gov. cn/zwgk/2010 -01/04/content_ 1502531. htm。

（三）经济特区体制改革具有特定的发展基础，并注重探索富有特色的改革领域

深圳对社会体制和行政体制的关注，要多于其他区域。深圳经济特区近年来十分重视社会体制和行政体制改革，除了推出“风景林工程”和“织网工程”两大社会改革战略之外，在外来工积分入户、公共服务均等化、社会组织培育与发展、社会工作者队伍建设等方面也都走在全国包括其他经济特区的前面。这是由于深圳的经济体制改革历经 30 多年已经大体完成，而社会体制和行政体制改革的任务的紧迫性相应凸显。

相比之下，对于珠海、厦门、汕头、海南而言，它们对经济体制改革仍然十分重视。如何推进重大园区规划、产业发展，招商引资、提升经济指标，推动区域增长仍然是体制改革的重头戏。这些经济特区仍然面临着经济增长的压力，经济指标和区域发展仍然是地方政府面临的重大课题。从中央对这些经济特区的新的定位来看，也集中在经济领域，如厦门重点是作为海峡两岸的贸易、金融、文化领域合作的特区；海南是旅游业改革创新的试验区等，因此它们在文化体制、社会体制和行政体制改革方面的步伐、力度和突破性也相对弱一些。

（四）经济特区体制改革存在外部挑战，面临更多开放区域的竞争压力

随着中央设立越来越多的综合配套改革试验区，传统的经济特区面临着体制改革的外部挑战。综合配套改革试验区被视为“新特区”，它是国家建立的以制度创新为主要动力，以全方位改革试点为主要特征，对全国社会经济发展带来深远影响的试验区。从 2005 年开始，国家至少先后设立三类综合配套改革试验区：一是全面型配套改革试验区，包括上海浦东新区、天津滨海新区以及深圳市。二是专题型配套改革试验区，包括设立重庆市和四川省成都市国家统筹城乡综合配套改革试验区，设立武汉城市圈和长株潭城市群资源节约型和环境友好型社会建设综合配套改革试验区，设立沈阳经济区国家新型工业化综合配套改革试验区，设立山西省国家资源型经济转型发展综合配套改革试验区，设立厦门市深化两岸合作综合配套改革试验区，等等。三是改革试验区，

如浙江省义乌市获批国际贸易综合改革试点；浙江省温州市获批金融综合改革试验区。

除了深圳和厦门从“老特区”（经济特区）进入“新特区”（综合配套改革试验区）的行列，珠海、汕头和海南依然只拥有老特区的改革权限。这些新特区与老特区相比，除了经济体制改革的内容之外，还拥有更为广泛的改革权限，涉及社会经济文化等多个领域，并且更为注重全面协调的改革创新，强调对周边区域的辐射带动和示范。2013 年 8 月国务院批准设立中国（上海）自由贸易试验区，可以看成是对综合配套改革试验区的又一次拓展。自贸区“肩负着我国在新时期加快政府职能转变、积极探索管理模式创新、促进贸易和投资便利化，为全面深化改革和扩大开放探索新途径、积累新经验的重要使命”。[①] 自贸区的改革涉及全方位，包括政府职能转变、扩大投资领域的开放、推进贸易发展方式转变、深化金融领域的开放创新、完善法制领域的制度保障、监管和税收制度改革。

三　经济特区体制改革重点

党的十八届三中全会提出，改革开放是当代中国最鲜明的特色，坚持发展仍是解决我国所有问题的关键。而我国的改革也进入了“攻坚期和深水区”，必须“加强顶层设计和摸着石头过河相结合”，整体推进和重点突破相促进，提高改革决策科学性，广泛凝聚共识，形成改革合力。[②] 这一中央精神为经济特区的体制改革提供了契机，作为基层体制创新的先行者，经济特区要着力在中央的战略部署下，开展更大范围、更有力度的地方创新，为全局改革率先试验、做出示范和积累经验。

（一）积极争取中央赋权，不断增添特区体制改革的新动力

随着市场经济框架的建构和对外开放的全方位格局的形成，传统经济特区

① 《国务院印发中国（上海）自由贸易试验区总体方案》，中国政府网，http：//www. gov. cn/zwgk/2013 - 09/27/content_ 2496147. htm。

② 《中共中央关于全面深化改革若干重大问题的决定》，《人民日报》2013 年 11 月 16 日。

的体制改革的功能衰减和使命弱化，已成为一个不争的事实。因此，传统的经济特区如果仍然停留在原有的功能定位上，专注经济体制改革显然已经不合时宜。尽管经济特区不断强调自身的改革使命，然而这一使命如果没有得到中央政府的具体授权，则只能停留在地方政府的文件、口号层面，无法转化为实际的改革举措。与此同时，从中央先后设立综合配套改革试验区，以及上海自由贸易区的做法可以看出，中央政府仍然十分需要地方政府在一些重大的体制机制改革上先行探索，率先尝试，在此基础上中央政府再将地方创新经验上升到国家顶层制度设计层面，不断推动改革前行。

一个现实紧迫的任务是，经济特区要善于利用先行一步的改革优势，独特的地域优势，不断增添新的改革动力源和突破口。厦门开展海峡两岸合作，海南进行国际旅游岛开发，深圳和珠海分别试点前海新区和横琴新区，它们都充分利用了上述优势。然而，从传统经济特区改革的动力机制来看，体制改革需要中央赋权，赋予在一些特定领域先行先试的权力。而从目前来看，中央对于地方体制改革的赋权，主要是基于特定问题、地域特征以及改革基础来确定的。因此，经济特区如何在国家战略、地方特色与现实问题中寻找体制改革的突破口，并积极争取中央的支持，是决定未来经济特区体制改革的重要因素。

（二）围绕经济社会发展的重大问题以及群众的切身利益，找准特区体制改革的突破口

改革是经济特区的新使命，但如何选择改革的契机、路径和突破口十分关键。经济特区要找准体制改革的突破口，不能为了改革而改革。盲目改革、无序改革、重复改革、虚假改革还不如不改革。尽管各个经济特区的社会结构、经济基础、区位特征、文化传统存在差异，但体制改革都要符合科学的规律和发展的趋势，需要回应现实的社会需求，解决体制机制的重大问题。经济特区要坚持体制改革的正确方向，围绕经济社会发展的重大问题、发展过程遭遇的体制机制问题进行创新性的探索和突破，如在明确政府与市场的关系基础上推进行政审批改革，在界定政府与社会职能基础上促进社会组织发展等，往往能够取得良好的改革绩效。

经济特区还要坚持正确的改革评价标准，既要坚持中央的路线方针，又要满足基层群众的实际需求，坚持政府主导与公民参与相结合，为体制改革奠定坚实的社会基础。一些围绕群众切身利益所开展的改革，如户籍制度改革、公共服务均等化、文化权利与文化消费、基层矛盾调处、公民有序参与等，往往能够赢得群众的认可，也更能够持续和推广。

（三）要将基层创新与中层设计相结合，变微小创新为协同创新，科学谋划特区体制创新的新格局

经济特区要根据实际情况，因地制宜，发挥自身的改革优势，在单项改革中以点带面，全面推进体制改革创新的格局。由于许多体制改革带有突破性和敏感性，改革过程中会遭遇很多阻力，甚至难以得到上级授权。因此，经济特区在推进体制改革过程中要善于进行策略上的调整，先进行局部改革和单项改革，待绩效显著和经验成熟之后，再经上级许可进行更大范围和更多领域的改革，变微小创新为协同创新。例如深圳可以借助前海开发，珠海可以借助横琴发展，先进行现代服务业以及对外开放的新一轮探索，待成效显著后再向全市拓展。同样，海南借助国际旅游岛建设、厦门借助海峡两岸经济合作，也可以争取单项改革的成功试验，然后再向社会领域、文化领域和行政领域拓展，从而实现体制改革的全面深化。

附录：经济特区体制改革的领域分布表

	经济体制改革	社会体制改革	文化体制改革	行政体制改革
深圳	深圳质量 商事登记制度改革 前海开发开放 现代服务业 收入分配制度改革 国有企业改革	“风景林”工程 社区织网工程 社会组织管理改革 户籍制度改革 社区治理体制 基层治理创新	文化与科技融合 公共文化服务 文化创意产业	行政审批制度改革 市政府大部门体制改革 公务员分类管理和聘任制改革 事业单位改革
珠海	横琴新区开发 商事登记制度改革	社会管理体制改革 “一证通”制度 社会组织登记管理改革	公共文化服务体系 文化创意产业 知识产权保护	行政审批制度改革 “大部制”改革 行政服务标准化 事业单位分类改革

续表

	经济体制改革	社会体制改革	文化体制改革	行政体制改革
汕头	国有企业改革 金融改革 农村综合改革	统筹城乡综合配套改革 医疗卫生体制改革 社会组织 收入分配和社会保障	文化惠民工程 地方特色文化品牌 “大文化”管理格局 民办文化组织 文化产业 公共文化服务体系	行政审批改革 大部制改革
厦门	金融改革 城乡发展综合配套改革 小城镇改革 国企改革	医药卫生体制改革 户籍新政 社会管理体制机制 社会保障	公共文化服务体系 经营性文化单位 国有文艺院团改革 对台文化	行政审批制度 行政管理体制改革 公务消费制度改革 政府机构改革
海南	国际旅游岛 退免税　免签证 集体林权制度配套改革和国有林场林权制度改革 农垦改革 统筹城乡综合配套改革	教育扶贫移民工程 全国试点的教育体制改革 海岛型立体化治安防控体系 社会保障 社会管理	经营性文化单位转企改制 国有文化资产整合重组 公益性文化 旅游文化产业 公共文化服务体系	行政审批制度改革 省直管市县管理体制 人事制度改革 公务用车改革 事业单位分类改革

B.6

中国经济特区社会发展报告

张克听*

社会建设是推动特区科学发展，促进社会和谐，实现与经济、政治、文化协调发展的重要保证，社会建设体现在民生福利水平改善和社会管理水平提高等方面。本文对2012年以来珠海、汕头、厦门、深圳四个经济特区在社会建设领域的探索和实践进行总结和概括，重点分析经济特区在社会建设方面的一些创新型做法和亮点，并做出相关评述和分析。

2012年，各经济特区在进行体制改革和促进经济转型的同时，在社会建设领域积极进行探索和实践，取得了一定的突破和成就。这里以珠海、汕头、厦门、深圳等经济特区在社会建设方面，主要是以民生、公共服务、政府社会管理等领域的实践为例进行概括阐述。之所以选取这四个特区，除了它们是最早的特区，具有典型意义之外，主要还在于广东省近10年来，在社会管理体制上不断创新，一直走在全国前列，而特区又走在广东的前列，因此示范意义更强。

一　珠海经济特区：创新社会管理的“三九四六”做法

（一）“三九四六”做法的内容

珠海经济特区成立以来，在经济建设方面取得巨大成就的同时，在社会建设领域，也展开了积极的探索和实践。从2008年起，珠海借鉴香港等地社会管理经验，将社会管理体制改革、行政体制改革和经济管理体制改革整体推

* 张克听，深圳大学经济学院经济学系副主任，副教授，经济学博士。

进，先后出台了一系列指导性文件，明确了开展社会管理体制改革的总体思路。2012 年 9 月，珠海市委市政府颁发的《关于创新社会管理加强社会建设的意见》，将珠海创新社会管理的做法，总结成“三九四六”①。珠海社会建设领域的成功做法，一度被誉为“珠海范式”，在全国具有很强的探索和示范意义。2012 年以来，珠海市围绕“蓝色珠海、科学崛起”的发展战略，全力保障和改善民生，强化基层社会治理，积极推进社会组织体制改革，社会建设工作亮点突出。

“三九四六”是对珠海加强社会建设的一系列做法的系统总结。“三九四六”是指三大类九大体系、四大基础平台和六大保障。三大类社会治理新体系涵盖社会发展、社会关系和社会安全三个社会建设的主要方面，包括：建立健全社会发展的服务体系、社会关系的协调体系、社会安全的防控体系；每一个类别下面又包含三大体系，共九大体系，它们分别是：“就业服务体系、基本公共服务体系、社会保障体系、公民权益保障体系、矛盾纠纷调处体系、全员人口管理体系、社会治安防控体系、公共安全监管体系、应急处置管理体系。”② 社会建设的“四大基础平台是指：镇街服务管理平台、社区民主自治平台、社会组织发展平台、网络虚拟社会管理平台。六大保障措施是政治保障、体制保障、法治保障、文化保障、人才保障、科技保障”③。

（二）“三九四六”做法抓住了制度建设的根本

社会建设和管理千头万绪，抓不住重点，事倍功半。珠海在统筹兼顾的同时，抓住制度建设这个社会建设的根本，努力在体制机制上取得突破。三大类九大体系，是珠海对过去几年社会管理综合改革创新经验的全面总结，是加强社会建设所必须坚持的社会治理新机制。发展社会事业，大力改善民生，激发社会活力，首要的是健全社会发展的服务体系，只有积极创造就业条件，健全社会保障体系，大力提升基本公共服务水平，才能让居民体验和感受到社会发展的成果。创造社会和谐，要建立健全社会关系的服务体系，为此，必须保障

---

① 指“三大类九大体系”“四大基础平台”和“六大保障”，是珠海加强社会建设的系统做法。

② 《三九四六 创新社会管理 加强社会建设的“珠海范式”》，《南方日报》2011 年 8 月 2 日。

③ 《三九四六 创新社会管理 加强社会建设的“珠海范式”》，《南方日报》2011 年 8 月 2 日。

公民的基本权益，及时化解和调处各种社会矛盾和纠纷，平等对待本地人口和外来人口，让全体人口共享社会发展成果。减少不和谐因素，维护社会安全，要在立体化治安防控体系的建设上和在与人民群众生命健康安全息息相关的食品、药品等公共安全领域的监管上，以及应对突发事件的救援方面有所作为。

社会管理和服务的重心在基层。没有社区居民的参与、社会组织作用的发挥，实现政府行政功能与社会自治功能的互补，以及政府力量与社会力量的互动，再好的体系也发挥不了作用。珠海立足于社会建设的基础层面，在打造基础平台方面狠下功夫。镇街服务管理平台，是服务人民群众、化解社会矛盾和纠纷的第一层平台，这个平台坚实不坚实，直接关系到政府的形象和服务水平，直接关系到社会基层的安定。要使政府的行政职能归位，实现服务职能下移，需要发挥基层党政组织的作用，动员群众广泛参与，社区民主自治平台正是这样一种社会服务的管理机制。由于社会组织是未来提供公共服务的重要力量，大力发展社会组织，拓展社会组织发展平台，是健全社会管理的重要一环。网络虚拟社会管理平台实现了网络虚拟社会与现实社会管理的统筹结合，加强政府网站建设，及时更新政府政策和活动信息，实现政事发布、民意搜集、政民互动的有机结合，通过网络问政和建言献策，培育网络建设性力量，增强了政府对虚拟社会的调控能力。

社会领域的各项体系建设、基础平台建设要取得成效，需要政策上的切实保障。珠海为此制定了六大保障措施。六大措施包括政治保障、体制保障、法治保障、文化保障、人才保障和科技保障。政治保障是将社会建设与经济建设同步考虑，规划、部署、落实与考核同步推进。体制保障是通过公共财政体制，增加社会建设支出，保障社会建设和管理的资金需要，推动人、财、物等社会建设资源向镇街和社区倾斜。法治保障是加强社会领域立法，全面推进依法行政，大力推动公正司法，提高公民法制意识。文化保障是加强社会主义核心价值体系建设，加强全社会诚信建设。人才保障是培育和壮大社会工作人才队伍，拓宽社会工作人才服务领域。科技保障是以信息技术推动社会服务管理升级①。

① 《三九四六　创新社会管理　加强社会建设的“珠海范式”》，《南方日报》2011 年 8 月 2 日。

（三）珠海社会建设的经验

新加坡国立大学东亚研究所所长郑永年，把珠海社会建设的有益经验总结为四条：一是构建了“小政府、大社会”的格局，二是注重提供公共服务，三是行政体制改革与社会建设同步进行，四是注重城乡统筹。他的看法有一定的道理。近些年来，珠海在社会建设方面，不是努力构建一个强势政府，而是积极努力去强化社会的基础平台建设，管理重心下移，强化镇街道枢纽地位，支出向基层倾斜，推动社区民主自治，培育和促进社会组织成长等，这些都说明，珠海重视发挥基层政权组织和社会组织的作用。在公共服务提供方面，珠海的措施非常全面，且具有前瞻性。珠海着力于将社会建设与城乡统筹、幸福村居相结合，这在全国是相当有意义的尝试。珠海市政府2012年10月26日出台的《深入推进基本公共服务均等化综合改革工作实施方案（2012～2014年）》提出，统筹城乡间基本公共服务一体化发展，缩小城乡之间基本公共服务供给差距；均衡区与区之间基本公共服务水平，统一区域内基本公共服务标准，确保“底线均等”，提高欠发达地区基本公共服务水平，实现区域内基本公共服务自由流转和待遇互认；促进不同群体间基本公共服务均等化，逐步实现基本公共服务由户籍人口向常住人口全覆盖。这些举措，在全国都具有领先的意义，对于下一步中国新型城镇化健康发展，也具有一定的借鉴价值。新型城镇化不是要消灭农村，而是要打破二元格局，实现城乡一体化协调发展和各城乡公共服务均等化。

二　汕头：构建“幸福汕头”指标体系

汕头经济特区成立以来，在经济发展的同时，重视社会建设与管理，围绕“幸福汕头”目标，积极转变观念，拓展思路，完善机构，努力实现经济与社会均衡发展，社会建设成效显著。

（一）社会建设与经济建设同步发展

2008年以来，汕头各项社会建设指标增长率，基本上与地区生产总值增长率同步（见表1）。

表 1 2008～2012 年汕头市主要民生指标及其增长率

	2008 年	2009 年	2010 年	2011 年	2012 年	年均增长率(%)
地区生产总值增长率(%)	10.5	10.7	13.7	12.2	9.5	11.32
中等学校在校生(万人)	48.02	53.42	60.03	62.23	59.18	5.60
医院病床数(张)	9212	10296	12173	13057	13527	10.21
卫生工作人员(人)	16792	17544	21069	22024	23128	8.53
全市总人口(万人)	506.57	510.73	524.11	529.44	532.88	1.28
最低生活保障资金支出(元)	8144	11796	12096	16775	19929	26.22
城区居民人均可支配收入(元)	12542	13651	15178	17473	20023	12.44
农村居民人均纯收入(元)	4885	5260	6518	7210	9032	16.87
参加四险* 合计(万人)	142.41	149.24	179.24	248.10	272.56	18.29

注：* 四险是指职工养老保险、失业保险、工伤保险、生育保险。

资料来源：根据 2009～2013 年各年度汕头市国民经济和社会发展统计公报计算得出。

由表 1 可以看出，从反映地区公共教育发展水平主要指标——中等学校在校生数量，到反映公共卫生发展水平的主要指标——医院病床数和卫生工作人员数，再到反映民生福利水平的指标——城乡居民人均可支配收入，一直到特区社会保障水平——参保人数，汕头市社会建设的每个重点领域的主要指标的增长率，都接近或者高于地区生产总值的增长率，特别是后几个民生指标增长率，远高于经济增长率，汕头成功实现了社会与经济同步发展，公民分享了改革开放和经济增长的成果。

（二）出台《决定》和配套意见

为了大力推进社会建设，构建和谐社会，建设幸福汕头，2011 年，汕头市委、市政府出台了《关于加强社会建设的决定》，《决定》明确了社会建设的指导思想，提出要紧紧围绕加快科学发展、建设幸福汕头这个目标，到“十二五”规划期末，社会管理明显加强，社会建设达到省内中上水平，初步形成与新时期社会转型相适应的社会建设体系框架，在统筹城乡发展、社会管理体制机制创新、慈善事业等方面探索出新的模式。到 2020 年，社会建设走在全省前列。要完成这两个阶段性任务，必须抓住特区扩围的历史机遇，以统筹城乡为突破口，以改革创新为动力，以保障和改善民生为重点，以完善社会服务为基础，以促进公平正义为导向，以社会管理及其创新为特色，坚持以人为本、民生优先、社群参与、共建共享，构建基本公共服务体系、公共安全体系、社区治理体系、社会组织管理体系、政府与社会共商共建制度体系，探索切合汕头实际、体现时代特征、彰显特区风貌的社会发展模式，开创社会建设新局面。《决定》提出了一些反映社会建设发展水平的具体指标的目标值，如城镇登记失业率控制在3%以内、高中教育毛入学率90%以上、城镇住房保障覆盖面达到20%、每千名老年人机构养老床位8张以上（以上数字均为2015年目标值），等等。

为了使《决定》的精神和要求落到实处，汕头市社工委结合汕头实际，制定了7个配套文件，7个文件分别是：

（1）《关于加快推进社会体制改革建设服务型政府的实施意见》。从加快政府职能转变、推进重点领域改革、创新社区和社会组织管理体制、完善社会参与机制、创新公共服务方式等五个方面提出若干意见，建立具有汕头特色的治理模式雏形。

（2）《关于加强社会组织管理的实施意见》。围绕培育发展社会组织、激发其参与社会管理和公共服务的活力目标，从扶持社会组织、拓宽发展空间、提升服务管理能力、完善监督管理体系、加强组织领导等五个方面提出若干意见。

（3）《关于加强人口服务和管理的实施意见》。以推进汕头实有人口一体化服务管理工作为目标，从推进户籍管理制度改革、推进居住证“一证通”制度建设、建立实有人口信息动态管理机制等七个方面提出若干意见。

（4）《关于加强社会工作专业人才队伍建设的实施意见》。以建设结构合理、素质精良的社会工作专业人才队伍为目标，从强化教育培训、开发社会工作专业岗位、建立职业评价体系等五个方面提出若干意见。

（5）《关于加强社会建设信息化的实施意见》。以提升城市社会建设信息化水平为目标，从建设信息交换共享平台，加快公共服务领域信息化、公共安全监管领域信息化建设，推进智慧城市建设等方面提出若干意见。

（6）《关于加强城市社区居民委员会规范化建设的实施意见》。以加强城市居委会建设，提高社区居委会参与能力为目标，从规范社区居委会职能定位、完善社区居民自治制度、加强社区队伍建设、加强社区基础设施建设等方面提出若干意见。

（7）《关于加强和改进村民委员会建设的实施意见》。以提升全市村民委员会自治职能和服务功能为目标，从规范村委会的组织职能建设、主要规章制度建设、服务设施建设、人才队伍建设等六方面提出若干意见，建立健全长效工作机制①。

（三）成立社会建设和管理专门机构

为了加强社会建设、创新社会管理，为贯彻落实汕头市《关于加强社会建设的决定》提供组织保障，2012 年 3 月，汕头市成立了社会管理的专门机构——社会工作委员会。社工委既是市委的工作机构，又是市政府的工作机构，实行委员制，委员会成员单位有 46 个。社工委和成员单位分工明确，社工委主要负责研究和统筹处理社会工作的重大问题，各成员单位按照委员会的决策和部门职责分工做好贯彻落实工作②。社工委的主要职责包括："牵头研究拟订并组织实施全市社会工作规划和重大政策，协调相关部门起草各种法规草案，研究社会工作重大问题并提出政策建议；宏观指导和综合协调全市开展社会工作，督促检查工作落实情况；参与拟订劳动就业、社会保障、教育、文化、卫生、体育等方面政策，统筹推进扩大公共服务、保障和改善民生；推进和创新群众工作，协调建立健全群众利益协调、诉求表达、矛盾调处、权益保障机制；研究推动社会建设和管理体制改革创新，参与拟订社区治理、社会组织培育和发展、社会工作队伍建设等政策并协调实施"等七个方面③。

汕头社工委成立后，积极开展工作，着手制定《决定》的配套文件。2012 年，社工委起草制定了汕头市《关于加快推进社会体制改革建设服务型政府的实施意见》及其他相关文件，完善了社会工作政策体系。组建汕头市社会创新咨询委员会和民情志愿服务队，完善社会参与机制。推进省、市两级

① 《我市将制定加强社会建设七个配套文件》，《汕头日报》2012 年 6 月 1 日。
② 《汕头市社会工作委员会主要职责》，《汕头日报》2012 年 6 月 1 日。
③ 《汕头市社会工作委员会主要职责》，《汕头日报》2012 年 6 月 1 日。

社会创新观察项目建设，统筹组织汕头市首届“南粤幸福活动周”活动，推进落实有关民生工作事项。加强社会工作专业人才队伍建设。

（四）编制“幸福汕头”客观评价指标体系和“十二五”民生发展规划

按照“建设幸福汕头”的发展理念，汕头在制定出台《决定》、成立社会工作专门机构的同时，还努力将为民谋幸福的执政理念具体化，把社会建设的进展，用客观可量化的指标来反映，汕头市委、市政府要求“建立健全一套幸福汕头的指标评价体系”。2011 年，课题组在对 2000 多户居民做了调查问卷的基础上，设计了《“幸福汕头”客观评价指标体系（草案）》，分为一级指标 8 项，涵盖扩大居民消费、改善居住环境、健全社会保障、维护公共安全、完善社会治理、彰显公平正义、提升文化内涵、关爱民众健康等民生领域的主要方面；二级指标 22 项；三级指标 68 项。指标选取遵循与汕头民众幸福关联度高、属于政府职责范围、偏于统计考量、具有可比性和创新性等原则，并向社会各界征求意见。为了充分发挥建设幸福汕头指标评价体系的导向作用，逐步完善为民办实事问民意的机制，汕头市发改局牵头各职能部门，对照《汕头市民生“十二五”规划建议》，分别制订完善做好本职工作改善民生的五年“路线图”。根据路线图，2012 年，汕头完成了千村环境卫生整治、缓解群众出行难停车难、全面启动城区燃气管网建设、继续推进城乡保障性住房建设等十大民生实事建设。

三　厦门经济特区：把民生建设纳入“五大战役”

经过 30 多年的改革开放和科学发展，厦门市经济发展取得了显著的成就，2012 年，全市实现地区生产总值（GDP）2817.07 亿元，在全国城市中排名第 53 位，人均 GDP 突破 1 万美元。产业结构不断优化，一产、二产、三产比例为 0.9∶48.8∶50.3，与深圳经济特区产业结构相近。厦门市按照协调发展、和谐发展、科学发展的思路，积极推动社会建设与经济、政治、文化等方面的建设协调发展，充分展现了“温馨、和谐、活力、创新、生态”的城市魅力，获得中国“最温馨城市”“国际花园城市”、联合国人居奖、全国文明城市、最受农民工欢迎的城市等一系列体现和谐社会理念和建设水平的多项殊荣①。

（一）加强民主法制建设，依法治理城市

厦门市坚持依法治市方略，把党的领导、人民当家做主和依法治市有机统一起来，制定实施一批关系经济社会发展和人民群众利益的地方性法规和政府规章②。厦门市早在2004年就设立了“市长专线电话”——968123。建立了单位部门领导接待日制度，在政府和市民之间建立了信息沟通渠道。厦门市重视政务环境建设，秉承“便民、高效、公开、廉洁”的服务理念，将与老百姓息息相关的民生服务事项全部纳入政务服务中心集中受理、统一办理。厦门努力在体制和机制上进行创新，凡是经济社会发展中的重大事项，都要首先听取群众意见，提高决策的群众基础，满足公民的参政诉求。

此外，厦门市还重视发挥社团、行业组织和社会中介组织在民事调解、劳动仲裁，化解社会矛盾等方面的作用，把社会矛盾和问题解决在基层，化解在萌芽状态③。通过发扬民主，尊重民意和一系列民主法制建设，为和谐厦门奠定了深厚的基础。

（二）高度关注民生，积极打好“五大战役”

早在2008年前，厦门市就围绕人民群众最关心、最直接、最现实的利益问题，着力抓好就业和再就业、平安厦门、市政基础设施建设、城市社区和农村基层组织建设四项工作。厦门在全国率先将建筑、矿山等高风险行业的农民工纳入工伤保险；全面落实社会治安综合治理责任制，居民治安满意率高达96%以上；人均公共绿地面积达13.57平方米；思明区政府绩效管理作为和谐社区、政务环境建设的创举获得了“中国地方政府创新奖”④。厦门市着力破

---

① 《厦门：争当建设和谐社会的先行区》，中国经济网，2008年11月28日，http：//www.ce.cn/xwzx/gnsz/gnleft/mttt/200811/28/t20081128_ 17527747.shtml。

② 《厦门：推动科学发展　促进社会和谐》，《经济日报》2008年11月29日。

③ 《厦门：推动科学发展　促进社会和谐》，《经济日报》2008年11月29日。

④ 《厦门：推动科学发展　促进社会和谐》，《经济日报》2008年11月29日。

解住房难、就医难、就学难、交通难等和群众生活息息相关的难题，在全国率先开始建设保障性住房，建设小病在社区、大病到医院的就医环境，扩大城乡医疗保障覆盖面，积极解决包括进城务工人员子女在内的新增人口就学难的问题，建设城市快速干道等一大批重大交通基础设施工程，完善岛内外快速交通路网体系。

2010 年以来，厦门市把民生建设作为“五大战役”的重要一役来抓，把民生建设提高到了攻坚克难的战役高度。为了贯彻落实福建省委、省政府关于“继续打好‘五大战役①’，拓展战役的领域和内涵，不断壮大经济总量，提高质量效益”的决策部署，加快推进厦门社会事业民生工程战役各项工作，厦门市从 2010 年起，每年都要把社会事业民生工程战役目标进行分工。2010 年，厦门市民生战役有保障性住房建设、援建南平灾区、为民办实事、社会事业重点项目四大类 63 项，总投资 123.8 亿元，厦门市累计完成投资额、基本公共卫生服务项目健康档案建档率、保障性住房的开工率和竣工率均居全省第一。2011 年 4 月，厦门市印发《2011 年厦门市社会事业民生工程战役第一部分项目目标任务分工的通知》，计划投入 83 亿元，建设首批 146 项民生项目，确定保障性安居工程、社会事业重点项目、援建南平灾区、惠民举措等四类为厦门市 2011 年社会事业民生工程战役项目。并将民生战役投资任务按月份分解到各责任单位，要求各单位抓好落实②。

2012 年，厦门市对本年度社会事业民生工程战役第一部分项目目标进行了任务分工，在 1360 亿元“五大战役”的固定资产总投资额中，安排民生项目 180 个，年度投资达 116 亿元。强调民生工程要落实“一把手”责任制，领导干部务必深入一线督察，协调解决具体问题。民生战役办量化工作任务，列出重要节点并汇总工程进度，确保工作有序推进。在资金投入方面，提前做好统筹安排。各职能部门提高服务质量，开辟审批手续的“绿色通道”。在项

① “五大战役”是指 2010 年 7 月福建省委省政府提出的“抓住牵动全局的重点和关键，集中力量启动重点项目建设战役、新增长区域发展战役、城市建设战役、小城镇改革发展战役、民生工程战役等五大战役，力求在加快发展上取得突破”。

② 《厦门市将投入 83 亿巨资建设首批民生项目》，《厦门日报》2011 年 4 月 11 日。

目管理方面做到工程讲质量、建设保廉洁、运行重管理，将民生工程建成放心工程和长效工程①。

2013 年，厦门市继续加大民生领域的投入力度，在《2013 年厦门市公共财政预算支出预算表》上，厦门 2013 年公共财政预算总支出 469 亿元，而位居财政支出前五位的都是民生项目，分别为教育 76 亿元，交通运输 65 亿元，城乡社会事务 53 亿元，社会保障 34 亿元，以及医疗卫生 24 亿元。

（三）重视环境保护，力促可持续发展

厦门坚持经济发展与环境保护并重，高度重视生态保护法规建设，并注重管理的成效。如今，良好的生态文明和优美的人居环境，已经成为厦门城市的名片，享誉海内外。

首先是理念创新。厦门市提出了“生态立市，文明兴市，保护优先，科学发展”的城市发展理念，把生态放在突出位置。厦门市还提出，到 2013 年底在全省率先建成国家级生态市的战略目标，把良好的生态环境作为提升新时期城市综合竞争力的重要支点。

其次是法规保障。厦门市制定和出台了 30 多个有关生态保护和建设方面的地方性法规、文件和规章。厦门市获得地方立法权后颁布的第一部地方性法规就是环保方面的——《厦门市环境保护条例》②。海洋管理方面，1994 年以来，厦门先后出台了《厦门市海域使用管理规定》《厦门市海域环境保护规定》《厦门市中华白海豚保护规定》《厦门市无居民海岛保护与利用管理办法》等十多部涉海法规，使海洋管理有法可依。

再次是机制创新。厦门建立了分级管理、部门协调、上下联动、良性互动的工作机制。为加强与周边地区的区域环保合作，2008 年，厦门、泉州、漳州三市正式组成城市联盟，利用这一平台，积极开展周边城市在海洋资源、水资源、能源等方面的统一规划，共同保护生态环境③。

---

① 《为迅速贯彻五大战役　我市今年投资 116 亿元建设民生工程》，厦门网，2012 年 3 月 16 日，http：//news. xmnn. cn/xmxw/201203/t20120316_ 2222217. htm。

② 《厦门：努力创建生态型城市》，《中国环境报》2012 年 7 月 17 日。

③ 《厦门：争当建设和谐社会的先行区》，中国经济网，2008 年 11 月 28 日。

最后是行动迅速。厦门市环境保护不是喊在嘴上，而是体现在切实的行动上。在项目引进上，厦门严格执行环境影响评价制度，对高耗能、高污染项目坚决亮红灯。比如，2009～2011 年，厦门火炬高新区否决了 10 多个投资总额近 15 亿元不符合环保要求的项目。在海洋生态保护上，厦门摸索出一条“立法先行、集中协调、科技支撑、综合执法、公众参与”的海岸带综合管理模式。先后出台了《厦门市海域使用管理规定》《厦门市海域环境保护规定》《厦门市无居民海岛保护与利用管理办法》等十多部涉海法规。科学制订海洋环境保护规划，探索生态系统管理方法，开展海岛、沙滩、海水、海洋生物多样性的修复与保护，重构近岸红树林滨海湿地，大力推动游艇、帆船等海洋新兴产业的蓬勃发展，维护海洋生态系统健康。2013 年 2 月，厦门被国家海洋局确定为首批国家级海洋生态文明示范区。厦门的海，成为“生态的海”“航运的海”“旅游的海”。

2013 年，厦门市把生态文明建设贯穿于经济社会发展的各个方面和全过程。加快国家低碳城市试点建设，落实节能目标责任制，推进绿色发展、循环发展、低碳发展；加强饮用水源保护、环境安全、流域污染治理等重点工作，加快国家级海洋公园建设，开展滨海湿地和沙滩修复，强化白海豚保护，建设全国海洋生态文明示范区；提升城市园林绿地质量，继续创建绿色乡镇和绿色村庄，积极创建国家生态园林城市。

（四）统筹城乡发展，加快一体化同城化进程

2002 年，时任福建省省长的习近平同志在厦门调研时，提出厦门要实施“跨岛发展”战略，并提出了四个结合，即坚持本岛与拓展海湾相结合，不断增强中心城市集聚效应；坚持城市转型与经济转型相结合，切实提升城市竞争力；坚持农村工业化与城市化相结合，促进城乡经济社会协调发展；坚持把凸显城市特色与保护海湾生态相结合，努力创建国际花园城市。四个结合阐明了城市和农村、经济和社会、岛内和岛外、产业和民生等方面的辩证关系，有力地指导了厦门城乡统筹和一体化建设的进程。

2012 年，跨岛发展战略已经具体化为岛内外一体化、厦漳泉同城化的进程。2012 年 12 月，厦门市提出跨岛发展战略的具体目标，力争到 2017 年，

实现人均生产总值超过2万美元，城乡居民收入在2010年的基础上实现翻番；同时力争到2017年，岛内外各个领域各项工作基本实现一体化发展目标，同步率先全面建成高水平小康社会。

2013年，为了加快推行岛内外一体化和厦漳泉同城化，厦门提速新城建设，降低旧城开发强度，完善厦漳泉同城化总体规划，促进岛内外各项事业均衡发展。岛外的集美、海沧、同安、翔安四大新城特色鲜明，体现差异化发展，重大基础设施建设取得突破，建成一批标志性工程。一批干线交通网建成通车，厦漳跨海大桥、同集路改造、海沧海底隧道接线工程、厦成高速公路厦门段等工程加紧建设，增加投放公交运力，扩大岛外公交覆盖面。岛内控制开发强度，降低建设容量，优化土地使用，完善功能配套，提升环境品质，景观和绿化彩化提升加快，新建一批林荫道和街心公园。编制完成总体规划和9个专项规划，构建一体化城市新框架，通过建新城带老城、强村镇带农村，扎实推进城乡规划、基础设施、公共服务等方面一体化，构筑全覆盖的基本公共服务体系，推进优质公共服务资源向岛外和农村拓展。除此之外，厦门还加快厦漳泉同城化的交通网络建设，加快建设厦漳泉城市联盟线等通道，建成厦深铁路（厦门段），加快城际轨道交通前期工作。

城乡发展一体化是解决“三农”问题的根本途径。厦门努力让广大农民在城市化进程中分享成果，加快建设特色农业高新技术产业化示范基地；扶持农业产业化龙头企业；加大农村公共服务和基础设施投入，推进城乡公交、路灯、绿化、环卫等一体化；推进旧村改造、老区山区村建设和移民造福工程，以及通过发展农村集体股份合作经济促进农民持续增收。

（五）坚持以人为本，深入推进和谐社会建设

2012年，厦门市优先保障民生投入，办好民生实事，化解民生难题，社会和谐得到了显著的促进。教育事业方面，实施50件为民办实事项目，义务教育学校标准化建设达100%。在全省率先实行中等职业教育免学费、农村义务教育阶段学生营养膳食补助、统一全市中小学的生均公用经费。医疗事业方面，新建两个医院，新增病床位近千张，提前三年将基本公共卫生服务经费提高到年人均40元，在三级公立医院推行先诊疗、后结算制度。城

市、农村低保标准每人每月上调65元和70元。文化方面，实现全市每个镇（街）、社区都有综合文化站、文化活动室、电子阅览室等。民生保障方面，新增就业20.3万人，城乡居民医保每人每年财政补助标准提高到360元，城乡居民基本医疗保险门诊和住院报销比例提高到50%和75%。社会管理方面，全面启动综合警务改革，持续开展“清网行动”和“两抢一盗”等专项整治，推进社区网格化、信息化、精细化、人性化服务管理，全面开展市区镇（街）领导干部接访、下访活动，化解矛盾纠纷。防震、气象、方志、档案、人防海防、民族宗教、妇女儿童、老龄、红十字、慈善等工作也取得明显进步。

2013年，厦门市围绕提高公共服务水平，按照城乡一体化、均衡化的要求，努力完善公共服务体系建设。一是大力发展学前教育，均衡发展义务教育。新建18所公办幼儿园、34所中小学。提高进城务工人员子女接受公办义务教育的比例。持续发展职业教育，加强与产业发展相适应的专业学科体系建设。二是不断提高市民健康水平。在公立医院实施药品“零差价”，降低大型医疗设备检查治疗费用，减轻群众看病负担。实施慢病管理一体化，推进建立分级诊疗制度。三是增强文化整体实力和竞争力。保护和发掘城市历史文脉，创建国家公共文化服务体系示范区，加快重大公共文化工程和文化项目建设，强化特色文化品牌建设，广泛开展群众性文体活动。四是深化文明城市创建。加强社会主义核心价值体系建设，广泛开展“讲文明树新风”活动，推进道德讲堂建设，推进未成年人思想道德建设，健全志愿服务体系，推动志愿服务工作。

（六）维护社会安定，创新社会管理

2013年，厦门市坚持以人为本、民生优先，努力建设民生幸福城市，满足人民群众对幸福生活的期待。社会就业方面，鼓励多渠道多形式就业，促进创业带动就业；完善技工教育和职业培训体系，提高城乡劳动者创业能力；重点做好高校毕业生的就业工作，促进农村转移劳动力、城镇困难人员就业；最低工资标准提高到每月1320元，比2012年提高了120元；严格执行劳动合同制度，妥善处理劳资纠纷，构建和谐劳动关系。通过以上举措，积极推动和实

现更高质量的就业。

民生保障方面，完善城乡居民养老保险，提高补助标准。2013 年 7 月，厦门市出台为民新政，提高城乡居民养老保险参保人员缴费的政府补贴标准，根据缴费档次从 100 元到 4000 元的不同，每人每年补贴从 45 元到 90 元不等；对年满 60 周岁符合领取城乡居民养老保险待遇条件的低保、五保、优抚对象，原已享受的待遇只叠加，不扣减、不冲销，基础养老金暂不计入家庭收入；对 45 ~59 周岁生育一个子女夫妻的政府 30 元缴费补贴从农村扩大到城镇。厦门市还加快社会养老服务体系建设，支持社会力量兴办公益性养老服务机构。

社会稳定方面，深入推进平安厦门建设。统计显示，2001 ~2012 年，群众对社会治安的满意率平均达 96. 17%，其中 10 年位居全省第一；特别是连续三届荣获全国综治优秀市。2013 年，厦门市把握重点，整体推进，构建多位一体的“大平安”体系。要求各级执法部门保持头脑清醒，始终把维护社会稳定摆在突出位置，毫不放松地抓好各项工作落实；回应群众期待，注重实干实效；全面深化社区网格化建设，不断提升流动人口服务管理水平，抓好社会组织建设工作；围绕提升公信力，大力推动执法规范化和公正司法工作、认真抓好涉法涉诉信访，尤其是积案化解工作，持续推进法制宣传教育，加快推进诚信信息共享平台建设；加强作风建设，进一步提升政法综治工作水平。2013 年 3 月，厦门正式启动军地共建“平安厦门”项目，军地共建保平安。厦门市在湖里区，投入专项资金 5000 余万元，用于建设覆盖全区的视频监控系统。在海沧区，推行治安管控网格化、出租房屋管理等级化，按照一户一档原则，根据不同档次，分别由协管员、民警进行监管。在同安区，边防派出所出资制作“U”形机动车防盗锁，共为 230 辆摩托车安装电子防盗锁和“车卫士”，盗窃摩托车警情同比下降 33. 3%。平安，做到了市民的房前屋后。

四　深圳经济特区：打造社会建设风景林工程

2012 年以来，深圳市围绕建设民生幸福城市的目标，在社会建设方面，继续加大公共财政和民生事业投入力度，在市政府投资计划中，社会建设和民生投入比重达83.6%，市财政安排教育支出增长32%，卫生支出增长35.7%，保障性住房支出增长32%，就业支出增长44%，公共交通支出增长32.8%。此外，深圳市创新立法实践，开全国先河，编制通过了社会建设领域的“基本法”——《深圳经济特区社会建设创新促进条例》，极大地推动了深圳社会建设的进程。为了破解社会经济发展不平衡，社会建设相对滞后于经济建设的难题，避免转型陷阱，深圳在社会建设方面继续进行探索和创新，在打造社会建设风景林工程和社会征信体系建设方面，亮点突出。

（一）打造社会建设风景林工程

1. 风景林工程的含义

所谓社会建设“风景林”工程，就像自然界的植树造林一样，把社会建设中一个个“盆景”移植、培育成参天大树，形成聚合阳光、释放氧气、涵养水源、挡住风沙，有生态功能的社会建设“风景林”①。具体来说，就是每年从各区、各职能部门在以往社会建设过程中产生的好经验和好做法里面，选择若干典型，经过总结和提炼，按不同社区类型，细化建设标准，作为“盆景”在全市各区推广，成为规定动作，形成“风景”。力争通过几年的实施，使一批批“盆景”逐渐变为覆盖全市的“风景林”，形成比较完善的城市服务和管理体系。

2012年8月29日，深圳市出台了《2012年度深圳市社会建设“风景林工程”项目推进方案》（以下简称《方案》），确定年度风景林工程项目是“基层党建工作区域化”“社区服务中心”“社区居民议事会”“社区公益服务”“楼（栋）长”等五个项目。根据风景林工程项目推进方案，各个项目的基本设想是：“‘基层党建工作区域化’，通过构建区域统筹、条块联动的基层党组织，保证党组织的领导核心和战斗堡垒作用能动地落实在社区；‘社区服务中心’，通过每一个社区建设一个社区服务中心、开通社区家园

① 《让“盆景”变“风景”》，《南方日报》2012年8月20日。

网，创新富有特色的社区服务模式；‘社区居民议事会’，通过打造社区居民主动参与社区管理事务的平台，培育社区事务大家议、大家管的社区自治机制；‘社区公益服务’，通过开发社区所需的公益服务岗位，提高社区资源使用效率，满足居民对社区服务的基本需求；‘楼（栋）长’项目，是以社区范围内每一栋住宅楼宇为单位，选任楼（栋）长，协助社区工作站、社区居委会和网格管理员参与本楼（栋）的服务管理，及时反映需求，促进邻里和谐。”①

2. 风景林工程的实施

为了科学指导和推进“风景林工程”项目，《方案》明确了项目推进的标准及要求，列举了“风景林项目”推进的示范样本，要求各区（新区）、各街道要根据社区的类型和特点，在学习借鉴的同时，创造性开展工作。《方案》还划定了项目责任范围，明确责任主体，强化责任落实，指定了项目的牵头单位、指导单位和责任单位。2012 年 8 月 7 日，深圳在坪山新区召开“风景林工程”现场会，总结和交流全市各区及有关部门典型经验，部署项目推进工作。

“风景林工程”实施以来，各区纷纷结合自身实际，积极推进各项工作，创造了不少好经验好做法，社会建设亮点纷呈。

作为深圳后发地区的大鹏新区，社会建设领域几乎一片空白，新区克服困难，创新性地开展工作，为“风景林工程”增添了别致的“大鹏风景”。一是实现了基层党建和居民自治齐头并进：议事会实现了 25 个社区全覆盖。新区基层党建做到了六个 100%②。据统计，居民通过议事会提出的社区公共事务议题达 180 余次，内容涉及搬迁选房、小区卫生环境、文体活动开展、房屋建筑质量等，不少问题得以解决，社区自治能力得到了极大提升。二是社区服务软硬件建设并举，社区服务中心的服务功能得到显著提升。新区成立前，没有一家专业社区服务机构落地。新区成立后，

① 《五项目入选深圳年度社会建设“风景林”工程》，《深圳商报》2012 年 8 月 20 日。

② 即符合条件的社区 100% 组建了社区综合党委（党总支）、100% 公推直选领导班子、100% 配备“兼职委员”、100% 建立长效管理机制、100% 搭建党代表工作室或党员（群）活动室等工作服务平台、100% 开展“党代表进社区”活动。

社区服务中心建设起步，2012 年新建成 6 家社区服务中心，2013 年提前完成了新区其他社区服务中心项目建设，预计 2013 年 11 月初，所有新建成社区服务中心正式投入运营，服务水平不断提高。三是因地制宜推进楼（栋）长项目，创造性推出“区禁系统”。楼（栋）长及视频门禁项目实施以来，25 个社区治安发案率明显下降，安装“区禁”的小区，至今实现了零发案，人员信息采集达到 100%，得到市综治委的肯定并作为典型在全市推广。

坪山新区争当社会建设“风景林工程”排头兵。新区成立短短 3 年来，把 80% 的政府财力投向民生和社会建设，坚持高起点规划、高标准设计，大胆创新，扎实推进。“风景林工程”现场会之后，坪山新区社区服务中心项目率先在全市实现全覆盖，社区居民议事会项目和楼（栋）长项目也将于 9 ~ 10 月份实现全区覆盖，坪山新区社区公益服务项目目前已开发出公益性岗位 1140 个。2012 年下半年，新区又拿出 5000 万元，完善社会建设“风景林工程”。

宝安区人口总量大，出租屋多，城市化程度相对落后，社会建设面临着较大压力。在“风景林工程”建设中，宝安区围绕群众需要完善各种机制，配置资源，做到“群众有需要，政府有回应”，提出人员要保障，经费要倾斜，具体问题具体分析，不“一刀切”和盲目跃进。不定期召开“风景林工程”推进工作会议，部署项目推进工作，明确全区推进标准、责任分工、时间节点等具体实施要求。到 2012 年底，宝安区已建综合党委的社区都已经完成社区综合团委的组建工作；全区 124 个社区全部挂牌成立社区义工站；每个街道建成一个“青春家园”社区服务中心试点项目，同时培育一个条件成熟的青年社会组织在民政部门注册登记。宝安共青团围绕“社区综合团委”“‘青春家园’社区服务中心”“社区义工站”“青年社会组织培育”四个社会建设“风景林工程”项目，构建互通、互融、互相支撑的社区青年服务管理体系。2013 年，经过市政协考察团的现场评议和现场打分，宝安区社会建设“风景林工程”获得优秀。宝安在社会建设“风景林工程”工作上突出了重点、突破了难点、解决了热点、凸显了亮点。宝安的党代表工作室、海裕社区服务中心和西乡街道说事评理会都是深圳市“风景林工程”的样板之一。

龙岗区把社会建设提升到与经济建设同等重要的位置，强力推进“风景林工程”，努力实现社会建设以管理为主向管理与服务并重转变，以服务户籍人口为主向服务实有人口转变①。截至2012年底，全区8个街道106个社区全部成立社区综合党委，实现了社区综合党委全覆盖，建成社区服务中心14家，新增20家，另有45家正在推进建设中②。龙岗区在“风景林工程”建设中，大胆探索，摸索形成了南湾康乐社区“爱心银行”、龙城紫薇社区“双工一社”和布吉中海怡翠社区“三工联动”等模式。龙岗区以“和谐共建促进会”作为落实社区居民议事会的载体，同时与原有各种形式的居民议事制度相结合，实现凝聚邻里、多方共建、民主自治，目前已经开展议事200余次，深受社区好评③。

3. “风景林工程”的考核

深圳市非常注重对社会建设“风景林工程”的考评和监督检查工作，2013年10月16日，深圳市政协派出10个组分赴深圳各区考察，并根据详细指标做出计分评议，其中社区综合服务中心项目建设所占分值最高。委员们通过现场看项目、问情况、评优劣等方式，详细了解“风景林工程”五个“盆景”的建设情况，对其中的不足提出意见和建议。经过委员们认真评议，福田区和宝安区“风景林”建设总评结果为优秀。

（二）推进社会信用体系建设

良好的社会信用是经济社会健康发展的前提。信用是市场经济运行的基石，“市有信则立，市无信则废”，如果诚信缺失，正常的市场环境、市场秩序和社会秩序就会遭到破坏，经济主体的交易成本增加，经济运行的效率必然降低。更有甚者，如果失信现象泛滥，还可能影响社会公正，损害广大群众的

---

① 《龙岗区社会建设“风景林工程”项目进展顺利》，龙岗新闻网，2012年12月23日，http：//ilonggang. sznews. com/lgnews/content/2012 - 12/23/content_ 7532128. htm。

② 《龙岗区社会建设“风景林工程”项目进展顺利》，龙岗新闻网，2012年12月23日，http：//ilonggang. sznews. com/lgnews/content/2012 - 12/23/content_ 7532128. htm。

③ 《龙岗区社会建设“风景林工程”项目进展顺利》，龙岗新闻网，2012年12月23日，http：//ilonggang. sznews. com/lgnews/content/2012 - 12/23/content_ 7532128. htm。

利益，阻碍社会进步。近年来，深圳市在社会、市场诚信建设方面作了许多积极的探索。如深圳市市场监管局推动建成的华南最大的企业征信数据库，是深圳地区市场信用体系的基础平台，成为该市“创新人才奖”“政府领军骨干企业”“重合同守信用单位”等评比及外来人口积分入户等的重要依据；食品“黑名单”曝光食品抽检、违法查处等信息，并对失信行为予以惩戒，对因食品违法行为吊销许可证的企业负责人实行禁业限制等。在电子商务方面，深圳市市场监管局出台了《关于服务电子商务市场促进健康快速发展的若干措施》等政策、法规，构建了电子商务可信交易生态圈，推动成立了电子商务可信交易基础支撑平台，如众信网等。

2012 年以来，深圳市积极落实国务院社会信用体系建设规划，结合广东省有关要求，于 6 月份启动“两建”工作，成立了“两建”工作领导小组，组长由市长许勤担任，副组长为两位副市长唐杰和陈彪，成员单位有深圳市市场监管局、深圳市发展改革委等部门。深圳特别注重总体设计和统筹规划，深圳市发展改革委和深圳市市场监管局在深入调查研究和广泛征求意见的基础上，分别起草了《深圳市社会信用体系建设工作方案》和《深圳市市场监管体系建设工作方案》，并由市政府公报对外发布。工作方案从制度建设的层面上完善机制，注重从体系创新的角度打开局面，充分结合深圳实际、突出深圳特色，标志着深圳市社会信用体系建设向前迈进了一大步。

《深圳市社会信用体系建设方案》提出的目标是，到 2016 年底，基本建成法规健全、信息完备、监管有力、服务完善的社会信用体系，在全社会基本形成诚实、自律、守信、互信的氛围，将深圳打造成为在全国具有重要影响力的诚信建设示范城市。方案提出了六个方面的切入点，即完善信用法规政策体系、加强信用主体诚信建设、推进信息共享机制建设、加强信用服务市场培育和监管、健全信用奖惩机制和开展诚信宣传教育。方案制订了到 2016 年深圳市信用体系建设的工作步骤，明确了工作机构和职责分工，决定成立深圳市社会信用体系建设统筹小组和十二个社会信用体系建设专责小组。根据方案，深圳将依托企业信用信息网，重点加强对企业市场准入、纳税、信贷、合同履行、政府性资金使用、工程质量安全、食品药品安全、进出口、知识产权保护、统计数据报送等相关信用信息的记录，并不断扩大征信范围。同时，深化企业信用信息面向政府、社会、征信机构的共享应用，开发差异化信用产品，提供个性化信息服务。

方案颁布后，在市政府领导和推动下，深圳市各区、各部门迅速行动，深入贯彻落实方案要求。宝安区制订印发了《宝安区社会信用体系建设工作方案》，提出以“2 +9”重点工程为抓手建设社会信用体系的工作目标。同时，通过区级统筹，下属各部门、各街道根据实际制订工作方案，详细分解任务，明确工作要求及实施步骤，层层抓落实。通过努力，宝安区建立健全一批企事业单位信用档案，强化了行业自律规范作用。2013 年上半年，宝安区医药行业协会“行业自律督导组”新增督导员 27 名，开展自律督导活动 8 次。诚信社区创建取得明显成效。石岩街道选取官田社区作为试点，在流动人口管理服务、诚信宜居出租屋创建、安全生产等领域积极开展诚信社区建设工作。沙井街道分别与社区内的居民、出租屋业主和企业签订诚信公约和诚信承诺书，倡导诚信理念，培育诚信精神，传播诚信文化。医疗卫生、食品安全等领域的执法监管力度也得到加强。

罗湖区积极开展“诚信罗湖”创建活动，提升国际消费中心软环境。一是通过政府依法监管、行业协会承办、市场公开评价、社会广泛监督的方式，在全区零售业及黄金珠宝业开展“诚信罗湖——诚信经营优质服务”商户创建活动，对选出的商户授予“诚”字牌匾。二是加强医疗卫生行业从业人员的诚信建设。三是加强重点企业监管，推动企业建立环保诚信体系。根据排污企业的排污状况变化及时调整企业的污染源管理级别，加大企业环境保护监督力度。四是立足食品安全，打造餐饮诚信消费区。2012 年，在京基 kkmall 创建了深圳第一条省级食品安全示范街。

深圳地税局推出一系列举措，全力推进社会信用体系建设。在健全组织机构，明确职责分工和试点要求，制定完成时间表的基础上，深圳市地税局注重总体设计，完善制度建设。该局制定《纳税信用等级评定管理试行办法》，提请市政府法制办审查，并以规范性文件的形式进行发布。该文件作为信用法规政策体系的一部分，对今后开展纳税信用等级评定管理工作进行了总体设计和规划，为常态化开展纳税信用等级评定奠定了制度基础。深圳市地税局还主动适应信用信息建设要求，开发纳税信用等级评估系统，该系统于2012年12月上线。纳税信用等级评估系统采用J2EE架构，整合进深圳地税核心征管信息系统。深圳地税局还注重完善纳税信用等级评定后续管理措施，按照“信用不同、等级不同、待遇不同”的原则，对纳税人实施分类管理和服务。

B.7

中国经济特区社会保险发展报告

高兴民　许金红　柏 喆*

人的需要是有层次的，按马克思主义经典作家的说法，人的需要依次分为生存的需要、发展的需要、享受的需要。“我们首先应当确定人类生存和发展的第一个前提也就是一切历史的第一个前提就是：人们为了能够创造历史，必须能够生活。”① 生活或生存的需要是最基本的需要，社会成员的基本生存需要在任何社会都应该得到保证，但是，即使在经济繁荣的今天，也并不能如愿以偿。其中最主要的客观原因在于任何社会生产和社会生活中都不可避免地存在经济风险。这些风险可能源自自然因素，如天灾和人身体自然机能的先天性缺陷和自然退化；也可能来自经济因素，如经营失利、破产、失业；还可能归结于社会因素，如个人社会适应失效、家庭人口多导致负担过重等。为了预防和弥补这些经济风险给社会成员带来的损害，保证其基本生存需要，就必须采取一定的保障措施。这就是社会保障产生的原因和必要性。

一　经济特区社会保险发展现状

在现代市场经济中，完善的社会保障制度能够作为人类文明的一种特征和标志，它能保证市场经济有序运作和社会稳定。经济特区作为中国建立市场经济的“试验场”和“窗口”，在 30 多年的发展中取得了辉煌的经济成就，但是市场经济的特点及固有缺陷对经济特区的市场经济配套制度提出了改革的要

* 高兴民：深圳大学中国经济特区研究中心教授，博士生导师；许金红：深圳大学中国经济特区研究中心人口、资源与环境经济学博士研究生；柏喆，深圳大学经济学院政治经济学硕士研究生。

①《马克思恩格斯选集》第 1 卷，人民出版社，1995，第 32 页。

求，社会保障也在其中。经过多年的努力，西方发达国家已经形成了比较完善的社会保障体制，他们用实践告诉我们一个道理，没有建立与社会经济相适应的社会保障体系，市场经济就要走向分化的极端，社会竞争将无法吞咽下这种极端的苦果。因此必须改革我国原来与计划经济相配套的社会保障制度，建立符合现代市场经济要求的具有中国特色的社会保障制度。在这样的时代要求和环境背景下，我们就非常有必要对经济特区的社会保障发展情况做出总结及分析判断。

（一）判断经济特区社会保险发展现状的指标选取

判断经济特区社会保障的发展不可能面面俱到，鉴于社会保障的最核心部分为社会保险，因此我们用社会保险的发展现状来集中反映经济特区社会保障的发展。

1. 指标选取的原则

为了更准确、更真实、更直观地反映经济特区社会保险的发展情况，选取的指标体系应该满足如下几个原则。

（1）强代表性原则

设计或选取的指标一定是极具代表性的，也就是说这些指标最能代表社会保险发展的特征。从这些指标的数值，我们很清晰很轻松就能体会社会保险的发展情况。很显然，强代表性的指标不可能被全面选取，但是我们尽可能地选取最具有代表性的指标，以保证不会在大方向上出现大的偏离。

（2）科学性或规范性原则

在指标的选取上，对任何一个指标的取舍及对指标的计算，它的公式、数据、推导过程都必须做到规范，都要有科学的依据，不能凭主观猜想和臆断。测定方法有较高的真实性和可靠性。只有这样，我们才能保证指标所传达的信息是可靠的、客观的，在此基础上进行的评价和研判才可靠，具有可信性。

（3）可量化原则

选取的指标应该最好做到都可以数量化，尽可能用客观的定量指标。以一些直观的数值反映现实情况，数量化原则既能使得指标体系更客观直观，也更便于在统一的数量口径下进行横向比较与纵向比较。

（4）可比性原则

处于指标体系中同一层次的指标，应该满足可比性的原则，即具有相同的计量范围、计量口径和计量方法，指标取值尽量使用相对值，尽可能不直接使用绝对值。这样使得指标有更强的实用性，既能反映实际情况，又便于比较现实的优劣情况。

（5）尽可能全面原则

为了反映经济特区社会保障发展现状，必然涉及社会保障制度涉及的各个方面。在数据可得的情况下，选取的评价指标体系需要综合考虑社会保险的参保情况、社保基金的结余情况，以及社会保险对社会、经济及人口各个方面的适应性和公平性情况。避免只见树木不见森林，犯以偏概全的错误。

（6）数据可得原则

指标的计算要求取得真实有效的数据作为支撑。因此在指标的选取中就注定不可能做到面面俱到，数据可得性的要求使得我们的指标必然会有所取舍，可能一些理论上非常必要的、说服力很强的指标我们最终因为数据难以统计或者没有该方面的数据而不得不舍弃了。

2. 选取的具体指标及指标的修正

依据以上选取衡量社会保险发展情况指标的这些原则，我们选取下文所列指标体系对经济特区的社会保险现状进行数量描述、比较和分析。从反映社会保险的公平性和适应性两个方面出发，两个一级指标分别选取公平性指标和适应性指标。公平性指标包括两个二级指标，分别为整体公平性指标和人群内部公平性指标；适应性指标包括三个二级指标，分别为资金适应性指标、经济适应性指标和人口适应性指标。其中，整体公平性指标主要由社会保险的参保率指标来刻画，我们计算每一种社会保险的参保率以便于各个经济特区之间的横向比较，人群内部公平性指标主要由基本养老保险征缴基数比来反映；资金适应性指标由社会保险基金的年度收支比来刻画；经济适应性指标包括两个三级指标，一个为社会保险对社会产出的适应性指标，为社会保险的基金支出与地区 GDP 的比值；另一个是社会保险对财政支出的适应性指标，是社会保险的基金支出占地区财政支出的比重；人口适应性指标主要反映社会保险对人口增长的适应程度，通过对参保人数增长率与就业人数增长率的比值来衡量新增劳动力的参保程度。通过这些指标的设立和计算方法的确定，层层深入，以期更贴切、更全面地反映我们所要量化的复杂纷扰的现实（见表1）。

表1　经济特区社会保险发展状况研判指标体系

一级指标	二级指标	三级指标	计算方法
公平性指标	整体公平性	各种社会保险参保率	社会保险参保人数/总就业人数
	人群内部公平性	基本养老保险征缴基数比	企业社会保险缴费基数/事业（机关）单位社会保险缴费基数
适应性指标	资金适应性	社会保险基金年度收支比	社会保险基金收入/社会保险基金支出
	经济适应性	社会保险对社会产出的适应性	社会保险基金支出/GDP
		社会保险对财政支出的适应性	社会保险基金支出/财政支出
	人口适应性	社会保险对人口增长的适应性	社会保险参保人数的增长率/就业人数的增长率

指标体系在2012年报告的基础上做了修正。首先是将财政适应性指标从二级指标划为经济适应性指标之下的三级指标，这是因为财政本身就属于社会经济的一个重要内容，它应当包含在经济适应性指标之下，成为解释社会保险经济适应性的一个重要工具，这也使得经济适应性指标更为全面和充分，更具说服力和可信度。其次是加入了一个二级指标即社会保险的人口适应性指标。加入社会保险的人口适应性指标的意义在于两个方面。一是基于尽可能全面的指标选取原则，为了更全面反映社会保险的发展状况，有必要对新增劳动力的参保状况进行统计；另外一个也是最主要的原因在于社会保险自身的功能和服务对象的特殊性使得我们研究社会保险的发展绕不开“人”的因素，尤其是参与社会保险缴费的劳动力及其新增力量。这也是研究社会保险发展对民生发展、对人的发展的应有之义。

3. 选取指标的意义

（1）反映社会保险自身的功能和内容是选取评价指标体系的基础和依据

社会保险体系不是一种经济的或政治的或社会的或伦理的个别的局部调节的表现形式，而是社会生产力发展到一定程度，经济结构的变化导致社会结构的变化中形成的一种社会功能体系，或者说是社会化大生产带来社会生活社会化过程中要求建立的一种相应的政府职能体系①。社会保险作为社会保障体系中最核心的部分，它对整个经济社会的稳定调整作用很大。首先，社会保险能在一定程度上平复市场经济竞争环境下带来的不可能平等的一次分配，比如资源的占有程度、效率的不平等，身体素质、年龄层面所面临工作机会的不平等，能调节市场价值机制、竞争机制、效率机制和社会公平机制、稳定机制之间的矛盾和调节社会成员之间分配不公、贫富差距过大的矛盾。其次，社会保险能在一定程度上平衡经济波动和人口波动下的人均福利波动，使得人均社会保险发展速度跟得上社会经济发展的脚步，并在人口增长的前提下不使人均社会保险享受价值下降。这种功能本身内部所包含的公平性和适应性就要求我们必须从这两个方面去筛选指标，构建有理有据的指标研判体系。社会保险的参保率、社会保险征缴基数比等就是从社会保险的内容和功能方面去评判社会保险发展的具体指标。

（2）与社会经济、人口等因素结合在一起考察是衡量社会保险发展的内在要求

我们选取指标体系尽可能地将社会保险与经济社会中的相关因素联系在一起进行考察。世间万事万物都存在着一定的联系，社会保险也不例外。它作为市场经济机体的一部分，必然和这个机体中的其他部分有所交集、互相联系、相互作用以完成这个机体中它们应该完成的功能。如果孤立地考察社会保险本身，不仅有失全面，也违背科学发展观中的统筹思想。社会保障虽然不直接刺激经济增长，但它影响经济的发展。经济增长本身受各种经济因素制约，现代化并不是单一的经济增长过程，它包括整个社会各方面和人的现代化的发展。发展市场经济，增强市场竞争机制作用，社会结构和社会成员本身要有承受能力。这种相互制约和相互作用的机制使得衡量社会保险发展的指标有了一个内在要求，那就是指标必须考虑与社会保险相关的社会、经济、人口等因素。因此我们选取的指标体系和与社会保险相关的社会经济生活中的经济产出、财政支出以及劳动力增长都有所关联，而不仅仅考察社会保险自身的内容。

（3）指标体系能清晰反映社会保险问题本身是进行研判的基础和要求

研究社会保险的发展现状，经济特区间的横向比较，各个经济特区的纵向

① 葛寿昌主编《社会保障经济学》，上海财经大学出版社，1999，第67页。

比较，以及总体发展研判和趋势的分析都需要建立在对指标客观数据进行比较和分析的基础之上。比如社会保险的参保率、覆盖范围等，这些指标数值能使我们对社会保险的发展情况做出简单清晰的判断，横向和纵向的比较能使我们客观发现其变化特征。在这些比较中我们能看到社会保险发展取得的成绩、存在的不足和问题等，并在此基础上分析原因，提出有依据的、可行的政策建议来。因此，选取指标的第三个意义在于对我们研究社会保险问题本身及其进一步改革作用重大，这也是我们提出社会保障相关政策建议的前提和基础。

（二）经济特区社会保险发展现状

根据经济特区的统计年鉴及各地区社会保障相关部门如社保局和社会保险基金管理局等公布的网上信息及书面资料，我们依据设计的指标体系计算和整理总结了五个经济特区 2012 年社会保险发展的相关指标数值。

经济特区社会保险发展现状

根据各经济特区的统计年鉴以及经济和社会发展统计公报，我们整理计算得出以下两个表格，第一个是社会保险的参保人数总结，第二个是对社会保险参保人数增长率的计算和比较。在社会保险参保人数表中，我们加入了各个经济特区的就业人员数，这是为了便于公平性指标和人口适应性指标的计算和比较（见表 2）。

表 2　2012 年经济特区社会保险参保人数

单位：万人

特区	基本养老保险	基本医疗保险	失业保险	工伤保险	生育保险	从业人员数
深圳	792.44	556.07	340.59	991.53	506.61	803.72
珠海	106.4	107.3	86.3	87.8	55.1	110.36
汕头	80.74	48.89	65.74	63.99	62.09	243.68
厦门	210.45	280.66	160.45	160.26	149.72	294.07
海南	214	370	139.51	115	109.8	783.9

数据来源：《深圳市人力资源社会保障统计公报（2012）》，《珠海市经济和社会发展统计公报（2012）》，《汕头市统计年鉴（2012）》，《2012 年厦门市国民经济和社会发展统计公报》，《海南省经济和社会发展统计公报（2012）》。

从表 2 中可以看到，五大经济特区中，基本养老保险的参保人数属深圳最多，其他依次为海南、厦门、珠海和汕头；基本医疗保险参保人数和基本养老保险的参保人数排名一致，失业保险参保人数排名依次是深圳、厦门、海南、珠海和汕头；工伤保险的参保人数排名和失业保险参保人数排名一致，生育保险参保人数的排名为深圳、厦门、海南、汕头、珠海。从业人员数排序依次为深圳、海南、厦门、汕头、珠海。从基数上来看，深圳社会保险参保人数最多，汕头社会保险参保人数最少。

经济特区社会保险参保人数增长率的排名和参保人数的排名差别较大，每种保险的排名也都不一致。这主要是因为参保人数较多的经济特区本身参保基数就大，参保率比较高，历年发展情况也都较好，上升的空间没有后进的经济特区那么大，因此增长率也没有那么大。而且每个经济特区各种社会保险的发展基础都不相同，各有优势和偏重，所以各种社保参保人数的增长率也呈现出千差万别的情况。但增长率低的不一定发展慢，必须结合表2中各个经济特区参保基数来判断。经济特区社会保险参保人数增长率的排名是：基本养老保险增长率以汕头为首，其次是厦门、海南，再次是深圳、珠海；基本医疗保险排序为深圳、海南、厦门、汕头、珠海；失业保险参保人数增长率排序为：深圳、汕头、海南、厦门、珠海；工伤保险排序是：汕头、海南、夏门、深圳、珠海；生育保险参保人数增长率排序为：珠海、汕头、深圳、厦门、海南（见表3）。

表3　2012年经济特区社会保险参保人数增长率

单位：%

特区	基本养老保险增长率	基本医疗保险增长率	失业保险增长率	工伤保险增长率	生育保险增长率
深圳	5.40	10.30	13.50	4.70	10.40
珠海	4.90	5.60	4.80	4.20	15.30
汕头	17.20	7.80	13.00	12.40	12.70
厦门	8.40	8.20	7.90	8.40	9.03
海南	7.50	9.50	8.70	11.00	9.00

数据来源：根据《深圳市人力资源社会保障统计公报》（2012年，2011年），《珠海市经济和社会发展统计公报》（2012年，2011年），《汕头市统计年鉴》（2012年，2011年），《厦门市国民经济和社会发展统计公报》（2012年，2011年），《海南省经济和社会发展统计公报》（2012年，2011年）中提供的参保人数，应用指标体系中设计的参保人数增长率的计算方法整理得出。

社会保险的参保人数和参保人数的增长率能客观反映社会保险发展的基数、上升空间和发展趋势，而社会保险基金的收支和结余情况则能直接反映社会保险在基金的经营和管理上的成绩（见表4）。

表 4　2012 年经济特区社会保险基金收支

单位：亿元

特　区	社保基金收入	社保基金支出	基金结余
深　圳	549.92	172.98	376.94
珠　海	86.76	41.67	45.09
汕　头	27.29	27.31	-0.02
厦　门	162.1	82.84	79.26
海　口	27.91	26.87	1.04

注：深圳、珠海、厦门数据来源于各个经济特区的社保基金管理处网站、人社局网站及统计局网站；汕头数据来自汕头市人力资源与社会保障局《关于2011 年7 月至2012 年6 月社会保险基金收支情况的公告》；由于海南省社会保险基金收支的具体数据缺失，用海口市的社保基金收支数据代替以和其他经济特区比较，数据来自海口市财政局网站。

通过表4，我们可以清楚地看到各个经济特区社保基金的收支和结余情况。截至2012 年底，社会保险基金有结余的特区占绝大多数，只有汕头的社保基金支出大于收入，结余呈负数，基金增值保值效果不能令人满意。深圳的社会保险基金年结余特别巨大，接近377 亿元，在经济特区中遥遥领先，厦门和珠海的社保基金的结余也比较客观，不过和深圳的巨额结余相比就逊色不少。深圳社保基金的结余将近厦门和珠海市社保基金结余的4.76 倍和8.36 倍。海口的社会保险基金收入高于支出，但是结余数目相比其他特区很少，仅为一亿多元。与社保基金发展良好的深圳等城市相比，其他特区尤其是汕头和海南必须积极探索社保基金的保值和增值方式，管理和经营好特区参保人员的“生存保命钱”。

在表2、表3、表4 的基础上，根据指标体系中设计的指标，将反映经济特区社会保险的公平性指标和适应性指标下的三级指标数值整理成表5、表6。

表 5　2012 年经济特区社会保险公平性指标数值结果

单位：%

特区	养老参保率	医疗参保率	失业参保率	工伤参保率	生育参保率	养老保险征缴基数比
深圳	98.60	69.19	42.38	100	63.03	56
珠海	96.41	97.23	78.20	79.56	49.93	40
汕头	33.13	20.06	26.98	26.26	25.48	68
厦门	71.56	95.44	54.56	54.50	50.91	48
海南	27.30	47.20	17.80	14.67	14.01	55

从数据上来看，深圳市基本养老保险和工伤保险的整体人群公平性指标分别达到98.6%和100%，其中工伤保险的参保率已经连续几年维持在100%的极限状态，说明在整体就业人口中，基本养老保险和工伤保险的参保率基本达到了全面覆盖。且这两种社会保险参保率在五个经济特区中都是最高的。说明深圳的基本养老保险和工伤保险整体公平性相当优秀。其次是基本医疗保险，再次是生育保险，参保率分别接近70%和超过63%。参保率最低的是失业保险，不到45%。珠海的基本医疗保险和基本养老保险整体人群公平性指标中的表现相当突出，分别超过97%和96%，尤其是基本医疗参保率在所有特区中是最高的。其次是工伤保险和失业保险，参保率都接近80%，生育保险率相对逊色，以接近50%排名居中。汕头市在社会保险参保率指标上表现比较落后，最高的基本养老保险参保率略超过33%，最低的基本医疗保险参保率只略超过20%，失业保险、工伤保险、生育保险的参保率基本都在26%左右，没有哪一种社会保险的参保率表现比较良好，社会保险的整体公平性较差，覆盖人群范围太小，使得社会保险没有起到相应的保障作用。而厦门的数据让人最先注意到的就是它表现优秀的基本医疗保险的参保率，因为其他种类的社会保险参保率除了基本养老保险接近72%以外，基本浮动在50%～55%的范围内。一枝独秀的发展使得“厦门医保模式”更有探索和借鉴的意义。我们将在后文对该模式做简单介绍。海南的社会保险整体公平性发展令人堪忧，情况甚至不比汕头乐观。除了基本医疗保险参保率，其他社会保险尤其是工伤保险和生育保险的参保率只略超过14%，人群覆盖的广度远远不够，除基本医疗保险外，其他四种社会保险的参保率在所有经济特区中都是排名最末的，基本医疗保险虽然不是最末，也只超过汕头，排在倒数第二的位置。

从这些数据可以总结出：一是对于同一个经济特区来说，社会保险中各个保险的参保率相差较大，社保结构的发展不平衡；二是对于同一种社会保险而言，每个经济特区的参保率不尽相同甚至相差很大，说明了经济特区间社会保险的发展也不平衡。

再来看经济特区社会保险的适应性指标结果。资金适应性代表社保基金的支付能力，大于1则表示基金有结余，资金适应性指标数值越大，支付能力越强。从表6可以得知，除汕头以外的四个经济特区的社保资金适应性指标都大

表 6　2012 年经济特区社会保险适应性指标计算结果

特区	社保基金支出(亿元)	GDP(亿元)	财政支出(亿元)	资金适应性	经济适应性	
					产出适应性	财政适应性
深圳	172.98	12950.08	1565.71	3.18	0.01	0.11
珠海	41.67	1503.81	212.15	2.08	0.03	0.20
汕头	27.31	1415.01	191.46	0.99	0.02	0.14
厦门	82.84	2817.07	460.71	1.96	0.03	0.18
海口	26.87	2855.26	918.58	1.04	0.01	0.03

注：海南经济特区的资金适应性和经济适应性标准以海口市为代表。

于1，且深圳和珠海的社保基金结余还能在当前水平不变的前提下，满足再支付两年多和一年多的社保金待遇发放。厦门的社保基金结余也接近满足再多一年的社保待遇发放。产出适应性和财政适应性指标数值分别代表社保基金支出占 GDP 和财政支出的比重。参考发达国家社保基金支出占财政支出和 GDP 的比重，这个比重一般在 20% 以上。但表 6 中我国经济特区的社保基金经济适应性表现却远不能和发达国家相比。一是国家间的发展阶段和经济水平的不同是造成社保基金经济适应性不同的客观物质基础，适应性很低的原因有两种极端情况，一种是有些地区 GDP 数值很大如深圳，虽然社保基金支出也是经济特区中最多的，但比重反而是最低的；还有一种就是 GDP 数值不大，基金支出也特别低如海南。二是因为我国社保采取的模式不是西欧的普惠福利型国家模式，占 GDP 和财政支出比重自然不会那么大。其中，产出适应性以珠海和厦门为首，占 3%；其次为汕头，占 2%；最后为深圳和海南，占 1%。

表 7　2012 年经济特区社会保险公平性指标的纵向比较

单位：%

深圳	养老参保率	医疗参保率	失业参保率	工伤参保率	生育参保率
2012	98.60	69.19	42.38	100	63.03
2011	100.00	68.65	40.89	100	62.49
珠海	养老参保率	医疗参保率	失业参保率	工伤参保率	生育参保率
2012	96.41	97.23	78.20	79.56	49.93
2011	89.70	100	72.73	74.41	42.24

续表

汕头	养老参保率	医疗参保率	失业参保率	工伤参保率	生育参保率
2012	33.13	20.06	26.98	26.26	25.48
2011	33.56	23.19	25.07	24.53	23.75
厦门	养老参保率	医疗参保率	失业参保率	工伤参保率	生育参保率
2012	71.56	95.44	54.56	54.50	50.91
2011	82.71	100	62.98	63.33	58.51
海南	养老参保率	医疗参保率	失业参保率	工伤参保率	生育参保率
2012	27.30	47.20	17.80	14.67	14.01
2011	43.44	76.43	27.22	22.63	21.73
全国	养老参保率	医疗参保率	失业参保率	工伤参保率	生育参保率
2012	39.66	69.92	19.85	24.78	20.11
2011	37.15	61.95	18.73	23.16	18.18

对经济特区社会保险公平性指标的纵向比较主要集中于社会保险的参保率即整体人群公平性的比较。因为人群内部公平性在短时间内由于工资水平及社会保险征缴等制度比较稳定，变动程度较低，所以不再单独列出对比。从表7可以看到，深圳2012年的基本医疗保险、失业保险、生育保险参保率较2011年有了0.5~2个百分点的增长，工伤保险参保率继续维持在就业人群完全覆盖的公平性状态，但基本养老保险参保率有了1.4个百分点的滑落，暂时脱离了百分之百的完美状态。虽然仍然维持在高位，但基本养老保险的参保率还有上升的空间。珠海2012年的基本养老保险、失业保险、工伤保险、生育保险参保率分别较2011年提高了6.71、5.47、5.15、7.69个百分点，在珠海参保率基数本身就不小的情况下，增长速度还是比较可观的。基本医疗保险的参保率有2.77个百分点的滑落，也暂时脱离了整体人群公平性百分之百的轨道，但仍保持在很优秀的状态，还有上升空间。汕头2012年的失业保险、工伤保险、生育保险参保率较2011年均大致扩大了2个百分点，基本养老保险和基本医疗保险有了滑落，前者滑落很少，只有0.43个百分点，后者滑落了超过3个百分点。和2011年相比，整体还是有了一定的进步，但和其他经济特区相比还有相当大的距离，还需持续不断地努力追赶。厦门2012年的各类社会保险参保率较2011年都有了一定的滑落。程度各不同，为4~11.15个百分点。滑落的原因主要在于厦门就业人口在2012年有了较大的增长，虽然厦门各种社会保险参保人数有不错的增长，但

由于就业人口增长更多，所以整体人群公平性变低了；海南2012年的各类社会保险参保率较2011年和厦门一样也都有一定的滑落。滑落程度比厦门更剧烈，滑落区间也更广泛，在7~30个百分点之间。滑落的原因一是海南就业人口有了相对更大的增长，另外也有制度安排和制度微观操作如征缴工作力度不足等方面的问题，所以导致整体人群公平性变低。

表8　2012年经济特区社会保险资金适应性与经济适应性指标的纵向比较

特区	资金适应性	经济适应性	
		产出适应性	财政适应性
深圳2012	3.18	0.01	0.11
珠海2012	2.08	0.03	0.20
汕头2012	0.99	0.02	0.14
厦门2012	1.96	0.03	0.18
海口2012	1.04	0.01	0.03
全国2012	1.31	0.04	0.18
深圳2011	3.20	0.01	0.09
珠海2011	2.05	0.03	0.20
厦门2011	1.87	0.03	0.18
海口2011	1.09	0.01	0.11
全国2011	1.33	0.04	0.18

注：因缺少汕头市2011年数据，故本表没有列入。

从表8中可以看到经济特区社会保险资金适应性和经济适应性的纵向比较结果。深圳资金适应性2012年保持在3.2左右，与上年相比有了程度很小的下降，产出适应性保持不变，财政适应性有了较小的增加；珠海资金适应性保持在2左右，并有了程度较小的上升，产出适应性和财政适应性保持不变；厦门资金适应性两年来均接近2，2012年增加了将近0.1，产出适应性和财政适应性保持不变。海口资金适应性维持在1左右，并有了极小程度的下滑，产出适应性保持不变，但财政适应性下降了0.08，是财政适应性指标中唯一下降的。从全国范围来看，2012年的产出适应性指标与财政适应性指标保持不变，资金适应性略有降低。

2012年与2011年经济特区社会保险人口适应性指标如表9所示。2012年深圳人口适应性指标除工伤保险人口适应性有0.35的上升外，其他指标均存在一定比例的下降，这是由深圳除工伤保险以外的其他社会保险参保人数增长率有所下降造成的；珠海的人口适应性指标中，除生育保险以外的社会保险

表9　2012年经济特区社会保险人口适应性指标的横、纵向比较

特区	人口适应性				
	基本养老保险	基本医疗保险	失业保险	工伤保险	生育保险
深圳2012	1.05	2.01	2.63	0.92	2.03
珠海2012	0.81	0.93	0.80	0.70	2.54
厦门2012	0.49	0.48	0.46	0.49	0.53
海南2012	0.11	0.13	0.12	0.16	0.13
全国2012	18.48	34.14	16.17	18.99	28.39
深圳2011	1.70	2.65	3.14	0.57	3.00
珠海2011	2.45	8.42	1.20	1.15	2.32
厦门2011	1.31	0.61	1.08	1.25	1.11
海南2011	2.43	1.93	2.50	1.99	1.75
全国2011	25.23	22.78	17.00	22.95	30.47

注：因缺少汕头市2011年、2012年数据，故本表没有列入。

参保人数增长率下降造成基本养老保险、基本医疗保险、失业保险、工伤保险的人口适应性指标降低，生育保险的适应性指标相比2011年高出0.22；厦门的人口适应性指标相比2011年存在一定程度的下降。海南的人口适应性指标与2011年相比下降得最多，主要是因为海南的总就业人口相对其他经济特区出现了较大幅度的增长而参保人数的增长率却表现平平；从全国范围来看，2012年全国人口适应性指标中，基本医疗保险的人口适应性指标上升幅度较大，其他社会保险的人口适应性指标均有不同程度的小幅下降。

二　经济特区社会保险发展取得的成就与存在的问题

（一）经济特区社会保险制度发展和改革取得的成就①

1. 深圳

（1）进一步提高社会保险待遇和社会保障水平。一是按时上调养老金，

① 资料来源：深圳市社会保险基金管理局2012年工作报告，深圳市人力资源和社会保障局，深圳市统计局网站；珠海市人力资源和社会保障局，珠海市社会保险基金管理局，珠海市统计信息网网站；厦门市人力资源和社会保障局，厦门市统计局网站；深圳市人力资源和社会保障局，深圳市统计局网站；汕头市人力资源和社会保障局，汕头市统计信息网网站；海南省人力资源和社会保障厅，海南省社会保险事业局，海南省统计局。

企业退休人员基本养老保险人均增加 271 元/月，达到人均 2790 元/月。按月领取养老金的离退休人员达 18.05 万人。各项养老待遇均实现了按时足额发放。二是不断提高医疗保险待遇，扩大医保支付范围。支持公立医院改革，实行公立医院药品零加成，进一步引导社区治疗小病。三是工伤预防和工伤康复工作继续强化。目前，全市工伤定点医疗单位增至 92 家，工伤康复定点医疗单位 13 家。2012 年，全市共完成工伤认定 30864 人，依法补偿工伤事故 32005 人次、56759 万元，工伤事故率为 0.44‰。四是积极发挥失业保险的帮扶作用。2012 年，全市按月发放失业保险金累计 5226.32 万元，共 53598 人次。发放生活困难补助 551 人、342 万元，发放一次性失业保险金 156 人、231.51 万元，办理延长领取失业救济金共 67 人次，为失业员工缴交住院医疗保险 214.15 万元。

（2）扩大征缴范围，加大征缴力度，社会保险基金收入稳步增长。首先，征缴人群覆盖面扩大，全市各险种参保总人数达到 3769.91 万人次，创下历年投保新高。其次，征缴力度进一步加大，全年全市各项社保基金收入 549.92 亿元。此外，简化和规范业务流程，特别是完善少儿医疗保险征缴程序，实现信息共享；对工伤保险的扩面征缴，统一下调保险基准费率，极大地减轻了企业负担。

（3）保险基金管理更加规范化与科学化，投资运营取得了更大的成绩。首先，社保基金财务管理实施标准化，大幅优化业务操作流程，不断规范程序和完善制度，大大提高了社保基金财务管理效率，其安全性也得到了进一步的增强。其次，对于骗保欺诈的不法行为进行了强有力的打击，健全医疗监督工作流程和非现场监督工作体系，加大了监察力度，提高了基金管理的严密性。最后，深圳市企业养老保险基金按份额出资配合省政府委托全国社保基金理事会运营社保基金，积极拓宽社保基金保值增值的投资渠道，以实现社保基金收益最大化。

（4）《社会保险法》得到全面贯彻落实，社会保障体系得到进一步完善和健全。首先，出台了《深圳市实施〈广东省城镇居民社会养老保险试点实施办法〉细则》，修订了《深圳经济特区社会养老保险条例》《深圳经济特区失业保险若干规定》。其次，根据相关课题项目的研究成果，继续做好关于连续工龄、调整缴费年限、补充养老保险等法规政策的调研分析，为养老保险条例的修订提供决策依据。最后，广泛开展社保法规政策的宣传，使基层和人民了解热点难点问题，社会保险各项政策和知识得到了较为全面的普及。

（5）进一步提升内部管理水平，不断提高社会保险服务的经办能力。启动社保关系审核试点工作，推进城镇居民养老保险业务及滞纳金的贯彻实施。完善和优化社保转移业务办理，简化办理流程，参保人满意度有了很大的提高。在监督各社会医院是否已纳入医保定点范围的同时，积极推进省内异地就医即时结算业务的开展，向“医保同城化”迈出了坚实的一步。出台《关于转移接续退休人员养老金计发问题的通知》《关于执行广东省一次性补缴政策的通知》和《关于规范女职工按工作岗位认定退休年龄问题的通知》等民生措施，使深圳退休人员养老保障更加完善。

2. 珠海

（1）改革了城镇职工基本养老保险计发办法，实施了《珠海市社会养老保险条例》（2006 年 1 月）。2006 年 1 月正式实施《珠海市农民和被征地农民养老保险过渡办法》。2010 年 4 月对农保制度进行调整，建立了基础养老金制度（每人每月 150 元）；“十一五”期间建立形成了“四支柱一平台”的医疗保障体系；贯彻实施了“农民工平安计划二期”和“绿色关爱”行动。成立劳动能力鉴定委员会统一规范全市的工伤认定等工作的程序和标准，“十一五”期间的工伤事故发生率有效控制在 0.9% 以下；扩大失业保险基金支出范围，增加了社会保险、岗位补贴和小额担保贷款贴息支出；一定程度上调整了生育保险待遇支付方式、支付标准及生育待遇享受条件，为生育保险基金运行打下良好发展基础。

（2）进一步规范社会保险基金管理，建立健全了基金预决算和分析制度。出台了《珠海市社会保险反欺诈办法》，对社保基金实行全方位、全过程监督检查，没有出现违规征缴、违规经办、超范围支付和挪用基金等情况；1998 年以前被挤占挪用的社保基金全部回收，确保了基金安全平稳运行。

（3）稳步提高社会保险待遇水平。“十一五”期末，全市领取基本养老金的离退休人员 58133 人，基本养老金和失业金标准为人均每月 1728 元和每月 768 元，比“十五”期末增长 69.2% 和 57.7%。职工医疗保险住院支付限额提高到每年30万元；门诊特定病种目录从25种提高到32种，特定病种的最高支付限额提高到每年7万元；取消了职工享受特定病种待遇的起付线，相关人员的待遇水平大幅度提高。3.2万农民和被征地农民享受老年养老保险津贴待遇，10617人领取养老金，养老津贴标准达到人均150元每月①。

（4）进一步提高社会保险和社会化管理服务能力。珠海市社会保险基金中心利用信息化手段改革和创新管理和服务模式，实现了由经验型管理、定性管理、手工管理向科学管理、定量管理、电子化管理的转变。具体表现：首先，2009年10月，社保基金中心通过了ISO9001：2008质量管理体系认证，成为全省率先实施此认证的社保经办机构。其次，金保工程项目系统运行性能优良。系统建设成果众多，成为示范工程。最后，覆盖全市的退管服务网络已基本建立，“二级政府、三级管理、四级服务”，不断提升社会化管理服务水平。

3. 汕头

（1）引入市场机制参与城乡居民医保，稳步推进社会保障体系建设。市场机制引入项目的运营内容既包括正常办理医疗费用报销，还在一定程度上参与医疗监管服务。由人保健康保险汕头公司与社保局组成的医疗服务队伍，对定点医疗机构进行相关的审核监督，将风险控制在源头，并跟踪居民住院治疗的全过程，使得社保医疗基金支付更为合理，维护了参保居民的权益，提高了社保医疗基金的安全系数和使用效率。

（2）调整社保机构职能，使社保基金的征收和管理更有效率。社保机构努力从政事合一转向主要经办业务，以实现职能转变。首先，由地税部门全责征缴社保费用，加大了社保基金的征缴力度；其次，全市统筹社会保险基金，从上至下管理社保机构，使得保障和服务功能得以加强。社保基金监管力度增强，社保基金运行更加规范，基金调剂保障能力不断增强。

（3）社会保险覆盖范围不断扩大，社会保障待遇进一步提升。全市各类社会保险参保人数近年来不断增长，医疗保险从制度上实现全民覆盖。全市月人均养老金从462元（2005年）增至“十一五”期末的1059元，增加597元，增长率为129.2%。

① 《关于印发珠海市就业和社会保障事业发展“十二五”规划的通知》珠人社〔2011〕197号。

（4）继续推进社会化管理工作，重视弱势群体的社会保障问题。一是基本建立起企业退休人员三级退管机构；二是启动了企业年金和被征地农民养老保险调研工作。另外还推进了新型农村养老保险试点工作。

4. 厦门

（1）促进外来员工参保，使社保的覆盖范围进一步扩大。更重要的是促进了社保基金的稳步增长。截至2012年底，在参加基本养老、基本医疗、工伤、失业和生育保险的队伍中，外来员工人数分别达到99.76万人、97.70万人、104.16万人、99.67万人和99.46万人，年增长率分别达到9.31%、13.17%、8.77%、9.25%和9.36%，增长快速而显著。各类社会保险基金收入和支出分别达到同比增长24.93%和19.28%，社会保险基金历年累计结余339.37亿元。

（2）在统筹城乡基本养老保险制度改革上取得较好成绩。第一，在统筹城乡基本养老保险制度方面，继续调整企业退休人员基本养老金，人均基本养老金增加255元/月，调整后达到2268元，居福建省第一位，位居全国前列；妥善解决企业职工基本养老保险有关问题，允许2011年7月1日前到龄但缴费年限不足15年的参保人员一次性补足15年社保基金后办理退休 注重历史遗留问题和弱势群体养老问题的解决，将“老农保”参保人员纳入基本养老保险制度，推进被征地人员养老保险，全市已有7.92万名被征地人员办理了养老保险。

（3）持续推进社会化服务。一是继续推进企业退休人员移交管理工作，2012年厦门市社会化管理率达到99.25%，社区管理率达到100%。二是认真做好医保定点资格评审工作，共有14家医疗机构、174家零售药店获得医保定点资格，并实现“零投诉”。三是12333热线社会效益良好。2012年举办14场专家咨询，共受理市民咨询电话239.23万人次，其中人工服务受理85.43万人次。人工服务平均接通率为78.87%。

（4）加强社会保险基金监督工作。一方面，与公安部门合作，联合构筑社会保险基金反欺诈和打击机制。2012年已移送公安部门依刑事诈骗立案侦查3起。通过政府采购方式委托会计师事务所进行专项审计，并及时通过《厦门日报》“监督在线”进行披露，起到了宣传和震慑效果；另外，加强养老保险待遇稽核力度，2012年停发享受社保有关待遇死亡人员7686人，共计192.62万元，追回93名在厦门重复领取养老保险金66.33万元，追回冒领多发养老保险金45.89万元。另一方面，积极组织开展对工伤保险长期待遇领取条件的年度审核，对5家用人单位补缴工伤保险后稽查核实，确保了基金的安全运行。

（5）加大财政投入，向困难群体和地区进行利益倾斜。2011年，民生事业支出达到市财政支出的2/3以上，新增财力用于民生的比例达到75%以上。切实保障城乡居民基本公共卫生服务经费，2011年共安排支出超过6000万元。对参加农村居民医疗保险的岛外四区的农村居民财政补助标准大幅提高，由人均15元/年增至190元/年。且在新型农村合作医疗开展的初期阶段，对岛外困难区翔安区给予高出平均补助比例15%～20%的补助标准，充分体现了倾斜扶持的力度。

5. 海南

（1）不断加大社保事业投入，提高社会保险养老金。海南经济特区自2005年起连续八年调整企业退休人员养老金，基本养老金由2005年的人均441元/月增长至2013年的人均1526元/月；新农保基础养老金2011年10月的标准为人均70元/月，较2010年的标准（55元/月）增长了27%，2012年10月又涨至85元/月；失业保险金标准调整为本人失业前缴纳失业保险费的12个月月平均工资的60%，经过调整后的失业保险金最低达到海口市居民最低生活保障金的1.5倍。此外，失业人员从2011年7月起在领取失业金期间也有了医疗保险。

（2）不断改革传统型社会保险制度，积极构建现代社会保险体系。海南经济特区自2009年12月开始启动新农保试点工作以来，通过飞速的发展，在2010年9月提前2年实现新农保的全覆盖。2011年7月，海南省经济特区全面实施城镇居民社会养老保险制度，至此，将城镇职工、城镇居民、农民的养老都纳入了制度保障范围之中。全面建设城镇职工医保、新农合的同时，于2008年正式启动了城镇居民基本医保的全覆盖项目，经过近几年的发展，基本形成了城乡并举的医疗保障体系。

（3）结合特区实情，积极探索异地医保参保的当地医保服务模式。鉴于国际旅游岛的战略定位，越来越多的人被吸引来海南旅游、度假、工作，特区积极开展异地就医结算合作试点工作，使异地参保人员享受到高质量的医保服务。从2009年与山西、黑龙江等5省区签署协议开始，至今已与13个省市20个统筹区实现了异地就医结算，异地就医结算人次和医疗费用分别为6396人次和1358万元。另外，2010年7月，针对跨省就业人员的养老保险关系转移、接续问题出台了相关政策。

（4）不断解决社保历史遗留问题，维护社会和谐稳定。从2009年开始，逐步将破产国企、国有和非国有的困难单位共计58000多名退休人员，全部纳入城镇职工医保或城镇居民医保。2012年底，“老工伤”人员也被全部纳入工伤保险统筹网络，享受工伤保险待遇。

（5）养老保险于2008年实现省级统筹，医疗保险、工伤保险、失业保险、生育保险也于2012年起，速度不一地实现了省级统筹。海南经济特区率先实现五项社会保险的省级统筹，社会保险事业的发展迈上了新台阶。

（二）经济特区社会保险发展存在的问题及面临的挑战

虽然每个经济特区社会保险制度发展和改革中出现的问题存在差异性，但是总体说来，都存在着以下几方面问题或挑战。

（1）日益扩张的社会保险需求对社会保险制度建设带来重大考验。

从宏观方面来说，包括人口老龄化、城镇化和就业结构的变化带来的挑战。首先是人口老龄化带来的挑战。经济特区大多为移民城市，目前人口年龄都较轻，尤其是深圳、珠海，各项社会保险费率相对较低，但随着全国人口红利大环境的消散，人口老龄化的到来将使城镇养老负担系数大幅增加，不断加重医疗费用的需求和支出，这就对未来经济特区社会保险基金的支付能力也即资金适应性提出挑战。其次为城镇化。随着中国城镇化的不断发展，经济特区的社会保险制度面临由此带来的两个方面的问题：一是外来流动人口、转移劳动力的社会保险问题；目前经济特区的社会保险制度主要是针对城镇人口设定和实施的，如何适应城镇化过程中本地人口与外来人口，确保不同人群享受同等社保待遇以及劳动者在特区工作和缴纳社保费后回乡或去其他地区的社保关系转移和接续问题都是摆在经济特区面前的重大问题。二是随着城镇化进程的加快，大量青壮年劳动力进入城市，农村妇孺老弱的基本生存问题变得更为突出，农民、被征地农民、留守妇女和儿童等农村养老保险体系的建立和完善显得任重而道远，这对于农村人口占比较大的海南省来说，更具现实意义。最后就是就业形式的日益多样化对扩大社会保险的覆盖范围发出了前所未有的需求呐喊。经济特区的就业格局和全国相比，非公有制经济作用更大，吸纳新生和存量劳动力更为活跃，也是外来人员就业的主要渠道。另外一个特点就是大量劳动者以灵活方式就业。经济特区特殊的就业格局可能会使许多非公有制经济的就业人员和灵活就业人员容易成为社会保险安全网的“漏网之鱼”。提高这部分人员的参保率，保障其基本权益，促进社会保险的公平性是今后经济特区社会保险工作中亟待解决的又一个重大问题。

（2）提高社会保险供给能力，满足社保实际需求是从微观方面对经济特区社会保险制度提出的挑战。

这主要归因于经济特区社会保险制度仍不十分健全，改进空间较大，基础和发达国家或地区相比仍比较薄弱。具体表现在：一是仍然未能实现全面覆盖，全民社保仍只停留在概念和制度层面。仍然有许多人缺乏社会保障，离人口全覆盖的目标还有差距，因为历史政策或问题而未参保的部分人群，如乡镇企业职工、农村“两委”干部等人，根据现行政策暂无法补缴并享受社会保险待遇；有的城镇居民已超过法定退休年龄，但从未就业或参保，以致没有养老金等问题都使得社保的供给面临挑战；二是社会保险待遇水平总体仍不高。虽然近年来经济特区养老金水平在稳步提高，但由于包括企业年金、补充医疗保险等在内的多层次的社会保险体系还未健全，基本养老金成为大部分企业退休人员的主要生活来源，使得待遇水平总体不高。在医保方面，门诊费用在大部分经济特区未实现社会统筹，与福利型国家相比，人们的医疗费用负担仍然比较重；三是政府投入与实际需求仍有差距。社会保险是一项民生工程，离不开政府的投入。近年来经济特区各级政府不断增加对社会保险的投入，特别是在农民和被征地农民养老保险、城乡居民基本医疗保险、未成年人医疗保险三项补充型保险方面。随着经济社会的发展，人们的社会保险需求不断提高，因此对政府的财政投入也相应提出了更高要求①。

① 闫昊波：《探索珠海特区社会保险制度健康发展的路径与思考》，2011 年 5 月 30 日，http：//www. zhsw. gov. cn/sww_ gqf/sskl/jcck/201105/t20110530_ 203932. html。

（3）社保基金进一步实现保值增值面临通胀压力和适应经济增长的挑战。

目前，经济特区社保基金的经营方式和投资渠道较发达国家显得保守和单调，社保基金结余绝大部分存放银行，基金收益率往往超不过通货膨胀率，经济高速发展时，社保基金由于投资渠道单一反而隐形贬值的现象屡见不鲜。应考虑这些方面存在的问题：社保基金投资运行管理办法是否缺失；运营基金范围能否进一步扩大；能否发行适合社保基金购买的国债以尽可能提高社保基金收益率；是否应该建立社保基金存款利率竞价机制。

（4）社会保险信息化要求给社保制度的改革带来的挑战。

随着社会保障统筹城乡、覆盖全民、跨制度衔接、跨区域协作的发展趋势，信息化工作必须从更高层面、更宽视角和更长远眼光进行规划和部署；同时，精确管理对信息化工作提出了更高要求；另外，人民群众对公共服务也提出了更高的要求，呈现出需求多层次、多样化、个性化的趋势。

（5）在社保法制建设和社会化管理服务方面仍与现实发展存在差距。

一是社会保险法规体系仍不健全，相关社保法规的修订出台不能及时跟上社保的发展速度或实际需求。二是社会保险管理服务能力不足与参保业务持续增长之间的差距日益拉大。

由于在经济特区中汕头的社会保险指标表现总体处于垫底水平，因此有必要对其社会保险存在的问题做一个简单的单独梳理。汕头社会保险制度发展或改革中存在的主要问题有①：第一，社会保障事业发展水平与人民群众日益增强的需要差距较大，社会保险覆盖范围小，难以起到应有的保障作用。法制建设仍是“短板”，社会化管理程度不够，社保基金的增值保值面临严重挑战。总之，难以适应经济社会发展。第二，难以适应以民生为本的社会建设。社会保障的配套措施和基础设施建设有待推进，也需要政府相关部门职能转变，积极运用新体制机制，并在实践的检验中不断调整完善。第三，难以适应公共服务的均等化。社保基层公共服务平台建设滞后、人员不足、人才缺乏、基础设施落后、信息化水平较低、经费保障缺口较大，多样化、多层次的公共服务需求与供给不足的矛盾越来越突出。

---

① 《汕头市人力资源和社会保障事业发展“十二五”规划》，汕府办〔2012〕175 号。

三　经济特区社会保障制度改革的努力方向

（一）国内外经验教训的借鉴

（1）欧美模式的经验教训

欧美都在进行社保制度改革，但在美国由于社保改革而导致的大游行与大罢工十分少见，而欧洲却相反，社保一改革就很可能引起社会动荡。追根溯源，主要是因为社保模式的不同。欧洲社保为普救型模式；美国社保为补救型模式。两种社保模式自身的特点导致了不同的结果。

对于欧美模式的经验教训，我们需要总结和比较上述两种模式的不同特征。首先，在市场和国家作用方面，普救型模式较多地强调国家的作用，政府主导，国家出面干预较多，力度较大，劳动力市场弹性较小。而在补救型模式里，国家作用有限，市场发挥更加重要的作用，家庭的保障作用占有重要地位，政府只在市场作用不明显而有必要的时候起到补救作用。其次，在国家、企业主和工会三者之间，普救型也就是欧洲大陆模式基于三方合作运作，所有福利措施的出台均需与三方达成一致。工会代表有很大发言权，国家做的不过就是在各种基金上报预算之后列入国家总预算之内。所以，从财政角度上说，国家很可能是亏而不是盈。而在英美模式即补救型模式里，由于是国家统一层面的收支，从资金缴收到津贴发放，国家都是统一口径统一操作的。虽然也存在着三方合作伙伴机制，但社保资金收支大权主要操控在国家层面，行业和工会没有太大作用，三方合作的层次相对较低。最后，在补救模式中，全国在由国家力量主导统一的社会保障制度下，所有群体都没有或难以享受自己的独立利益。而欧洲大陆普救型模式里社保制度主要掌握在行业基金计划里，因此容易出现严重的制度碎片化现象，而这种碎片化使得社保制度的改革相当艰难①。从补救型模式和普救型模式的典型国家来看，在解决社会矛盾与冲突的

① 法国改革举步维艰，“谁改革，谁下台”这个定律在法国已得到过两次证明：1995 年铁路工人退休制度改革未果导致朱佩总理下台；2005 年推动教育和福利改革导致拉法兰总理下野。

方式上，前者主要体现在谈判桌上，而后者则较多地体现在马路上。因此，美国的社保改革很少引发示威游行；普救型模式与之相反，它更容易出现疲劳症，在改革的过程中，它们更为“辛苦”一些①。

通过比较这两种模式，再谈到我国社保制度的完善，我们就有了一个基本的感觉，就是目前我国社会保障制度在深化改革的过程中，还必须注意模式的选择。一方面，鉴于欧美的经验教训，模式的选择必须要适合本国国情，要根据本国实情设定预期目标，而不应盲人摸象凭想象臆断；另一方面，选择模式必须要谨慎，要摸着石头过河，在探索中不断修正，否则将欲速而不达。因为，每一项社保政策或措施的出台，事实上都包含着对社保制度模式的取向。如果在冲动和追求速度的情况下选错了模式，就犹如航船在大海中偏离了方向，想要重新回到正确的航道就难了。方向的重新选取也即模式的重新选择所带来的成本是可想而知的。因此欧美模式给我们的启发有：

第一，应该逐步消除基本社会保障制度的碎片化，尽量做到建立一个大一统的社会保障制度。我国目前的基本社保制度主要覆盖了城镇居民，而基于它的功能和使命，应该覆盖的目标人群有四类：城镇居民、公务员、事业单位职工、农民工、农民。首先应尽快将公务员和事业单位职工纳入，要制订计划和时间安排表；现行的城镇基本社保制度是部分积累制，不适合农民工群体，应考虑调整留出“制度接口”，以尽快将农民工纳入基本社会制度之下。然而，由于经济发展水平、财政力量不够等客观原因，庞大的农民群体在较长的一段时期内难以纳入，暂时也只能采用新农合等单独的社保制度。未来基本社保制度的设计应该先考虑对这四类群体中除农民外的三类群体的适应性，否则容易导致制度碎片化。因此，我们考虑的思路应该不是为农民工单独设计一种社保制度，而是要调整基本社保制度，使之能够适用于农民工，适用于公务员和事业单位职工。

第二，尊重市场选择，借助市场的力量。转型时期的中国社会结构、产业结构、人们的消费习惯乃至生活的方方面面都发生了翻天覆地的变化。事实证

① 郑秉文：《从欧美的经验教训看我国社保模式的选择与完善》，《中国劳动保障报》2006 年 6 月 22 日。

明了市场经济的力量，也进一步表明改革中出现的问题不是因为改革错误，而是因为改革不够。对于社会保障而言，它最终服务的就是“人”的权益，这和市场经济赋予“人”“选择的自由和权利”有相互交叉的地方，从某个方面来讲，在社会保障方面，我们是否也应该改变思路，多使用一些市场因素，少进行不必要的干预，同时使得劳动力市场弹性大一些呢？但是需要指出的是，尊重市场选择和主张借助市场力量不等于主张不需要政府的大力支持和参与。首先，保障民生是政府义不容辞的责任和义务；其次，中国所处的发展阶段和客观的经济发展水平，决定了在不远的未来，中国社会保障制度的发展仍然需要而且还主要靠的是政府的积极参与，只是在某些不需要政府干预的环节，市场将会也应该起更重要的导向作用。

（2）厦门“医保模式”的经验

厦门市从1997年开始实施医保改革，经过十五年的磨砺，在福建省乃至全国率先构建了一个基本医疗保险三统筹①的全民医保体系。改革分为三大阶段，第一阶段是1997～2006年的保障主体转换阶段，从单位保障走向社会保险；第二阶段是2007～2009年的覆盖面扩大阶段，从覆盖职工的医保发展为覆盖全民的医保；第三阶段是2010年至今的保障水平提升阶段，从扩张数量转向提升质量。

改革成果有：一是医疗保险参保人数持续增长，2011年和2012年厦门市基本医疗保险的参保人数分别为259.29万人和280.66万人；年增长率分别为10.48%和8.2%。相对厦门市总就业人口而言，基本医疗保险的参保人数基数较大，增长率也比较高。二是覆盖范围方面，厦门市自1997年7月启动建立城镇职工基本医疗保险制度以来，统筹对象最先是将城镇职工纳入，然后逐步纳入外来从业人员、失业人员、灵活就业人员、在厦就业的台港澳人员、城镇居民、未成年人、农村居民以及在校大学生，基本实现了所有人群的全覆盖。这说明，第一阶段和第二阶段的改革还是颇有成效的。三是参保人员在第三阶段的改革中，厦门市主要提升保障医保水平和加深保障层次。提升水平方

---

① 基本医疗保险的市级统筹、城乡统筹和门诊医疗费统筹，这三项统筹，被国家人力资源和社会保障部赞为医保的“厦门模式”。

面，在全国门诊医疗费用统筹，在“保基本”上重点保大病，兼顾保小病，保证小病无忧。职工基本医疗保险和居民基本医疗保险参保人员大病住院医疗费报销比例分别超过了85%和75%，建立职工补充医疗保险和城乡居民补充医疗保险制度，其报销比例分别为95%和75%，同时不断提高报销限额，一年期内职工医疗保险的医疗费报销限额达36万元，着重解决“大病不愁”。四是加深保障层次方面，厦门市构建了保障更加全面的多层次社会医疗保障架构。第一层次的基本医疗保险，包括职工和居民的基本医疗保险，是主体部分；第二层次的补充医疗保险，包括职工和居民的补充医疗保险，作为补充；第三层次，最主要包括参保困难居民自付医疗补助制度，作为保底，旨在解决生活特别困难的低保、残疾人等的医疗问题。可见不论是厦门医疗保障水平还是医疗保障层次都有了大幅度提高。

另外，在医疗服务网络上，厦门构建起了囊括各级医院、社区医疗机构、定点零售药店在内的纵横交错的基本医疗保险服务网络，基本实现了医疗服务网络从扁平到立体的提升。在医保信息化建设方面，厦门市有比较超前的理念。对信息系统的超前规划和超前建设成为三项统筹成功实施的重要保证。全市统一的城乡医保信息系统“金保工程”，可以让参保人员凭社会保障卡刷卡结算医疗费用，方便快捷。另外，依托信息系统，建立起医疗费用预警和稽核系统。方便稽核人员随时查阅定点机构和药店的各种医疗行为，及时发出预警，保障基金安全，管好全体参保人员的“救命钱”。

（二）经济特区社会保险制度发展和改革的方向

经济特区社会保障制度经过近些年的发展和改革，取得了不少成绩，但离全民社保的目标仍有一段距离，改革必须继续，步伐必须加快。经济特区社会保险制度发展改革存在的共同问题主要有：一是社会保险整体公平性仍显不足，离实现全民社保的目标还有一定距离；二是社会保险基金的管理制度不甚完善，保值增值存在风险；三是社会保险的信息服务体系建设有待进一步完善；四是对社会保险服务的宣传力度不够；五是社会保险系统的人才不足；六是社会保险的监督、稽查、法制体系不够健全。这些问题应该是下一阶段经济特区社会保险制度发展和改革需要努力的方向及进行突破的切入点。

对于经济特区来说，首先，要率先将社会保障的发展纳入 GDP 考核体系，纠正有些经济特区只顾经济发展，忽视社保发展的发展偏差。目前还没有单独针对五大经济特区社会保障尤其是社会保险的相关政策建议或可操作性措施，客观原因在于各个特区实际情况千差万别，历史遗留问题也各不相同，在发展社会保障事业方面取得的成就和存在的不足也存在差异。而一个深层原因也不容忽视，那就是地方政府之间以 GDP 作为政绩竞赛，GDP 没有发展好的情况下，地方政府为了政治的晋升博弈，不愿对未纳入 GDP 核算中的社保付出最大的精力。从五大经济特区社会保障近几年的发展情况来看，经济发展情况越好的，社会保障的发展也越顺利，发展速度也较为稳定，如深圳、珠海、厦门；而 GDP 排名在广东并不靠前的汕头经济特区，其社保近几年虽然也有较快发展，但由于参保人数基数少，社保基金结余基数少等问题导致社保的覆盖率、保障层次等方面与深、珠、厦仍有较大距离；同样，在全国 GDP 排名不靠前的海南省经济特区社保的发展也仍有较大提升空间，而且作为五大经济特区中唯一一个以省为单位的经济特区，它在统筹地方、城乡社保发展方面所面临的挑战更加严峻，对相关决策和执行部门的人力、物力、财力也要求更高。因此，鉴于经济特区社保发展差异，可以归纳出一条针对经济特区社保发展的可操作性建议，即经济特区在全国率先建立起将社会保障纳入 GDP 政绩考核机制体系。该体系的构建必须建立在将社保纳入 GDP 政绩考核所占权重的确定基础上，构建时须集思广益，全面实施前可在小范围内进行试验，不断反馈和改进体系中可能存在的各种问题。当然，任何一个体系的构建和成熟都绝非易事，对于经济特区的社会保障而言，真正建立能纳入 GDP 政绩考核机制的体系还有漫长的路要走。这对 GDP 本身的含金量和计算体系的改革也是有裨益的。

其次，五大经济特区之间要形成合力，努力实现社会保障尤其是社会保险关系在经济特区间的顺利有效的转移、接续，架起经济特区社会保障制度，尤其是流动人口社保制度脱离碎片化走向大一统的全民保障的公平之桥。长期以来，社会保险的转移、接续问题在各个地区都不同程度地存在着，但解决起来却没什么效果，主要原因在于各地保障制度呈现不同程度的差异，具有碎片化的特征。又由于各地本身的差异和目标迥异，很难实现“大一统”。对经济特区而言，形成合力和“大一统”具有发展基础良好，主体少，独立性、灵活性较强等优势。所以对于处于同省、地理位置也相当靠近、经济实力都颇为不错的深圳、珠海来说，可以尝试在这方面走在最前列。社会保障的目标之一是保证群体之间的生存发展机会公平，碎片化的社保制度容易造成不同群体之间社保付出和待遇的不同，这对促进社会公平、建设和谐社会不利，更与经济特区在实现经济发展后全民享受改革开放成果的期待相悖，因此，特区间形成合力促进社保制度的统一化符合社保发展的初衷，是实现社保发展目标的有效途径。

另外还有一些既适用经济特区也适用全国各地区的一些政策建议。

1. 加大公共财政投入力度，建立全民社会保障体系

各经济特区应根据国务院《社会保障“十二五”规划纲要》，坚持“广覆盖、保基本、多层次、可持续”的原则，加快推进覆盖城乡居民的社会保障体系建设，真正实现全民“应保尽保”。各个特区政府要在实践过程中充分发挥协调作用，在合理统筹的基础上通过资金的不断投入来保障社会保险体系的不断完善。首先，健全的社会保障制度必须涉及城乡各类职工，因此要确保所有的劳动者能够尽快地应保尽保，做好退休人员、困难职工、国企和集体企业的“老工伤”人员的社会保障工作。其次，要将大学生、无保护能力、残疾人等无法就业人员纳入社会保障的范围之内，使学生、伤残人士更加优惠地参加社会基本保险。最后，要将农民纳入社保制度的改革之中，推进农村社会保险工作的开展，对农民不仅要开展基本养老保险和基本医疗保险的大病医保工作，也要进一步推进小病医保的工作开展，全面保障农民的基本权益，缩小城乡之间社会保障的差距。

2. 加强社保基金的安全增值和监督管理

进一步完善社保基金财务管理制度和操作规程，确保基金管理科学安全。通过革新管理制度，建立独立、高效、统一的社会保险基金管理局，实现分权式管理。首先各社会保险基金管理局要进一步完善社保各项业务流程，规范操作规程，明确审批权限、审批时限、审批条件，完善社会保险信息数据库，按照统一的标准及时更新个人的基本信息、缴费的具体情况和享受社会保障的具体情况。其次要大力发挥银行服务在完善社保基金管理过程中的重要作用。社保局要及时与银行协商制定银行社保基金服务的制度化流程，确保各环节工作安全、高效地完成。避免信息资源和人力资源的浪费和损失，全面保证社保基金实现经济效益最大化。在确保基金安全的前提下，逐步探索建立完善的个人账户基金、社会保险基金和企业年金的市场化运营机制，实现基金的保值增值。最后要完善社会保险基金运行内控监管制度。要规范业务办理程序，在最短的时间内完成高效的参保工作，健全计算机和政府部门多方监管的组织体系，实现社会保障基金运营现场监督与非现场监督的互补和有机结合，保证社会保险基金的安全有效运营。

3. 加强社会保障系统干部队伍建设

不断加强社保人才队伍建设，坚持以人为本，发现和培养一批业务型专家和信息化专家，打造一支素质过硬的社保工作队伍。首先要加快完善基层工作机制，充实基层工作人员，对基层工作人员的服务意识进行强化，在服务过程中要遵守职业准则，耐心地为参保人员办理业务，解决参保过程中遇到的问题。其次要加强人力资源社会保障系统公务员有关社会保障法规政策、职业道德、业务知识和信息化管理能力培训，从多方面全面提高社保工作人员的综合素质和业务能力。最后要制定科学规范、可操作性强的人事考核制度，加强公务员作风和廉政建设，建立人力资源社会保障监察协管员制度，全面督促和加强社保服务人员的队伍建设和管理工作。

4. 加大社保的宣传力度

要利用新闻媒体的优势，做好社会保险的全面宣传工作，加强各项社保法规政策的普法宣传，特别是要做好对新修订的社保政策如《社会保险法》的宣传。另外，各社会保险基金管理局要及时派遣公务员深入企业、农村，做好对参保人的答疑解惑，加大对社会保险的宣传力度，确保全民充分认识国家的社会保障政策，为推进全民社保做进一步的铺垫。同时委托会计师事务所对各用人单位每年社保缴费情况开展稽核工作，在每年年末报出会计报表的同时要提供该公司的社保缴费情况。除此之外，在各特区的社保基金网站上要完善网上申报实时查看制度，让参保人员及时有效地了解参保流程，让其得到更好的社会保障服务。

5. 加强社会保险的信息化建设

建立一体化的社会保障信息系统有利于加强社会保障基金的信息化管理，减少社会的人力资源管理成本，扩大社保基金的覆盖人群，全面适应社会流动人员和统筹层次变化的需要。首先要加大办公硬件设施的投入，使其与社保工作发展相适应。从方便和服务参保群众的角度出发，促进办公环境规范化，为创优服务提供基础条件。其次要完善信息网络化建设，充分发挥各经济特区的网络优势，全面改进各经济特区的社保基金网站建设，及时完成相关业务系统的升级改造。加快推进社保卡自助服务网页的实施，提高社保业务电子化水平；同时要完善人力资源和社会保障局和社保业务协同系统、一次性补缴征收系统，加强社会保险基金管理局和有关政府职能部门的信息共享，加快建立信息共享平台，全面提高居民申报数据的效率。再次要以信息化为手段，积极推进商业保险与社会保险、医疗保险、新农保以及新农合基本医疗保障、社会救助有机结合的社会保障体系建设，建立一体化的社会保障卡，充分体现社保服务便民的服务理念。最后要加强社保服务网络的安全管理，在建立社保卡的基础上要加强社保信息的保密工作，制定一系列的社保卡丢失、更换等管理办法，力争实现全民的社会保障。

6. 稽核、医疗监督、法制工作在社会保险覆盖面不断扩大的情况下亟待加强

大力推进稽核、医疗监督相关法律的出台，加大对违反社保法律法规行为的查处力度和完善相关的监督机制。具体包括标准化社保业务工作、规范征缴工作流程、制定社会保险申报登记和申报缴纳管理办法；拟定实施用人单位、个人缴交社会保险费协议书；制定经济特区医疗监督办法、经济特区医疗监督工作规程等，使医疗监督工作有法可依，有法必依。在社保法规体系的完善上，迫切需要完成医疗保险条例和生育保险条例的修改出台以及做好养老保险条例和失业保险新旧制度的有效衔接，以实现平稳过渡。

B.8

中国经济特区金融产业发展报告

郭茂佳*

本报告所指的中国经济特区是指“5+2”经济特区，它包括深圳、珠海、汕头、厦门、海南五个经济特区和上海浦东与天津滨海两个新区。较之2011年、2012年，2013年特区金融产业的发展既保持了一定的惯性，也呈现出一些新的特点。本报告旨在准确掌握2012年特区金融产业发展惯性和特性的基础上，揭示2013年面临的新挑战，找到稳健前行的发展方向。

一 2012年中国经济特区金融业的发展仍然保持着一定的惯性

（一）金融业对中国经济特区经济的贡献度继续上升

2012年，特区金融业增加值仍然保持着较快增长的势头，且特区金融业创造的附加值在GDP中占比继续上升（见表1）。

表1 2012年特区金融业对经济增长贡献度情况统计

单位：亿元，%

统计指标	深圳	珠海	汕头	厦门	海南	上海浦东	天津滨海
金融业增加值	1819.2	62.7	28.1	212.9	130.98	1069.11	248.46
较上年增长率	14.3	8.0	5.7	11.7	23.1	11.9	30.5
金融业增加值占GDP比重	14.0	4.2	2.0	9.3	4.6	18.0	3.5
较上年提升	0.4	0	0.1	2.6	0.36	-0.1	0.6

资料来源：根据2012年各特区《国民经济和社会发展统计公报》的相关资料整理而成。

---

* 郭茂佳，深圳大学中国经济特区研究中心教授，硕士生导师。

表1的统计结果显示：第一，2012年，特区金融业增加值较上年普遍出现了上升，其中，深圳、厦门、海南、上海浦东新区与天津滨海新区金融业增加值增长率超过了两位数，尤其是天津滨海新区和海南金融业增加值增长率甚至分别高达30.5%和23.1%。第二，金融业增加值占GDP的比重除上海浦东新区略有下降以外，其余均有不同程度的上升。其中，厦门上升程度最为明显，达2.6%，这表明特区金融业对国民经济的贡献作用越来越大。尤其值得一提的是深圳和海南，不仅金融业附加值的增速超过了GDP的增速，而且金融业对税收贡献甚大。2012年，深圳金融业实现税收599.7亿元，占全市总体税收的16.1%，税收贡献居四大支柱产业之首；海南金融业实现地税收入达22.4亿元，同比增长39.3%，增速居第三产业首位。

（二）金融业整体实力继续壮大

无论是从整体上看，还是分行业来看，经过2012年的拓展，特区金融业的整体实力都得到了明显的提升。

1. 银行业整体实力继续壮大（见表2）

表2　2012年特区存贷款规模增速统计

单位：亿元，%

特区名称	金融机构本外币存款余额	存款增速	金融机构本外币贷款余额	贷款增速
深圳	29700	18.2	21800	13.3
珠海	3449.70	15.8	1920.30	17.2
汕头	2285.36	14.9	811.95	11.6
厦门	5472.0	10.4	5107.35	17.7
海南	5109.70	13.3	3889.63	21.7
上海浦东	63555.25	9.2	40982.48	10.2
天津滨海	4221.83	15.1	3911.63	3.06
平均增速		13.8		13.6

资料来源：根据2012年各特区《国民经济和社会发展统计公报》的相关资料整理而成。其中，上海浦东新区因缺少本外币存贷款规模数据，故用上海市本外币存贷款规模数据代替。

由表2的统计结果不难看出，2012年，特区本外币存贷款规模分别比上年增长了13.8%和13.6%，其中，深圳、珠海和天津滨海新区的本外币存款增速分别达18.2%、15.8%和15.1%；海南、厦门和珠海的本外币贷款增速分别达21.7%、17.7%和17.2%，表明特区银行业通过间接融资支持实体经济发展的力度在不断增强。

受益于特区银行业整体实力的快速增长，2012年，特区上市银行业综合实力更是提升明显（见表3）。

表3 2012年特区上市银行规模扩张情况统计

单位：亿元，%

	总资产		总负债		银行存款		银行贷款	
	规模	增长率	规模	增长率	余额	增长率	余额	增长率
交通银行	52734	14.4	48919	12.8	37284	13.6	29473	15.1
浦发银行	31457	17.3	29660	17.0	21300	15.3	15100	15.8
招商银行	34082	21.9	32077	14.2	25324	14.1	19044	16.1
平安银行	16065	27.7	15217	28.7	10211	20.0	7208	16.1
平均增速		20.3		18.2		15.8		15.8

资料来源：根据特区上市银行2012年年度报告的相关数据整理而成。

表3的统计资料表明，作为特区银行业精英的四家上市银行的总资产和总负债规模增长率分别高达20.3%和18.2%，即使是存款、贷款规模的平均增速也都达到了15.8%，比特区银行业存款、贷款规模平均增速要快2%和2.2%。

伴随着特区银行业整体实力的不断壮大，特区银行业在世界银行界的地位也在不断上升（见表4）。

表4 2011~2012年特区银行业在世界1000家银行排名变动情况统计

金融企业名称	2011年排名	2012年排名	上升位数	注册地
交通银行	30	23	7	上海浦东
招商银行	70	50	20	深　圳
浦发银行	57	53	4	深　圳
上海银行	172	150	22	上海浦东
平安银行	250	210	40	深　圳
上海农村商业银行	235	213	22	上海浦东
渤海银行	299	278	21	天津滨海
平均上升			19	

资料来源：2013年英国《银行家》公布的全球银行一级资本1000强排名。

表4的统计资料显示，2011年一级资本排名靠前的交通银行、招商银行、浦发银行、上海银行、平安银行、上海农村商业银行和渤海银行等七家特区银行，2012年的排名继续上升，分别上升了7位、20位、4位、22位、40位、22位和21位，平均上升了19位。

2. 证券业整体实力继续壮大(见表5)

表5　2011～2012年特区证券公司整体实力变动情况统计

单位：亿元，%

	总资产			净资产			净资本		
	2011年	2012年	增长	2011年	2012年	增长	2011年	2012年	增长
深圳	3741	4037	7.9	1625	1774	9.2	1109	1082	-2.4
上海浦东	3268	3859	18.1	1358	1565	15.2	972	1089	12.0
天津滨海	108	116	7.4	41	44	7.3	29	35	20.7
海南	7.4	6.4	-13.5	2.1	1.8	-14.3	1.5	1.3	-13.3
厦门	15.9	14.6	-8.2	3.3	2.9	-12.1	2.1	1.9	-9.5
合计	7140.3	8033	12.5	3029.4	3387.8	11.8	2113.6	2209.2	4.5

资料来源：根据中国证券业协会官网公布的《2011、2012年证券公司会员经营业绩排名情况》的统计资料整理而成。其中，珠海和汕头因没有本土法人证券公司，故无相关统计数据。

从表5的统计结果可以看出，2012年，反映特区证券公司规模增长的几个主要指标，如总资产、净资产和净资本等均比上年出现了不同程度的增长，增长率分别为12.5%、11.8%和4.5%。这种规模的增长，在上市证券公司这一群体上表现得更为明显（见表6）。

表6　2012年特区上市证券公司规模扩张情况统计

单位：亿元，%

	总资产		总负债	
	规模	增长率	规模	增长率
中信证券	1685	13.6	818	33.7
海通证券	1263	27.8	659	26.2
招商证券	755	9.7	498	12.7
光大证券	583	32.3	354	61.6
平均增速		20.9		33.6

资料来源：根据中国经济特区上市券商2012年度报告的相关数据整理而成。

从表6的统计结果可以看出，2012年，特区上市证券公司总资产规模增长达20.9%，比整个经济特区证券公司总资产规模增长速度要快8.4%。

3. 保险业的业务规模继续壮大（见表7）

表7　2012年特区保险业发展情况统计

单位：亿元，%

	保费收入	增长率	财产险保费收入	增长率	人身险保费收入	增长率	赔付支出金额	增长率
深圳	401	11.5	160	11.0	241	11.8	107.7	25.6
珠海	53.1	-1.3	16.2	13.7	36.9	-6.7	13.0	34.2
汕头	47.7	-1.5	11.8	16.9	35.9	-6.4	14.4	26.4
厦门	92.9	13.3	41.5	19.6	51.4	8.6	30.3	38.0
海南	60.3	12.1	25.2	15.5	35.1	9.9	18.2	14.4
上海浦东	820.6	9.0	256.4	11.1	564.2	7.9	255.79	-1.9
天津滨海	238.2	12.5	90.8	20.9	147.4	8.4	75.9	14.7
平均增速		7.9		15.5		4.8		21.6

资料来源：根据中国保监会官网《2012年全国各地区原保费收入情况表》和2011年、2012年各经济特区《国民经济和社会发展统计公报》的相关资料整理而成。其中，上海浦东因缺少独立的保险业统计数据，故用上海市的保险业数据代替。

表7的统计结果表明，2012年，特区保险公司的保费收入与保险支出均出现了不同程度的增长，平均增速分别为7.9%和21.6%。这种规模的扩张势头，通过上市保险公司可以进一步印证（见表8）。

表8　2012年特区上市保险公司规模扩张情况统计

单位：亿元，%

	总资产		总负债		保费收入	
	规模	增长率	规模	增长率	规模	增长率
中国平安	28443	24.4	26346	24.6	2336	12.6
中国太保	6815	19.4	5839	18.5	1631	5.3
平均增速		21.9		2.6		9

资料来源：根据特区上市保险公司2012年度报告的相关数据整理而成。

表8的统计结果表明，2012年，特区两家上市保险公司的总资产、总负债和保费收入这三个反映保险公司规模增长的指标都出现了正增长，增长率分

别为21.9%、2.6%和9%。

4. 信托租赁业规模进一步壮大(见表9)

表9　2012年特区上市信托公司和租赁公司规模扩张情况统计

单位：亿元，%

	总资产		总负债		净资产	
	规模	增长率	规模	增长率	规模	增长率
安信信托	9.5	2.1	3.2	-13.5	6.3	20.6
爱建股份	44.4	132.5	2	-63.6	42.4	211.6
渤海租赁	300.0	10.2	164.5	18.0	135.5	-20.8
平均增速		48.3		-19.7		70.5

资料来源：根据特区上市信托公司和租赁公司2012年度报告的相关数据整理而成。

由表9可以看出，2012年，中国经济特区上市的安信信托、爱建股份和渤海租赁的总负债规模和增速虽有下降，但总资产和净资产的规模和增速则出现了不同程度的上升，尤其是净资产的增速较快，平均增速达70.5%。

由于2012年特区金融业的整体实力较之2011年有明显的提升，使几家大型金融企业在世界500强中的排序有明显的改观（见表10）。

表10　2012年特区金融企业在世界500强排行变动统计

单位：百万美元

金融机构名称	所在特区	营业收入	上年排名	本年排名	排名提升位数
中国平安	深　圳	53760.9	242	181	61
交通银行	上海浦东	43094.9	326	243	83
招商银行	深　圳	28039.5	498	412	86
中国太保	上海浦东	27174.4	450	429	21
浦发银行	上海浦东	25424.1	未进入	460	40以上

资料来源：2013《财富》世界500强排行榜。

由表10的统计结果可以看出，2012年，特区进入世界500强的金融企业由上年的4家，增加到5家，并且，其在世界500强中的排序普遍有较大的上升，中国平安、交通银行、招商银行、中国太保、浦发银行分别比上年提升了61位、83位、86位、21位和40位以上。这既表明特区金融业集中度在上升，也表明特区金融业的国际地位在提高。

二 2012年中国经济特区金融业发展出现的新特点

（一）赢利继续增长，但增速明显放缓

受经济增速放缓的影响，2012年，特区金融业的整体业绩出现明显放缓的迹象。

1. 银行业的整体业绩增长呈现放缓的趋势（见表11）

表11 2011～2012年特区上市银行业绩增速情况统计

单位：亿元，%

	2012年营业收入		2011年营业收入		2012年净利润		2011年净利润	
	规模	增长率	规模	增长率	规模	增长率	规模	增长率
交通银行	1743	16.1	1269	21.8	584	15.1	507.35	29.7
浦发银行	829	22.1	679	36.2	342	25.3	273.55	42.6
招商银行	1134	17.9	9615	34.7	452.7	25.3	361.3	40.2
平安银行	398	34.1	296	64.9	135.1	30	103.9	66.3
平均增速		22.6		39.4		23.9		44.7

资料来源：根据特区上市银行2012年度报告的相关数据整理而成。

表11的统计结果表明，2012年，特区上市银行的营业收入和净利润虽然保持了较高的增长速度，平均增速分别高达22.6%和23.9%，但与上年平均39.4%和44.7%的增速相比则有较大幅度的回落，平均增长率分别下降16.8个和20.8个百分点。

2. 证券业的整体业绩增长呈现急剧下降的趋势（见表12）

表12 2011～2012年特区证券公司整体业绩变动情况统计

单位：亿元，%

	营业收入			净利润		
	2011年	2012年	增长	2011年	2012年	增长
深　圳	393	293.2	-25.4	142.2	87.8	-38.3
上海浦东	270	254.4	-5.6	100.7	80.3	-20.2
天津滨海	7	9.1	30	0.26	1.9	630.8

续表

	营业收入			净利润		
	2011 年	2012 年	增长	2011 年	2012 年	增长
海　　南	0.6	0.5	-23.3	-0.1	-0.2	-100
厦　　门	1.4	1.1	-21.4	0.02	-0.4	-2100
合　　计	672	558.3	-16.9	243.1	169.4	-30.3

资料来源：根据中国证券业协会官网公布的《2011、2012 年度证券公司会员经营业绩排名情况》的统计资料整理而成。其中，珠海和汕头因没有本土法人证券公司，故没有相关统计数据。

表 12 的统计资料显示，2012 年，除天津滨海新区证券公司营业收入和净利润实现正增长以外，其他特区证券公司营业收入和净利润均比上年出现了较大幅度的负增长，负增长的幅度分别达 16.9% 和 30.3%。这种负增长的情形，即使是特区证券公司的佼佼者上市证券公司也无一幸免（见表 13）。

表 13　2011～2012 年特区上市证券公司业绩变动情况统计

单位：亿元，%

	营业收入			净利润		
	2011 年	2012 年	增长	2011 年	2012 年	增长
中信证券	147.9	78.8	-46.7	73.6	31.3	-57.4
海通证券	73.3	69.0	-5.9	30.5	27.0	-11.5
招商证券	47.4	43.2	-8.9	18.4	16.7	-9.2
光大证券	41.1	29.1	-29.2	17.1	10.0	-41.5
合　　计	309.7	220.1	-28.9	139.6	85.0	-39.1

资料来源：根据中国证券业协会官网公布的《2011、2012 年度证券公司会员经营业绩排名情况》的统计资料整理而成。

对比表 12 和表 13 的统计资料，不难发现，2012 年，特区上市证券公司业绩下滑的势头甚至比整个特区证券公司还要严重。如 2012 年，特区上市证券公司营业收入和净利润负增长的比率分别高达 28.9% 和 39.1%，负增长的比率要比整个特区证券公司的平均水平高 12 个和 8.8 个百分点。更让人不可思议的是，龙头公司中信证券的营业收入和净利润以 46.7% 和 57.4% 的负增长率位居四大上市券商之首。

2012 年，特区证券业经营业绩不佳的现象还可以用亏损家数、亏损金额和亏损面三个指标来更深入地验证（见表 14）。

表 14　2011～2012 年特区证券公司亏损情况统计

	亏损家数	亏损面(%)	亏损金额(亿元)
2011 年	7	20.0	4.8
2012 年	9	25.7	3.4
较上年增长	2	5.7	-1.4

资料来源：根据中国证券业协会官网公布的《2011、2012 年度证券公司会员经营业绩排名情况》的统计资料整理而成。

由表 14 的统计结果可以发现，2012 年，特区证券业的亏损金额虽有所减少，但证券公司的亏损家数却由上年的 7 家增加到 9 家，亏损面则由 20% 扩大到了 25.7%。

3. 保险业的整体业绩增长呈现急剧下降的趋势（见表 15）

表 15　2011～2012 年特区上市保险公司业绩变动情况统计

单位：亿元，%

	2012 年营业收入		2011 年营业收入		2012 年净利润		2011 年净利润	
	规模	增长率	规模	增长率	规模	增长率	规模	增长率
中国平安	2994	20.3	2489	31.4	267.5	18.5	225.8	25.9
中国太平洋保险	1714	8.5	1579	11.5	51.3	-38.9	83.9	-3.2
平均增速		14.4		21.5		-10.2		11.4

资料来源：根据特区上市保险公司 2012 年度报告的相关数据整理而成。

表 15 的统计数据显示，2012 年两家特区上市保险公司的营业收入平均增幅由上年的 21.5% 下降到本年度的 14.4%，下降幅度达 20.8%。两家上市保险公司的净利润平均增幅更是由上年的 11.4%，变成了负增长 10.2%。即使是特区保险业的翘楚中国平安也未能幸免。2012 年，寿险保费虽然仍有增长，但主要是靠续期保单拉动，而新单保费下降较多。2012 年新单保费 592.7 亿元，同比下降 16.4%，其中代理人渠道同比下降 14.3%，银保渠道同比下降 39.0%，团体渠道同比增长 17.8%。同时，总投资收益率由 2011 年的 4.0% 大幅降至 2012 年的 2.9%，归属于母公司股东净利润同比仅增长 3%。如果剔

除平安银行高达68.7亿元的利润贡献，中国平安的整体业绩将十分糟糕。因为2012年中国平安的非银行业务贡献的利润普遍出现了大幅下滑。如人寿保险业务实现净利润仅为64.5亿元，同比下滑了35.3%；财产保险业务净利润仅为46.5亿元，同比下滑了6.6%；证券业务净利润仅为8.4亿元，同比下滑了12.3%。

4. 信托和租赁业的整体业绩增长速度呈现明显减速的趋势(见表16)

表16　2011～2012年特区上市信托和租赁公司业绩变动情况统计

单位：亿元，%

	2012年营业收入		2011年营业收入		2012年净利润		2011年净利润	
	规模	增长率	规模	增长率	规模	增长率	规模	增长率
安信信托	5.4	10.2	4.9	58.0	1.01	-48.2	2.0	111.9
爱建股份	6.5	20.4	4.6	-22.6	3.2	170.4	1.2	14.4
渤海租赁	24.9	20.8	20.6	257.6	6.3	22.9	5.1	103.7
平均增速		17.1		97.7		48.4		76.7

资料来源：根据特区上市信托和租赁公司2012年度报告的相关数据整理而成。

表16的统计数据显示，2012年，特区上市信托和租赁公司的营业收入和净利润虽然分别实现了17.1%和48.4%的增长，但与2011年的97.7%和76.7%增速相比，呈现出急剧下降的趋势。

（二）金融业风险可控，但隐忧有所上升

1. 银行业不良贷款的规模和不良贷款比率呈现出双升的现象(见表17)

表17　2011～2012年特区上市银行不良贷款变动情况统计

单位：亿元，%

	不良贷款			不良贷款比率		
	2011年	2012年	较上年增长比率	2011年	2012年	净上升比率
交通银行	220	270	18.5	0.87	0.92	0.05
浦发银行	58.3	89.4	34.8	0.44	0.58	0.14
招商银行	91.7	116.9	21.6	0.56	0.61	0.05
平安银行	44.2	68.7	35.7	0.55	0.97	0.42
平　均	103.6	136.3	27.7	0.61	0.77	0.16

资料来源：根据特区上市银行2012年度报告的相关数据整理而成。

从表 17 的统计结果来看，2012 年，特区四家上市银行的不良贷款比率均在 1% 以内，无论是与全国平均水平还是与全球银行业比较，均不算太高，但不良贷款的规模和不良贷款比率出现了双升的现象。其中，平均不良贷款的规模达 136.3 亿元，平均净增加不良贷款 32.7 亿元；不良贷款平均比率达 0.77%，较上年平均净升 0.16%。同时，如果考虑以下两个因素，我们不得不对特区银行业的资产质量有更大的担忧：一是即使特区银行业不良贷款比率不算太高，但由于贷款增速较快，因此，不良贷款的增量还是很大的。二是特区银行业不良贷款率统计指标的真实性令人怀疑。因为有许多隐性风险并没有在不良贷款率中全部反映，而是隐藏在关注类贷款和逾期贷款中。如浦发银行 2012 年关注类贷款余额 168.96 亿元，同比大涨 62.12%，逾期贷款余额为 138.89 亿元，较上年末暴增 70.49 亿元，幅度为 103.8%。所以，如果从五类贷款整体分析，可能更能全面反映中国经济特区银行业资产质量整体下降的全貌。

2. 困扰银行业资本充足率的问题并没有得到全面缓解（见表 18）

表 18　2012 年特区四家上市银行全部资本和核心资本充足率统计

	平安银行	浦发银行	交通银行	招商银行
全部资本充足率	11.37%	12.45%	14.07%	12.14%
变化率	-14BP	-25BP	+163BP	+61BP
核心资本充足率	8.59%	8.97%	11.24%	8.49%
变化率	+13BP	-23BP	+197BP	+27BP

资料来源：2012 年特区上市银行年度报告。

表 18 的统计结果表明，资本充足率问题一直困扰着特区银行业发展，即使是上市银行也并不是都找到了源源不断补充资本的有效方法。如 2012 年，平安银行全部资本充足率下降了 14 个 BP，而浦发银行则是全部资本充足率和核心资本充足率双双出现了下降的趋势，分别下降了 25 个 BP 和 23 个 BP。

3. 银行业拨备覆盖率普遍下降（见表19）

表19　2012年中国经济特区四家上市银行拨备覆盖率变动情况统计

	平安银行	浦发银行	交通银行	招商银行
拨备覆盖率	182.32	399.85	250.68	351.79
拨备覆盖率变化	-13834BP	-9975BP	-569BP	-4834BP

资料来源：2012年特区上市银行年度报告。

从表19的统计结果可以看出，2012年，特区四家上市银行的拨备覆盖率不约而同地比上年出现了大幅下降，表明特区银行业财务的稳健性和风险的可控性在明显下降。

（三）金融业发展水平差距越来越大，但龙头企业间的差距有逐步缩小的迹象

1. 金融业在各经济特区之间发展极不平衡（见表20）

表20　2012年特区进入中国服务业500强金融企业统计

单位：亿元

中国服务业500强名次	金融企业名称	营业收入	注册地
14	中国平安股份有限公司	2489.2	深圳
18	交通银行股份有限公司	2181.4	上海浦东
29	中国太平洋保险（集团）股份有限公司	1579.3	上海浦东
31	招商银行股份有限公司	1419.7	深圳
52	上海浦东发展银行股份有限公司	679.2	上海浦东
80	太平人寿保险有限公司	362.5	上海浦东
148	中国大地财产保险股份有限公司	162.9	上海浦东
206	海通证券股份有限公司	92.9	上海浦东
266	渤海银行股份有限公司	64.2	天津滨海
316	天津银行股份有限公司	49.8	天津滨海

资料来源：2012年中国企业联合会、中国企业家协会发布的“2011中国服务业企业500强”名单。

由表20可以看出，2012年，能够进入中国服务业500强的特区金融企业仍然集中在深圳、上海浦东和天津滨海新区，而其他特区则无一家金融企业入围。其实，反映特区金融业苦乐不均现象还可以用另外一个统计指标，那就是

证券公司的家数。目前特区共有35家证券公司，其中，有32家分布在深圳和上海浦东新区，占90%以上，而其他特区证券公司只有3家，占比不足10%，特别是珠海和汕头，迄今尚未实现本地法人证券公司零的突破。

2. 金融业发展水平差距越来越大（见表21）

表21　2012年特区金融业发展水平差异情况统计

	最高	最低	差距
金融业增加值(亿元)	1819.2	28.1	64.7倍
金融业增加值较上年增长率(%)	23.1	5.7	4.1倍
金融业增加值占GDP比重(%)	18.0	2.0	9倍

资料来源：根据2012年各特区《国民经济和社会发展统计公报》的相关资料整理而成。

从表21的统计资料可以看出，2012年，特区金融业虽呈整体发展的态势，但发展的速度相差甚大。金融业增加值最多的特区是金融业增加值最少特区的64.7倍；金融业增加值增长最快的特区是金融业增加值增长最慢特区的4.1倍；金融业增加值占GDP比重最高的特区是金融业增加值占GDP比重最低特区的9倍，说明2012年特区之间金融业发展呈现出明显的“马太效应”。

2012年，特区金融业发展水平的差距不仅体现在整体上，而且体现在结构上。如上海浦东新区不仅金融业整体发展速度较快，而且金融机构布局更加全面和合理。如有伴随新兴金融业产生的融资租赁企业70多家、小贷公司14家、融资担保公司13家、村镇银行2家；有伴随新兴金融服务产生的专业服务机构534家，其中，第三方支付公司24家、资产评估机构11家、信用评级与征信机构9家、金融信息公司22家、财富管理公司191家、管理咨询公司141家、金融人力资源公司24家、金融培训机构6家、财经公关公司2家、会计审计公司80家、金融法律服务机构24家；有伴随股权投资而产生的股权投资企业878家；有伴随新兴科技产生的拍拍贷、融道网、你我贷、陆金所、证大e贷等，上海浦东新区已发展成为特区乃至全国新兴金融业的集聚地。

3. 龙头间的差距有逐步缩小的迹象

深圳在特区中金融业发展的龙头地位，正日益受到来自上海浦东的挑战，虽然从金融业增加值和金融业增加值增长率两个指标来看，深圳仍然明显占优，分别要比上海浦东高出 70% 和 20%，但从金融业增加值占 GDP 的比重和进入中国服务业 500 强金融企业营业收入来看，上海浦东则要比深圳分别高出 28.6% 和 29.4%。

（四）非银行金融业实力虽有上升，但银行业一业独大的现象仍然比较严重

1. 非银行金融业资产规模增速虽然超过了银行业，但尚未动摇银行业的绝对统治地位（见表 22）

表 22　2012 年海南金融业资产规模结构及增速统计

单位：亿元

	金融业	银行业	证券业	保险业
资产规模	7521.2	7282.9	108.6	129.7
增长速度	18.2	17.6	72.5	19.5
所占比例	100	96.8	1.4	1.8

资料来源：根据海南省政府金融工作办公室发布的《2012 年海南省金融业发展情况综述》一文的相关资料整理而成。

表 22 的统计结果表明，就增长速度而言，2012 年，海南证券业和保险业的增长速度虽然超过了海南整个金融业的平均增长速度，但由于海南证券业和保险业的基数太小，仍无法改变银行业一业独大的历史，致使 2012 年海南银行业在整个金融业中的比重高达 96.8%，证券业和保险业在整个金融业中的比重仅分别为 1.4% 和 1.8%。

以上非银行金融业发展滞后的现象我们还可以从小额贷款公司的发展中找到例证。如 2012 年，特区仅有深圳安信小额贷款有限责任公司、深圳市宇商小额贷款有限公司、深圳市西奇西小额贷款有限公司、海口信源小额贷款有限公司、天津恒兴小额贷款有限公司、上海浦东新区张江小额贷款股份有限公司等 7 家小额贷款公司进入了全国竞争力 100 强名单，这与特区金融的整体实力极不相称。

2. 间接融资的主渠道作用并没有明显消退

在 2012 年特区的全社会融资总额中，由人民币贷款、外币贷款、委托贷

款、信托贷款以及未贴现银行承兑汇票构成的间接融资要占融资总额的80.9%，较上年非但没有下降，反而上升了1.1%，而由企业债券和非金融企业股票构成的直接融资占融资总额的比重却由上年的20.2%下降到20%以下。

3. 银行业是金融业创利的绝对主力

即使是在证券业和保险业领先的深圳，金融业的税利也主要是由银行业创造的。如2012年，深圳金融业共实现税前利润770亿元，其中，银行业实现税前利润660亿元，占比高达85.7%，而证券、保险等非银行金融业实现的税前利润仅为110亿元，占比仅为14.3%。

三　2013年中国经济特区金融业发展面临的主要挑战

（一）经济下行和去杠杆让特区金融业不良资产暴露的风险上升

1. 经济下行有可能导致特区金融业市场风险骤升（见表23）

表23　2012年特区经济增长减速情况统计

	深圳	珠海	汕头	厦门	海南	上海浦东	天津滨海
2011年经济增长率(%)	10.0	11.3	12.2	15.1	12.0	11.1	23.8
2012年经济增长率(%)	10.0	7.0	9.5	12.1	9.1	10.1	20.1
2012年较2011年经济增长减速(百分点)	持平	4.3	2.7	3.0	2.9	1.0	3.7
下降幅度(%)	0	38.05	22.13	19.87	24.17	9.01	15.55

资料来源：各特区2011年和2012年《国民经济和社会发展统计公报》。

由表23可以看出，除深圳以外，珠海、汕头、厦门、海南、上海浦东和天津滨海六个经济特区2012年经济增长速度均明显低于2011年，净减速分别达4.3个百分点、2.7个百分点、3.0个百分点、2.9个百分点、1.0个百分点和3.7个百分点，经济增长下降幅度分别达38.05%、22.13%、19.87%、24.17%、9.01%和15.55%。宏观经济下行导致的市场风险正在或者将要通过两个重要指标反映出来：①利润增速下降。如2012年，几家特区上市银行净利润平均增速已从上年的44.7%降至23.9%。②不良贷款规模增加比率上升。2012年，特区银行业不良贷款规模和比率虽然没有出现跳跃式上升，但随着时间的推移，经济下行导致的不良贷款规模增加和不良贷款比率上升的问题终将表现出来，特别是民间贷款盛行的特区和经济转型艰难的钢铁贸易、有色金属、光伏、航运等特区产能过剩行业，将成为高风险区域和高风险行业。

2. 去杠杆有可能导致特区金融业信用风险骤升

未来去杠杆给特区金融业带来的压力主要来自两个方面：①国内。一方面央行去杠杆有可能收缩特区银行业的表外业务，这将会使特区银行业表外融资规模减小，促使表外风险向表内转移，并最终导致不良贷款规模和比率大幅增加和上升。另一方面，去杠杆将会压缩特区地方政府融资平台贷款规模，促使特区基础设施信贷资金的风险暴露。②国外。随着美国量化宽松政策的逐步退出，有些境外资金可能逐渐从特区流回美国或发达国家，使得特区本已紧缺的资金供给形势更加严峻。

（二）利率市场化和金融市场不断开放使特区金融业面临更严峻的经营压力

1. 利率市场化导致特区金融业经营压力加大

利率市场化至少对特区银行业提出了三大挑战：①对特区银行业的赢利能力提出了挑战。随着利率市场化程度的加深，特区存款利率呈不断上升而贷款利率呈不断下降的趋势，这给特区银行业带来的直接冲击就是利差收窄。②对特区银行业的定价能力提出了挑战。利率市场化虽给特区银行业存贷款定价带来了更多的自主权，但在面对大企业和央企这类强势客户时，特区银行业也同时失去了计划利率时期利差保护的铠甲。③对特区银行业的风险判断能力提出了挑战。在利率市场化的背景下，贷款利率的高低主要不是取决于贷款企业的性质，而是取决于特区银行业对客户风险的判断。一般而言，对小企业贷款的风险要高于对大企业贷款的风险，所以，特区银行业只有对小企业收取相对较高的贷款利息，才能覆盖其隐含的贷款风险。但面对众多规模大小不一的各类贷款企业究竟要具体确定多高的利率才能覆盖其隐含的风险，则是特区银行业需要正确面对的一个新课题。当然，根据国际上利率市场化国家的经验来看，利率市场化给不同特区银行带来的冲击并不完全相同。比较而言，大银行由于具有风险定价能力较强、传统业务占比相对较低、存款来源相对稳定等优势，受到的冲击可能相对较小，而小银行由于网点数量少、品牌知名度低、产品结构单一、议价能力较弱等原因，受到的冲击可能相对较大。根据这一逻辑，我们判断，利率市场化给特区的城商行、农商行、村镇行、小贷公司带来的冲击可能要比国有银行和股份制银行更大。

2. 金融市场不断开放导致特区金融业经营压力加大

（1）来自外资金融机构的竞争压力加大。随着人民币国际化和资本项目自由兑换进程的提速，境内金融市场将会向外资金融机构更加开放，从而对内资特区金融业带来四大迫在眉睫的竞争压力：一是外资金融机构有可能获准参与国债期货的交易。这意味着一个尚未对特区券商、银行业开放的资本市场，将被特区外资金融机构抢得先机。由于外资金融机构运用国债期货进行套期保值的技术更加娴熟，其参与的积极性可能比内资金融机构更高。二是外资金融机构有可能获准在中国境内销售基金。根据2012年银行业协会提供的数据，在基金销售份额中有90%以上是由内资银行渠道销售的，因此，内资银行可以凭借其强势地位，让基金赔本赚吆喝。而一旦基金销售市场对外资银行开放，虽然短期内尚难动摇中资银行的垄断地位，但至少外资银行有了改变现状的机会。因为外资银行高净值客户较多，在特区业务中，财富管理是重要的一环，对公募基金的股票型基金有庞大的需求，如果补足了基金销售的短板，既有助于其强化自己的传统业务，也有助于打破内资银行基金销售一统天下的局面。三是上海自贸区试点的细则有可能落地。这预示着外资金融机构在上海自贸区内设立程序会大大简化，成立外资中国公司的难度将大大减少，民营资本与外资金融机构合资在上海自贸区建立合资公司的现象会增多，这对一直享受着门槛红利的特区金融业，尤其是特区中资银行来说，吃独食的好日子可能一去不复返了。四是随着500亿美元新增QFII额度的落实，外资金融机构参与国内市场的空间将更广阔。

（2）来自互联网金融的竞争压力加大。2012年，特区涌现出了诸如善融商务、众安在线、二维码扫描即时支付、余额宝、阿里贷、网银在线、天天基金、数米基金等许多互联网金融的新面孔，它们不仅纷纷涉足银行、证券和保险业务，而且还加入传统基金渠道的争夺战，令传统的大金融机构在网点上的优势正在消失。尤其是阿里巴巴，它已对特区银行业从三个方面构成了围追堵截之势：一是通过阿里贷与特区银行业竞争小微企业贷款市场；二是通过余额宝抢占特区银行业的活期存款业务；三是凭借其强大的渠道优势、数据优势和客户黏性，不断发行货币基金产品，对特区传统金融业的基金代销业务造成冲击，并分食其中的一部分中间业务收入。值得庆幸的是，目前阿里贷与余额宝尚只是独立的运作，一旦二者实现无缝对接，阿里巴巴便有可能发展成为重要的投融资平台，对特区金融业带来的竞争压力将会比其他任何类型的企业都要更加直接、更加彻底，甚至将会彻底改变特区金融业原有的商业生态和经营模式。

（3）来自传统金融业内部竞争压力加大。一是金融脱媒现象逐渐加剧。受金融体制改革和金融市场深化的影响，将会有越来越多的特区政府、企业和居民家庭的资金融通和货币支付不是通过银行，而是通过货币市场和资本市场进行的。这种现象的出现，一方面会使特区银行业不时出现“钱荒”现象，流动性风险大增；另一方面对优质贷款客户形成分流之势，迫使特区银行业不得不增加风险相对较大的中小企业贷款规模和比例，对特区银行业贷款风险定价和信用风险控制能力提出了更高要求。二是金融业各自的边界被打破。随着混业经营的不断推进和金融对民营资本的不断开放，特区原有的银行业、证券业、保险业等金融业的固有领地将会不断地被新加入者侵蚀，银行业、证券业、保险业同台竞争的格局正在逐步形成。虽然以小额信贷公司、村镇银行、民营银行为代表的特区小金融机构尚不足以对现有的资本庞大、点多面广、市场占有率较高的特区大金融机构构成威胁，但其发展迅速，且在业务上与城商行的小微企业贷款业务存在着高度重叠，直面竞争将不可避免。

（三）影子银行快速扩张使特区金融业出现系统性风险的可能性陡升

1. 特区内影子银行扩张迅速

对于什么是影子银行，国外学界有两种不同的定义方法。狭义的影子银行是指有银行之实但无银行之名的各类银行之外的机构，这种机构既与商业银行并存，又完全独立于商业银行体系之外。广义的影子银行是指在正规银行体系之外的实体及业务活动所构成的信用中介。而在特区，无论是套用国外狭义的，还是套用国外广义的影子银行定义，都不足以准确描述影子银行的全貌。因为现时特区所发生的许多非信贷融资的业务，如银行理财，并不是在银行体系之外发生的，而是在银行体系之内完成的。所以，特区影子银行的准确定义应该是指在正规信贷业务之外产生的债务融资。按与银行资产负债的关系，可分为：①特区银行表外的影子业务。如非保本银行理财产品、私人直接持有信托、企业债券、未贴现的票据和民间借贷等。②特区银行表内的影子业务。如通过同业创新方式形成的信用供给和对其他金融机构的债权。按形成的主体，可分为：①特区政府主导的影子银行体系。②特区银行主导的影子银行体系。③特区企业主导的影子银行体系。④特区民间借贷主导的影子银行体系。时下，特区影子银行的规模究竟有多大，目前尚难做出准确的统计，只能根据全国的规模做一个大概的推算。如2012年全国影子银行的规模约占GDP的50%，据此，我们估计特区影子银行的规模可能在10万亿左右，较上年增长了20%以上。特区影子银行的规模之所以膨胀得如此之快，一是宏观调控力度加大所致。2012年，央行和银监会在信贷额度、资本金、贷存比等指标的约束上更严厉，迫使各特区的政府、金融企业和企业不得不寻求正规信贷以外的融资方法。二是清理地方融资平台债务的力度加大所致。2012年，管理层按“降旧控新”原则，要求银行对于到期的平台贷款本息，一律不得展期和以各种方式借新还旧，迫使各特区政府和银行为筹措已开工特区政府项目的后续资金，不得不寻求非信贷的方式融资，如让信托、券商资产管理扮演着通道的角色；让同业代付扮演信贷融资的角色等，以防止前期发出的贷款变成坏账。

2. 影子银行快速扩张带来的金融风险不可小觑

因为：①杠杆高。特区政府和银行主导的影子银行凭借特区政府和银行信用，可以用少量的保证金撬动规模巨大的社会资金；特区企业和民间借贷主导的影子银行体系可以用少量的自有资金将信用规模进行位数放大。②透明度低。现时特区内各类影子银行体系资金往来大多缺少中心结算机构和监管单位，致使交易双方所获取的有关交易对手的交易信息存在着严重的不对称性，其结果必然是金融要素的错配，风险隐患巨大。③传染性强。特区内各类影子银行既各具特点，又互相渗透。如政府主导的影子银行体系面临的主要是债务风险；银行主导的影子银行面临的主要是利率市场化带来的市场风险；企业主导的影子银行面临的主要是产能过剩带来的经济下行风险；民间借贷主导的影子银行体系面临的主要是信用风险和道德风险。但四大影子银行体系之间并不是彼此隔绝的，而是互相交叉和互相渗透的，形成风险互相传染的链条，一旦某个体系遭受冲击，便会产生连锁反应，出现系统性风险。④信用保障不足。无论是抵押品，还是担保条件，特区许多影子银行业务都要大大逊色于正规信贷业务，尤其是影子银行业务中的资金池信托业务，由于时间和标的存在严重错配，其隐含的风险更大。⑤控制乏力。对于政府主导的影子银行快速扩张，管理层虽已意识到了其问题的严重性，但采取的控制方法是“以新偿旧”。这种控制方法充其量只是让风险往后推移，非但没有从根本上消除风险的产生，反而造成风险的进一步积累。

（四）金融业日新月异的变化使特区金融管控难度越来越大

1. 特区金融业风险控制力滞后于特区金融形势的变化

（1）新形势对特区金融业的风险控制提出了更高的要求。首先，加强资本约束对金融业经营提出了更高要求。在全球银行业资本约束普遍趋严的大背景下，作为改革开放前沿阵地的特区银行业也会在资本充足率、杠杆率、流动性比例、贷款损失准备方面做出更为严格的规定，这意味着特区银行业过去那种依靠资本消耗的粗放型发展模式势必难以为继，必须走资本节约型的内涵集约式发展之路。同时，在把金融创新与净资产严格挂钩的大背景下，证券公司要想大力发展创新业务，尤其是资本消耗型的融资融券业务、直投业务、另类投资业务和股票约定式购回业务等，都必须有充足的净资本做后盾。其次，混业经营对金融业的风险控制能力提出了更高要求。混业经营虽然让金融机构内部机构之间的业务交易和各机构之间的相互持股成为现实，可以发挥协同效应优势，但也正因为混业经营，可以让银行、证券、保险及其他金融业能够轻而易举地打破直接融资与间接融资、现货交易与期货交易、场内市场与场外市场的边界，由此带来的不仅是关联交易、道德风险的可能性大增，而且使得风险在各个金融系统内部传递、传染，并引发金融系统风险，甚至造成地区性金融危机的可能性大增。

（2）特区金融业风险控制力提升缓慢。首先，从风险管理程序上看，无论是风险识别和估价能力，还是风险评价和处理能力都没有明显改观。其次，从风险管理体系上看，无论是组织和信息系统，还是预警和监控系统都有待完善。再次，从风险管理技术上看，无论是风险预防和回避技术，还是风险分散和转移技术都难以满足新的要求。

2. 特区金融业监管力滞后于特区金融形势的变化

（1）监管的统一性满足不了特区金融业发展的实际需要。特区目前的金融监管思维仍停留于分业经营的时代，按金融风险呈离散点状分布的原理，按单个机构或者同类机构的线性思维设计监管的主线。但随着混业经营时代的到来，特区金融业实行的是综合经营和交叉经营，不仅业态更加多元，而且各业态内部跨行业、跨市场、跨业务的交易日趋增多，使用的金融工具和交易方式也越来越复杂，使金融风险逐渐呈现出网状分布的特征。如何对跨种类金融机构、跨市场金融活动和跨时空交易设计出统一的监管标准是未来特区金融监管需要正视的问题。

（2）监管的协调性满足不了特区金融业发展的实际需要。特区金融业现有的监管标准是根据银行业、证券业和保险业各自所具有的不同风险特征来设计的，但随着混业经营时代的到来，如果仍沿用这样的差别性监管标准将会引起市场的混乱。如备受特区银行业、证券业、保险业、信托业共同关注的集合理财计划、证券投资基金等业务，无论是从法律上，还是从业务性质上考察，这些业务都具有相似性，即都是资金的集合，受人之托、代客理财，但它们的市场准入条件和持续监管要求则有较大的不同，如果对这些业务的监管标准不加以统一，就会因监管规则、监管行动、监管力度不一致而引发监管套利问题。

（3）监管的技术性满足不了特区金融业发展的实际需要。传统金融业使用的主要是封闭式平台，即在封闭式平台上先开发出金融产品，然后营销给客户。而随着互联网时代的到来，金融业既要使用封闭式平台，也要使用以宽带传输、移动互联、云计算、大数据为特征的开放式平台。在此背景下，如何既保障开放式平台网络系统的安全、稳定、保密，又能让金融业务随时随地进行，这对以机构、网点、柜员为核心的传统金融监管技术提出了新挑战。

3. 特区金融业管控所需要的金融统计数据难以反映金融发展的实际

（1）金融统计数据的范围覆盖不了金融业的发展实际。现有的特区金融业统计信息只反映了银行、证券、保险等传统金融业及存贷款规模、证券交易额、保费收入和赔付支出等传统金融业务的发展状态，而创新型金融机构、对冲基金、私募股权基金等大量的新型金融机构及影子银行、衍生金融产品、政府平台融资、民间借贷等统计数据并没有完整地反映到特区金融业统计结果之中。

（2）金融统计数据反映不了金融风险的程度及传染可能性。现有的特区金融统计体系，仍然以机构而非产品统计为核心，缺乏跨机构、跨市场、跨境交易的横向统计和检测的数据，导致大量交叉性金融产品的统计信息支离破碎，很难了解其风险的程度和风险传染的渠道、途径和规模，进而无法以整体视觉审视金融市场的风险，为市场参与者的风险评估和决策判断提供充分的依据。

（3）金融统计数据难以被充分共享。由于特区内各金融统计体系的目标、方法不同，特别是统计的分类、标准、定义不同，导致它们之间缺乏关联基础，不能形成协调的统计信息体系。因此，特区金融业统计信息无法被特区政府、金融监管部门、金融机构和金融市场参与者广泛共享。

四 2013 年中国经济特区金融产业发展的政策建议

2013 年，随着新一届领导人换届完成，涉及金融改革的政策出台节奏将会明显加快，中国经济特区金融业要围绕人民币国际化、利率汇率市场化这两大改革主线，既服务于实体经济和民生，又追求有质量的内涵式发展。

（一）做大规模与追求利润同步增长并重

在“控增量、调存量”的宏观政策背景下，特区金融业如果仍沿用过去的粗放式经营模式显然已不合时宜，必须在追求数量增长的同时，更注重保持赢利的增长。要想扭转特区金融业整体业绩增长下滑的势头，必须在以下几个方面着力：

1. 向混业经营要赢利空间

向混业经营要赢利空间既是目前世界上大多数国家，如美国、欧洲和日本等的普遍做法，也是在全球金融一体化、利率市场化、金融脱媒趋势加剧等背景下，特区金融业的必然选择。通过混业经营释放赢利空间的着眼点是：

（1）让金融业收入和赢利来源更多元。对于特区银行来说，向混业经营要赢利空间，当务之急，一是要改变传统的资金中介的角色，尽快由单一银行向全能型银行、由资金融通型银行向财富管理型银行转变。二是要改变主要依靠存贷利差赢利的现状，大力拓展基金托管、存款保单、投资分红险、项目融资、代客理财、股票质押贷款、住房抵押贷款证券化、企业购并等表外业务，增加手续费及佣金净收入。

（2）让金融业经营成本下降。通过银行、证券、保险之间的并购，撤销合并重复的网点机构、精减人员，共享客户资源、硬件资源等，实现资源共享，形成规模经济。

（3）让金融企业的赢利更稳定。把各种资产、负债及抵押担保等业务进行不同时间和不同空间广泛的风险组合，以熨平赢利增长的波动性。

2. 向投资理财能力要赢利空间

（1）向提升券商的自营能力要赢利空间。2012 年，特区证券公司进行金融产品投资的资金规模虽然较上年增加了 30% 以上，但主要是债券资产比重增加，高达近 70%，股票资产增加的比重只有 15% 左右。要想提高证券公司自营业务的整体赢利水平，一是要鼓励证券公司的直投子公司设立股权投资基金、创业投资基金、并购基金、夹层基金等直投基金进行股权或与股权相关的债权投资。二是要扩大证券公司自营业务的投资范围，鼓励证券公司开展收益互换等衍生品业务。

（2）向提升保险公司的投资能力要赢利空间。2012 年超过八成的保险资金配置于固定收益类品种，股票类投资比例仅为 10% 左右，长期股权投资、投资性不动产、基础设施债权投资计划等另类投资的比重只有 8.4% 左右。为提高保险公司的赢利水平，一是要提高股票类投资的规模和比例。二是要扩大另类投资的规模和比例。三是要积极开展股指期货和信托，既让保险公司有更多的工具去做风险对冲和管理，也可以提高保险资金的投资收益。

3. 向民营金融要赢利空间

由于民营金融机构更能准确把握市场脉搏，并主动通过各种创新来提高经营效率，因此，特区金融市场要加快向民营资本开放。为了在拓展民营金融企业基础更优特区形成民营资本与国有资本、外国资本良性竞争氛围，应该采取实质性措施来促进民间金融机构的发展，包括探索设立民间资本发起的自担风险的金融租赁公司、消费金融公司，积极支持符合条件的民营企业设立小额贷款公司、融资性担保公司等机构，尤其是要把民营银行作为一个重要的突破口，根据各个特区的实际，可设立一家或多家民营银行。同时，鼓励民间资本参与金融机构重组改造，支持有实力的民营企业加快产融结合，设立金融控股公司、财务公司或其他新型金融机构。

4. 向个人金融业务要赢利空间

2012 年，特区的个人金融业务虽然取得了长足进步，但个人金融业务仍有拓展的空间。因为特区个人存款占特区全部存款的比重超过 50%，而个人的贷款占特区贷款的比例则不到 25%，因此，个人金融业务杠杆还有放大的空间，如可考虑在支持特区居民家庭购买首套自住房、大宗耐用消费品以及满足教育、旅游等信贷需求方面，加大杠杆比例。

5. 向中间业务要赢利空间

2012 年，特区银行业的中间业务虽然仍然保持了近 40% 的高速增长，但中间业务收入占总收入的比重仍然较低，只有 20% 左右，不足国际上商业银行中间业务收入占总收入的一半。为此，特区金融业要把提升赢利的目光放在中间业务上，特别是要把重点放在投资银行业务与资产管理业务上。因为这两大业务既是特区金融业创新扎根的土壤和发展的原动力，也是提供给普通投资者的风险与收益匹配适中的第三条理财渠道。因为它既有别于“低风险、低收益”的银行存款，也有别于“高风险、高收益”的股票投资。更为重要的是这类中间业务的快速发展可以从特区银行业复制到特区金融业的各个领域，包括证券、基金、信托、保险等不同行业。

6. 向特色经营要赢利空间

在固定利率和分业经营时代，特区金融业的经营呈现出高度同质化的特征，而在利率市场化和混业经营时代，则会引发资金价格体系重估和利润再造，倒逼特区金融业必须进行深刻的变革和调整，走差异化发展道路，从而改变特区金融业“千孔一面”的格局。在此背景下，特区金融业必须找准自己的市场定位，彰显各自的经营特色。有些通过零售金融找到自己的生存之道，有些通过批发金融找到发展之路；有些面向大企业、大客户，有些专注小企业；有些立足于社区，有些立足于县域经济，服务“三农”；有些是资金交易型金融机构，有些是“资产持有型”金融机构；有些金融机构的专长是“做存量”，有些金融机构的专长是“做流量”。

7. 向经济转型要赢利空间

（1）要根据经济结构转型调整经营重点。即特区金融业要根据特区经济发展方式和结构转型的需要，逐步将金融支持的重点转移到先进制造业、战略性新兴产业、现代信息技术产业和信息消费等领域上，加大对文化、教育、旅游、养老等服务消费领域的金融支持力度，以阻止赢利增长速度下滑的势头。

（2）要根据金融市场形势变化迅速实现转型升级。随着特区金融市场深化，要重点拓展交易金融、资本市场与投行、私人银行等新型业务；随着特区金融国际化程度的加深，要加快海外机构业务布局；随着特区金融虚拟化程度的提高，要抢占互联网金融的制高点；随着金融业资本约束的加强，应高度重视理财、结算清算、银行卡和托管业务等轻资本型中间业务的拓展，并不断开拓中间业务的海外服务链条。

8. 向金融活动舞台要赢利空间

应该承认，2012 年，管理层为特区金融业的发展创造了许多施展本领的空间，如前海跨境人民币贷款变成了现实，这对于推动利率市场化和人民币国际化意义深远。但前海跨境人民币贷款规模有限，与庞大的境内人民币贷款相比，几乎可以忽略不计，对于推动利率市场化和人民币国际化的意义十分有限。只有让人民币在离岸市场完整地、大规模地循环流动，才能真正地促进人民币国际化。因此，应将有条件的上海浦东、天津滨海、深圳前海、珠海横琴、厦门等转型升级为自由贸易港区，推进实施金融、贸易、航运等领域的各项开放政策，尤其是要将人民币资本项目可兑换、利率市场化、汇率自由兑换等政策，纳入自由贸易区的政策方案中。

（二）做大规模与控制风险并重

2013 年，特区金融业保持一定程度的扩张既是适应实体经济增长需要的必然，也是利润增长和消化不良资产包袱的保证，但在保持适度扩张的同时，要把防范风险放在十分重要的地位。

1. 要严格控制影子银行业务的无序扩张

鉴于目前特区影子银行规模巨大、扩张迅速、风险上升较快的现实，当务之急，一是要尽可能地将理财资产纳入表内。一方面，要尽快将金融机构所有表内理财产品纳入结构化存款统计；另一方面，要逐步将存量的资金池理财产品纳入表内，以规范理财产品的会计核算。二是要建立起硬预算约束机制。如在特区率先建立起广泛的公众听证制度，规定特区政府在进行各种投资项目时必须要通过广泛的公众听证，以实现对政府盲目负债行为的制衡。三是规定特区政府发行的债券由特区居民购买，以增强对特区政府负债行为的约束力。四是扩大金融监管的覆盖面。由于特区影子银行系统内包含着各式各样的机构，因此，在监管时，应该按照影子银行的市场结构特征，采取分类监管原则，避免出现监管真空。

2. 要加强金融风险的辨识和监管

（1）要不断拓宽金融统计的覆盖范围。要在央行和银监会、保监会、证监会的指导下，构建涵盖特区内外资银行、证券、保险以及其他金融业的综合统计体系，并尽快编制出反映特区整体金融业财务状况的资产负债表，为建立统一的监管体系打下坚实的基础。

（2）要准确把握监管的尺度。为了既不压抑金融创新，又不让金融创新失控，有必要实行强弱不同的分类监管方法。对于涉及公众利益、有可能引发系统性风险的金融机构和金融业务应采取审慎监管的方法。而对涉及公众利益较少、不会引发系统性风险的金融机构和金融业务，如 PE，应采取相对宽松的监管态度，以激发其创新的潜能和活力。

（3）要着力完善内控制度。目前特区内金融混业经营大多采取的是金融控股公司模式，其风险隐患主要有两点：一是资本金重复计算，导致集团公司的真实资本充足率不足和财务杠杆比率过高；二是集团内部关联交易现象严重，且信息披露不及时、不真实和不完整。要防控这些风险，一方面，要严格禁止资本金重复计算的行为，并建立起稳定的资本金补充机制；另一方面，要借鉴境外银行的一些有益经验，在建立严格信息披露制度的同时，对某些交易行为进行限制。如日本禁止将银行发放的贷款用于购买附属证券公司发行的证券；中国台湾地区禁止金融控股公司负责人兼职下属创业投资公司的经理；韩国禁止附属机构对母公司持股、禁止附属机构之间交叉持股等，以便在金融控股公司内部建立起防止风险扩散的防火墙。

（4）要采用科学的风险管理方法。特区金融业要在积极引入国外先进的风险管理技术和经验的同时，建立起适合特区金融业特点和实际的风险管理方法，将过去偏重于定性分析的方法转向定性分析与定量分析相结合的风险管理方法，以内部评级系统的数据为基础，准确度量各种风险，尤其是要准确度量政府融资平台贷款、房地产贷款和“两高一剩”贷款的风险程度及变动趋势。

（三）用好增量与盘活存量并重

对于特区金融业，尤其是对于特区银行业来说，体量已颇为巨大，因受各种监管指标的硬约束，2013 年，增量势必会呈现出放缓的趋势，在此背景下，盘活存量就是特区金融业必须普遍修炼的一项内功。

1. 积极参与资产证券化试点

2012 年，我国虽然重启了资产证券化试点，但特区本土金融机构几乎没有涉足其中。其实，资产证券化是一个盘活特区金融存量的重要举措。因为截至 2012 年末，特区人民币贷款余额约为 6 万亿元，如果其中仅 10% 实现资产证券化就是 6000 亿元的规模，这对于节约特区银行资本、盘活存量贷款、加快周转速率、为腾出信贷空间促进实体经济发展，意义重大。所以，2013 年，特区要把资产证券化试点作为工作的重点。

（1）在发行数量上做足文章。严格地说，只要是在银行表内，且有固定利息和到期日的资产，都可以用来证券化。所以，特区银行业要以收益比较稳定、期限较长的房屋抵押贷款作为证券化的起点，随着经验的积累，要迅速将证券化范围扩大到信用类贷款、保证类贷款、小微企业贷款、汽车贷款等领域。之所以要尽快将证券化范围由抵押贷款扩大到其他贷款，是因为：第一，为了操作简便。证券化的基础资产要真实出售，抵押类贷款要涉及抵押权转让，而信用类贷款则只要直接公示即可。第二，为了打包方便。信用类贷款在银行表内占比大，资产质量尚可，如汽车金融公司的个人汽车贷款不良率不到0.2%。且具有同质化的特点，适合将其整合成资产包。第三，为了分散风险。将众多小笔的信用贷款，如小微贷、汽车贷、信用卡应收账款打包成一个资产包，更有利于分散特区银行业的风险。

（2）做足发行模式的文章。即要在“银行发起—信托发行—银行间市场流通”和“券商资产管理发行—交易所流通”的信贷资产证券化模式之外，推出“银行—信托—券商资产管理—交易所”的资产证券化模式。具体方案为：特区银行将信贷资产转让给特区信托公司，特区信托公司将资产打包转让给券商专项资产管理计划，券商将该资产管理计划的份额在上交所挂牌上市交易。其优点，一是促使证券化产品可在交易所上市交易，在加快银行资金周转的同时，为投资者提供更多选择。二是引导大盘证券化产品在银行间市场和交易所市场跨市场发行。

2. 积极搭建便利金融资产流转的舞台

2013年，深圳、厦门、海南、珠海、汕头等经济特区应在总结上海浦东新区和天津滨海新区搭建区域股权交易中心经验的基础上，加快出台适合本地实际的股权交易中心监督管理暂行办法，让区域股权交易中心真正成为特区股权流动的大舞台。同时，完善区域股权交易中心的运行机制，将其办成特区地方政府主导、公司化运作、券商参股其中的金融资产交易平台，并广泛引入做市商的交易制度，以活跃其交易。

（四）传统金融与创新金融并重

随着金融改革的逐步深入和金融市场的对外开放，客户的需求日益多样化，仅仅提供传统的存、放、汇等服务已远远不能满足客户的需求，必须在金融业态、金融资产形态、金融模式、金融产品、金融服务等方面，进行全方位的创新。

1. 传统金融业态与创新金融业态并重

在银行、证券、保险等传统金融形态的基础上，大力拓展中小型、创新型功能性法人机构总部、各类券商专业子公司、基金特定客户资产管理公司、独立销售机构、期货现货子公司等新型机构。

2. 传统金融交易形态与创新金融交易形态并重

在吸收公众存款这一传统银行业务形态的基础上，大力拓展不吸收公众存款的各种金融交易形态，如为弥补传统金融服务局限性而日益兴起的、具备金融或准金融功能的子市场、组织、工具等新兴金融业态。

3. 传统金融模式与创新金融模式并重

在传统单纯金融模式的基础上，探索金融＋科技、金融＋文化创意等新模式。

4. 传统金融产品与创新金融产品并重

要在传统的存款、放款和结算的基础上，提供满足不同层次需求的，有针对性、多样化的新产品，如特区银行业可率先推出同业可转让大额定期存单，并在此基础上进一步推出适用所有大额存款户的可转让定期存单，甚至可以将产品创新的视角扩大到金融需求以外的其他非金融产品的需求上。

5. 传统金融服务与创新金融服务并重

要在传统客户被动接受金融服务的基础上，更加关注客户的体验，更加关注服务于民生，更加关注消费者的权益，更加注重同业之间的相互合作。

（五）大企业金融与小企业金融并重

1. 小企业金融应该成为中国经济特区众多金融机构实现业务转型的重要方向

在一段很长的时间内，特区金融业均把拓展业务的重点放在大企业上，随着时间的推移，既要盯住大企业，也要盯住小企业。①小企业的战略地位日益凸显。目前特区内小企业占比高达99%，主要分布于衣食住行等民生行业，GDP贡献度占60%以上，税收占50%以上，提供了近70%的进出口贸易额，创造了70%左右的就业岗位，因此，小企业是特区经济增长的活力之源。②小企业金融服务严重滞后。以贷款覆盖率为例，大型企业贷款覆盖率接近100%，中型企业约为90%，而小企业贷款覆盖率仅为20%，存在着巨大的拓展空间。③管理层对小企业金融业务大开绿灯。如“不纳入存贷比考核”、优先审核小企业金融服务市场准入事项的申请、以“差异化考核”激励商业银行为小企业服务、适当提高小企业不良贷款比率容忍度等。在此大背景下，特区银行、证券、保险、信托、租赁、小额信贷等各类金融机构把小企业金融服务作为深耕细作的重点领域，既符合国家的金融政策导向，也是特区经济和特区金融业转型升级的客观要求。

2. 拓展小企业金融需要多管齐下

①在组织体系上，各特区金融机构要逐步形成可持续发展的小金融服务商业模式，成立小企业金融事业部，建立小企业专门团队，搭建针对小微客户群，满足其结算、经营性融资及其他金融需求的平台。②在运作流程上，各特区金融机构要根据标准化、专业化、流程化的作业模式对小微贷款流程进行全面优化。同时，对贷款流程的各主要环节规定服务时间的量化标准。③在资源倾斜上，破除抵押物崇拜，推出互保联保、市场管理方担保、第三方自然人担保、互助基金等多种方式。④在产品开发上，要结合小企业金融服务短、频、快、急的特点，开发灵活多样的小企业融资产品。⑤在金融服务类别上，积极探索小企业综合金融服务，向客户提供财富管理服务、现金管理服务、附加增值服务等全方位的综合金融服务，以满足小企业全方位的金融需要。

（六）直接金融与间接金融并重

1. 直接金融比例不断上升将是大趋势

从美国金融业发展的经验来看，随着利率市场化的不断推进和多层次资本市场的不断壮大，直接融资比例将会不断上升，而间接融资比例将会不断下降。如自20世纪60年代以来，美国银行业资产占GDP比例几乎没有增长，其在金融总资产中所占比例则由当初的54%下降到目前的20%左右。由此我们可以预判，我国特区银行业规模的快速扩张可能已近尾声，未来其资产占GDP比例将会长期保持相对稳定，甚至呈下降趋势；银行业资产在金融总资产中的比重很有可能从目前的70%以上逐步下降到50%以下。

2. 提升直接金融比例必须有新举措

①要进一步壮大非银行金融机构。随着特区企业集团化、产融结合化、融资多元化等的不断推进，要大力拓展包括信托、金融租赁、汽车金融、货币经纪、消费金融以及财务公司在内的各类非银行金融机构。②要进一步支持经济特区券商，尤其是上市券商提高资本实力和“加杠杆”。就目前的特

区证券公司而言，一是资本实力不足。券商要想发挥提升直接融资比例主力军的作用，就必须不断推出新型业务，而新型业务对资本金提出了更高的要求。二是杠杆率普遍偏低，如 2012 年，中信证券整体财务杠杆率仅为 1.55 倍。上市券商无一例外地希望通过融资提升杠杆率。这既是制约证券行业发展的核心因素之一，也是阻碍直接融资比例提升的重要障碍。③进一步做大证券基金市场。随着证券投资基金法、证券公司债务融资工具管理规定、证券公司资产证券化业务规定等相关法律法规的相继出台，特区将步入一个大资管时代，为证券基金创新创造了制度性机遇，对包括银行、证券、保险在内的整个金融体系和格局将产生长期而深远的影响。同时，要扩大产业投资基金试点，支持设立创业投资引导基金，加大政府对创业投资引导基金的投入。④要支持符合条件的企业上市，支持符合条件的企业发行非金融企业债务融资工具、企业债，支持开展区域集优票据试点，通过股市、债市，提高企业直接融资比重。

（七）金融互联网与互联网金融并重

1. 金融互联网和互联网金融实行双向融合将是大势所趋

金融互联网不是指金融企业做互联网企业的事情，而是指传统的金融企业运用互联网技术为自己的客户提供优质服务。同时，互联网金融不是指互联网企业全面地取代金融业，而是互联网企业充分运用互联网技术优势帮助金融企业打破金融服务的边界。

（1）金融业必须拥抱互联网。互联网的魅力就在于可以利用网络平台打破时空的局限性在较短的时间内聚集大量的互联网用户，这就为传统的金融企业利用互联网平台和渠道，迎合互联网客户的需要，提供更多、更便捷、更准确的互联网信贷、证券、保险、信托等金融产品与服务。可供金融企业借鉴的互联网思维至少有三种。第一，运用大数据思维。即金融业可充分利用大数据和云计算等互联网元素，为客户提供信贷、证券、保险、信托等金融产品与服务。第二，跨边界的整合思维。即传统金融企业可借助互联网跳出金融界的范畴，找无边界的支付、信贷、理财等金融服务的整合模式。第三，线上线下结合思维。简单的互联网行为，互联网在线可以完成，比如支付。但对于传统的金融机构来说，如何按照互联网的思维把线下和线上科技组合起来形成真正的OTO的模式，还有许多文章可做。就目前而言，特区金融业拥抱互联网至少有三个重要取向：第一，要大力发展微信金融。因为时下特区微信注册用户已超过3000万，微信是移动互联网中运用十分广泛的工具，已呈现出金融产品销售大平台雏形特质。它不仅可以帮助客户利用碎片时间，来突破时空的限制查询和办理金融业务，而且可以帮助银行用微信替代短信，让一家中型的股份制商业银行一年节约6亿条短信的费用。更为重要的是，其应用的范围可以触及特区金融业的每一个子行业，并让其服务立体化、动态化、多元化。如微信银行可为客户提供文字、视频、图片、语音等交互式金融服务，客户既可用其取款、支付、汇款、融资，也可用其实时查询账户余额、交易明细等信息，还可用其获取理财产品扣款情况，甚至可以用其查询网点地址、排队人数等信息。再如微信保险既可将其用作在线客服，也可用作产品展示、保单资料查询等，还可用作微信投保、微信理赔、微信支付等。第二，要大力发展直销金融。即金融机构不设营业网点，客户主要通过电脑、电子邮件、手机、电话等远程渠道获取金融产品和服务。第三，要大力打造互联网金融集聚区，支持网上银行、网上保险、网上证券等互联网金融落户金融集聚带。

（2）互联网必须向金融业渗透。一方面金融业巨大的市场空间和较高的赢利水平，对互联网企业充满了诱惑。另一方面互联网企业所拥有的强大平台和入口，如果能够借鉴金融企业强大的金融产品制造能力，将很容易打造银行、证券、保险、支付等全金融产业链。根据现有条件，互联网金融可涉足的领域有很多，如第三方支付业务、P2P贷款业务、阿里贷、众筹融资、余额宝、互联网货币业务等。在众多互联网金融的细分业务领域中，2013年，特区互联网金融发展的重点应该是第三方支付领域。如支付宝、余额宝、财付通、平安付等。移动支付作为个人网银的主要入口，将加速我国个人网银及手机银行的发展。

2. 无论是互联网金融，还是金融互联网，都难以形成一股独大的局面

理由是：

（1）互联网金融与金融互联网的差异不会完全消失。网络理财产品的出现之所以不能取代银行传统的理财产品，是因为网络理财产品的资金流入和流出具有闭环特性，以支付宝为代表的第三方支付，必须依赖传统银行账户而存在，并且，第三方支付市场的高速发展不仅不会带来银行理财业务的快速萎缩，反而有可能促进银行账户、信用卡用户的增加，并将经营的触角延伸到小银行经营网点难以触及的边远地区客户。

（2）并不是任何一家互联网企业都有资格经营金融业务。目前，对互联网企业经营金融业务有严格的资格限制，致使许多互联网企业处于有平台没有资格的状态。如全球在线交易平台 eBay 由于外资身份的关系，无法直接获得国内的小额贷款牌照，只有与特区金融企业合作，才能借道进入互联网金融。

（3）互联网企业与金融企业各有所长。互联网金融虽然对金融企业构成了一定的竞争压力，但金融企业仍然有其竞争优势：一是金融是一项专业门槛相对较高的领域，互联网企业并没有金融产品生产及创新的经验。二是金融是一个资金密集型行业，传统金融业的资金实力远远超过互联网企业。三是传统金融机构的实体网点众多，既可在线上经营，也可在线下经营。四是传统金融业随时可以调用央行的征信系统信息，而互联网企业只能依赖自有体系的内生数据。对于传统金融企业而言，最大的竞争劣势就是缺乏互联网思维。较为理想的做法就是支持各类信息技术公司和互联网企业发起或参与设立创新型互联网金融服务企业，支持互联网企业和银行、保险、证券等机构的融合与嫁接，不断创新金融服务产品；支持利用云计算、大数据等资源和平台，改变传统的依靠物理网点提供金融服务和产品销售的方式。

参考文献

[1] 刘煜辉：《中国式“影子银行”的风险》，《中国证券报》2012 年 11 月 30 日。
[2] 孙时联、郭峰：《新金融挑战传统监管思维》，《国际金融报》2013 年 7 月 24 日。
[3] 郭茂佳：《驳深圳发展潜力衰竭论》，《深圳大学学报》2013 年第 3 期。

B.9

中国经济特区文化产业发展报告

钟雅琴*

2012 年是中国文化产业发展的重要一年。从政策层面看，文化特别是文化产业发展及政策的完善受到党中央、国务院的高度重视。为了推动社会主义文化大发展大繁荣，努力建设社会主义文化强国，《国家“十二五”时期文化改革发展规划纲要》《文化科技创新工程纲要》《文化部“十二五”文化科技发展规划》《文化及相关产业分类 2012》等一系列与文化发展密切相关的规划政策于 2012 年相继出台。2012 年 11 月，党的十八大报告再次强调要“促进文化和科技融合，发展新型文化业态，提高文化产业规模化、集约化、专业化水平”。

从实践层面看，2012 年亦是中国文化又一轮大发展的启动之年，其中文化产业的逆势增长尤为引人注目。国家统计局公布的测算数据显示：2012 年我国文化产业法人单位实现增加值 18071 亿元，比上年增长 16.5%，比同期 GDP 现价增速高 6.8 个百分点；产业法人单位增加值与 GDP 的比值为 3.48%，文化产业对当年经济总量增长的贡献为 5.5%。[①]

统计数据表明，2012 年我国的文化产业发展实现了较快增长，在国民经济中的份额稳步提高，向国民经济支柱产业迈进。在全国文化，尤其是文化产业大发展的形势下，2012 年，中国经济特区文化及文化产业亦取得了长足进展。

---

* 钟雅琴，深圳大学文化产业研究院，博士后。

① 国家统计局：《2012 年我国文化及相关产业法人单位增加值 18071 亿元》，中华人民共和国国家统计局网站，http://www.stats.gov.cn/tjfx/jdfx/t20130826_402921959.htm，2013 年 8 月 26 日。

一　经济特区文化产业发展基本态势

（一）深圳经济特区

深圳市早在2010年就在国内率先提出“文化立市”的发展战略。2012年2月，深圳市召开“深圳市深入实施文化立市战略建设文化强市工作会议”，宣告从“文化立市”向“文化强市”发展战略迈进。此后，深圳市公布《中共深圳市委、深圳市人民政府关于深入实施文化立市战略建设文化强市的决定》，正式启动“文化强市”的发展战略，其主要建设目标是：“努力实现城市精神凝聚力更强、文艺精品创造力更强、公共文化服务力更强、文化产业竞争力更强、改革创新引领力更强、国际文化影响力更强，为当好推动科学发展、促进社会和谐的排头兵提供强大的精神力量和文化支撑。”[①]

2012年，深圳市高扬“空谈误国、实干兴邦”的理念，组织迎接党的十八大及学习宣传贯彻党的十八大和习近平总书记视察广东等重要讲话精神的系列活动。深圳在党的十八大召开前以“科学发展　辉煌成就”为主题，全面总结十六大以来党和国家走过的不平凡历程，并在全国率先推出纪念“南方谈话”发表20周年的宣传和评论。党的十八大召开后，深圳一方面制订印发《关于认真做好学习宣传贯彻党的十八大精神工作实施方案》，组织专家学者开展解读阐释和理论研究工作；另一方面，以市民文化大讲堂、百课下基层、深圳读书月等活动为载体，精心组织十八大精神基层宣讲。

同时，深圳“十大观念”在2012年大步走向全国。2010年，深圳经济特区建立30周年之际，深圳举办了深圳最有影响力的十大观念评选活动，评选出：①时间就是金钱，效率就是生命；②空谈误国，实干兴邦；③敢为天下先；④改革创新是深圳的根，深圳的魂；⑤鼓励创新，宽容失败；⑥深圳，与世界没有距离；⑦让城市因热爱读书而受人尊重；⑧实现市民文化权利；⑨送

① 《中共深圳市委、深圳市人民政府关于深入实施文化立市战略建设文化强市的决定》，《深圳市人民政府公报》2012年第21期。

人玫瑰，手有余香；⑩来了，就是深圳人等十大观念。2012 年，深圳“十大观念”经多家中央媒体采访、交流，走向全国，《深圳十大观念》被评为 2012 年“南国书香节”最受关注的十大图书之一，制作出版英文版《深圳十大观念》并举行外国读者座谈会。

深圳 2008 年被联合国教科文组织批准加入全球创意城市网络，成为中国首个“设计之都”。2012 年 12 月 7 日，由文化部与深圳市人民政府主办的“首届中国设计大展”在深圳开幕。这是深圳举办的规模最大的国家级综合设计展。“首届中国设计大展”既体现了中国设计的整体形象，也对深圳文化发展和产业升级具有深远影响。此外，2012 年深圳“创意一二月”以“创意为时尚　深圳更美丽”为主题举办了涵盖动漫游戏、演艺创作、工艺美术、工业设计等领域的 140 项活动，极大地丰富了市民的文化生活。

在文艺精品创作和重大文艺活动方面，深圳 2012 年有 4 部作品获中宣部“五个一工程”奖，包括歌曲《走向复兴》《迎风飘扬的旗》，动画片《熊出没》和电视剧《兵峰》。深圳音协合唱团获得 2012 中国星海国际合唱锦标赛之“星海杯大奖赛”混声合唱组金奖。纪录片《文明的故事》《腊湾舞者》《中国有个暑立里》荣获“金熊猫”国际纪录片亚洲制作奖、金鹰奖等多项荣誉。电视剧《心术》《金太郎的幸福生活》等在央视热播。舞蹈《竹蜻蜓》和《生》分获第八届中国舞蹈“荷花奖”当代舞组编导银奖及现代舞组作品银奖。宝安实验曲艺团创作的群口快板《好人的故事》获中国曲艺“牡丹奖”文学奖。福永杂技艺术团创作的《头顶倒立》和《单手顶技巧》获 CIRCUBA 国际夏季杂技节大赛金奖。其中《头顶倒立》中的“头顶蹦梯”和“头顶跳绳”两项动作打破吉尼斯世界纪录。

在群众文化活动方面，市民文化大讲堂、深圳读书月等经典文化品牌的含金量不断提高，第一朗读者、美丽星期天、剧汇星期天、戏聚星期六等一批文化活动日渐走向成熟。同时，公共文化服务体系在 2012 年亦日渐完善。深圳“图书馆之城”统一服务平台建设取得新进展，自助图书馆布点工作稳步推进，全市 172 家公共图书馆及 200 台自助图书馆实现一证通行、通借通还。外来青工文体节、新春艺术关爱活动等群众文化活动影响更加广泛。

在文化交流方面，深圳举办“深圳·香港创意艺术双周”活动，大规模集中引进香港演艺精品。同时组团参加各项港澳台文化交流活动，扩大深圳与港澳台地区及拉美、欧亚、非洲的文化往来，“全年共组派文体旅游交流推广组团92批585人次，其中演出团组7个329人次，创历史新高”[①]，进一步扩大了深圳文化的国际影响力。

（二）珠海经济特区

珠海市按照珠海市委、市政府建立“文化强市”和促进公共体育事业发展的方针政策，2012年不断加大对文化发展的投入，为珠海公共文化服务的提升提供了有力保障。

珠海市财政每年安排约3200万元资金用于保障珠海市各类公共文化场馆的免费开放和正常运营。珠海全市现已建成23个镇街综合文化站，总达标入级率达到100%，建成城市文化广场50多个、农家书屋241个。珠海广播电视覆盖率达100%，完成中央广播电视节目无线覆盖工作任务；建成珠海文化资源共享工程市级分中心，建成58个镇（社区）、村服务点，公共图书馆藏书量76万册，搭建了公共文化信息资源共享服务平台。

珠海市2012年完成1464场农村电影放映任务，极大丰富了农村基层群众文化生活，有效提升了公共文化服务均等化程度。同时，珠海市财政每年安排文物保护专项经费1000万元和非物质文化遗产专项资金200万元，加强对文化遗产的保护。从2011年起，珠海市将文艺精品资金从每年300万元增加到600万元，实施文艺精品工程，推进文化精品战略，打造珠海合唱节、珠海沙滩音乐派对、珠海民间艺术大巡游、珠海国际龙舟邀请赛等一批文化精品品牌。[②]

（三）厦门经济特区

厦门市2011年被文化部、财政部公布为全国第一批国家公共文化服务体系示范区创建城市，这成为厦门全市文化建设，特别是公共文化服务建设的良

① 《2012年深圳宣传文化建设十件大事》，《深圳商报》2013年1月25日。

② 《全市民生支出合计122.2亿元，占公共财政预算支出59.5%民生财政助力幸福珠海》，《珠海特区报》2013年1月21日。

好契机。

2012年，厦门市按照公共文化服务体系示范区创建标准，将“全面完成基层公共文化活动站（室、馆）建设”列入2012年为民办实事项目，将公共文化服务项目的购买纳入政府的购买清单，推动全市文化服务市场的形成，让市民得以享受更多更优质的免费公共文化服务。

厦门市以“温馨厦门”为主题，在全市近百个社区广场常年举办广场公益文艺演出，举办的“书香鹭岛活动月”活动已成为闽南地区乃至海西最具影响力的全民阅读文化品牌，极大丰富了群众日常文化和精神生活。同时，厦门市组织艺术专业人员深入偏远地区和农村建立艺术扶贫挂钩点，“形成新圩嫂子合唱团、金炳汉子拍胸舞、古宅孩子竖笛的翔安‘三子文化’农民文化品牌”①。

厦门市制订颁发《厦门市闽南文化生态保护实验区建设规划》，启动了14个“非遗”保护项目试点和市、区两级传习中心建设，加强对闽南文化遗产的保护、开发与利用。厦门市着眼培育厦门漆画艺术品牌，将发展漆画艺术作为厦门艺术发展的长远战略，厦门市美术馆建成后，成功举办了三届全国漆画展，并长期举办厦门漆画双年展。

（四）汕头经济特区

截至2012年底，汕头全市有各类专业艺术表演场所6个，艺术表演团体7个、全年演出1244场次、观众达140.93万人次。汕头市全市拥有文化馆和群众艺术馆8个、博物馆5个、档案馆10个、公共图书馆8个。其中，公共图书馆总藏量127.9万册，博物馆、档案馆等开放各类档案36053卷（件）。“广播人口覆盖率和电视人口覆盖率分别达到99.10%和98.30%。全年地方报纸发行量5460万份，邮局杂志发行量（具有全国统一刊号）233.32万份”②。

---

① 《厦门创建国家公共文化服务体系示范区工作创新亮点》，厦门网，http://news.xmnn.cn/a/xmxw/201308/t20130822_3459860.htm。

② 《2012年汕头国民经济和社会发展统计公报》，汕头市统计局官方网站，http://sttj.shantou.gov.cn/tjgb/20130509gb.html。

汕头市政府2012年大力推进汕头市公共文化设施建设。汕头市2012年政府十大为民办实事中的一项重要工作就是在全市建设11个综合文化站和338个行政村（社区）文化室，安排基层公共文化设施升级专项补助资金448万元。同时，汕头市制定《扶持规范社会力量举办公共文化设施的意见》，扶持和规范各种民间、社会力量投入文化场馆的建设，有效促进了汕头全市文化建设的进一步发展①。

（五）海南经济特区

海南省在2012年提出“把旅游岛建成文化岛”的目标，推进海南文化大发展，“走出一条‘大企业进入、大项目带动、高科技支撑、集约化发展’，民族民俗、海洋生态和现代时尚交相辉映的具有海南特色的文化发展之路”②

近年来，海南省不断加大财政投入，支持构建覆盖城乡的公共文化服务体系。2012年，海南省财政安排公共文化服务体系建设资金5.02亿元，比2011年增长17.65%。重点支持文化广播电视“村村通”、村（社区）文体活动室（文化广场）建设、农家书屋工程、文化信息资源共享工程、广播电视直播卫星“户户通”工程等文化惠民工程实施，保障群众基本文化权益。继续推进公益性文化设施向社会免费开放，提高基本公共文化服务水平。支持农村公益电影放映、文化惠民演出、农民体育健身和社会体育指导培训等农村文化建设，促进城乡文化一体化发展。支持县级及县级以上公益性文化、文物、体育、广播电视、新闻出版等单位基础设施建设，提升公共文化机构服务能力。推进基层公共电子阅览室建设和数字图书馆工程，加快公共数字文化建设。③

文化精品创作方面，原创歌舞诗《黎族故事》在第四届全国少数民族文艺会演中获剧目金奖（最高奖）、最佳编剧奖、最佳导演奖等11项大奖，创

① 《汕头市召开公共文化设施建设工作会议》，广东省文化厅公众服务网，http://www.gdwht.gov.cn/show.php?type=21&id=28601。

② 《多翼齐飞闯出文化繁荣新天地——2012年海南文化及相关产业发展报告》，海南省人民政府官方网站，http://www.hainan.gov.cn/hn/zwgk/tjdc/hntj/dcfx/201310/t20131008_1089702.html。

③ 《海南省财政2012年5.02亿元投向公共文化服务》，海口网，http://www.mof.gov.cn/xinwenlianbo/hainancaizhengxinxilianbo/201304/t20130409_813529.html。

海南省参演最好成绩；音乐剧《火凤凰》荣获国家舞台艺术精品工程资助剧目；琼剧《百年苍翠》参加全国优秀剧目展演。同时，组织举办首届海南省艺术节，艺术节共举行34台剧（节）目共计39场演出和3项展览展示活动，丰富和拓展了文化活动的形式与内容。

二　经济特区文化产业进展

（一）深圳经济特区

深圳市文体旅游局公布的统计数据显示，2012年深圳市文化产业实现产业增加值1150亿元，同比增长25%，占全市GDP比重达9%。其中，文化软件、动漫游戏、新媒体及文化信息服务业等以数字内容为核心的产业，平均增速近30%，保持了高水平增长。① 深圳市文化产业经过前一阶段的积累，目前全市拥有文化产业企业4万余家，文化产业从业人员约90万人，文化产业产品和服务年度出口额近30亿美元。

从产业内部行业的分布来看，2011～2012年深圳文化企业百强企业中，文化软件、新媒体及文化信息服务企业占27家，高端印刷企业20家，创意设计企业16家，高端工艺美术企业16家，动漫游戏企业7家，新闻出版发行服务企业6家，文化旅游及其他业态企业5家，广播电视电影演艺服务企业3家，呈现出业态均衡、优势突出的产业特点。

同时深圳文化产业园区的集聚效益日渐凸显。2012年，深圳市文化产业园区营业收入高达560亿元，实现纳税38亿元。华侨城集团、雅昌企业集团、腾讯、华强文化科技、大芬油画村、深圳古玩城等一批文化产业园区集中体现了深圳文化产业发展中“文化+科技”“文化+旅游”的特色，涵盖了深圳文化产业发展的重点行业领域，具有较好的成长性和可持续发展能力。

---

① 《2012年深圳文化产业统计数据》，深圳市文体旅游局官方网站，http://www.szwtl.gov.cn/engine/gettemplate.jsp?temp_Id=47&guid=%7BCB5B2D36-FFFF-FFFF-D55D-40C400000035%7D。

（二）珠海经济特区

近年来，珠海文化产业快速发展，已初步形成创意设计、数字内容、影视娱乐、现代传媒、文化产品制造和艺术品原创服务等六大文化产业重点发展领域。同时，中国国际航空航天博览会、珠海国际赛车节、珠海国际半程马拉松赛、国庆沙滩音乐派对、元宵节民间艺术大巡游、珠海文化大讲堂等文化品牌日渐凸显。珠海市 2012 年实现文化产业投资 63.82 亿元，同比增长 58.5%①

2012 年，随着《珠江三角洲地区改革发展规划纲要》的实施，横琴新区、港珠澳大桥、高栏港经济开发区等多个引擎的启动，珠海文化产业迈入集群化发展的新阶段。一批重点产业园区建设进入实质性推进阶段。其中，珠海南方影视文化产业基地占地 5000 亩，建设资金由原来的 50 亿元追加到 150 亿元，将制作、创作、旅游三大文化产业元素贯穿其中，通过开放式的社区设计，打造了一个集影视拍摄、文化商业、商务办公、教育培训、文化演艺、休闲度假于一体的新型影视产业园，使珠海成为一个有生命力的电影城市。

（三）厦门经济特区

厦门市统计局公布的统计数据表明，2012 年，厦门市文化产业发展继续呈现良好态势，“全市从事文化产业单位 11214 个，主营收入 859.48 亿元，从业人员 20.23 万人，实现增加值 217.03 亿元，比上年增长 20.1%，占全市地区生产总值的 7.7%，比上年提高了 0.6 个百分点”。②

厦门市文化产业发展中，创意及设计产业的表现尤为突出。截至 2012 年，厦门全市从事创意及设计的法人单位共计 1995 家，主营收入 57.47 亿元，实现增加值 42.0 亿元，占全市文化产业增加值的 19.4%。其中，以凤飞服饰设计公司、合道工程设计公司、佰地建筑设计公司等企业为代表的设计业增加值达到 21.1 亿元，占创意及设计产业的 50.3%；以唐码博美广告公司、东帝士

---

① 《加大文化产业投入　建设广东文化强省》，广东统计信息网，http://www.gdstats.gov.cn/tjzl./tjfx/201306/t20130617_122580.html。

② 《2012 年厦门市创意及设计产业分析》，厦门市统计局官方网站，http://www.stats-xm.gov.cn/zfxxgk/zfxxgkml/tjsjzl/tjfxzl/tjfx/201307/t20130705_22603.htm。

广告公司、福建希望文化传播公司等企业为代表的广告业增加值10.9亿元，占创意及设计产业的25.9%；以青鸟动漫公司、吉比特网络技术公司、四三九九网络公司等为代表的动漫网游业增加值10.0亿元，占创意及设计产业的23.8%。

此外，厦门市2012年加大推进文化产业与金融领域的合作力度，落实《厦门市深化两岸交流合作综合配套改革试验总体方案》《厦门市"十二五"文化产业发展专项规划》等政策要求，深度挖掘文化产业的金融服务需求，创新符合文化产业与文化企业特点的金融产品和服务模式。"截至2012年末，厦门市十大重点文化产业贷款余额24.72亿元，同比增长108.59%，增速比上年同期提高105.57个百分点。"① 文化产业中长期贷款所占比重显著提高，81.69%的贷款集中于文化会展业、演艺娱乐业与工艺美术业三大领域。

（四）汕头经济特区

2012年，汕头光盘音像、包装印刷、动漫玩具三大文化产业实现总产值375亿元，占汕头八大支柱产业产值的24.4%。其中，"音像材料生产企业实现工业产值19.4亿元，同比增长6.2%；印刷包装企业实现工业产值115.9亿元，同比增长11.9%；工艺玩具生产企业实现产值239.7亿元，同比增长35.6%。全市涌现出了奥飞动漫、星辉车模、骅威股份、群兴玩具、东方印刷等5家文化企业上市公司。文化产业已成为汕头闪亮的城市名片"。② 汕头市2012年实现文化产业投资88.23亿元，文化产业投资总量仅次于广州，列广东全省第2位。③

汕头市目前已经形成具有自身特色的较为完整的文化产业体系，初步形成了潮阳光盘音像、澄海动漫玩具、金平和龙湖包装印刷等三大区域性优势产业。其中，广东奥飞动漫文化股份有限公司被文化部授予国家文化产业示范基地，是汕头市首个国家级文化产业基地。汕头东风印刷股份有限公司的"印

① 《厦门市中心支行引导金融支持文化产业显成效 2012年厦门市文化产业贷款翻番》，http://xiamen.pbc.gov.cn/publish/xiamen/2807/2013/20130130092452494122694/201301300924524941226 94_.html。

② 《汕头优势文化产业集群生机勃勃》，大华网，http://www.dahuawang.com/gundong/showfirst1.asp?CNo=1101&id=67691。

③ 《加大文化产业投入 建设广东文化强省》，广东统计信息网，http://www.gdstats.gov.cn/tjzl../tjfx/201306/t20130617_122580.html。

刷品 VOC 残留量控制技术开发及应用”项目 2012 年成功入选新闻出版总署新闻出版改革发展项目库。此外，潮阳光盘产业园区、潮南文具产业园区、澄海动漫玩具创意产业园区、龙湖金平印刷产业园区等四大文化产业园区作为汕头市文化产业重点建设项目正在统筹规划、推动建设。

（五）海南经济特区

海南省文体厅公布的数据显示，海南省 2012 年文化产业取得了长足进展，成果显著，全省文化产业增加值突破 100 亿元大关，同比增长 60%，① 增长幅度居全国前列。

2012 年，海南省制订了《“十二五”文化发展规划》政策，《规划》指出，“落实全岛一体化发展战略，倾力打造海口、三亚两大文体产业带，充分发掘建设中西部少数民族地区特色文体产业群，为加快文化产业发展指明了方向，推动了全省文化产业持续健康发展”。②

海南省文化产业 2012 年以促进文化旅游的发展，助推海南国际旅游岛建设。亚龙湾热带天堂森林公园、槟榔谷原生态黎苗文化旅游区、呀诺达热带雨林旅游区等文化品牌示范效应日渐凸显。规模化文化产业园区发展迅速，形成了“国际旅游岛先行试验区、海南国际创意港、海南生态软件园、海南动漫产业基地四大产业集群，释放出经济与社会双重效益。海南三道圆融旅业有限公司、三亚市天涯海角旅游发展有限公司获第五批国家文化产业示范基地称号”。③ 文化服务业发展势头强劲，“2012 年，省直院团演出收入达 1282 万元，全省电影票房 1.19 亿元，有线电视收入 3.6 亿元，广播电视播出机构收入 7.54 亿元，新华书店系统图书销售码洋达到 6.4 亿元，均创历史新高”。④ 此

① 《海南 2012 年文化产业破 100 亿元 增幅居全国前列》，新华网，http://news.xinhuanet.com/local/2013－01/24/c_ 114478234.htm。

② 《海南 2012 年文化产业破 100 亿元 增幅居全国前列》，新华网，http://news.xinhuanet.com/local/2013－01/24/c_ 114478234.htm。

③ 《海南 2012 年文化产业破 100 亿元 增幅居全国前列》，新华网，http://news.xinhuanet.com/local/2013－01/24/c_ 114478234.htm。

④ 《海南 2012 年文化产业破 100 亿元 增幅居全国前列》，新华网，http://news.xinhuanet.com/local/2013－01/24/c_ 114478234.htm。

外，为拓宽文化企业投融资渠道，海南省文体厅先后与国家开发银行、金桥担保公司签署合作框架协议，积极加速筹建文化产业发展基金，不断拓宽文化产业融资渠道。

三 经济特区文化产业发展研判与建议

（一）经济特区文化产业发展总体特征

1. 文化发展已成为城市发展的重要内容

经济特区的建设最初着力于城市经济发展水平的提升。在经济特区建设较长的历史阶段，文化长期处于城市建设发展的边缘地位，“文化搭台，经济唱戏”的模式更是一段时期各地发展的主要形态。然而近年来，随着经济特区生产力水平的整体较大提升，人们生活水平的提高，产业发展转型升级的需求，文化发展日渐成为城市满足人民日渐增长的文化需求，实现城市可持续发展，提升城市形象，打造城市品牌的重要内容。联合国教科文组织曾提出“发展最终应以文化概念来定义，文化的繁荣是发展的最高目标”，这一变化在2012年各地文化发展的现实中得到了切实体现。

2. 以文化产业为引擎的文化发展模式日渐形成

经济特区经济社会转型对文化发展提出了全新要求。要将满足人民群众日益增长的文化需求与城市转变经济发展方式、调整产业结构统一起来，大力发展文化产业便是其中要义。文化产业作为21世纪新兴的低污染、低投入、高产出、经济社会效益良好的朝阳产业，具有其他产业不可比拟的特殊性及优越性。因而，越来越多的城市选择以发展文化产业为引擎，带动文化整体发展的城市文化发展模式。以经济特区2012年文化发展态势而言，文化产业的发展无一例外进展顺利，成为各地文化发展的重要动力机制。

3. 以提供高水平、均等化公共文化服务为重要目标

文化发展有其特殊规律。文化发展不可一味地把文化作为工具或商品，必须把文化视为文化，把文化作为人类精神价值的体现和人的全面发展的需求，才能保证文化的健康有序发展。因此，各地在大力推进文化产业发展的同时，

加大投入力度，推动各项公共文化服务事业的建设，保证人民基本文化权利的实现，不断丰富公共文化服务的内容，提升公共文化服务的水平。

（二）经济特区文化产业发展建议

1. 鼓励创新，驱动文化产业发展繁荣

以创新驱动发展是近年来城市转型发展过程中人们形成的普遍共识。以文化的发展繁荣而言，尊重创新、鼓励创新显得尤为重要。经济特区作为我国改革开放的先锋，今后也是知识型社会、创新型社会形成的重要试验区，因此，在全社会形成推崇创新、鼓励探索、尊重和保护多元文化的良好文化氛围，对下一阶段各地的文化发展尤为重要。无论是在文化产业还是公共文化服务的发展过程中，保护知识产权、创新发展模式、拓宽发展路径，都需要不断开拓，释放创造力。

2. 完善机制，保证文化产业发展进程

多年来，文化体制改革一直是文化发展的重要议题与现实瓶颈。基于我国文化发展的特殊历史和现实，为保证下一阶段文化发展顺利进行，需大力度理顺体制、完善机制。具体而言，既需要合理确定文化行政管理部门的职责，加强部门协作，又要理顺政事、政企关系，做到职能分开、机构分设、财务分离。只有理顺文化行政管理部门与企业、中介组织的关系，才能更好地为包括文化产业在内的文化发展创造必要的环境和提供政策支持。

3. 先行先试，探索文化产业发展模式

如何在当前复杂的文化环境下，促进文化健康有序发展是我们在新形势下面临的新问题。不断涌现的新兴文化现象、文化产业新业态，既丰富了文化现实，又对文化发展提出了新要求。经济特区在近年的文化发展中先后拓展出“文化 + 科技”“文化 + 旅游”“文化 + 金融”等文化发展模式，在全国文化发展中走在了前列。下一阶段，经济特区需要继续秉持先行先试的精神，抓住文化发展的新机遇，大胆探索文化发展的新方法、新路径、新模式。

特区发展分述报告

Reports on the Special Economic Zones

B.10

深圳经济特区发展报告*

伍凤兰　潘凤**

深圳是中国最早成立的经济特区之一，同时也是办得最好、影响最大的经济特区。改革开放三十多年来，深圳以敢为天下先的精神，以勇气、锐气和智慧，在特区经济社会发展、制度顶层设计、精神文明建设等诸多方面取得了巨大的成绩。2012 年，在世界经济复苏明显放缓和国内经济下行压力加大的复杂严峻经济环境下，深圳市围绕科学发展主题和加快转变经济发展方式主线，以“深圳质量”为标杆，加快产业的转型升级，推进社会建设，努力改善民生，其总体经济依然保持平稳良好运行态势。

* 深圳市“十二五”规划课题（125B056）成果。

** 伍凤兰，深圳大学经济学院副教授、博士。潘凤，深圳大学中国经济特区研究中心博士研究生。

一 深圳经济社会发展概况①

（一）经济总量有所突破

2012年，深圳市全年本地生产总值12950.08亿元，比上年增长12.6%（见图1）；全市年末常住人口1054.74万人，而人均可支配收入达到了40742元，比上年增长11.6%。2012年，全市生产总值突破2000亿美元，这意味着全市的经济总量开始迈进两千亿美元级城市行列。除此以外，2012年，深圳市经济发展效益在三个方面居国内大中城市的首位，即人均GDP超过1.9万美元，每平方公里产出超过1亿美元，每平方公里产生的全口径公共财政收入超过2.25亿元。

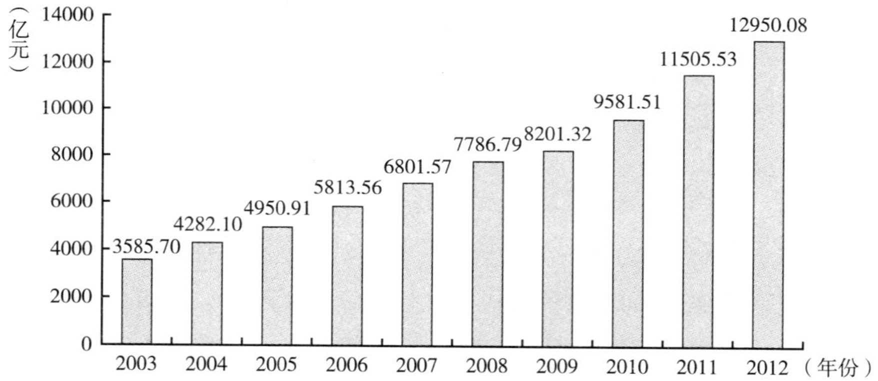

图1 深圳市2003～2012年GDP情况

（二）产业结构继续优化

1. 第三产业比重继续上升

2012年，深圳市第一产业增加值5.56亿元，第二产业增加值5737.64亿

① 以下数据来源于《2013年深圳统计年鉴》、《2012年深圳市国民经济和社会发展统计公报》，http：//www.sztj.gov.cn/xxgk/tjsj/tjgb/201304/t20130412_2127275.htm。

元，第三产业增加值 7206. 88 亿元。其中，第一产业增加值占全市生产总值的比重仅为 0. 043%，第二和第三产业增加值占全市生产总值的比重分别为 44. 3% 和 55. 7%（见图 2）。

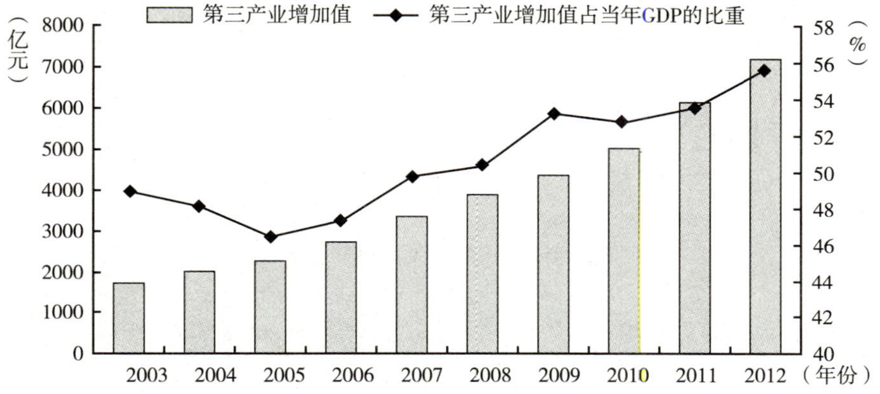

图 2　深圳市 2003 ~ 2012 年第三产业增加值及占当年 GDP 比重变动情况

在第三产业中，交通运输、仓储和邮政业增加值 471. 99 亿元，比上年增长 7. 2%；批发和零售业增加值 1465. 74 元，比上年增长 13. 5%；住宿和餐饮业增加值 254. 37 亿元，比上年增长 4. 9%；金融业增加值 1721. 12 亿元，比上年增长 13. 3%；房地产业增加值 1130. 31 亿元，比上年增长 15. 8%。由此可见，随着深圳市经济的增长，第三产业比重日益增加，行业分布日趋均衡，并且增加值超过了第二产业。深圳市对第三产业的需求增长进一步加快，使得第三产业保持着较快的增长势头，这有助于调整产业结构，推动深圳市良好就业机制的形成。

2. 支柱产业支撑作用提升明显

2012 年，四大支柱产业中，金融业增加值 1721. 12 亿元，比上年增长 8. 2%，占经济总量的 13. 3%；物流产业增加值 470. 96 亿元，比上年增长 7. 4%，占经济总量的 3. 6%；文化产业增加值 102. 87 亿元，比上年增长 8. 8%，占经济总量的 0. 8%；高新技术制造业增加值 2955. 44 亿元，比上年增长 8. 9%，占经济总量的 22. 8%（见图 3）。

3. 战略性新兴产业增长迅速

2012 年，深圳市积极推动战略性新兴产业发展，其中生物产业增加值

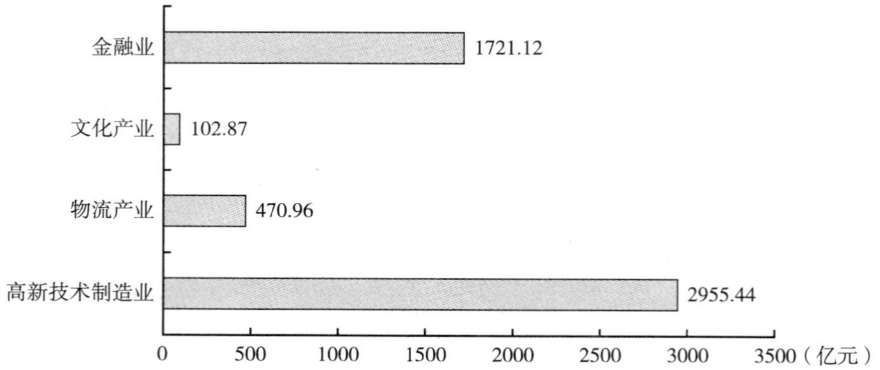

图3　2012 年深圳四大支柱产业增加值

205.03 亿元，比上年增长 17.2%；互联网产业增加值 356.91 亿元，比上年增长 22.6%；新能源产业增加值 325.26 亿元，比上年增长 19.8%（见表 1）。初步推算，2012 年，深圳重点扶持战略性新兴产业项目 2000 多个，六大战略性新兴产业总体增速为经济增速的 2 倍以上。深圳战略性新型产业基地集聚区建设加快推进，23 个基地集聚区的规划全面启动，第一批 9 个基地进入建设阶段。

表 1　2012 年深圳市战略性产业情况统计

指标名称	全年累计值(亿元)	比上年增长(%)
1. 生物产业增加值	205.03	17.2
2. 互联网产业增加值	356.91	22.6
3. 新能源产业增加值	325.26	19.8

（三）投资、消费继续推动经济增长

1. 固定资产投资平稳增长

2012 年，深圳市固定资产投资 2314.4 亿元，比上年增长 12.3%（见表 2）。其中，民间投资 1037.8 亿元，民间投资占整体固定资产投资的比重为 44.8%，比上年增长 9.72%。随着政府投资活动减少，民间投资出现高速增长，市场中的投资主体呈现出不断优化趋势。

表 2　2011 年、2012 年深圳市固定资产投资情况

单位：亿元，%

类别	2011 年		2012 年	
	绝对值	同比增长	绝对值	同比增长
全社会固定资产投资	2060.92	2.63	2314.4	12.30
第一产业投资	0.06	-99.91	3.85	6316.67
第二产业投资	473.48	-1.53	487.08	2.87
第三产业投资	1587.38	8.49	1823.5	14.87

2. 消费市场总体平稳

2012 年，深圳市社会消费品零售总额 4008.8 亿元，比上年增长 13.9%（见图 4）。全年商品销售总额 14657.78 亿元，比上年增长 22.1%。在十大类商品销售中，书报杂志、汽车类销售、家用电器和音响器材类下降，其余均呈不同程度的增长，分别是：服装鞋帽类增长 6.1%；通信器材类增长 36.4%；金银珠宝类增长 32.6%；文化办公用品类增长 62.6%；日用品类增长 39.4%；食品饮料烟酒类增长 15.9%；体育娱乐用品类增长 7.5%。

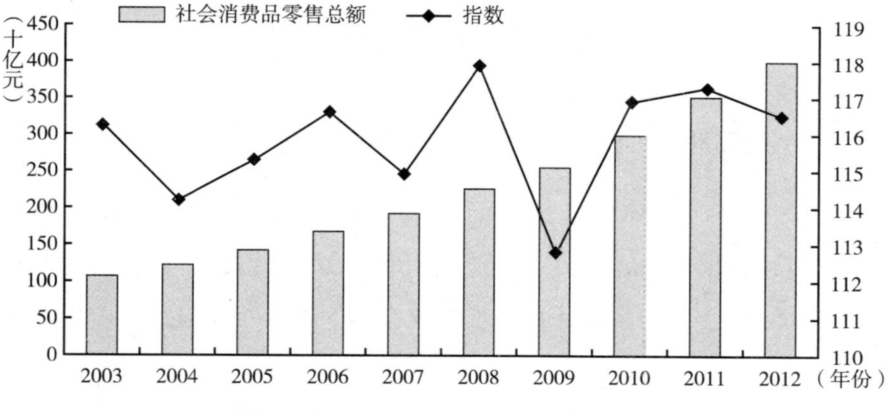

图 4　深圳市社会消费品零售总额及指数

（四）居民收入稳步提高

600 户居民的家庭抽样调查资料显示，2012 年，深圳市全年人均可支配收入 40741.88 元，比上年增长 11.6%；在岗职工年平均工资 59010 元，同比增长7.01%。其中，恩格尔系数为36.3%。2012年，深圳市居民收入稳步提高，人民生活水平不断提升。最低工资标准和最低生活保障标准分别提高到每月1500元和560元，均居全国前列。就业形势平稳，全年新增就业人数9.94万人。社会保险覆盖面继续扩大，外来务工人员纳入失业保险保障范围。保障性住房供应力度加大，开工建设3.8万套，超出全年目标0.3万套，竣工1.8万套，提供2.39万套。如图5所示。

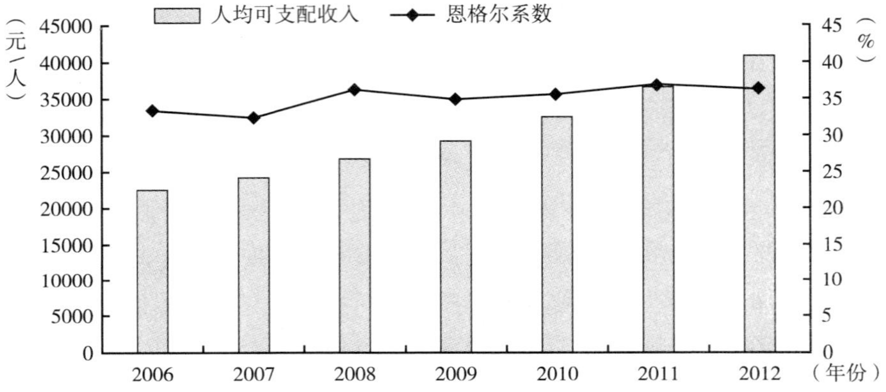

图5　2006～2012年深圳市居民收支情况

（五）外贸进出口发展平衡，结构不断优化

2012年，深圳市外贸进出口总值达4668.3亿美元，比2011年增长12.7%；其中，出口总值2713.6亿美元，增长10.5%；进口总值1954.7亿美元，增长15.9%。进口增幅比出口增幅仅高出5.4个百分点，外贸发展更加平衡。

深圳市的外贸出口总额在全国大中型城市中连续保持领先，同时外贸进出口三项金额指标值均保持占全国的十分之一以上。随着外贸发展方式转变战略深入落实，深圳市外贸发展质量得到进一步提升。全市加工贸易进出口累计2394.2亿美元，增长4.9%，占同期全部进出口总值的51.3%。其中加工贸易出口累计1439.6亿美元，增长3.8%，均低于同期全市外贸进出口和出口增速7.8个百分点和6.7个百分点。其中，进料加工出口增速高于来料加工出口 28.9 个百分点，特别是全市服务贸易出口增长 37.6%，是出口整体增速的 3.5 倍。

（六）财政金融运行稳定

2012 年深圳市的公共财政收入达到 4502 亿元，同比增长 11%；其中地方公共财政预算收入 1482.08 亿元，同比增长 10.6%（见表 3）。全市财税收入连续 32 年收支平衡、略有盈余，实现有质量的稳定增长。

表 3　2008～2012 年深圳财政收入情况

单位：亿元

项目	2008 年	2009 年	2010 年	2011 年	2012 年
地方公共财政预算收入：	800.36	880.82	1106.82	1339.57	1482.08
1. 税收	763.02	823.22	991.98	1195.14	1329.98
增值税	129.14	143.47	161.08	163.96	187.55
营业税	291.19	312.48	350.6	396.36	421.02
企业所得税	150.78	158.47	214.48	252.89	269.73
个人所得税	91.1	92.58	111.68	134.88	139.12
2. 非税收收入	37.34	57.6	114.84	144.44	152.1
专项收入	16.69	18.04	19.29	32.87	38.26
行政事业性收费收入	9.73	14.62	39.45	56.58	39.85
罚没收入	6.34	13.39	16.07	24.52	20.9

2012 年末国内金融机构人民币存款余额 25910.24 亿元，比年初增长 13.7%；国内金融机构人民币贷款余额 17305.47 亿元，比年初增长 10.1%；2012 年末全部金融机构本外币各项存款余额 29662.40 亿元，比年初增长 18.2%；金融机构本外币各项贷款余额 21808.34 亿元，比年初增长 13.3%。全市金融机构总资产近万亿元，新引进 6 家金融总部机构。各层次资本市场建设有序推进，深圳证券交易所全年新增上市企业 129 家，继续排名全球第一。新注册股权投资企业 1450 家，注册资本超过 800 亿元。

（七）教育文化和医疗卫生等基本公共服务水平有所提升

教育事业蓬勃发展，全年新增幼儿园学位 2.2 万个，义务教育学位 1.55

万个；普高学位7750个，超过计划目标1000个。

2012年末全市各级各类学校总数达1856所，比上年增加99所；毕业生34.64万人，招生数44.27万人，在校学生数151.84万人，分别增长11.2%、4.2%和5.8%。年末全市有幼儿园1186所，增加93所；在园幼儿31.69万人，增长11.1%。有小学333所，减少1所；在校学生68.31万人，增长4.9%。有普通中学302所，增加3所；在校学生35.96万人，增长3.7%。学龄儿童入学率和小学毕业生升学率均保持在100%，初中毕业生升学率75.7%。全年普通高等学校10所，招生2.58万人，增长12.6%；毕业生1.83万人，增长0.1%；在校学生7.56万人，增长8.0%。

医疗服务水平进一步提高，2012年末全市有卫生医疗机构2008家，比上年增加154家，其中医院115家，增加5家。卫生机构拥有床位27984张，增长16.2%，其中医院病床26124张，增长17.0%。全市有卫生技术人员61961人，增长6.7%。全年各级各类医疗机构完成诊疗量8638.03万人次，其中处理急诊686.85万人次。入院人数105.42万人，增长9.6%，病床使用率85.8%。全市3~69岁年龄段体质综合评定达到合格以上标准的比例达89.9%。

（八）资源消耗总量有所降低

2012年，深圳市用水总量下降0.61%，汽柴油销售量下降1.79%，制造业用电量下降1.06%。这说明深圳市转变经济发展方式取得了阶段性突破，实现了以更少的资源消耗和更小的环境代价推动更有质量、更可持续的经济增长。同时，深圳市万元GDP能耗下降4.25%，万元GDP水耗15立方米，下降11.7%，提前三年完成“十二五”规划目标。化学需氧量、氨氮、二氧化硫和氮氧化物排放总量下降超额完成年度计划目标。

二　深圳经济特区的新发展与可持续发展

（一）前海合作区的开发

前海地区位于深圳市南山半岛西部，面积14.92平方公里，包括南头半岛西部、宝安中心区，紧邻香港国际机场和深圳机场两大空港，拥有覆盖华南沿海数十个港口的公共驳船快线，汇聚了多条高速、快速路及12条轨道交通线，具有良好的海陆空交通条件和突出的综合交通优势。

前海的功能主要定位为现代服务业体制机制创新区，重点发展金融、现代物流、信息服务、科技服务及其他专业服务四大产业。计划到2020年，前海要建成国际一流、基础设施完备的现代服务业合作区，具备适应现代服务业发展需要的法律环境和体制机制，形成辐射能力强、国际化程度高、结构合理的现代服务业体系，聚集一批具有世界影响力的现代服务业企业，成为有重要影响的航运服务基地、供应链管理中心和国际贸易平台。

2012年6月27日国务院正式批准支持前海实行开发开放先行先试政策。先试先行政策分别在财税优惠、金融创新、人才特区、法制建设以及医疗、教育、电信等方面形成支持前海开发开放的政策框架体系，这进一步为前海提供了有利于营造现代服务业快速集聚发展的政策环境，给前海开发开放和深港两地紧密合作、融合发展提供了强大助推力，使得前海开发迎来了大提速、大开发、大发展的历史机遇。

1. 前海湾保税港区发展势头良好

前海湾保税港区于2008年10月18日经国务院批准设立，2009年7月10日通过验收，2009年底正式封关运作。前海湾保税港区位于深圳港西部港区，规划控制面积3.71平方公里，已经运作面积1.176平方公里，包括港口作业区和物流园区两部分，其中港区内拥有3个10万吨级泊位。目前保税港区已经建成投入使用的仓库有6个，建筑面积约26万平方米，其中保税冷库约1.2万平方米。

前海湾保税港区享有国家有关保税港区的一系列特殊优惠政策，同时享受前海现代服务业示范区的相关优惠政策，它具有保税区、出口加工区和保税物流园区“三区合一”的功能叠加优势和“港区联动”的特殊区别优势。作为前海合作区的重要组成部分和先行启动区、核心功能区，前海湾保税港区是前海通向全球市场的重要桥梁。

前海保税港区自投入运营以来，其发展势头良好，各项业务迅猛发展，形成了以出口集拼、离岸配送中心、全球/区域配送中心、出口转内销为核心，覆盖一般贸易、国际中转、转口贸易、采购分销、一日游等多种类型的业务模式。根据海关的统计数据，经过3年的发展运作，累计监管货运量3340万吨，进出口总值约165亿美元，入库税款逾45亿元人民币，集装箱吞吐量510万标箱。

目前，在前海保税港区内实际开展业务的企业共89家，其中世界500强经营企业42家，一些大型国际物流企业也逐步将发展重心转移到前海片区，相继建立了采购、设计、研发、营销、展示等高端供应链服务中心。例如，前海保税港区已经吸引了DHL、NYK、APL等众多国际顶尖物流企业进驻，服务的客户包括卡西欧、飞利浦、宜家、东芝等多个世界五百强企业。

2.《前海深港现代服务合作区综合规划》获得通过

2012年2月，深圳市政府常务会议通过了《前海深港现代服务合作区综合规划》，该规划分别从产业布局、活力水城、单元开发、公共设施、综合交通、环境保护等方面，对前海合作区进行了综合规划。规划提出要以“前海水城”为核心理念，坚持生态、活力、健康、可持续的先进城市发展理念，以产城融合的城市发展模式，将前海合作区建设成为具有国际竞争力的现代服务业区域中心和现代化国际化滨海城市中心。

按照规划，前海合作区总用地面积1492公顷，即由月亮湾大道、双界河、妈湾大道和海滨岸线所围合的区域组成，总建设规模2600万至3000万平方米，其中2600万平方米为基准规模，3000万平方米为上限规模。辐射区域包括前海湾片区的前海合作区、宝安中心区、大铲湾港区（含后方陆域），总用地面积约3240公顷。

根据该项规划，前海合作区将构建“三区两带”的城市规划结构。“三区”是指桂湾片区、铲湾片区和妈湾片区，三个片区的产业发展各有侧重。其中，妈湾片区用地面积是桂湾的两倍多，重点发展航运服务、供应链管理、现代物流、创新金融及其他专业服务业等产业，打造具备区域生产组织中枢和国际供应链管理中心功能的保税港片区；桂湾片区虽然面积最小，但却是前海的“金融峡谷”，重点发展金融、信息、贸易、会计等生产性服务业，吸引企业总部集聚，是集中展示前海形象的核心商务区。根据规划，桂湾片区将安排一组标志性的超高层建筑簇群，统领整个前海湾区，并成为景观视线焦点，打造深圳滨海城市中心的新地标；铲湾片区比桂湾片区略大，除了发展科技及信息服务等生产性服务业外，重点是承接其他两个片区的功能拓展，安排教育、医疗、文化等在内的公共服务业。“两带”是指滨海休闲带和综合功能发展带，滨海休闲带连接三大片区，承载城市文化、休闲和公共服务等功能，形成集生态、景观、文化于一体的高品质滨海公共活动带。

另外，规划中明确提出，前海应大量运用新能源，实施废弃物管理，建设低碳生态示范区。规划对土地整备、固定投资和公共交通等方面都提出了建设时序安排，鼓励使用太阳能光热、太阳能光电等技术，可再生能源利用率要达到5%；绿色建筑比例和大型公共建筑能耗监测覆盖率都要达到100%。非传统水资源供给景观、绿化、冲厕、市政杂用等的利用率达到15%以上。

3. 金融改革创新先试先行

前海是我国现代服务业对外开放的战略平台，也是深圳面向未来产业发展的战略重点，具有独特的区位优势、良好的发展基础、广阔的经济腹地和雄厚的产业支撑。而金融业作为前海合作区产业发展的重中之重，对于中国金融业的改革发展具有深远意义。

2012年6月27日，国务院通过深圳前海金融改革创新先行先试政策。其中第二条，特别提到支持前海在金融改革创新方面先行先试，建设我国金融业对外开放试验示范窗口，并做了如下的具体说明：

（1）允许前海探索拓宽境外人民币资金回流渠道，配合支持香港人民币离岸业务发展，构建跨境人民币业务创新试验区。

（2）支持设立在前海的银行机构发放境外项目人民币贷款；在《内地与香港关于建立更紧密经贸关系的安排》（CEPA）框架下，积极研究香港银行机构对设立在前海的企业或项目发放人民币贷款。

（3）支持在前海注册、符合条件的企业和金融机构在国务院批准的额度范围内在香港发行人民币债券，用于支持前海开发建设。

（4）支持设立前海股权投资母基金。

（5）支持包括香港在内的外资股权投资基金在前海创新发展，积极探索外资股权投资企业在资本金结汇、投资、基金管理等方面的新模式。

（6）进一步推进前海金融市场扩大对香港开放。支持在CEPA框架下适当降低香港金融企业在前海设立机构和开展金融业务的准入条件。

（7）根据国家总体部署和规范发展要求，支持前海试点设立各类有利于增强市场功能的创新型金融机构，探索推动新型要素交易平台建设，支持前海开展以服务实体经济为重点的金融体制机制改革和业务模式创新。

（8）支持香港金融机构和其他境内外金融机构在前海设立国际性或全国性管理总部、业务运营总部，加快提高金融国际化水平，促进前海金融业和总部经济集聚发展。

在国家推进金融市场化改革政策下，前海稳步推进利率、汇率市场化，加快人民币国际化的进程。在金融开放创新方面，前海已迈出了坚实的步伐，主要体现在跨境人民币贷款、内地企业赴香港发行人民币债券、设立股权投资母基金和降低香港金融机构准入门槛等方面先行先试政策已顺利实施，并取得了积极成效。比如，在全国率先开展跨境人民币贷款，合同备案贷款总额已达72.5亿元；前海股权投资母基金正式获批，可以在香港募集人民币资金。而接下来，深圳前海还将会进一步争取中央金融监管机构的支持，着力在个人跨境投资业务创新试点、新型金融机构设立、金融产品服务创新、鼓励民间资本和境外资本进入等方面取得新的突破。

4. 招商引资初显成效

在招商引资方面，前海管理局确定了“坚持高端引领、注重项目品质、关注企业软实力”的招商引资基本原则，以高端引领、集约发展的理念来优选项目。其中，设置了项目入区、政策适用和用地选择三个门槛，对入区项目和企业进行严格筛选。

根据前海管理局的招商引资定位，招商引资的项目特点主要体现在：一是“高端引领”。前海招商拟注册资金超过1亿元的项目共35个，拟注册金额共计272亿元，占所有批复项目拟注册金额的97%；而拟注册资金超过10亿元的项目共8个，拟注册金额共计205亿元，占所有批复项目拟注册金额的73%。二是金融类项目一枝独秀。在所有项目中，金融类有70个，金融类项目占总项目数的82%，拟注册金额占到95%。三是入区项目创新性强，比如腾讯超级电子商务平台、太平电子商务项目、百利建高端商品交易中心、同创伟业私募股权投资基金、前海金融资产交易所等多个有创新性和引领性项目的入驻，可为前海践行特殊政策提供优质载体和平台。

正是凭借这种创新的管理体制、先行先试的政策环境和透明高效的企业服务，前海吸引了大批具有引领性和创新性的企业落户。据统计，截至 2012 年第三季度，深圳市前海管理局共批复入区项目 85 个，拟注册企业 111 个，项目拟注册金额总计 279.5 亿元。其中，包括汇丰银行、DHL、日本瑞穗实业银行等 19 家世界 500 强企业签署了合作意向书，意向金额达人民币 95 亿元。

在“宁缺毋滥”的工作思路引导下，前海目前已经储备了 197 个项目，与 78 家世界 500 强企业建立了稳定的关系，24 家企业已经完成注册登记，注册资本总额共计 61 亿元。同时，前海人寿、前海股权交易中心、前海金融资产交易所、深圳石化交易所等一批创新型企业和项目先后挂牌运作，一批重大创新项目也正在抓紧谋划推进。这些重大创新项目对于今后前海大规模开发建设，启动大规模招商无疑是一个很好的开端。

5. 人才政策先试先行

深圳近年发展面临的瓶颈之一就是人才瓶颈，因本土高校匮乏，现有人口结构失衡，产业升级的节点，困扰成结，前行步伐被束缚。前海人才战略的成败，关键仍在于政策先行的力度。它比邻香港的地缘位置，高端的产业，低税率的政策，产城融合的环境，国家金融创新的释放窗口，有足够理由吸引国际顶尖人才汇集前海。

前海人才政策布局始于 2010 年，国务院正式批复前海综合规划提到加强人才环境建设。2011 年，深圳市政府通过“中长期人才规划”，提到人才特区等四大战略，提出在前海设立人才特区，前海规划建设、人才特区建设同步进行。2012 年，中组部确定的“粤港澳人才特别合作示范区”，将其列为国家首个人才管理改革示范区。

目前，前海正采取系列措施推进人才特区建设。在财税政策方面，接轨香港有效降低人才所得税税负，全面落实国务院批复对紧缺、境外高端人才，暂由深圳市政府按内地与境外个人所得税税负差额给予人才补贴政策。对于境外专业人员扩大开放方面，允许取得香港执业资格的人士直接在前海服务，由点到面，争取“十二五”期间完全覆盖各专业服务领域。在营造优良法治环境方面，允许香港仲裁机构以在前海设立分支机构为契机，构建与国际接轨的商事纠纷解决机制。全方位为到前海工作创业的人才，提供先行先试、与国际接轨的优良法治环境。

总之，深圳前海将突出深港人才特区的人才需求导向，以产业推动政策，以政策引导企业，以企业聚集人才。同时从人才服务供给型向需求导向型转变，变管理人才为服务人才。前海在人才政策设计过程中，突出对先行先试政策的探索，在人才签证居留、落实 CEPA 职业资格互认、国际人才社区建设、完善人才交流培训服务、优化人才的综合配套服务体系等方面进行探索，构建与国际环境相仿、观念相通、文化相融的人才发展环境。

（二）循环经济发展的实践与评价

发展循环经济是我国转变经济增长方式，建设资源节约型、环境友好型社会的重大战略举措。改革开放三十多年后的深圳，经济和社会等方面取得了令人瞩目的成就，同时也面临着资源与环境方面的四个“难以为继”的巨大压力，可持续发展受到严重挑战。

为了实现生产方式和消费方式的根本变革，有效解决深圳经济增长中的能源、资源、环境与经济发展的矛盾，实现人与自然、环境与发展、经济发展速度与效益的良性互动，深圳正从全领域、全社会、全方位实践创新战略，探索具有深圳特色的循环经济之路。

1. 循环经济发展评价方法的选取

我们评价深圳经济特区的循环经济，主要目的在于提高资源的有效利用效率和减量化投入水平，提高城市的环境质量，促进城市各行业清洁生产，加强污染治理，使污染排放对环境的影响达到最小，在经济总量实现高速增长的同时，减轻环境和资源的负荷，不断改善城市居民的生活环境。为了科学、客观、有效地衡量循环经济发展的水平，根据城市循环经济系统的内涵在对城市循环经济系统结构、功能、特征和基本要素，以及循环经济的“3R”原则，即减量化原则（reduce）、再利用原则（reuse）、再循环原则（recycle）进行分析的基础上，我们设计了以下的循环经济评价指标体系。

我们使用德尔菲法，通过对众多因子进行分析，结合深圳市经济发展的实际情况，筛选出 18 个参评因子构成循环经济发展评价指标体系基本框架（见表 4）。在该循环经济发展评价指标体系中，我们力求做到系统性、稳定性、可比性和简明性相统一，由此将该指标体系分为目标层、控制层和具体指标层三个层次。

在对循环经济发展水平评价中，因为涉及大量的复杂现象和多种因素的相互作用，不可避免地在评价中又会存在大量的模糊现象和模糊概念。因此，我们采用模糊综合评价的方法进行循环经济评价指标的定量化处理。

表 4　深圳市循环经济发展评价指标体系

目标层	控制层	具体指标层
循环经济总体发展水平	经济与社会发展指标	恩格尔系数(%)
		人均可支配收入占人均 GDP 比重(%)
		科技进步贡献率(%)
		城镇登记失业率(%)
		城市人才平均数
		城市规模工业经济效益综合指数(%)
	资源减量投入指标	单位 GDP 能耗(吨标准煤/万元)
		单位 GDP 电耗(千瓦时/万元)
		单位 GDP 水耗(立方米/万元)
	资源循环利用指标	工业固体废物处理利用率(%)
		城市污水集中处理率(%)
	生态环境质量指标	人均公园绿地面积(平方米/人)
		生活垃圾无害化处理率(%)
		区域环境噪声平均值 dB(A)
		空气污染物(mg/m^3)
		饮用水源达标率(%)
		工业污染物排放平均达标率(%)
		环境保护投资占 GDP 比重(%)

模糊综合评价的原始数据主要来自《2013 年深圳市统计年鉴》《广东省统计年鉴》和深圳市政府门户网站（例如深圳市人居环境网、深圳市水务网等）公布的权威统计数据（见附表 1、附表 2）。

附表 1　2003 ~ 2012 年深圳市循环经济发展评价指标

控制层	具体指标层	2003 年	2004 年	2005 年	2006 年	2007 年	2008 年	2009 年	2010 年	2011 年	2012 年
经济与社会发展指标	恩格尔系数(%)	27.9	31.6	33.4	33.3	32.5	36	35	35.5	36.7	36.3
	人均可支配收入占人均 GDP 比重(%)	55.15	50.88	35.35	32.97	31.86	32.04	34.75	34.34	33.06	33.18
	科技进步贡献率(%)	38.67	43.28	57.04	62.84	65.49	66.11	61.72	63.83	62.76	60.91
	城镇登记失业率(%)	2.61	2.49	2.37	2.31	2.29	2.3	2.55	2.45	2.2	2.4
	城市人才平均数	1238637	1423828	2278779	2513000	3031166	2927533	3221551	3525649	3410948	3420847
	城市规模工业经济效益综合指数(%)	195	188	179	173	175	188	186	204	189	187.1
资源减量投入指标	单位 GDP 能耗(吨标准煤/万元)	0.628	0.61	0.593	0.576	0.56	0.544	0.529	0.513	0.472	0.451
	单位 GDP 电耗(千瓦时/万元)	971.27	922.44	889.1	844.1	848.8	785.5	712.37	720.33	686.55	664.03
	单位 GDP 水耗(立方米/万元)	41.5	37.4	34	29.8	26.48	23.66	21.9	19.95	17	15
资源循环利用指标	工业固体废物处理利用率(%)	88.79	98.93	98.65	97.98	98.96	99.14	99.89	99.82	99.81	99.16
	城市污水集中处理率(%)	62.3	62.85	60.5	65.23	70.45	75.03	80.17	88.81	93.97	96
生态环境质量指标	人均公园绿地面积(平方米/人)	10.81	11.95	16.1	16.1	16.1	16.2	16.3	16.38	16.5	16.6
	生活垃圾无害化处理率(%)	100	81	90.03	93.7	94.1	94.2	94.3	94.6	95	95.13
	区域环境噪声平均值 dB(A)	56	56.1	56.2	56.5	56.5	56.4	56.8	56.7	56.7	56.9
	空气污染物(mg/m^3)	0.147	0.172	0.124	0.147	0.141	0.126	0.112	0.113	0.116	0.104
	饮用水源达标率(%)	97.13	96.71	98.11	98.07	98.86	99.87	100	100	100	100
	工业污染物排放平均达标率(%)	98.21	98.468	98.735	98.488	96.676	98.456	98.868	98.898	98.928	98.945
	环境保护投资占 GDP 比重(%)	2.16	2.32	2.35	2.75	2.86	2.8	2.85	2.87	2.6	2.72

附表 2　2003～2012 年深圳市循环经济发展评价指标的单因素矩阵

因素	序号									
	2003 年	2004 年	2005 年	2006 年	2007 年	2008 年	2009 年	2010 年	2011 年	2012 年
r_{1j}	0. 0825	0. 0934	0. 0988	0. 0985	0. 0961	0. 1064	0. 1035	0. 1050	0. 1085	0. 1073
r_{2j}	0. 1476	0. 1362	0. 0946	0. 0883	0. 0853	0. 0858	0. 0930	0. 0919	0. 0885	0. 0888
r_{3j}	0. 0661	0. 0739	0. 0975	0. 1074	0. 1119	0. 1130	0. 1055	0. 1091	0. 1072	0. 1085
r_{4j}	0. 1093	0. 1042	0. 0992	0. 0967	0. 0959	0. 0963	0. 1067	0. 1026	0. 0921	0. 0971
r_{5j}	0. 0459	0. 0528	0. 0844	0. 0931	0. 1123	0. 1085	0. 1194	0. 1306	0. 1264	0. 1267
r_{6j}	0. 1043	0. 1004	0. 0961	0. 0923	0. 0938	0. 1008	0. 0994	0. 1094	0. 1012	0. 1022
r_{7j}	0. 1145	0. 1113	0. 1082	0. 1051	0. 1021	0. 0992	0. 0965	0. 0936	0. 0861	0. 0835
r_{8j}	0. 1200	0. 1140	0. 1099	0. 1043	0. 1049	0. 0971	0. 0880	0. 0890	0. 0848	0. 0879
r_{9j}	0. 1556	0. 1402	0. 1275	0. 1117	0. 0993	0. 0887	0. 0821	0. 0748	0. 0637	0. 0562
r_{10j}	0. 0905	0. 1008	0. 1005	0. 0999	0. 1009	0. 1010	0. 1018	0. 1017	0. 1017	0. 1011
r_{11j}	0. 0826	0. 0833	0. 0802	0. 0864	0. 0934	0. 0994	0. 1062	0. 1177	0. 1245	0. 1262
r_{12j}	0. 0706	0. 0781	0. 1052	0. 1052	0. 1052	0. 1059	0. 1065	0. 1070	0. 1078	0. 1085
r_{13j}	0. 1073	0. 0869	0. 0966	0. 1005	0. 1010	0. 1011	0. 1012	0. 1015	0. 1019	0. 1021
r_{14j}	0. 0992	0. 0993	0. 0995	0. 1000	0. 1000	0. 0999	0. 1006	0. 1004	0. 1004	0. 1007
r_{15j}	0. 1129	0. 1321	0. 0952	0. 1129	0. 1083	0. 0968	0. 0860	0. 0868	0. 0891	0. 0799
r_{16j}	0. 0982	0. 0978	0. 0992	0. 0992	0. 1000	0. 1010	0. 1011	0. 1011	0. 1011	0. 1011
r_{17j}	0. 0997	0. 1000	0. 1003	0. 1000	0. 0982	0. 1000	0. 1004	0. 1004	0. 1005	0. 1005
r_{18j}	0. 0822	0. 0883	0. 0894	0. 1046	0. 1088	0. 1065	0. 1084	0. 1092	0. 0989	0. 1035

2. 评价过程

（1）评价对象的因素论域

$$P = \{\text{深圳市循环经济发展水平}\}$$

根据深圳市循环经济发展情况，我们选择了四个控制层指标，也就是因素集 u。则

$$\begin{aligned} u &= \{u_1, u_2, u_3, u_4\} \\ &= \{\text{经济与社会发展，资源减量投入，资源循环利用，生态环境质量}\} \end{aligned}$$

（2）评价定级分级标准

目前循环经济的评价定级标准在学术界尚未达成共识，而为了更简明直观地分析深圳市循环经济发展水平，我们在这里并不对深圳市各年份循环经济的

发展好坏做出直接的评价，而是以深圳市2003年的循环经济参数作为初始年度，评价深圳市在2003～2012年循环经济相对发展水平。那么，评判集 v 是10年的年份。

$$v = \{v_1, v_2, v_3, \cdots, v_{10}\} = \{2003, 2004, 2005, \cdots, 2012\}$$

对于循环经济指标，由于其分析的复杂性，为了将各指标的相对重要性给出定量的表示，并使其成为互相联系、条理化的有序层次，我们采用层次分析法来确定全部评价指标的相对重要性次序的权重系数。

（3）利用加权平均 $M(\cdot, \oplus)$ 模糊合成算子将 W 与 R 合成得到模糊综合评价结果向量 B

模糊综合评价中常用的取大取小算法，在因素较多时，每一因素所分得的权重常常很小。在模糊合成运算中，信息丢失很多，常常导致结果不易分辨和不合理（即模型失效）的情况。所以，针对上述问题，这里采用加权平均型的模糊合成算子。计算公式为：

$$b_j = \sum_{i=1}^{n} w_i \cdot r_{ij} \qquad j = 1, 2, \cdots, n$$

$$\text{其中}, \sum_{i=1}^{n} w_i = 1$$

最后得出的综合评价向量为：

$$\begin{aligned} B &= W \cdot R \\ &= (0.1008, 0.1011, 0.0971, 0.0981, 0.0988, 0.0998, 0.1005, 0.1027, 0.1004, 0.1006) \end{aligned}$$

3. 结论

通过上述模型处理，为了直观地表示深圳市在2003～2012年时段循环经济发展水平，我们根据计算所得的数据做出曲线图，如图6所示。

根据2003～2012年深圳市循环经济发展水平趋势图，我们可以得出以下结论：

第一，深圳市循环经济发展水平总体呈螺旋上升态势。2003～2012年，深圳市循环经济发展出现了两次拐点：一次是2004～2005年，一次是2010～2011年。从循环经济演进的本质规律来看，循环经济的发展需要实现经济社

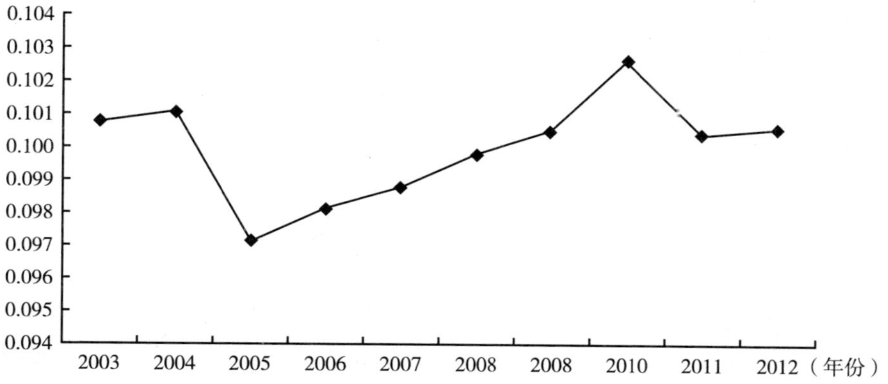

图 6　2003～2012 年深圳市循环经济发展水平

会发展与资源利用、环境保护的内在平衡。在一定时期内，由于经济社会发展的速度往往很难与资源利用、环境保护的力度保持同步，所以在循环经济发展水平指标方面就难免会呈现出波动发展的态势。

第二，从时间序列的区间段上看，深圳市循环经济发展水平在 2004～2010 年，连续六年保持上升态势，这本质上是与近年来深圳市着力加快循环经济发展的各项举措紧密相关的。2004 年底，深圳市政府将循环经济发展列入一项重要工作，这首先是从深圳市人民政府办公厅转发省政府办公厅和转发省经贸委关于广东省开展资源节约活动工作意见的通知文件体现出来。2005 年，深圳市委、市政府明确提出了坚持自主创新和发展循环经济的战略目标，并于 2006 年 3 月 14 日颁布《深圳经济特区循环经济促进条例》。伴随各项循环经济促进政策的逐步落实，深圳市循环经济发展水平呈快速上升的态势。

第三，结合产业调研和企业调研数据的情况来看，“资源减量投入”是 2004 年之后深圳市循环经济发展水平提升的主要推动因素。限于技术、制度等“刚性因素”，资源减量投入在一定时期内存在“底线”。在经过连续六年循环经济发展水平上升之后，进入 2010 年，深圳市循环经济发展水平指标出现下滑拐点。2011 年，基于“四个难以为继”因素对深圳经济社会发展约束程度不断增强的影响，结合对深圳经济发展总体态势的判断，深圳市政府提出了由“深圳速度”向“深圳质量”转变的转型发展战略，由此深圳市循环经济发展逐步进入由“资源减量投入”向依靠技术、制度强化“循环经济利用”转变的新阶段。

三　深圳经济特区的新形势和新问题

（一）深圳经济特区发展的新形势

1. 全球经济呈复苏态势，但通胀压力仍然较大

目前世界经济已由危机前的快速发展期进入深度转型调整期，全球经济复苏趋缓，下行风险加大。一方面，新兴经济体和发达国家经济发展中的积极因素不断增多；另一方面，各种短期风险和中长期挑战相互交织，复苏进程仍面临诸多变数。主要体现在：一是美国经济出现复苏迹象，失业率逐步下降，房地产市场和消费继续好转。美国经济复苏比较缓慢，这其中主要原因是宽松货币政策和刺激性财政政策效应减弱，同时私人部门持续疲弱，无法有效接续经济增长动力。二是欧元区经济增速明显下滑，各国经济走势分化加剧。欧洲债务问题虽然暂时得到控制，但是欧洲央行和德、法等核心国家捍卫欧元区的态度仍然坚决。三是随着全球经济增速趋缓和货币政策紧缩力度加大，主要新兴市场国家经济增速普遍出现回落。此外，各种形式的保护主义明显抬头，资产泡沫和潜在通胀的压力加大，地缘政治冲突不断升级，这些都可能对世界经济增长形成制约。

2. 国内经济低位运行，总体经济环境良好

2012 年，欧债危机反复恶化，全球经济增长明显放缓；国内主动调控房地产市场和化解投融资平台风险，经济增长面临较大下行压力。党中央、国务院坚持稳中求进的总基调，把稳增长放在更加重要的地位，经济运行逐步平稳。总的来看，虽然经济社会发展中出现的不协调、不平衡、不可持续的矛盾仍比较突出，但国内经济环境总体良好，经济发展仍处于重要战略机遇期。一方面，“十二五”规划第二年进入投资项目集中建设阶段，中西部不断承接东部产业转移逐步成为带动经济增长的新亮点，扩大居民消费的政策体系不断完善，这将进一步提高消费对经济增长的贡献率。另一方面，经济增长也存在一些不利因素：严厉的房地产调控政策以及刺激性政策逐步退出将使得经济增速进一步放缓，地方土地市场交易趋冷和财政风险对地方投资融资能力形成制约，劳动力成本和资源价格上升抬高了经济增长的内在成本，而出口放缓对工业生产在某种程度上也形成了一定压力。

3. 深圳市经济发展的新趋势

（1）经济质量有所提升，效益持续提高

2012 年，深圳市生产总值突破 2000 亿美元，人均 GDP 已近 2 万美元，接近中国台湾、韩国水平。每平方公里产生的全口径公共财政收入超过 2.25 亿元，每平方公里产出超过 1 亿美元，均居内地大中城市首位。与此同时，深圳的能源、资源消耗和主要污染物排放都呈现出下降态势，资源消耗总量实现“三个下降”：汽柴油销售量下降 1.79%，用水总量下降 0.61%，制造业用电量下降 1.06%。并且，出台鼓励金融支持实体经济发展、加快产业转型升级等一系列政策文件，建立健全市区各级领导挂点联系服务企业、重大项目分级协调等服务企业制度，形成了推动产业转型升级的综合支撑体系。

（2）研发自主创新能力有所提升

深圳市研发自主创新能力不断增强，连续三年居《福布斯》中国大陆创新城市排行榜首位。高新技术产品产值达到 1.29 万亿元，其中具有自主知识产权的达 61%。PCT 国际专利申请量 8024 件，占全国比重的 40.3%，连续 9 年位居全国第一。全社会研究和发展经费支出占 GDP 比重达到 3.81%，工业领域研发支出居内地城市首位。

2012 年，深圳市承担的国家自然科学基金立项数、国家重大科技专项均增长 35%。随着创新生态体系日趋完善，由企业主导或参与制定国际、国家和行业标准 416 项，其中国际标准 137 项。同时，新型研发机构加快推进技术创新、知识创新和产业化。北斗卫星导航、超材料、移动互联等产学研资联盟积极开展协同创新，战略性新兴产业集群不断崛起。另外，政府出台建设国家自主创新示范区“1+10”文件，提供创新政策支撑。

（3）推进绿色低碳发展，创建宜居城市

节能减排成效显著，万元 GDP 水耗下降 11.7%，万元 GDP 能耗降幅超过 4.25%，氨氮、二氧化硫、化学需氧量、氮氧化物等年度减排任务超额完成。国家低碳试点城市建设取得积极进展，国际低碳城建设正式启动，在全国率先出台关于碳排放管理的地方法规，碳排放权的交易准备工作有序开展。

生态宜居城市建设加快，大力开展城市绿化提升行动。新建和整理绿道1012公里，全市绿道总长超过2000公里，人均公园绿地面积达到16.6平方米。资源循环利用水平提高，新建污水管网323公里，城市污水日处理能力达到469.5万吨，新增79.5万吨。日污水再生利用量达到136万吨，同比增长13.3%。建筑废弃物再利用总量350万吨，比上年提高16.6%。垃圾焚烧发电量4.5亿千瓦时，居全国第一位。能源资源保障能力进一步增强，全年示范推广新能源汽车2104辆，总数达到5139辆，新能源汽车应用规模居全球首位。

（4）加快特区一体化建设

2010年7月，深圳市政府出台的《深圳经济特区一体化发展总体思路和工作方案》，对原特区内外交通对接、教育资源均衡分布、加大原特区外城区基础设施建设等做出安排，为推进一体化开路、奠基。特区一体化建设三年计划实施以来，原特区外固定资产投资达4429亿元，各区经济社会发展水平大幅提升，完成计划的160%。特区法律法规一体化顺利实现，基础设施、公共服务、规划布局、环境保护、管理体制一体化稳步推进。

原特区外基础设施更加完善，城市面貌大幅改观，公共服务水平明显提高。大鹏新区全面启动国际滨海生态旅游度假区规划建设，坪山、光明、龙华加快从产业功能区向新城区转型，宝安、龙岗城市现代化水平进一步提高。深圳东站、深圳北站等交通枢纽投入运营，深圳机场T3航站楼主体工程完工，轨道交通三期正式开工，布龙路二期、深汕二期等14条主干道建成通车，打通32条断头路。

积极推进土地整备和城市更新，开工城市更新项目60个，累计完成土地整备67平方公里，土地二次开发成为建设用地主要来源，一批旧商业区、旧工业区、城中村加快向现代化新社区和新兴产业集聚地转型。

（二）深圳经济特区发展面临的新问题

1. 经济对外依存度高，易受外部环境影响

深圳是经济对外依存度最高的城市之一，资源、能源和市场对外依存度高，易受外部经济环境影响。以外向型经济为特征的深圳，一直以来就是通过高投入、通过制造业的发展来拉动GDP的持续攀升，其连续30多年以两位数

高速增长具有不可复制的特殊性。在全市经济实力上升和居民消费能力增强的同时，深圳的经济发展基数更大，资源更加紧缺，成本要素价格更高。在此基础上，想要寻求更大的发展，每一步都必须付出更为艰苦的努力。

从经济发展的阶段来分析，深圳已经处于工业化的中后期。截至2012年，深圳原特区内第三产业的比重达到80%，整体经济的占比也已经达到56%，现代服务业占服务业比重达68%。能源等原材料工业一般分布于国民经济产业链的前端和价值链的低端，而深圳市的工业结构，相对更依赖于能源、原材料工业，于是受国际、国内环境市场需求不足的影响更直接，同时复苏的步伐也明显放慢。“十二五”以来，深圳把质量提升作为发展经济的重点和核心，致力于实现可持续的、有质量的全面发展，加快互联网、生物医药、新能源三大战略性新兴产业发展，从而有利于实现深圳产业战略的又一次转身。

2. 工业生产需求不足，成本较高

当前，全球经济仍处在深度调整之中，经济复苏比较缓慢。面对国内外复杂多变的形势，深圳市工业生产外部需求增长的压力仍比较大。从工业成本来看，劳动力成本的持续快速上升和产品价格持续下滑，影响市场预期，造成工业企业的效益不断下滑，同时资源和环境的约束增强等因素，使得调结构、转方式的力度加大。

另外，经济运行存在下行压力，对外贸易增速明显放缓，受固定资产投资增幅收窄等因素影响，部分原材料、装备制造产品增长放缓，社会消费品零售总额扣除价格因素增幅仍处较低水平。总体上说，深圳市工业仍处于国际产业价值链的中低端，企业创新能力较弱，有效需求增长乏力，产能过剩问题凸显。因此，深圳市产业转型升级形势紧迫任务艰巨，有必要加强对经济运行的监测和生产要素的合理调度，稳定工业生产发展。同时，加大新兴战略产业引进步伐，大力发展内外需市场广泛、产业关联度高、辐射带动作用突出、高附加值的产业，淘汰低端产业，力推产业转型升级，提升深圳市工业经济的可持续发展能力和效益水平。

3. 城市基本公共服务发展不均衡

原特区内外公共基础设施建设水平和标准不一，特别是原特区外区域基本公共服务发展相对滞后。由于深圳城市发展历史比较短，户籍人口与非户籍人口比例严重倒挂，使得社会管理面临的形势更为复杂，这主要体现在：一是教育资源分布不均衡，优质教育资源紧缺，外来人口教育经费投入不足；二是卫生资源总量不足，分布及利用不合理，公共卫生服务均等化亟待完善；三是住房价格上涨较快，房价收入比偏高，保障性住房供应量距离市民实际需求量尚有差距；四是治安状况不容乐观，区域性治安问题突出；五是交通安全和消防安全仍面临考验，食品安全问题屡屡发生。

要克服和解决深圳市基本公共服务“短板”问题，必须根据城市功能区划和发展的实际需要，对基本公共服务资源及时甚至超前布局、统筹安排、配套推进，才能保证居住品位与生活质量真正提高。要把城市作为整体来经营，深圳市规划的新建区要好，其他老社区特别是“城中村”也要相应地提升；居民区要好，工业园区、商务街道区配套设施也要完善。按照深圳市中心区的标准，将基本公共服务资源有序推进，市民共享基本公共服务，实现均衡布局和广覆盖。

4. 环境容量约束趋紧，绿色、低碳、循环经济发展任务艰巨

通过改革开放和开拓创新，深圳市创造了令世人瞩目的“深圳速度”，但经济的高速增长一直延续了高消耗、高投入及低利用、低效率的粗放型经济增长模式，致使环境、资源面临前所未有的压力。主要表现在以下方面。

（1）深圳受地域限制，能源、水资源和土地资源严重匮乏。深圳水耗和万元 GDP 能耗逐年下降，在全国虽然仍处于领先水平，而相对于发达国家的城市仍然偏高；在过去十年，深圳市平均每年建设用地均超过 30 平方公里，特区外的土地无序利用问题则更为严重，工业用地占到整个建筑用地的 40% 以上，远高于国家规定的 25% 的上限；从水资源保护情况看，水污染问题非常严重，一些河道被严重污染、蚕食，甚至完全丧失了生态景观等功能，只能够作为排洪、纳污的渠道。

（2）固体废弃物的资源化程度较低。全市工业固体废弃物年产生量 300 万吨左右，已开始实施分类收集。同时，污染的治理也开始向全面控制转变。但由于加工处理和回收的技术落后，对废弃物再利用、综合加工的能力较低，尤其是电子废弃物处理方面。全市仅仅对电子线路板有专业化的企业回收处理，而其他电子废弃物的专业化回收处理仍是空白，资源综合利用体系尚未健全。另外，全市有害垃圾、大件垃圾及厨余垃圾尚未形成单独处理系统，生活垃圾产生量平均每年以8%的速度增长，垃圾分类收运未能推广实施。总体上讲，垃圾处理还停留在无害化处置阶段，减量化和资源化程度低。

（3）企业和市民的节约意识不强，浪费现象较严重。全市的节约措施与制度尚不完善，企业和市民节约资源的意识不强，浪费现象比较严重。深圳资源匮乏，加大了人口、资源、环境的压力。除此以外，企业和市民对节能和节能产品认知不足，节能市场尚未发育，节能服务体系、节能奖惩机制和节能技术研究有待进一步建立和加强；能源利用效率低，建筑能耗是发达国家的2～3倍。

面对经济社会快速发展与资源环境约束的矛盾，深圳要积极创新体制、机制，充分发挥全社会的创造性、积极性和主动性，促进环境保护与城市发展的高度融合。

四 深圳经济特区发展的建议

（一）加强科技创新，加快建设国家自主创新示范区

深圳市的经济要想在日趋激烈的国际竞争中赢得发展主动权，需要大力增强科技创新能力。把增强自主创新能力作为战略基点，着力提升原始创新能力，增强集成创新和引进消化吸收再创新能力，构建完整的创新体系，加快科技成果向现实生产力转化。

1. 不断夯实基础创新

充分发挥国家超级计算深圳中心的作用，加快数字电视国家工程实验室、深圳国家基因库一期工程等建设。全面落实建设国家自主创新示范区实现创新驱动发展的决定及配套文件，努力提升源头创新能力。进一步加大科技投入，全社会研发投入占 GDP 比重力争达到3.9%。

2. 提升核心技术自主创新能力

力争在新一代信息技术、基因工程、超材料等优势领域，取得核心技术新突破。加强产业共性技术和关键技术的研发与应用，支持骨干企业、高等院校、科研机构联合组建研发平台，更多地承担和参与国家重大科技专项、重点

技术攻关。全年组织实施50项以上高技术重大攻关项目。

3. 强化国际科技交流合作，推动开放式创新

积极承接跨国公司研发中心转移，支持企业在新技术新产品转移中心和海外设立技术研发中心。推进深港技术创新合作基地建设，促进香港高校深圳产学研研究院和基地发展。鼓励企业、科研机构和高等院校参与政府间双边和多边科技合作项目。

4. 着力引进和培育创新型人才

完善优化人才服务体系，全面实施深圳市人才安居工程。加大深圳市招才引智力度，深入实施“孔雀计划”，积极引进海外高层次人才团队。完善人才发展机制，高质量引进和高水平培养并举，集聚一批具有世界水准的高技能人才、科技领军人才、复合型人才和创新团队。

（二）促进内外需协调，优化外贸结构

一直以来，深圳经济虽然在一定时期内保持快速增长，但是经济的增长对投资和外部需求依赖过大，而内需不足。在内需不足的情况下，投资和进出口以及产业的重新组合等经济活动的中间环节尽管起到了拉动经济增长的作用，但从长期来看，内需的发展，在变幻复杂的全球经济形势下，是抵御外部经济波动冲击的重要基础。内需和外需在实践中是相互促进、相辅相成的，在内外需协调拉动的平衡关系上，深圳经济用科学发展观统筹国内国际两个市场，协调内需和外需的可持续增长显得尤为重要。

1. 扩大消费需求

积极发展健康消费、服务消费、社区消费、虚拟消费等高端消费和新兴消费，引导和促进消费结构升级。加快建立扩大消费需求长效机制，推动落实节能产品补贴等促进消费新政策。

2. 拓展国内市场

利用行业协会组团、政府组团、资助参展费用等形式，鼓励企业参加专业性和国内综合性展会。引导企业利用电子商务平台进一步扩大国内市场份额，支持企业拓宽内销网络，鼓励企业开设专业市场和品牌专卖店。

3. 优化外贸结构

加快发展一般贸易和服务贸易，积极扩大具有自主品牌、自主知识产权和高附加值的产品出口。积极拓展海外销售渠道和网络，巩固香港、欧美等重点市场，以更大力度开拓中东、南美、俄罗斯等新兴市场，同时扩大与东南亚的贸易合作，推动国际市场多元化发展。

（三）加快循环经济发展，建设深圳国际低碳城

环境是未来发展的基础，深圳的经济发展要改变以过度消耗自然资源和污染环境为代价的增长。要把生态文明建设摆在更加突出的位置，推动深圳实现更持续、更长远、更高质量的发展。

1. 大力推动节能降耗

全面落实“十二五”节能减排综合性实施方案，加强电力需求管理，引导企业及居民节约用电、合理用电。加快推动全市公共机构采用合同能源管理模式开展节能改造，促进公共机构节能。

2. 加快循环经济发展

加快实施城市矿产示范基地、园区循环化改造、餐厨废弃物资源化利用与无害化处理、资源综合利用“双百工程”等循环经济示范工程。积极推进国家循环经济试点城市建设，鼓励资源再利用产业规模化发展，实施循环经济专项资金扶持计划。

3. 推进低碳城市试点

全面开展清洁生产审核，探索建立低碳产品的标志和认证制度，从严控制产业能耗，提高环保准入门槛。提升公众低碳意识，加强低碳宣传教育，合理引导居民和企业选择低碳绿色的生产生活方式。推动出台低碳发展促进条例，设立低碳发展专项资金，建立完善促进低碳发展的政策法规体系和市场化机制。

4. 加强生态文明制度建设

健全环境经济政策体系，推行绿色信贷和环境污染责任保险制度。全面开展清洁生产审核，完善基本生态控制线管理。开展碳排放权、排污权交易，完善环境资源有偿使用的市场机制。

（四）增强城市软实力，建设文化强市

文化作为城市软实力的重要内容，是创造“深圳质量”，提升城市影响力的内在要求。而创造“深圳质量”就必须大力加强文化建设，提升城市文化软实力，培育城市人文精神，提升城市整体实力。

1. 提升文化产业核心竞争力

推动金融、旅游、文化与科技、时尚等深度融合，积极引进文化产业重大项目，发展新型文化产业。积极发展文化创意产业，壮大创意人才队伍，打造一批具有核心竞争力的文化龙头企业。进一步增强文化产业集聚辐射功能，发挥文博会等国家级文化产业发展平台的作用，促进更多文化产品走向世界，争当文化产业发展领头羊。

2. 增强文化软实力

加强基层公共文体设施建设，积极推进文化惠民工程，形成功能完善、布局合理的公共文体服务网络。继续办好品牌文化节庆活动，例如创意十二月、深圳读书月、公园文化节等，实施精品文化“走出去”战略，进一步扩大深圳市文化品牌的影响力。

3. 塑造深圳时代风尚

深入开展社会主义核心价值观教育，大力弘扬新时期“广东精神”“大运精神”和深圳“十大观念”，营造劳动光荣的社会氛围。注重心理疏导和人文关怀，全面实施《深圳经济特区文明行为促进条例》。提高公民在公共服务和社会管理中的参与度，增强城市凝聚力和公民社会责任感。

参考文献

[1] 深圳市统计局、国家统计局深圳调查队：《2013 深圳统计年鉴》，2013 年 8 月。
[2] 深圳市人民政府：《前海深港现代服务合作区综合规划》，2012 年 3 月。
[3] 深圳市南山区决策咨询委员会：《南山区在前海开发中的角色定位与行动策略研究》，2013 年 7 月。
[4] 赵凯、陈甬军：《对循环经济技术范式——“XR”原则的探讨》，《中国工业经

济》2006 年第 6 期。

[5] 王建：《循环经济与发展绿色物流研究评介》，《宏观经济管理》2012 年第 7 期。

[6] 刘风明：《我国循环经济发展中存在的问题及措施》，《经济导刊》2013 年 Z1 期。

[7] 杨纶标、高英仪：《模糊数学原理及应用》，华南理工大学出版社，2008。

[8] 王忠玉、吴柏林：《模糊数据统计学》，哈尔滨工业大学出版社，2008。

[9] 杜栋、庞庆华、吴炎：《现代综合评价方法与案例精选》，清华大学出版社，2008。

B.11

珠海经济特区发展报告

陈红泉*

2012年，面对欧债危机反复恶化、发达经济体陷入低迷，国内经济增速下滑的形势，珠海市积极实施“蓝色珠海、科学崛起”的发展战略，贯彻落实各项宏观调控政策，把稳增长、调结构、惠民生有机结合起来，加强经济运行调节，有效化解经济下行压力，经济社会发展呈现稳中有进的良好态势。

一 珠海2012年经济社会发展情况

（一）面对严峻复杂的经济形势，经济平稳健康发展

2012年珠海市积极应对经济低迷、外需疲弱的困境，采取多种措施，积极调控，坚持把推动转型升级、立足长远发展与稳定经济增长、解决当前问题结合起来，实现经济的平稳健康发展。

2012年全市实现地区生产总值（GDP）1503.81亿元，比上年增长7.0%，增速大幅下滑4.3个百分点，2012年珠海人均生产总值9.5万元，约合1.5万美元，继续位居全省前列（见图1）。在中国经济全面进入转型发展和后全球金融危机的形势下，珠海经济基本上告别了昔日的高速增长时代，转入追求质量发展的低速健康增长的新时代。

（二）工业生产低速增长，受国内外经济低迷影响严重

受外需疲软、内需不足的双重影响，珠海工业生产持续低位增长，2012

* 陈红泉，深圳大学中国经济特区研究中心讲师。

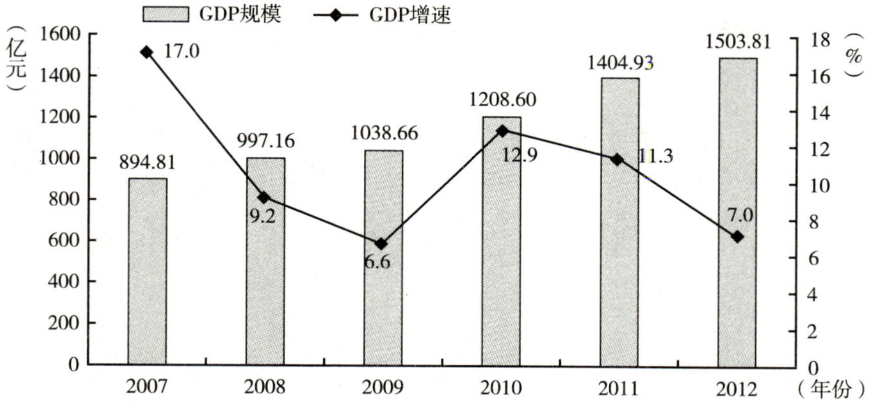

图 1　2007～2012 年珠海地区生产总值（GDP）规模及增速

注：地区生产总值（GDP）绝对数按现价计算，增长速度按可比价计算。
数据来源：2012 年珠海市国民经济和社会发展统计公报。

年全市完成工业增加值 740.17 亿元，比上年增长 6.4%，对全市经济增长的贡献率达 45.6%，拉动经济增长 3.2 个百分点（见图 2）。其中规模以上工业增加值累计完成 644.84 亿元，同比增长 6.3%，低于全国 10% 和全省 8.4% 的平均水平，在珠三角九市中，数额和增速均居第 8 位。

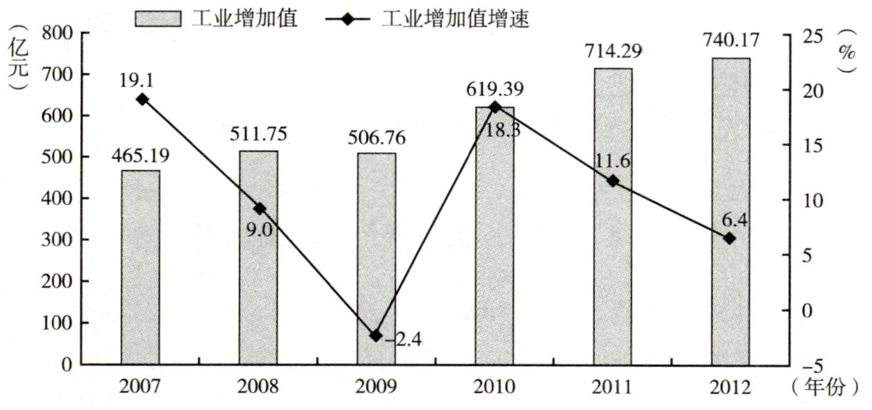

图 2　2007～2012 年珠海工业增加值及增速

注：工业增加值绝对数按现价计算，增长速度按可比价计算。
数据来源：2012 年珠海市国民经济和社会发展统计公报。

分行业看，33 个行业中有 22 个行业工业增加值同比增长。其中，六大支柱产业共完成工业增加值 469.53 亿元，占全市总额的 72.8%，同比增长 7.8%。其中第一大产业家电电气业占总额的 22.6%，同比增长 15.6%，是拉动工业增长的第一引擎；第六大支柱产业生物医药业快速发展，年增长 18.5%，但目前规模尚小。第二大支柱产业电子信息业受国际经济低迷影响仅微增 1.1%，第四大支柱产业电力能源业受国内经济增速下滑的直接影响，增加值同比下降 7.6%，这两个行业的微幅增长和下降，是拖累珠海工业发展未达预期目标的重要原因。

值得关注的是，工业企业经济效应受国际经济低迷的打击严重，企业经营压力大，经济效益下滑，外资工业企业受影响巨大。2012 年全市 33 个工业大类行业中，有 22 个行业的利润存在不同程度的同比下降，亏损企业数量和亏损额大幅增加。规模以上工业企业中亏损企业达 218 家，亏损面达 24.3%，亏损额合计 25.75 亿元，增长 34.3%，赢利企业实现赢利 174.48 亿元，下降 2.9%，总计实现利润总额 148.73 亿元，下降 5.5%（见表 1）。

表 1　2012 年珠海规模以上工业企业实现利润及其增长速度

指　　标	利润总额(亿元)	比上年同期增长(%)
全市规模以上工业	148.73	-5.5
国有及国有控股企业	77.36	20.7
集体企业	0.11	75.1
股份制企业	81.71	42.8
外商及港澳台投资企业	63.94	-32.3

资料来源：2012 年《珠海市国民经济和社会发展统计公报》。

（三）外贸出口面临严峻形势，外贸三项指标均负增长

2012 年珠海对外贸易面临严峻形势，全年完成进出口总额 456.69 亿美元，同比下降 11.56%，其中出口 216.31 亿美元，同比下降 9.82%，进口 240.38 亿美元，同比下降 13.07%，该三项外贸指标是珠海建立经济特区以来继 1989 年、2009 年后第三次全部负增长（见图 3）。同期广东全省进出口、出口、进口三项增速分别为 7.7%、7.94%、7.37%，珠海市三项增速在珠三角九市中均排最后 1 位，珠海外贸形势堪比 2009 年全球金融危机，压力巨大。

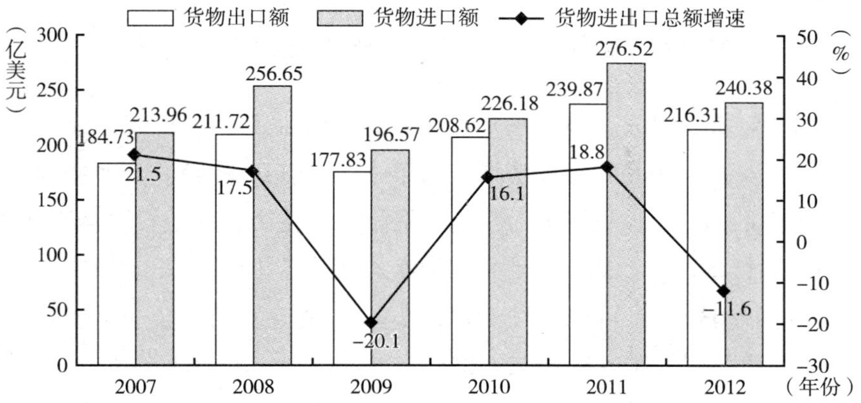

图3　2007～2012年珠海进出口及增速

具体来说，占全市进出口六成以上的加工贸易大幅下降，其中出口下降达15.92亿美元，同比下降10.26%，进口下降20.61亿美元，同比下降高达22.8%，加工贸易下滑是导致珠海对外贸易面临严峻形势的主要原因。

从企业性质来说，外资企业的进出口下滑是拉低珠海进出口的主要原因，而内资企业表现优于外资企业。2012年珠海内资企业出口56.23亿美元，同比增长5.11%，进口122.26亿美元，同比下降5.85%；2012年外商投资企业出口160.08亿美元，同比下降14.11%，进口118.12亿美元，同比下降19.32%（见表2）。

表2　2012年珠海进出口及其增长速度

指　　标	绝对数（亿美元）	比上年增长（%）
进出口总额	456.69	-11.6
出口额	216.31	-9.8
一般贸易	59.77	5.5
加工贸易	139.19	-10.3
国有企业	27.72	6.8
外资企业	160.08	-14.1
其他企业	28.51	3.6
进口额	240.38	-13.1
一般贸易	131.42	-3.4
加工贸易	69.65	-22.8
国有企业	88.41	-0.3
外资企业	118.12	-19.3
其他企业	33.85	-18.3

资料来源：2012年《珠海市国民经济和社会发展统计公报》。

（四）投资保持较快增长，交通基础设施建设取得突破

2012 年，珠海市完成固定资产投资额 787. 62 亿元，增长 23. 6%，仍然保持较高水平，投资仍是拉动经济增长的第一动力（见图 4）。分产业看，以基础设施为主的第三产业投资成为全市投资增长的主力，完成投资额 599. 29 亿元，同比增长 24. 0%，第二产业投资 186. 72 亿元，同比增长 22. 8%，其中制造业投资 149. 03 亿元，同比增长 21. 0%。全年在建项目 637 个，新开工项目 256 个，同比分别下降 3. 5% 和 24. 0%。

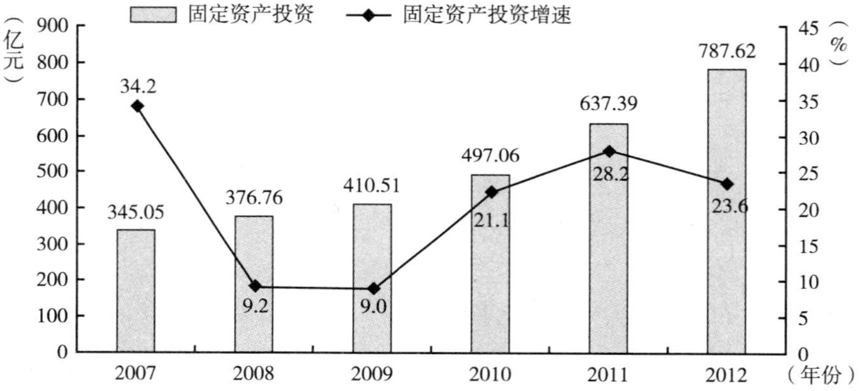

图 4　2007～2012 年珠海固定资产投资规模及增速

2012 年珠海的区域交通枢纽城市建设取得突破性进展。广珠铁路、广珠城际轨道年内相继全线贯通运营，圆了珠海百年“铁路梦”，明珠路及港昌路改造、高栏港高速主线、机场高速珠海大道至机场段等建成通车，标志着珠海海陆空立体交通新格局已经形成。

港珠澳大桥建设进展顺利，其中首个建设工程即占地 2. 08 平方公里珠澳口岸人工岛填海工程已见岛形，该工程 2013 年底完成，另外，大桥珠海连接线和桥梁工程分别于 2012 年 8 月和 10 月开始动工兴建，标志着港珠澳大桥各项工程进入全面施工阶段，预计 2016 年大桥可如期通车。这对珠海的未来发展具有重要的战略意义。

（五）加快产业结构调整升级，规划构建“三高一特”现代产业体系

2012 年以来，珠海市委、市政府以世界眼光、全球视野组织召开了一系列高端论证会，为加快产业结构调整升级，出台了一系列产业规划和产业政策，积极规划“三高一特”现代产业体系。

这是在新的发展时期，珠海为有效突破日益紧张的资源环境约束，改造提升传统产业素质、改善生态环境、缓解能源短缺压力、提升珠海国际竞争力而提出的重大经济战略规划。

珠海的“三高一特”现代产业体系是指以高科技含量、高附加值及低能耗、低污染的产业群为核心，以技术、人才、资本、信息等高效运转的产业辅助系统为支撑，以生态环境优美、基础设施完备、社会保障有力、市场秩序良好的产业发展环境为依托，具有创新性、开放性、融合性、集聚性和可持续性特征的新型产业体系，主要包括高端制造业、高新技术产业、高端服务业、特色海洋经济和生态农业。

2012 年，得益于政府的产业规划、政策引导和环境营造，珠海生物医药、游艇、集成电路、打印耗材等传统优势产业逐步向高端化、集群化升级发展，同时通过招商引资，一批大型重点企业项目分别在珠海落户、开工、投产，为珠海现代产业体系注入了新活力。

2012 年，珠海市高端制造业、高技术产业增加值占规模以上工业增加值的比重分别提升至 45% 和 24%。现代商务、会展、旅游等产业加快发展，第三产业投资同比增长 24%，现代服务业增加值占服务业增加值的比重提升至 56%。海洋经济和生态农业持续发展，海洋产业总产值增长 13.6%，斗门生态农业园挂牌运作。

2012 年，珠海加大科技投入和人才引进力度，提升自主创新驱动能力。高层次、高技能和创新型人才队伍壮大，一批高技能人才落户珠海。全市科技支出占财政支出的 4.2%，发明专利申请量和授权量分别增长 59% 和 70%。

随着珠海产业结构的调整升级以及工业增速的放缓，珠海节能减排工作成效显著。2012 年珠海工业综合能源量为 498.93 万吨标准煤，比上年下降

11.2%，远优于全省同期下降3.7%的平均水平，居珠三角九市第一位，全省21个市第三位，仅次于清远和河源。

（六）启动创建全国生态文明示范市，营造城市宜居环境

珠海经济特区成立30多年来，珠海历届政府始终把保护生态环境、守住青山绿水和蓝天白云作为城市发展的“底线”。如今，珠海经济实现了跨越式发展，但依然保持了良好的生态环境，生态文明建设、生态文明各项指标依然处于全国前列。

2012年6月，珠海市委市政府出台《关于率先创建全国生态文明示范市的决定》，全面启动创建全国生态文明示范市工作，目标是用4年时间，率先将珠海创建成为全国生态文明示范市，实现自然、社会、经济、环境协调发展，基本形成资源节约型、环境友好型的产业结构、增长方式和消费模式，城市生态文化、生态产业不断发展。

2012年，珠海新建（改造）各类公园29个、生态景观林带57公里、绿道90公里。空气质量优良比例达100%，其中空气质量级别Ⅰ级（优）天数为253天，占69.1%，空气质量级别Ⅱ级（良）的天数为113天，占30.9%。水环境质量处于较好水平，饮用水源水质达标率100%。森林覆盖率达到29.5%，比上年提升0.5个百分点，其中林业重点工程完成荒山荒（沙）地造林面积604.6公顷，低产低效林改造面积128.7公顷。

2012年珠海绿色交通加快发展，新投放新能源公交车400辆，启动中心城区1号线有轨电车试点项目。建成主城区公共自行车租赁系统，首期195个租赁点，投放5000辆自行车。珠海由此成为全国少数几个建立覆盖全市范围的公共自行车租赁系统的大中城市，这对于珠海减少碳排放、建设生态文明城市、形成健康文明科学的城市生活方式具有重要意义。

珠海的生态创建工作得到国家和广东省有关部门的认同。2012年5月，珠海通过了环境保护部组织的国家环保模范城市复核，复核检查组对珠海的环保工作给予了高度评价，一致认为珠海各项指标均达到国家环境保护模范城市考核指标要求。8月，在环境保护部与广东省环保厅共同组成技术评估组考核验收后，香洲区被评为“国家生态区”，北山村获得了“国家级生态村”称

号，金湾区红旗镇和高栏港区南水镇、平沙镇以及万山区桂山镇被评为“国家级生态乡镇”，斗门区的四个镇和万山区的两个镇则被评为“省级生态乡镇”。

（七）居民生活水平提高，民生保障能力得到加强

2012 年，珠海城镇居民人均可支配收入 32980 元，同比增长 14.8%，增速高出广东省 2.4 个百分点（见图 5）。农村居民年人均纯收入 13400 元，增长 13%，增速高出广东省 0.6 个百分点。在珠海 GDP 增速低于广东省 1.2 个百分点的形势下，珠海城乡居民收入水平增速反而超过广东省平均水平，表明珠海居民更多地分享了经济发展的成果，非常可贵。

收入的提高也促进了居民生活水平的提高。2012 年，珠海市完成社会消费品零售总额 635.20 亿元，同比增长 12.7%，高于 GDP 增速 5.7 个百分点。

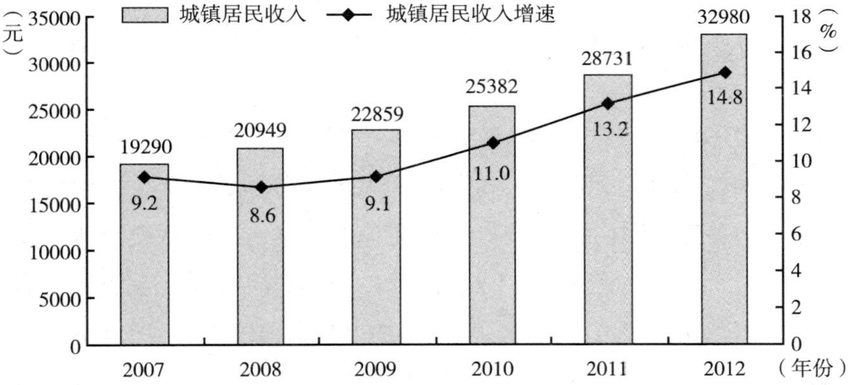

图 5　2007～2012 年珠海城镇居民收入及增速

就业局势保持稳定。2012 年珠海市城镇新增就业 43815 人，就业困难人员实现就业 2022 人，城镇登记失业率控制在 2.34% 以内，帮扶城乡劳动者成功创业 2510 人。

2012 年珠海的民生保障能力进一步加强，用于教育、医疗、社会保障等九项民生保障项目的公共财政预算支出 122.2 亿元，同比增长 34.7%，占全市公共财政预算的 59.5%。校安工程、香洲区文园中学分校区、11 个镇中心

幼儿园全面完工，斗门和风中学建设进入尾声。全面完成年度医药卫生体制改革任务，全市基本医疗保险总体参保率达96%。保障性住房建设推进顺利，新开工建设保障性住房2994套，竣工3349套。

二 面对的新形势与新问题

（一）全球经济深度调整，贸易保护主义不断抬头

2012年以来，世界经济继续处在深度转型调整期，国际贸易保护主义不断抬头，挤压国内制造业出口市场空间。

美国经济因房地产市场持续改善、高科技行业增长等因素温和复苏，2012年全年实际GDP增长率初值为2.2%。但预算削减以及债务上限问题悬而未决，缺乏中期财政整顿框架，由此带来的不确定性影响了投资和消费的持续增长，经济复苏不稳。同时，高失业状况未根本改观，也将影响消费复苏的可持续性。

欧债危机形势一波三折基本有所缓解，但对实体经济的影响却日益加深。受欧债危机困扰，2012年欧元区和欧盟GDP同比分别下降0.6%和0.5%。

由于外需萎缩和国内能源进口需求增加，日本再次出现创纪录的贸易逆差，2012年全年贸易逆差为8.17万亿日元，连续两年出现贸易逆差，预计未来数年持续出现逆差的可能性仍然较大。加上日本国内消费需求不足和积累了超过GDP 200%的政府债务总规模，日本经济2012年第二季度和第三季度出现连续下滑，第四季度仅同比增长0.2%，走出低谷难言乐观。

受外部需求下降、经济周期性下行、跨境资本流动波动加剧等多重因素影响，金砖国家等主要新兴经济体经济增长速度普遍放缓。

在全球各国经济面临诸多困难、发达国家失业率高企的形式下，贸易保护主义不断抬头，国际贸易争端正在不断升级。国际货币基金组织（IMF）和世界贸易组织（WTO）2012年年中分别出台研究报告指出，贸易保护主义正在全球范围内悄然蔓延，且形式更为隐蔽，手段更加多样化和复杂化，情况令人担忧。

中国作为世界第二大出口国，是贸易保护主义的最大受害者。据 WTO 统计，2008 年中国成为遭遇“双反”（反倾销、反补贴）调查最多的成员。

（二）中国宏观经济增速放缓，转变经济发展方式刻不容缓

当前国内经济增速放缓，经济周期将处于中周期甚至长周期的下行压力之中。从长期来看，经过 30 多年改革开放和高速发展，中国已经成为全球仅次于美国的第二经济大国，人口红利、改革红利、开放红利、环境红利等红利效应不断减弱甚至几乎释放殆尽，中国的潜在经济增长率难以维持之前的高速增长。从中期来看，在经历应对全球金融危机而出现新一轮扩大产能的过程后，中国将在较长时期内处于去库存化和去产能化的艰苦过程，从消费、出口、投资“三驾马车”的角度看，出口困难、投资增速下滑、消费不振，可能是中国宏观经济和中国企业较长时期都将面对的重要困难。

与此同时，中国经济的固有弊端也越来越凸显。首先是资源紧张，环境污染现象严重；其次是经济增长过度依赖投资和出口拉动，低水平重复建设严重；再次是国内需求不足，消费率过低，而且中国服务业整体落后，现代服务业、高端服务业与发达国家相比差距较大。

在这种背景下，“促进产业结构调整升级、转变经济发展方式、打破唯 GDP 论”已从多年的口号逐渐成为当前中国各级政府的实际行动，也是中国经济社会发展的正确方向。

（三）珠海的经济发展问题

一是珠海经济外贸依存度高（指进出口总额占国内生产总值的比重），受国际经济影响较大。珠海外贸依存度从 1980 年的 11.33% 上升到了 2008 年的 321%，甚至高于深圳当年的 262%，是珠三角城市中最高的城市。其后受全球金融危机影响和国内经济结构调整影响，珠海外贸依存度持续降低，但 2012 年仍达 190% 以上，远高于广东省 108% 的外贸依存度平均水平，仅次于深圳的 226%（见表 3）。2012 年受外贸进出口大幅下降影响，珠海工业效益明显下滑，工业生产增速明显放缓，最终导致珠海 GDP 增速在珠三角地区排名靠后。

表 3　2007～2012 年珠海外贸依存度

指标＼年份	2007	2008	2009	2010	2011	2012
GDP 规模(亿元)	894.81	997.16	1038.66	1208.60	1404.93	1503.81
进出口额(亿美元)	398.69	468.37	374.40	434.80	516.39	456.69
年末人民币兑美元汇率(央行中间价)	7.3046	6.8346	6.8262	6.6227	6.3009	6.2855
外贸依存度(%)	325.46	321.02	246.06	238.26	231.59	190.88

资料来源：2012 年《珠海市国民经济和社会发展统计公报》，中国人民央行网站。

二是珠海经济规模偏小，工业基础薄弱。珠海人均 GDP 虽然高居广东省第四，与排名第一和第二的深圳、广州差距不大，但总量上却远远落后于它们，仅处于广东省的中游水平，在珠三角九市中排名靠后。2012 年，珠海 GDP 仅相当于广州和深圳的 11.1% 和 11.6%；工业增加值仅相当于广州和深圳的 16.2% 和 14.5%；地方一般预算收入仅相当于广州和深圳的 14.8% 和 11%（见表 4）。

表 4　2012 年珠三角九市主要经济指标对比

	GDP(亿元)	工业增加值(亿元)	一般预算收入(亿元)	第三产业增加值(亿元)	"十一五"服务业增速(%)
广州	13551.21	4579.49	1102.25	8617.33	16.9
深圳	12950.08	5091.42	1482.08	7206.88	16.3
珠海	1503.81	740.17	162.60	668.70	13.2
佛山	6709.02	4108.82	384.10	2388.70	18.7
惠州	2368.0	1354.4	200.9	865.1	18.4
东莞	5010.14	2416.56	356.32	2639.17	17.5
中山	2441.04	1291.47	201.89	1025.24	18.7
江门	1910.08	1067.59	135.03	739.8	11.4
肇庆	1453.84	674.63	103.81	553.85	16.3
珠海排位	8	8	7	8	8

资料来源：根据《广东统计年鉴 2013》数据计算。

经济总量偏小不利于发挥规模效应，地方财政可支配收入小，不利于珠海发挥政府的宏观调控作用，工业总量偏小制约经济持续发展的后劲。过去 30 多年，珠海与深圳几乎起点相同、同时发展，但从 20 世纪 90 年代开始，珠海经济总量与深圳的差距不断拉大，这制约了珠海作为珠江口西岸核心城市发挥辐射带动作用。

三是珠海现代服务业发展还相对滞后，结构性矛盾突出，对先进制造业的支持力度偏小。珠海的第三产业增加值 2012 年占 GDP 的 44.4%，但第三产业结构有待优化，其中珠海最大的服务业是休闲旅游业，其对经济的带动作用，要低于金融、现代物流等其他现代服务业。这也是珠海先进制造业整体竞争力还需进一步提高，外贸依存度偏高，内外源型经济发展还不平衡的一个重要原因。

从金融业来讲，珠海金融业对实体经济的支持力度还有待加大。2012 年珠海中外资金融机构本外币各项存贷款余额分别为 3449.70 亿元和 1920.30 亿元，比年初分别增长 15.8% 和 17.2%（见表 5）。存贷比为 55.67%，比上年上升 6.26 个百分点。存贷比的上升一方面说明贷款对实体经济的支持力度加大，另一方面也加大了银行的流动性风险。但是珠海的存贷比远低于深圳等经济发达地区，表明金融业务对珠海实体经济的贡献率有待提升。不过，从金融相关率指标①来看，珠海甚至高于深圳、广州，说明珠海的金融发展水平并不落后，金融支持实体经济的潜力巨大。

表 5　2012 年珠海、深圳、广州银行存贷款指标

	珠海	深圳	广州
各项存款余额(亿元)	3449.7	25910.24	30186.57
各项贷款余额(亿元)	1920.3	17305.47	19936.52
GDP(亿元)	1503.81	12950.08	13551.21
金融相关率(%)	229.40	200.08	222.76
存贷比(%)	55.67	66.79	66.04

资料来源：2012 年珠海市、深圳市、广州市国民经济和社会发展统计公报。

2012 年珠海中小微企业贷款余额 870 亿元，比年初增加 168.8 亿元，增长 19.4%。中小微企业贷款占各项贷款余额的 45.3%，增幅高于同期贷款增幅 2.2 个百分点。这对于加大珠海金融业对实体经济的支持力度，促进珠海产业结构调整，抵御外贸经济的不利影响具有重要意义。

① 金融相关率是由美国经济学家雷蒙德·W. 戈德史密斯（Raymond W. Goldsmith）提出的衡量一国金融发展水平的一个指标，等于金融资产与 GDP 之比，在研究时可以用 M2 替代金融资产，对于一个地区来说，则可以用存款总量替代金融资产量来计算金融相关率。

三　对策建议

（一）推进加工贸易转型升级，降低国际经济波动的不良影响

加工贸易是珠海外贸的主要形式，2012年加工贸易出口额占总出口额的64.34%。相比一般贸易形式，加工贸易更容易受国际经济波动导致订单萎缩的冲击，从而进一步影响珠海经济增长。为了有效降低外需低迷的影响，降低外贸依存度，推进珠海加工贸易的转型升级势在必行。

一是鼓励和支持加工贸易开拓国内市场，增强加工贸易企业的研发和自主创新能力，利用已有的技术和生产能力，创建自主品牌，开拓国内市场，利用“中国加工贸易产品博览会”（简称“加博会”）等平台提升市场拓展能力，建立国内营销网络和物流配送中心，形成出口和内贸并重的多元发展能力。

二是延长加工贸易的产业链，实现从“生产车间”到“企业总部”的形态转变。促进加工贸易配套体系向研发设计、创立品牌、生产制造、营销服务等产业链上下游延伸，延长加工贸易国内增值链，进一步提升加工贸易对珠海经济的辐射带动能力。

三是加强区域经贸交流合作，粤港联合推进加工贸易转型升级。落实CEPA和《广东省推动率先基本实现粤港澳服务贸易自由化行动计划》，充分发挥珠海处于“一国两制”交汇点的区位优势，联手港澳继续开拓欧盟、拉美等国际市场，服务内地市场。

四是完善加工贸易的管理服务机制。支持企业走环境友好型、资源节约型道路，发展技术含量高、附加值大、资源和能源消耗低、环境污染小的加工贸易，限制和禁止开展高耗能、高污染的加工贸易。加强加工贸易管理的信息化建设，推进对外经贸、海关、质检和企业“四方联网”，加强加工贸易监管公共平台建设，形成规范、高效、便利的现代化管理机制，提高政府监管和服务水平。

（二）大力发展民营经济

改变依靠单一外向型经济发展的增长模式，降低外贸依存度，还需要大力

发展民营经济，支持中小民营企业发展，促进民营高科技企业发展扩张，增强珠海经济的活力，使民营经济逐步发展成为珠海经济的中坚力量。2012 年民营经济为缓解珠海外贸下滑对经济增长的不利影响做出了重要贡献，民营增加值 482.16 亿元，增长 8.8%，占 GDP 的 32.1%。

（三）加快现代产业体系建设

按照珠海市委、市政府出台的《珠海市“三高一特”现代产业体系规划》，修订珠海产业导向目录，引进优质项目，延伸产业链条，打造知名品牌，培育骨干企业群体，形成“三高一特”产业集群，支撑珠海成为珠江口西岸核心城市，提升珠海对周边地区的城市辐射带动作用。

（四）加大金融业等现代服务业对实体经济的支持力度

金融是现代经济的核心，经济的发展离不开金融的支持，实现经济结构调整更加离不开金融的支持。进一步加大珠海金融对实体经济的支持力度，既是珠海建设“三高一特”现代产业体系的内在要求，也是“三高一特”现代产业体系的重要保障。

一是要在国家信贷政策指引下，出台与珠海相适应的地方信贷政策，努力增加信贷投放，调整优化信贷结构，加大信贷对珠海经济发展的支持力度。

二是珠海当地金融机构要增强贷款营销观念，在加强风险控制的同时，努力满足不同层次、不同主体合理的贷款需求，尤其是加大对民营经济、中小企业的贷款力度。

三是要构建多层次的融资体系，充分利用股票、债券、票据、保险、私募股权基金等融资工具，不断拓宽企业融资渠道，努力优化企业资本结构，扩大社会融资总规模。

四是拓宽民间投资领域，推进投资主体多元化，加强对社会资金的引导，吸引更多社会资金参与政府鼓励项目。

五是借鉴深圳等风险投资发达地区的经验，尝试建立类似深圳创新投资集团这种由地方政府主导的风险投资公司，促进风险投资对“三高一特”现代产业的支持。

六是完善珠海地方信用体系建设，创建良好的社会信用秩序和信用环境，培育诚实守信的社会信用文化，进一步改善地方金融生态环境。

参考文献

[1] 珠海市统计局、国家统计局珠海调查队：《2012 年珠海市国民经济和社会发展统计公报》，2013 年 3 月 29 日。

[2] 广东省统计局、国家统计局广东调查总队：《2012 年广东省国民经济和社会发展统计公报》，2013 年 2 月 25 日。

[3] 朱小丹：《在广东省第十二届人民代表大会第一次会议上的政府工作报告》，2013 年 1 月 25 日。

[4] 何宁卡：《在珠海市第八届人民代表大会第三次会议上的政府工作报告》，2013 年 1 月 20 日。

[5] 中国珠海政府门户网站，http：//www. zhuhai. gov. cn/。

[6] 珠海统计信息网，http：//www. stats - zh. gov. cn/。

[7] 广东省政府门户网站，http：//www. gd. gov. cn/。

[8] 广东省统计信息网，http：//www. gdstats. gov. cn/。

B.12 汕头经济特区发展报告

陈红泉*

2012年，汕头以特区扩围为契机，以改革创新为动力，以建设幸福汕头为目标，积极应对国际经济持续低迷、国内经济增速明显放缓的严峻形势，经济运行保持平稳较快增长，人民生活质量和水平得到新提高，继续向经济社会发展总体上赶超全省平均水平的“十年大发展”目标任务迈进。

一 汕头2011年经济社会发展情况

（一）应对国际国内经济形势不利局面，保持经济平稳较快增长

2012年在国际经济持续低迷、经济增速放缓的不利背景下，汕头经济保持了平稳较快增长，全市生产总值为1415.01亿元，比上年增长9.5%，增速高于全省1.3个百分点，2008年以来汕头市的GDP增速均高于广东省增速，显示汕头市正在努力向赶超全省平均水平的目标迈进（见图1）。2012年汕头人均GDP 26047元，比上年增长9.0%，按年末汇率测算为4143美元。

（二）提升工业经济发展速度，增强经济发展动力

为打造海峡西岸经济区中心城市，2012年汕头积极落实“工业经济优化发展”策略，积极组织实施“战略性新兴产业倍增计划”“传统优势产业提升计划”“现代服务业提速计划”和“海洋综合开发计划”等四大产业计划及相关配套政策，年内分别出台了《汕头市加快培育和发展战略性新兴产业的若

* 陈红泉，深圳大学中国经济特区研究中心讲师。

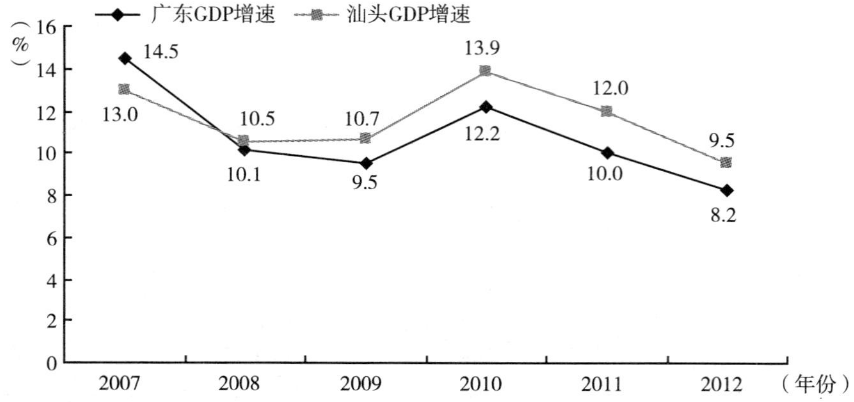

图1　2007～2012年汕头市与广东省地区生产总值增速

干意见》《汕头市海洋经济发展“十二五”规划》等政策文件，促进产业结构调整，工业经济发展较快，增强了汕头经济发展的动力。

2012年汕头市完成工业增加值667.84亿元，比上年增长12.4%，占地区生产总值的比重由上年的46.5%上升为47.2%，工业对经济增长的贡献率达到61.9%，比上年提高1.6个百分点。第二产业占GDP的比重继续提高，三次产业结构由上年的5.8∶50.9∶43.3调整为5.8∶51.5∶42.7。从与全省比较来看，汕头工业增加值增速高于广东省4.4个百分点，连续5年高于全省平均水平（见图2）。

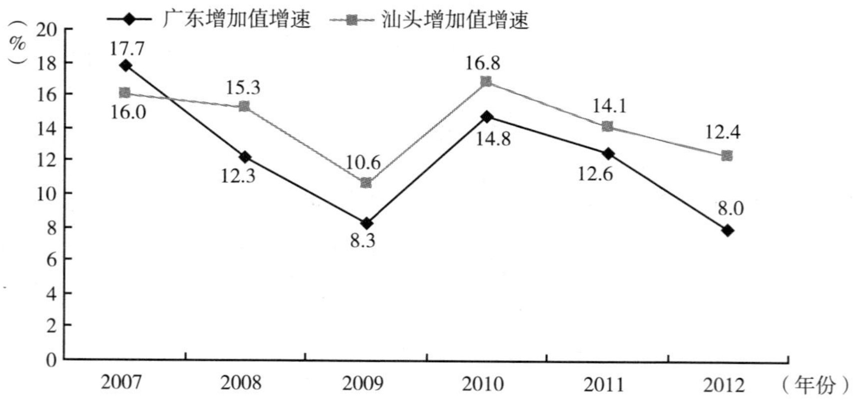

图2　2007～2012年汕头市与广东省工业增加值增速

（三）固定资产投资加快，增强经济发展潜力

2012年汕头市完成固定资产投资额611.92亿元，比上年增长39.7%，增速高于全省24.4个百分点（见图3）。中国锆城、粤东物流新城、汕头卫星应用产业园区、西北航空科技飞机刹车片、猛狮纯电动汽车研发等一批“四大产业规划”重点项目年内相继开工，总投资施工项目（不含房地产）1871个，增长25.5%，其中新开工项目1522个，增长16.4%。新增固定资产487.11亿元，增长47.1%。全市138项重点建设项目完成投资175亿元。投资结构不断优化，民间投资完成455.13亿元，增长45.6%，占全市的比重为74.4%。

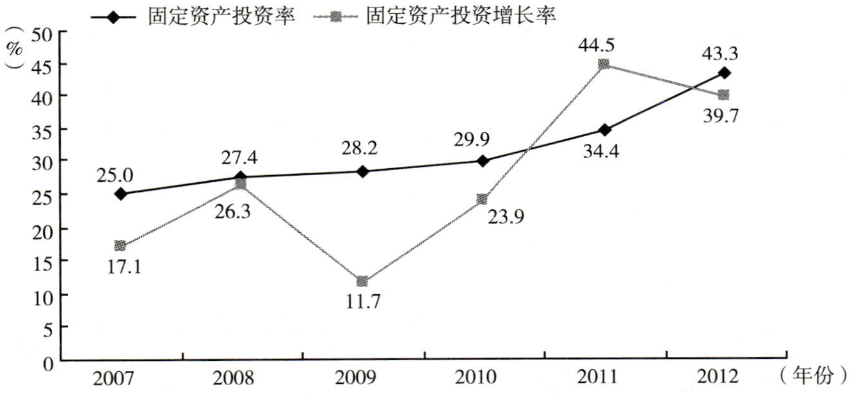

图3　2007～2012年汕头市固定资产投资率与固定资产投资增长率

从具体产业来看，有利于增强经济发展潜力的工业、交通运输业投资增幅较大。占固定资产投资超过50%的工业投资额为323.16亿元，增长40.8%，增速高于全省21.8个百分点。交通运输业投资额36.14亿元，增长70.2%，一批重大交通基础设施项目建设实现新突破，汕揭梅高速公路月浦路段建成通车，结束了汕头近10年没有新开通高速公路的历史。汕湛高速公路汕头段，潮惠高速公路汕头段启动建设，高速公路对内对外互联成网的格局逐步形成。干线公路升级改造进展顺利，厦深铁路汕头段建设顺利推进，海门华能煤炭中转基地15万吨级码头和10万吨级深水航道已建成，预

计年新增吞吐能力2200万吨。广澳港区防波堤工程加快推进，5万吨级航道工程进入竣工验收阶段。这些投资及项目对于汕头实现经济可持续增长具有重要意义。

汕头的固定资产投资增长率和固定资产投资率①近年来大幅提升，不仅是推动汕头经济增长的直接引擎（投资乃经济增长的“三驾马车”之一），也有助于提升汕头的经济发展潜力，因为投资项目落成后显然是经济持续发展的动力。

（四）对外经济受国际经济低迷影响，出口结构进一步优化

由于国际经济持续低迷，外需萎缩，2012年汕头对外经济面临严峻形势。全年完成进出口总额88.02亿美元，同比增长0.2%，落后全省7.5个百分点；其中出口61.63亿美元，同比增长3.5%，落后全省4.4个百分点，进口26.38亿美元，同比下降6.9%，落后全省14.3个百分点；顺差35.25亿美元，同比增长13.0%（见图4）。全年新签投资项目18个，比上年减少28个，同比下降60.9%；其中投资规模在500万美元以上的项目5个，比上年减少4个，同比下降44.4%。合同利用外资1.38亿美元，同比下降23.8%，实际吸收外商直接投资额1.31亿美元，同比下降62.2%（见表1）。

在困难形势下，汕头市出台一系列鼓励进出口的便利措施，大力推进电子口岸建设，大通关环境进一步优化，实施乡贤反哺工程，引导国内外潮商积极参与家乡经济和公益事业建设，积极参与海峡西岸经济区建设，依托粤台物流园区、南山湾科技园、台湾农民创业园、南澳论坛等载体，不断深化对台经贸合作，外贸结构得到进一步优化。第一，在加工贸易出口额下降2.7%的同时，占出口比重七成以上的一般贸易出口额增长了5.8%；第二，在外资企业出口额微幅增长1.4%和国有企业出口额下降12.9%的同时，占出口半壁江山的私营企业出口额增长6.4%，出口主体地位进一步增强；第三，机电产品出口16.57亿美元，增长12.7%，继续保持出口商品第一。

---

① 固定资产投资率即固定资产投资规模占国内生产总值的比重，是反映经济发展变化与投资规模大小关联程度的指标。

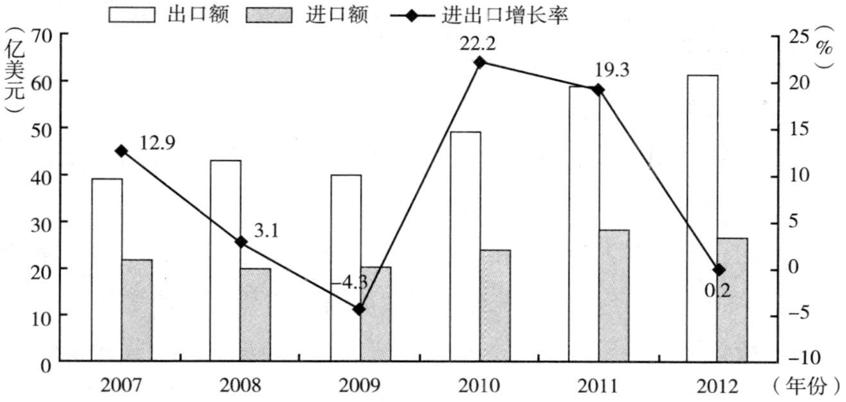

图 4　2007～2012 年汕头市进出口额及增速

表 1　2012 年汕头对外经济主要指标情况

指　　标	绝对数(亿美元)	比上年增长(%)
一、进出口总额	88.02	0.2
1. 出口额	61.63	3.5
其中:一般贸易	46.36	5.8
加工贸易	15.13	-2.7
其中:国有企业	2.92	-12.9
外资企业	23.16	1.4
私营企业	33.62	6.4
集体企业	1.44	4.1
2. 进口额	26.38	-6.9
二、外商直接投资		
1. 项目个数(个)	18	-60.9
2. 合同外资总额	1.38	-23.8
3. 实际吸收外商直接投资额	1.31	-62.2

资料来源：2012 年《汕头市国民经济和社会发展统计公报》，2012 年统计月报。

（五）加大节能减排力度

基于工业对于经济增长的贡献最大，汕头的“工业经济优化发展”策略，对于汕头实现经济社会发展总体上赶超全省平均水平的“十年大发展”目标来说，显然是正确的选择。但工业往往是高能耗、高污染的产业，所以，“工业经济优化发展”策略与节能减排存在一定的矛盾，因此需要在发展工业的同时，防止节能减排各项指标的反弹。

为此，汕头市为落实《汕头市环境保护和生态建设“十二五”规划》，近年连续开展造纸、印染、电镀等重污染行业环保专项整治，2012 年 5 月、6 月和 9 月分别出台了《汕头市“十二五”期间主要污染物总量减排工作方案》《汕头经济特区节约能源条例》和《汕头市“十二五”节能减排综合性工作方案》，强调以加快淘汰落后产能、抑制高耗能高排放行业过快增长、推动传统产业改造升级等方式调整优化产业结构，加强工业节能减排，强化实施污染物减排重点工程，目标是到 2015 年，汕头单位地区生产总值能耗下降到 0.489 吨标准煤/万元，比 2010 年下降 17%；化学需氧量排放总量控制在 7.93 万吨以内，比 2010 年减少 16.2%（其中工业减少 16.6%）；氨氮排放总量控制在 0.95 万吨以内，比 2010 年减少 15.9%（其中工业排放量减少 16.3%）。

（六）改善民生民安，提高人民生活水平

2012 年汕头为保障和改善民生进一步加大财政投入，全市用于卫生、教育、文化、医疗、社会保障等民生的预算支出 125 亿元，同比增长 29.9%，占公共财政预算支出比重的 72.1%，比上年提高了 3.8 个百分点。上年确定的十大民生实事按时完成年度任务：实施千村环境卫生整治，开展垃圾专项治理；改善贫困山区、老区农村小学教师待遇；大力推行公交优先，新增公交车投放 171 台；对 60 周岁以上未定期领取退休养老金的居民发放基础养老金；中心城区所有公园实现免费开放；启动村村通自来水工程；建设保障房 4754 套，发放租赁补贴 1200 户，改造农村危房 1350 户等。

开展社会治安综合治理，扎实推进平安汕头建设。加强对治安重点地区和突出问题的排查整治，推进社会治安立体防控建设，2012 年刑事和治安警情下降 24.5%，“两抢”警情下降 29.2%，下降幅度居全省第一位，社会治安形势明显好转。深入开展“安全生产年”活动，强化“一岗双责”，落实企业安全生产主体责任，2012 年未发生重大级别以上生产安全事故，亿元 GDP 生产安全事故死亡率为 0.147，下降 10.9%；共发生各类事故 621 起，死亡总人数 209 人，受伤 329 人，比上年分别下降 8.9%、0.9% 和 2.7%。深入开展“三

打两建”专项行动，“三打”综合考核居全省前列，社会信用体系建设列入省试点。

2012 年就业形势保持稳定，新增城镇就业 8.33 万人，农村劳动力转移就业 4.67 万人，城镇登记失业率为 2.43%。城乡居民收入逐步提高，生活水平得到改善。2012 年城镇居民人均可支配收入 20024 元，农村居民人均纯收入 9032 元，同比分别增长 14.6% 和 14.4%，分别高于 GDP 增幅 5.1 个和 4.9 个百分点。全年社会消费品零售总额 1029.82 亿元，比上年增长 14.3%，其中城镇消费品零售额增长 14.6%；乡村消费品零售额增长 13.6%，分别高于 GDP 增速 4.8 个、5.1 个和 4.1 个百分点，表明老百姓分享经济发展成果的份额在增大。

二　汕头经济社会发展面临的形势与问题

（一）国内外经济低迷与汕头加快发展经济的矛盾与机遇

汕头建立经济特区以来，经济社会发展成就巨大，但是自 20 世纪 90 年代后期以来，汕头错过了中国经济快速发展的“黄金十年”快速发展阶段，汕头“十五”时期 GDP 年均增长 6.9%，低于全省平均水平 6.4 个百分点，“十一五”时期 GDP 年均增长 11.4%，落后全省 1 个百分点。结果，汕头 GDP、工业增加值、财政收入、外贸出口等主要经济指标大幅落后于全省平均水平，在全省排名靠后。

为了实现经济社会发展总体上赶超全省平均水平的“十年大发展”目标，汕头努力实施“工业经济优先发展”策略，但却面临后金融危机下的国际经济波动、国内宏观经济增速放缓、节能减排任务繁重的不利形势。

从国际经济形势来看，自从 2008 年爆发全球金融危机以来，世界经济继续处在深度转型调整期，美欧日等发达经济体都由于国内的结构性、特殊性问题而陷入不同程度的经济衰退中而难以自拔，巴西、印度、南非、东盟等新兴经济体受国际经济反复波动、外部需求不稳、经济周期性下行、跨境资本流动波动加剧等多重因素影响，经济增长速度普遍放缓。在这种背景下，汕头面临的国际经济环境与十多年前中国加入“WTO”之初不可同日而语，工业产品出口市场空间狭小。

从国内经济形势来看，中国在经历了30多年的经济高速增长之后，人口红利、改革红利等红利效应不断减弱甚至几乎释放殆尽，中国的潜在经济增长率大为降低，经济周期从长期来看很可能处于下行趋势之中。中期来看，出口困难、投资增速下滑、内需不足，可能在较长时期内困住拉动经济的消费、出口、投资“三驾马车”。这种国内宏观经济增速放缓的形势，对于汕头的经济发展来说可谓“逆水行舟”，困难不小。

与此同时，中国经济在高速发展的过程中积累了不少矛盾，尤其是资源紧张，环境污染现象严重，部分地区生态环境恶劣，转变经济发展方式、建设生态文明、实现人与自然的和谐发展刻不容缓，节能减排成为硬约束。在这种大背景下，汕头的土地、资源、环境容量等生产要素制约也进一步加剧，影响了一些重大项目引进，打击了部分企业的投资意愿，对汕头“优先发展工业”“快速发展经济”产生比较严重的负面影响。

（二）现代金融业发展滞后，对实体经济支持力度有待加强

金融是现代经济的核心，经济的发展离不开金融的支持。汕头的保险、证券业务发展缓慢，银行业是汕头金融业的主力。2012年汕头市中外资金融机构本外币各项存款、贷款余额分别为2285.36亿元和811.95亿元，比年初分别增长14.9%和11.6%。存贷比为35.53%，比上年下降1.08个百分点。

与汕头市金融相关率指标①略低于省内平均水平不同，汕头市的存贷比指标不仅大幅低于深圳、广州等省内发达地区，也远低于全省63.82%的平均水平（见表2）。存贷比较低，说明了汕头大量银行资金“惜贷”，没有进入实体经济，没有支持实体经济，甚至可能外流到其他资金回报率高的发达地区。

① 金融相关率是由美国经济学家雷蒙德·W. 戈德史密斯（Raymond W. Goldsmith）提出的衡量一国金融发展水平的一个指标，等于金融资产与GDP之比，在研究时可以用M2替代金融资产，对于一个地区来说，则可以用存款总量替代金融资产量来计算金融相关率。

表 2　2012 年汕头、广东省、深圳、广州银行存贷款指标

	汕头	广东	深圳	广州
各项存款余额(亿元)	2285.36	105099.6	25910.24	30186.57
各项贷款余额(亿元)	811.95	67077.08	17305.47	19936.52
GDP(亿元)	1415.01	57067.92	12950.08	13551.21
金融相关率(%)	161.51	184.17	200.08	222.76
存贷比(%)	35.53	63.82	66.79	66.04

资料来源：2012 年珠海市、深圳市、广州市国民经济和社会发展统计公报。

统计数据显示，自 2003 年以来，汕头的存贷比不断下降，远低于广东省平均水平（见图 5）。作为经济特区，汕头需要外界的资金“输血”，然而在汕头经济本身“造血”功能弱的情况下，自身资金使用效率低，甚至还源源不断地向外“流血”，这或许是导致汕头经济长期低迷、相对落后的主要原因。

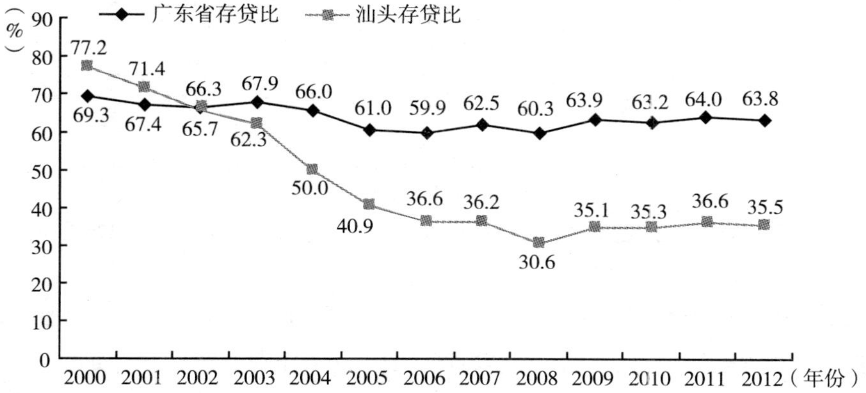

图 5　2000～2012 年广东省和汕头市存贷比指标对比

（三）公共财政困难，制约政府政策调控经济的能力

汕头的公共财政困难主要体现在以下三个方面：一是汕头公共财政预算收入得益率[①]低，2012 年汕头公共财政预算收入 96.34 亿元，同比增长 12.6%，

① 公共财政预算收入得益率是指地方公共财政预算收入占地区生产总值的比重。

低于全省 0.4 个百分点，公共财政预算收入得益率仅为 6.8%，远低于全省平均 10.9% 水平（见图 6）；二是汕头人均公共财政预算收入低，2012 年仅为 1807.9 元，是广东省人均（按常住人口计）公共财政预算收入 5878.9 元的 30.8%；三是财政收支缺口大，2012 年汕头公共财政预算支出 173.28 亿元，收支差额 76.94 亿元，是公共财政预算收入的 79.9%，而广东省 2012 年公共财政预算支出超出公共财政预算收入 1158.68 亿元，超出额是广东省公共财政预算收入的 18.6%，比照 GDP 与汕头相当的珠海来看，珠海 2012 年公共财政预算收入为 162.6 亿元，公共财政预算支出 212.15 亿元，支出超出收入额为 49.55 亿元，是收入的 30.5%。

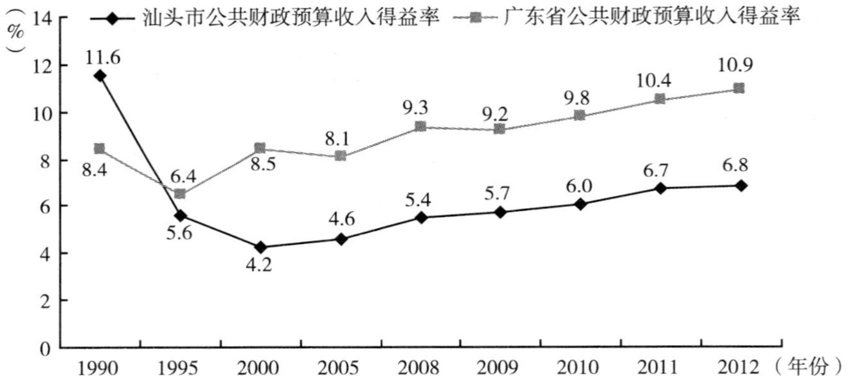

图 6　1990～2012 年部分年份广东省和汕头市公共财政预算收入得益率

地方财政是国家财政体系中的一个重要组成部分，地方财政对于当地基础设施建设、调控经济、收入分配、社会发展等具有十分重要的意义。汕头市十多年来的上述地方财政困难，形成了严重的历史债务负担，使财政支出捉襟见肘，制约着汕头发挥地方财政对于促进当地经济发展的职能。为此，汕头需要组织有关产业、税收等方面的专家对汕头的财政税收困难问题进行专门研究并采取有关对策。

三　对策建议

（一）加大金融业对实体经济的支持力度

如前所述，金融是现代经济的核心，经济的发展离不开金融的支持，汕头金融业对本地经济的支持与其实力不匹配，汕头资金实力并不弱，但进入实体经济的资金不够。

一是要在国家信贷政策指引下，出台与汕头相适应的地方信贷政策，有效化解当地银行“惜贷”难题，努力增加信贷投放，加快信贷促进汕头经济快速发展的步伐。

二是积极推进和完善汕头社会信用体系建设，创建良好的社会信用秩序和信用环境，培育诚实守信的社会信用文化，进一步改善地方金融生态环境。

三是汕头当地金融机构要增强贷款营销观念，在加强风险控制的同时，努力满足不同层次、不同主体合理的贷款需求，尤其是加大对民营经济、中小企业的贷款力度。

四是要构建多层次的融资体系，充分利用股票、债券、票据、保险、私募股权基金等融资工具，不断拓宽企业融资渠道，努力优化企业资本结构，扩大社会融资总规模。

五是拓宽民间投资领域，推进投资主体多元化，加强对社会资金的引导，吸引更多社会资金参与政府鼓励项目。

（二）改善投资环境，提高行政效率

由于汕头文化、地理、社会、经济等多种因素的特殊性，汕头的投资环境不尽如人意。改善汕头的投资环境，需要从以下几个方面入手：一是提高汕头的开放性和包容性，汕头的所谓“排外”特点让外来人员感到难以融入当地社会，外来投资者望而却步，严重阻碍外部要素资源的流入和积累。据统计，目前汕头外来人口仅20余万人，仅约为户籍人口总数的4%。二是要彻底解决“官本位”“以权谋私”的问题，努力形成亲商、安商、富商的良好行政工作作风。三是推进行政审批制度、管理体制改革，规范管理、简化行政流程、提高行政效率、打造服务型政府。

（三）处理好发展工业与节能减排之间的关系

当前，汕头工业经济发展势头良好，已形成了电子信息、纺织服装、塑料化工、食品加工、机械装备、玩具工艺、印刷包装、音像材料等八大优势产

业。政策配套支持、交通物流基础设施进一步完善，也为汕头工业经济进一步发展奠定了良好的基础，但是在这一过程中也将面临与节能减排之间的矛盾。具体来说，一是要加强整顿整治现有的高耗能、高污染、高排放行业和企业，严格淘汰落后产能，实现技术改造。二是对新进工业项目进行严格筛选，对一些有必要发展的耗能产业，做到有保有压，保龙头保优质项目、压普通项目。三是大力发展现代物流、商贸、旅游等现代服务业，目前汕头第三产业占 GDP 比重较低，潜力巨大，通过加快发展现代服务业可以实现单位 GDP 能耗的相对降低。

参考文献

[1] 汕头市统计局、国家统计局汕头调查队：《2011 年汕头国民经济和社会发展统计公报》，2013 年 3 月 25 日。

[2] 广东省统计局、国家统计局广东调查总队：《2012 年广东省国民经济和社会发展统计公报》，2013 年 2 月 25 日。

[3] 朱小丹：《在广东省第十二届人民代表大会第一次会议上的政府工作报告》，2013 年 1 月 25 日。

[4] 郑人豪：《在汕头市第十三届人民代表大会第三次会议上的政府工作报告》，2013 年 3 月 25 日。

[5] 汕头统计信息网，http：//sttj. shantou. gov. cn/。

[6] 汕头市政府门户网站，http：//www. shantou. gov. cn/。

[7] 广东省政府门户网站，http：//www. gd. gov. cn/。

[8] 广东省统计信息网，http：//www. gdstats. gov. cn/。

B.13

厦门经济特区发展报告

刘伟丽*

一 “厦漳泉”2012年同城化发展模式研究

中国目前工业化、城镇化、城市化、区域经济一体化不断发展，同城化（urban integration）成为区域之间紧密合作的新的发展战略。同城化的首次实践来自2005年《深圳2030城市发展策略》中提到的深圳－香港同城化合作，随后国内其他各省也积极进行同城化合作模式的探讨。2011年9月8日厦门、漳州、泉州正式签署《厦漳泉大都市同城化合作框架协议》，[①] 厦漳泉同城化合作进入飞速发展的阶段。

具有“闽南金三角”之称的厦门、漳州、泉州是长三角、珠三角和环渤海之外的第四大沿海区域经济体，隶属于福建省，东接台湾海峡，南接潮汕地区，2012年末厦漳泉三市户籍统计总人口数为1366.55万人，占全省人数的38.18%，地区生产总值为9530.79亿元，占全省的48.38%，其中第一产业产值占全省的28.50%，第二产业产值占全省的51.19%，第三产业产值占全省的49.23%；三市的出口额为6476489万美元，占全省的66.20%，三市的进口额为4464977万美元，占全省的76.84%，2012年厦漳泉同城化合作进展迅速。

（一）“厦漳泉”同城化合作模式探讨

厦门全市土地面积1699平方公里，受土地资源禀赋的限制，产业基础薄

---

* 刘伟丽，深圳大学经济学院教授、经济学博士，深圳大学中国质量经济发展研究所所长。本文感谢曾冬林、吕乔的校对工作。

① 李变花：《“厦漳泉”同城化发展飞地经济的模式分析》，《特区经济》2012年第11期，第17～19页。

弱。漳州土地面积12600平方公里，泉州土地面积11015平方公里，土地资源禀赋丰富。在整合三地资源方面，可以将厦门劳动密集型的产业转移到漳州、泉州。技术密集型的产业、总部基地、研究开发基地转移到厦门，合理规划产业的转移，充分利用产业集群的外溢效应，融入海峡两岸经济区的发展，实现“厦漳泉”三地产业的转型升级，提高“厦漳泉”三市的综合竞争力，实现三地资源互补、协同发展的区域经济合作方式。

（二）“厦漳泉”同城化产业协调整合

厦门主要在现代服务业、电子信息产业、旅游业和港口物流业等方面具有产业优势。厦门2012年的进出口额达到7449655万美元，远远超过其他两市，对外贸易发展水平较高（见表1）。泉州的第二产业发展水平较高，2012年第二产业产值达到2890.41亿元，特色产业最为突出，如安溪铁观音、德化陶瓷、晋江鞋业、石狮服装、南安石材、惠安石雕等，但是这些特色产业中的企业大多为中小企业，缺少具有规模经济的大型企业。漳州地区土地面积最大，第一产业发展最快，2012年第一产业总额达到320.45亿元，占三市的63.29%，在整个福建省仅次于福州市，占福建省的18%。食品加工、材料、能源是主导产业。可以看出三地产业错位发展，为三地的协同合作打下了天然的基础。厦门积聚了优越的要素、人才、国外技术，发挥对外窗口的作用，需要泉州和漳州货物产业的支撑，漳州的农产品需要泉州和厦门的市场，泉州的特色产品需要厦门的对外平台和漳州的市场。

表1　2010～2012年厦门、漳州和泉州国民经济指标数据

年份	地区	地区生产总值（亿元）	第一产业（亿元）	第二产业（亿元）	第三产业（亿元）	出口额（万美元）	进口额（万美元）
2012	厦门	2815.17	25.30	1363.85	1426.02	4539982	2909673
2012	漳州	2012.92	320.45	961.10	731.37	699034	284053
2012	泉州	4702.70	160.57	2890.41	1651.72	1237473	1271251
2011	厦门	2539.31	24.68	1297.15	1217.49	4264534	2751225
2011	漳州	1768.20	293.30	836.26	638.64	649076	322232
2011	泉州	4270.89	151.78	2662.37	1456.74	1078254	628107

续表

年份	地区	地区生产总值（亿元）	第一产业（亿元）	第二产业（亿元）	第三产业（亿元）	出口额（万美元）	进口额（万美元）
2010	厦门	2060.07	23.06	1024.51	1012.50	3532398	2170661
2010	漳州	1430.71	254.70	652.04	523.97	506838	233082
2010	泉州	3564.97	132.18	2144.86	1287.93	827935	297638

数据来源：《福建统计年鉴（2013）》，中国统计出版社，2013。《福建统计年鉴（2012）》，中国统计出版社，2012。《福建统计年鉴（2012）》，中国统计出版社，2012。

1. 第一产业的专业化整合

漳州在农业生产上具有天然的优势，漳州是国家级外向型农业示范区，成立了海峡两岸（漳州）农业合作示范区。厦门的农产品加工能力较强，厦漳两地在农业上可以实现产业链上的紧密合作，促进两地的农业现代化、产业化和商品化进程。

2. 第二产业的专业化整合

厦门以高新技术产业和战略性新兴产业为重点，泉州民营经济发达，特色产业链群突出。通过积极开展异质竞争，充分利用各自的比较优势，形成优势互补，促进产业转型和升级。厦门继续专业化发展电子和机械产业等高新技术和战略性新兴产业，实现高新技术产业的集群效应；漳州继续专业化发展石化产业，并形成产业基地；泉州继续专业化发展服装、石材、茶叶等特色产业，重点打造产品的品牌形象。

3. 第三产业的转移、转型和升级

厦门第三产业的产值较高，2012 年第三产业的产值达到 1426.02 亿元，具有发展服务业的优势，应重点发展文化创意产业、金融产业、物流产业和旅游业。泉州的第三产业产值最高，2012 年达到 1651.72 亿元。“厦漳泉”三地都有丰富的旅游资源，通过旅游资源的整合，合作开发三地的旅游项目，以推进三地整体旅游业的发展。

（三）“厦漳泉”同城化政府积极引导

对“厦漳泉”同城化制订科学发展规划具有借鉴意义的有《全国主体功

能区规划》《福建省城镇体系规划》和福建省的“十二五”规划等国家和省级的规划。同时厦门、漳州、泉州都制订了自己的发展规划。“厦漳泉”三市应将各自城市的发展规划进行融合，聘请国内外专家对三市中长期联合发展进行规划，并形成三市整体的科学空间发展布局。三市联合起来进行规划，具体可以包括：统筹进行基础设施的建设，加强三市之间的交通建设，例如：厦漳大道、厦漳海底隧道的建设；统筹进行工业园区的规划，重点发展临港和空港两个产业园区，临港产业园区包括沧海、角美、龙海和南太武等，空港产业园区包括翔安和围头湾；发挥海港的物流和服务等功能，利用空港和海港的交通便利优势，加快制造业的转型升级，促进制造服务业的发展。①

二　2012 年厦门岛内外一体化研究

2003 年思明区、海沧区、湖里区、集美区、同安区、翔安区六个行政区由国务院重新进行调整划分，其中海沧区、集美区、同安区、翔安区属于岛外区域，厦门市的土地面积为 1699 平方公里，其中本岛面积为 133.25 平方公里。②

（一）2012 年岛内外经济发展状况

1. 岛内外三次产业发展比较

2012 年厦门岛内的思明区和湖里区，共完成地区生产总值 1563.57 亿元，岛内第一产业产值 0.54 亿元，其中思明区的增长率为 23.4%；岛内第二产业产值 522.32 亿元，其中湖里区的增长率为 19.1%；岛内第三产业产值 1040.71 亿元，三次产业产值之比是 0∶33∶67。而厦门岛外的四个区共完成地区生产总值 1251.6 亿元，占整个厦门生产总值的比重为 44.46%，其中岛外第一产业产值 24.76 亿元，占整个厦门的比重为 97.87%，同安区的增长率为 5.6%；岛外第二产业产值 841.54 亿元，占整个厦门生产总值的比重为 61.70%，翔安区的工业增长率为 18.1%，湖里区的工业增长率为 20.4%，集

① 陈顺龙：《厦漳泉同城化发展若干思考》，《发展研究》2012 年第 9 期，第 67 ~ 71 页。

② 高惠燕：《厦门市岛内外一体化发展存在问题及原因分析、建议》，《时代金融》2012 年第 7 期，第 117 ~ 119 页。

美区的建筑业增长率为23.5%；岛外第三产业产值385.31亿元，占整个厦门生产总值的比重为27.02%，海沧区的增长率为15.3%，集美区的增长率为15.4%，三次产业产值之比是2∶67∶31（见表2、表3）。从数据可以看出，岛内主要以第三产业为主，增长速度较快，岛外主要以第二产业为主，增长速度较快，同时岛外一些区域的第三产业发展速度超过岛内区域。

表2　2012年厦门各区工业生产总值

单位：亿元

地　区	地区生产总值	第一产业	第二产业	工业	建筑业	第三产业
厦门市	2815.17	25.30	1363.85	1153.77	210.08	1426.02
思明区	854.38	0.54	146.66	80.05	66.61	707.18
海沧区	391.15	1.99	278.82	263.96	14.85	110.35
湖里区	709.19		375.66	338.07	37.59	333.53
集美区	369.26	2.52	220.72	180.66	40.06	146.03
同安区	198.59	11.88	108.63	92.61	16.02	78.07
翔安区	292.60	8.37	233.37	198.42	34.95	50.86

数据来源：《福建统计年鉴（2013）》，中国统计出版社，2013。

表3　2012年厦门各区工业生产总值指数（以上年为100）

地　区	地区生产总值	第一产业	第二产业	工业	建筑业	第三产业
厦门市	112.1	100.5	113.3	113.6	111.4	111.0
思明区	111.2	123.4	107.1	110.2	104.1	112.0
海沧区	112.1	94.3	111.1	110.8	115.7	115.3
湖里区	116.1		119.1	120.4	107.1	111.8
集美区	111.0	94.2	109.0	106.7	123.5	115.4
同安区	107.8	105.6	111.1	110.0	117.9	103.5
翔安区	115.2	96.9	118.1	117.9	119.9	107.4

数据来源：《福建统计年鉴（2013）》，中国统计出版社，2013。

2. 岛内外固定资产投资发展比较

2012年厦门市固定资产投资额为1322.98亿元，比上年增长18.2%，项目投资额为804.10亿元，比上年增长18.1%，房地产开发投资额为518.88亿元，比上年增长18.4%；岛内固定资产投资额为468.77亿元，两区的增长速度都低于厦门的增长速度。而湖里区的增长为 -3.9%，岛外固定资产投资额为854.21亿元。翔安区的增长速度为77.2%，海沧区的增长速度为26.1%，两区的增长速度都高于厦门总水平，岛外固定资产投资额占厦门市的64.57%；岛内项目投资额为243.31亿元，两区的增长速度都低于厦门的增长速度，而思明区的增长速度为 -11.9%，岛外项目投资额为560.79亿元，翔安区的增长速度为82.5%，同安区的增长速度为20.2%，两区的增长速度都高于厦门总水平，岛外项目投资额占厦门市的69.74%；岛内房地产开发投资额为225.48亿元，思明区的增长速度为63%，岛外房地产开发投资额为293.4亿元，其中海沧区的增长速度为70.1%，翔安区的增长速度为58.5%，集美区的增长速度为19%，三区的增长速度都高于厦门总水平，岛外房地产开发投资额占厦门市的56.54%（见表4）。

表4　2012年厦门各区固定资产投资（不含农户）

单位：亿元，%

地　区	投资额	增长	项目投资额	项目投资增长	房地产开发投资额	房地产开发增长
厦门市	1322.98	18.2	804.10	18.1	518.88	18.4
思明区	201.02	11.6	109.05	-11.9	91.99	63.0
海沧区	211.53	26.1	135.53	10.2	76.00	70.1
湖里区	267.75	-3.9	134.26	9.8	133.49	-14.7
集美区	273.27	17.5	143.25	16.2	130.00	19.0
同安区	167.80	14.9	119.75	20.2	48.05	3.4
翔安区	201.61	77.2	162.26	82.5	39.35	58.5

数据来源：《福建统计年鉴（2013）》，中国统计出版社，2013。

3. 岛内外房地产固定资产投资发展比较

2012年厦门市房地产开发投资518.88亿元，同比增长18.4%，[①] 新增固定资产1166678万元。岛内房地产投资2254746万元，住宅1166716万元，办公楼310380万元，商业营业217133万元，新增固定资产699968万元，年住宅竣工面积739925平方米；岛外房地产投资2934045万元，占厦门的

① 《2012年厦门市国民经济和社会发展统计公报》。

56.55%，住宅1728171万元，占厦门的59.70%，办公楼148032万元，占厦门的32.29%，商业营业312194万元，占厦门的58.98%，新增固定资产466710万元，占厦门的40%，年住宅竣工面积1415537平方米，占厦门的65.67%。从数据上可以看出，岛外房地产开发投资的增长速度高于岛内的增长速度（见表5）。

表5　2012年厦门各区房地产开发投资

单位：万元

地　区	房地产投资	住宅	办公楼	商业营业	其他	本年新增固定资产	本年住宅竣工面积(平方米)
厦门市	5188791	2894887	458412	529327	1306165	1166678	2155462
思明区	919863	424670	225807	119177	150209	146852	240809
海沧区	760026	306153	101115	56046	296712	151721	448273
湖里区	1334883	742046	84573	97956	410308	553116	499116
集美区	1300044	829732	40374	159360	270578	165350	452493
同安区	480503	315028	5461	57734	102280	68793	248480
翔安区	393472	277258	1082	39054	76078	80846	266291

数据来源：《福建统计年鉴（2013）》，中国统计出版社，2013。

4. 岛内外职工工资水平比较

2012年厦门市的在岗职工平均工资为52526元，岛内的在岗职工平均工资都高于厦门市的工资水平，岛外的平均工资都低于厦门市的工资水平。厦门市在岗职工平均工资比上年增长13.9%，思明区的增长速度为17.3%，湖里区的增长速度为18.0%，都高于厦门市的增长速度，而岛外的增长速度都低于厦门市的增长速度。从数据上可以看出，岛内外的职工工资水平差距较大（见表6）。

表6　2012年厦门各区城镇单位在岗职工平均工资

单位：元，%

地　区	在岗职工平均工资	在岗职工平均工资			在岗职工平均工资比上年增长
		国有	城镇集体	其他	
厦门市	52526	75806	47910	47623	13.9
思明区	56889	81291	48777	48917	17.3
海沧区	49997	67895	39676	46787	13.2

续表

地　区	在岗职工平均工资	在岗职工平均工资			在岗职工平均工资比上年增长
		国有	城镇集体	其他	
湖里区	57268	62227	54265	56513	18.0
集美区	45595	74259	37936	42066	6.4
同安区	43213	69772	53431	38994	12.2
翔安区	43041	84018	27638	38662	13.1

数据来源：《福建统计年鉴（2013）》，中国统计出版社，2013。

（二）岛内外一体化发展存在的问题

天然形成的岛内外空间布局和人口布局有其不合理性，岛外空间大，但是人口密度小，而岛内的空间小，人口密度大，造成了岛内需要承受来自维稳、生态、交通等各方面的压力。

岛内经济发展基础较好，而岛外经济发展基础较弱，同时岛内外居民的收入水平不同。根据需求相似理论，不同的经济发展水平，不同的居民消费水平，形成了典型的二元经济，造成两地需求和消费的差异，很难在生产和消费上匹配与融合。同时岛内外在医疗、教育、社保方面也存在着很大的差异。综合来看，岛内经济发展越来越快，同时，不断吸引岛外的各种资源，岛内外的差距越拉越大。

（三）岛内外一体化发展的政策建议

从岛内外的基础水平和发展速度来看，岛内的服务业发展水平较高，岛外的制造业发展水平较高，所以应将岛内的制造业向岛外转移，利用岛外工资水平相对较低的优势，进行产业转移和调整。具体来看，应利用岛内旧城改造，促进岛内产业升级和发展现代服务业，提升中心城市的竞争力和领导力；政府在岛外新城建设上，应加大扶持力度，积极发展特色旅游业，实施留住和吸引人才的政策。

三　2012 年海峡两岸自贸区发展研究

中国经济经过 30 多年的高速增长，在金融危机之后，中国高速增长的对外贸易进入了调整时期，外向型经济向内需型经济转型，这需要新的动力和新的发展平台。自由贸易园区是国际贸易发展的大平台之一，也是与世界各国开放对接，提高国际贸易和国际投资的效率和效益，增强国际竞争能力的重要平台。

原本的特区、开发区、保税区、新区等不能满足总部经济的需要，不能满足高度国家化的研发、生产、销售等环节的需求，不能满足跨国公司的产品从生产到销售的所有产业链条的需要，因而迫切需要一个货物贸易和服务贸易自由并高效流动的，且具有国际物流配送、国际采购、国际中转等功能的区域，以此减少生产、流通和贸易的成本，充分利用好“两种资源、两个市场”，增强国际贸易的主导地位。在我国实行全面的体制性开放的过渡阶段，各种特区要由区域开放向产业开放转换。从长远来看，各种特区应尽快实现制度的转变，由改革开放试验田转变为符合国际惯例的经济特区。

2009 年国务院总理温家宝在《关于中国在浦东建立自由贸易区设想》的批示中将“自由贸易区”改为“自由贸易园区”。“十二五”规划中也指出为适应我国对外开放，必须实行更加积极主动的开放战略。

（一）海峡两岸经济区概况

海峡两岸经济区简称海西，包括台湾海峡两岸。2009 年《国务院关于支持福建省加快建设海峡西岸经济区的若干意见》的出台促进了海峡两岸经济区的进一步发展，很多学者积极研究海峡两岸经济区的创新和发展问题，林季红和刘莹（2013）① 构建了海峡西岸经济区自主创新能力评价指标体系，这一体系包括 4 个一级指标，19 个二级指标，进一步确定了评价等级集合和建立模糊评价矩阵，采用客观赋值法中的熵权法获得各个评价指标的权重，给出了相应的政策建议。

（二）海峡两岸制造产业选择研究

根据中共厦门市委统战部课题组（2013）② 的研究结果，海峡两岸新兴制

① 林季红、刘莹：《海峡西岸经济区自主创新能力综合评价的实证研究》，《科技管理研究》2013 年第 6 期，第 16 ~ 21 页。

② 中共厦门市委统战部课题组：《推进厦门两岸新兴产业和现代服务业合作示范区建设的建议》，《厦门发展研究》2013 年第 2 期，第 52 ~ 57 页。

造产业主要考虑以下几个：微电子产业、云计算产业、生物科技产业、光电显示产业。台湾在这些产业中占有绝对的优势地位，利用技术引进和产业转移，厦门承接台湾高端制造业的转移，采用“一区多园”模式，加强厦门的综合配套服务。

（三）海峡两岸服务产业选择研究

根据中共厦门市委统战部课题组（2013）的研究结果，海峡两岸高端服务产业主要考虑以下几个：电子商务产业、研发服务产业、医疗照护及高端保健产业，这些产业也是利用台湾坚实的发展基础和厦门广阔的市场需求，加强台湾和厦门的产学研合作。

四　2012 年厦门城市创新体系建设研究

厦门城市创新体系建设是科技创新、海洋经济、旅游产业等重要战略之一，厦门市委第十一届四次全会做出加快建立厦门城市创新体系的重要部署，省委进一步提出要建立“政产学研用”相结合的创新机制，其中政府起到支持的作用，企业是项目的主体，市场发挥导向的作用，团队化的人才是支撑，先行先试的体制是关键。①

2012 年的国内外局势仍然严峻，国外持续受后国际金融危机的影响，海外订单减少；国内通货膨胀，造成原材料价格上涨、劳动力成本增加，厦门的工业产值仍然持续增加，达到 2815. 17 亿元。2012 年厦门六个区域按照工业产值排名依次为：思明区 854. 38 亿元，增长 11. 2%；湖里区 709. 19 亿元，增长 16. 1%；海沧区 391. 15 亿元，增长 12. 1%；集美区 369. 26 亿元，增长 11. 0%；翔安区 292. 60 亿元，增长 15. 2%；同安区 198. 59 亿元，增长 7. 8%。岛外的海沧区、集美区、翔安区、同安区四区的地区生产总值占厦门的 44. 46%，其中第一产业占厦门的 97. 87%，第二产业占厦门的 61. 70%，第三产业占厦门的 27. 02%。

① 《深化科技体制改革　加快创新体系建设》，厦门网，2012 年 7 月 18 日。

（一）支柱产业发展状况

厦门市规模以上轻工业企业的产值为 1358.47 亿元，比上年增长 5.0%，重工业企业的产值为 3072.32 亿元，比上年增长 16.9%，轻工业和重工业产值的比值为 2.3∶1。两大支柱产业为电子和机械，电子行业实现工业总产值 1762.46 亿元，比上年增长 15.7%；机械行业实现工业总产值 1081.43 亿元，比上年下降 2.8%。厦门市共有规模以上工业企业 649 家，占全市工业企业总数的 43.2%，工业总产值 2843.89 亿元，占全市总数的 64.2%，对全市的贡献率为 90.0%。①

从具体支柱产业的产品产量来看，笔记本计算机产量为 509.24 万台，比上年增长 7.4%；移动电话产量为 2871.82 万台，比上年增长 78.1%；铲土运输机械产量为 1.64 万台，比上年下降 46.2%；民用钢制船舶产量为 41.14 万载重吨，比上年下降 26.3%。

（二）高新技术产业发展状况

根据陈卫锋（2013）② 的数据，“2012 年厦门根据《高新技术企业认定管理办法》，共认定高新技术企业 772 家。在光电、新材料、新能源、生物医药等领域形成了产业集群效应，并拥有 6 个国家特色产业基地。2012 年厦门企业创新能力不断提升，共有各级创新型企业 187 家。根据《厦门市鼓励在厦设立科技研究开发机构的暂行规定》，2012 年新认定省级工程技术研究中心 6 家、市级重点实验室 2 家，目前厦门市共有国家工程中心 2 家、省级 20 家及市级 61 家”。

（三）利用外资发展状况

2012 年厦门外商直接投资合同数 331 个，比上年减少 37 个，从 2010 年开始逐年递减，外商直接投资合同金额 225010 万美元，基本与 2011 年持平，并

① 《2012 年厦门市国民经济和社会发展统计公报》。

② 陈卫锋：《坚持人才优先发展战略　服务创新型城市建设》，《厦门科技》2013 年第 3 期，第 10～11 页。

略微低于2011年（见表7）。截至2012年末，共有55个全球500强企业在厦门投资99个项目，投资总额为51.6亿美元。2012年引进千万美元项目共84个，利用外资总额为19.1亿美元，其中39个新批项目利用外资总额为12.1亿美元。

表7　2008～2012年厦门利用外资数据

年份	2008	2009	2010	2011	2012
外商直接投资合同数	355	325	398	368	331
外商直接投资合同金额(万美元)	190847	139531	166157	225037	225010

数据来源：《福建统计年鉴（2013）》，中国统计出版社，2013。

五　2013年厦门经济特区发展展望

2013年伴随着上海自贸区的建立，国内改革和开放将更加深入，创新驱动将成为科技发展的主要动力，城镇化建设将加快步伐，在这样的发展形势下，厦门将继续加快“厦漳泉”同城化建设、海峡两岸协调发展和厦门城市创新体制建设。积极引进全球优秀人才落户厦门，培育本地创新型高端人才，加大人才的扶持力度；建设优秀的创新平台，提升高端的创新创业服务水平。

参考文献

[1] 陈顺龙：《厦漳泉同城化发展若干思考》，《发展研究》2012年第9期，第67～71页。

[2] 陈婷婷：《“厦漳泉”同城化过程中发展飞地经济的意义、路径及其对策》，《西安建筑科技大学学报》2013年第4期，第50～53页。

[3] 陈卫锋：《坚持人才优先发展战略　服务创新型城市建设》，《厦门科技》2013年第3期，第10～11页。

[4] 方志坚：《厦漳泉同城化刍议》，《政协天地》2012年第4期，第41～42页。

[5] 高惠燕：《厦门市岛内外一体化发展存在问题及原因分析、建议》，《时代金融》2012年第7期，第117～119页。

[6] 李变花：《“厦漳泉”同城化发展飞地经济的模式分析》，《特区经济》2012 年第 11 期，第 17～19 页。
[7] 林季红、刘莹：《海峡西岸经济区自主创新能力综合评价的实证研究》，《科技管理研究》2013 年第 6 期，第 16～21 页。
[8] 刘明远：《厦漳泉同城化区域经济利益补偿与分享机制》，《发展研究》2012 年第 9 期，第 72～77 页。
[9] 中共厦门市委统战部课题组：《推进厦门两岸新兴产业和现代服务业合作示范区建设的建议》，《厦门发展研究》2013 年第 2 期，第 52～57 页。

B.14

海南经济特区发展报告

刘伟丽*

一 引言

海南在建设国际旅游岛的进程中，积极探索海南区域经济发展模式，探讨研究海南产业结构布局和优化战略，在开发建设具有海南特色和现代化特色的产业中，主要发展国际旅游业、海洋产业、热带农业，并以发展国际旅游业为主导，积极发展其他产业。海南是中国的一个省份，同时又是一个独立的岛屿，所以海南不同于独立的单一经济体岛国，而是属于依附型的单一经济体海岛，海南的经济发展很大程度上取决于中央对它的支持力度，近几年中央对于海南的扶持力度很大，这也加快了海南建设国际旅游岛的进程。

2012 年 4 月，中共海南省第六次代表大会的报告中提出，海南将全面加快国际旅游岛建设。① 报告提出了到 2016 年的发展目标。表 1 显示了 2008 ~ 2012 年五年间海南经济发展情况的具体数据，同时根据报告中的数据计算出 2016 年发展目标的数据。根据数据可以看到 2012 年全省生产总值、城乡居民收入、第一产业产值、第二产业产值几乎实现五年翻一番的情况，地方公共财政收入、第三产业产值实现了五年翻一番的目标，2008 年到 2012 年的数据显示，三次产业结构不断优化，第一产业的占比从 29% 下降到 25%，第二产业基本维持 28% 不变，第三产业持续增长，从 2008 年的 43% 提高到 2012 年的 47%。所以从各个方面考察，报告中提出的海南中期发展目标是可以达到的。

---

* 刘伟丽，深圳大学经济学院教授、经济学博士，深圳大学中国质量经济发展研究所所长。

① http://news.xinhuanet.com/2012-04/26/c_111850244.htm。

表 1　2008 ~ 2016 年部分年份海南经济发展情况及发展目标

年份	全省生产总值	地方公共财政收入	城乡居民收入	第一产业产值	第二产业产值	第三产业产值	三次产业结构
2016	5045.32	5006472	49630				20∶30∶50
2012	2855.54	3039587	28326	711.54	804.47	1339.53	25∶28∶47
2011	2522.66	2503236	24815	659.23	714.50	1148.93	26∶28∶46
2010	2064.50	1993740	20856	539.83	571.00	953.67	26∶28∶46
2009	1654.21	1251464	18495	462.19	443.43	748.59	28∶27∶45
2008	1503.06	964574	16998	436.04	423.55	643.47	29∶28∶43

注：1. 全省生产总值、第一产业、第二产业、第三产业产值的单位是亿元人民币。2. 城乡居民收入的单位是人民币元。3. 地方公共财政收入的单位是万元人民币。

数据来源：海南省统计局、国家统计局海南调查总队编《海南统计年鉴（2013）》（中英文对照），中国统计出版社，2013。

海南省未来 5 年在生态和环境方面的发展情况体现在表 2 中，表 2 中也列出了 2008 ~ 2012 年相关的生态和环境方面的数据，从数据的发展趋势来看，2008 ~ 2012 年全省森林覆盖率提高了 3 个百分点；2008 ~ 2011 年城市建成区绿化覆盖率提高了 4.1 个百分点；全省主要城镇的污水处理率提高最大，从 2008 年的 43.4% 提高到 2012 年的 75%；垃圾无害化处理率仅查到了 2010 ~ 2012 的数据，2012 年已经达到 100%，所以从生态环境的发展数据来看 2016 年的目标是可以实现的。

表 2　2008 ~ 2016 年海南省生态环境情况

单位：%

年份	全省森林覆盖率	各市县城区绿地率	全省主要城镇的污水处理率	垃圾无害化处理率
2016	62	35	80	90
2012	61.5	34	75	100
2011	60.5	40	72	86
2010	60.2	39.08	70	86
2009	59.2	38.8	55	
2008	58.5	35.9	43.4	

注：2008 ~ 2011 年的统计年鉴中，没有各市县城区绿地率的数据，所以用城市建成区绿化覆盖率的数据来替代，所以 2008 ~ 2011 年的数据明显高于 2012 年的数据。

数据来源：海南省统计局、国家统计局海南调查总队编《海南统计年鉴（2013）》（中英文对照），中国统计出版社，2013。海南省统计局、国家统计局海南调查总队编《海南统计年鉴（2012）》（中英文对照），中国统计出版社，2012。海南省统计局、国家统计局海南调查总队编《海南统计年鉴（2010）》（中英文对照），中国统计出版社，2010。海南省统计局、国家统计局海南调查总队编《海南统计年鉴（2009）》（中英文对照），中国统计出版社，2009。海南省统计局网站，http：//www.hi.stats.gov.cn/hnstjj/。

二　海南旅游业对其经济增长的贡献度研究

海南作为旅游岛其建设从一开始就受到国家的关注和政策上的扶持，2008年3月，国务院就海南省建设国际旅游岛做出批复，允许海南省在旅游业对外开放和体制机制上先行先试。随后，海南省政府发布了包括《关于加快建设国际旅游岛的意见》《海南国际旅游岛建设行动计划》《关于推进海南国际旅游岛建设发展的若干意见》《海南旅游业发展规划纲要（2010～2020）》等文件，这些文件都明确提出海南的旅游业要与国际接轨，要把海南省建设成为一流的国际旅游岛。

（一）文献综述

从沈华玉（2012）① 的关于岛屿旅游和海岛旅游方面的综述文章的研究来看，目前针对岛屿旅游的研究主要集中在以下几个方面：

1. 国际旅游岛的可持续发展视角

很多学者通过政治生态学和可持续发展的视角研究国际旅游岛的问题，并提出伴随着旅游业的深入发展，可持续发展问题日益凸显，如何构建一个很好的旅游质量评估体系是目前国际旅游岛建设的重点和难点。主要学术成果有：Wilkinson（2011）② 通过政治生态学的理论，运用具体实例分析岛屿旅游可持续发展面临的挑战，提到海南存在利益相关者意识和教育的薄弱，导致岛屿旅游可持续发展受到挑战。Michalena 和 Tripanagnostopoulos（2010）③ 提出采用可再生能源技术，例如热光伏太阳能系统，结合岛屿旅游资源的特点，实现岛屿旅游的可持续发展。Fortuny 等（2008）④ 从旅游质量评估体系研究前

① 沈华玉：《岛屿旅游、海岛旅游研究述评及启示》，《北京第二外国语学院学报》2012年第5期，第9～18页。

② Wilkinson P. F.，Sustainable Tourism in Island Destinations，*Annals of Tourism Research*，2011，38（3）：1206－1208.

③ Michalena E.，Tripanagnostopoulos Y.，Contribution of the solar energy in the sustainable tourism developmentof the Mediterranean islands [J]. *Renewable Energy*，2010，35（3）：667－673.

④ Fortuny M.，Soler R.，Cánovas C.，Sánchez A.，Technical approach for a sustainable tourism development：Case study in the Balearic Islands，*Journal of Cleaner Production*，2008，16（7）：860－869.

期审计、目标选择和方案提出、选择方案的实施、经济评估和取得结果的评估，对西班牙巴利阿里群岛进行经验分析。

2. 国际旅游岛对环境影响的视角

很多学者研究发现脆弱的生态系统和追求短期的经济利益是岛屿旅游发展的最大威胁。Kuo 和 Chen（2009）① 利用生命周期评估体系研究岛屿旅游业对交通、住宿和娱乐等部门的环境影响，并以台湾澎湖列岛为例进行实证研究。

3. 国际旅游岛与经济发展的相关性研究

Seetanah（2011）② 利用 19 个岛屿 1990 ~ 2007 年经济面板数据，并利用传统的索洛增长模型，在 Seetanah（2008）、Durbarry（2004）等的岛国经济增长实证研究的基础上进行经济分析，对经济增长中旅游贡献度做出了衡量。其中，经济增长模型包括固定资产投资（IVTGDP）、人力资本（SER）、开放经济指标（XMGDP）、经济自由度（EF）、旅游业发展（TOUR）。Seetanah（2011）经济发展的公式为：

$$Y = f(IVTGDP, XMGDP, SER, TOUR) \quad (1)$$

其中 *IVTGDP* 是固定资产投资占实际 GDP 的比重，作为物质资本投资的代理变量；*XMGDP* 是出口加上进口占 GDP 的比重，作为衡量开放度的指标；*SER* 是中学教育注册数，作为衡量人力资本投资的指标；*TOUR* 是衡量旅游业发展的指标，其中旅游者的人数是一个重要的衡量因素。③

Seetanah（2011）计量经济学的等式为：

$$Y_t = \beta_0 + \beta_1 ivtgdp_t + \beta_2 xmgdp_t + \beta_3 ser_t + \beta_4 tour_t + \varepsilon_t \quad (2)$$

Seetanah（2011）得出旅游业对岛屿经济的增长贡献很大的结论。

① Kuo N. , Chen P. Quantifying energy use, carbon dioxide emission, and other environmental loads from island tourism based on a life cycle assessment approach, *Journal of Cleaner Production*, 2009, 17 (15): 1324 - 1330.

② Seetanah B. Assessing the dynamic economic impact of tourism for island economies, *Annals of Tourism Research*, 2011, 38 (1): 291 - 308.

③ Seetanah B. , T. D. Juwaheer, M. J. Lamport, S. Rojid, R. V. Sannassee & U SubadarAgathee. Does Infrastructure Matter In Tourism Development? *University of Mauritus Research Journal*, 2011, 17, 89 - 108.

（二）海南相关数据的分析

2012年海南旅游业快速发展，其中固定资产投资占实际GDP的比重（IVTGDP）为75.13%，呈现逐年递增的趋势，2012年增长幅度更大；进出口占GDP的比重（XMGDP）呈现逐年下降的趋势，可以看出海南制造业的进出口在整个GDP中的重要程度逐年下降，也从侧面反映了海南旅游业在GDP中的比重不断增加；中学教育注册数*SER*呈现波动发展态势，2012年相比2011年呈现下降的趋势；数据为2012年接待过夜旅游人数（TOUR）为3320.37万人次，呈现逐年递增的态势，比2011年增长319.03万人次。总体来看，2012年海南旅游业对GDP的贡献度提高（见表3）。

表3　海南旅游业对经济增长贡献度的数据

年度	IVTGDP	XMGDP	SER	TOUR
2012	75.13	31.67	54.02	3320.37
2011	63.88	32.71	58.21	3001.34
2010	64.49	35.53	58.21	2587.35
2009	60.59	36.80	44.58	2250.33
2008	47.17	48.62	61.85	2060.00

注：IVTGDP（固定资产投资占实际GDP的比重）和XMGDP（出口加上进口占GDP的比重）的单位是100%；SER（中学教育注册数）的单位是万人；TOUR的单位是万人次，数据为年度接待过夜旅游人数。

数据来源：海南省统计局、国家统计局海南调查总队编《海南统计年鉴（2013）》（中英文对照），中国统计出版社，2013。海南省统计局、国家统计局海南调查总队编《海南统计年鉴（2009）》（中英文对照），中国统计出版社，2009。《2009年海南省经济和社会发展统计公报》，海南省统计局网站，http：//www.hi.stats.gov.cn/hnstjj/。

（三）结论和政策建议

2013年泛珠三角的合作和东盟－中国自由贸易区的建设，对海南旅游业的发展提供了更多的机遇，从旅游产品层面来看，海南要挖掘具有特色的旅游产品，实施旅游产品差异化的战略，打造精品旅游产品；从旅游服务层面来看，海南要积极学习其他国际旅游岛的高端服务经验，加强旅游人才的培养，增强旅游服务的意识；从政府层面来看，海南各级政府要重视中期和长期的科学发展规划，注重加强基础设施建设。

三　海南国际旅游岛衡量指标体系研究

在创建海南国际旅游岛过程中，构建“海南国际旅游岛衡量指标体系”的问题就显得尤其重要。为了将中央和地方政府的扶持政策和地区发展的现状和趋势，进行量化、系统的分析和研究，必须开展“海南国际旅游岛衡量指标体系”的构建和研究工作。

（一）文献综述

张华云（2009）的文章中提到了构建《海南国际旅游岛标准体系》，从标准的视角研究国际旅游岛的问题，该文章从定性分析到定量分析研究提出，海南国际旅游岛标准体系应分为“专门门类”（观光型、度假型、专项型）、“旅游要素”（吃、住、行、游、购、娱及综合）和“相关方”（旅行社、宾馆酒店、餐饮、景区、车队、导游、定点购物场所、定点娱乐场所、管理部门等）三个方面。①

Crouch 和 Ritchie（2000）② 构建了一个塔形的旅游胜地体验的体系模型，这一体系模型包括两个部分：塔的底部是胜地环境（自然资源、政治法律要素、技术要素、经济要素、文化要素、社会要素）；塔的顶部是服务基础设施（购物服务、服务服务、交通服务、旅游服务、住宿服务等）。Seetanah B.，T. D. Juwaheer，M. J. Lamport，S. Rojid，R. V. Sannassee & U. SubadarAgathee（2011）在 Crouch 和 Ritchie（1999）③ 基础上进一步修改了旅游胜地体验的体系模型（见图 1）。

① 张华云：《关于建立〈海南国际旅游岛标准体系〉的探讨》，《标准科学》2009 年第 11 期，第 65～69 页。

② Crouch G. I. & Ritchie，J. R. B. The competitive destination：a sustainability perspective，*Tourism Management*，2000：21.

③ Crouch G. I. & Ritchie，J. R. B.，Tourism competitiveness and societal prosperity. *Journal of Business Research*，1999，44（3）：137－152.

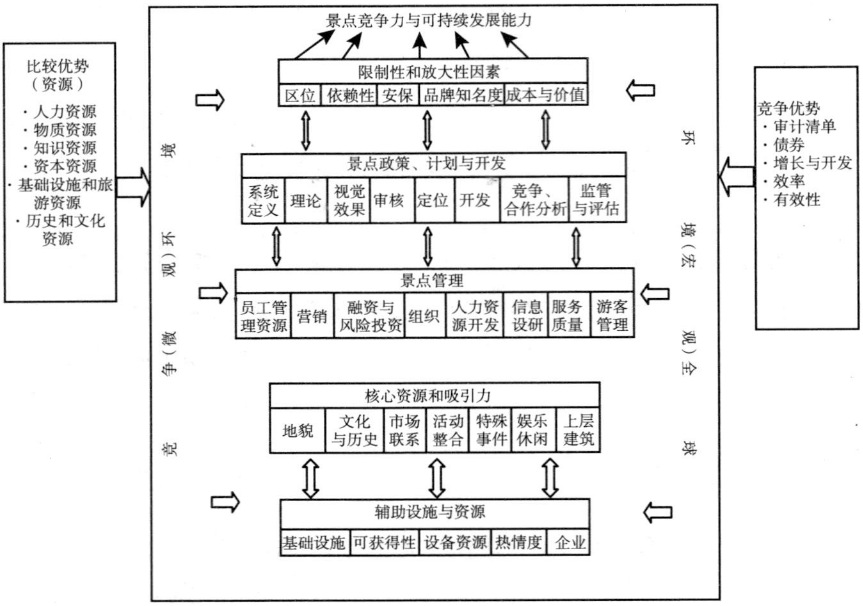

图 1　Seetanah B 等（2011）旅游胜地的竞争力和可持续发展体系

其他相似岛屿也有借鉴意义，李昭（2012）[①] 对巴厘岛和海南岛进行比较研究，主要从人文旅游资源的开发利用方面进行对比分析，发现巴厘岛能够成为国际知名的旅游胜地，主要有以下几个方面的原因：①高标准制订规划，巴厘岛从 20 世纪 70 年代开始就聘请欧美专家进行未来 30 年的旅游发展规划，并不断完善和修订，在实际开发过程中严格按照规划进行；②注重文化因素，保留文化历史遗迹，增加民族性的旅游产品，突出巴厘岛“天堂鸟”和“宗教艺术之岛”的风格，体现印度教文化特色，在突出传统、民族和宗教文化的特色中，形成一系列旅游文化产品。提出了海南人文旅游资源的地位没有得到重视，没有突出文化和民族的内涵，只强调了其旅游胜地的作用。李昭（2011）[②] 对夏威夷和海南岛进行比较研究，主要从人文旅游资源

① 李昭：《巴厘岛对海南国际旅游岛人文旅游资源开发利用的启示》，《商》2012 年第 3 期，第 134 ~ 135 页。

② 李昭：《关于夏威夷与海南国际旅游岛人文旅游资源开发的比较研究》，《知识经济》2012 年第 5 期，第 124 ~ 125 页。

的开发丧失方面进行比较研究，发现夏威夷也是注重长期旅游规划的制订，夏威夷的旅游资源更注重对本土文化的尊重和传承，比如："ALOHA"文化符号、夏威夷花环和草裙等在旅游产品中的运用，夏威夷更注重可持续的生态旅游发展，保持原有的农业生产方式，对居民的生活环境进行严格的保护。

徐海军（2011）① 采用问卷的形式，分别对 30 个指标采用探索性因子分析方法进行研究。在国际旅游岛标准建设上给出了 138 个评价指标层的国际旅游岛评价标准因子，综合层分为 7 个部分，每个综合层又分为几个项目层，每个项目层又细分为评价指标层，通过问卷和分析，进行标准因子选取和筛选，进行 KMO 值测度分析，确立了国际旅游岛的标准体系。最后通过模糊数学综合评判方法得出，海南岛旅游国际化发展水平处于初级发展阶段。

（二）海南国际旅游岛的数据分析

2012 年海南接待过夜旅游人数 3320. 37 万人次，比上年增长 10. 63%，但是外国人和港澳同胞的旅游人数呈现下降的趋势，大陆和台湾的旅游人数呈现上升的趋势；2012 年旅游收入为 379. 12 亿元，其中国内旅游收入为 356. 79 亿元，占海南总旅游收入的 94. 11%，2008 ~2012 年海南旅游收入呈现逐年递增的发展趋势。2012 年旅游景区为 68 个，旅游饭店总数 674 个，客房总数为 94361 间，床位总数为 162664 张，比上年都有增加；房间开放率为 58. 4%，与 2011 年相比呈现下降的趋势（见表 4、图 2）。

从主要旅游饭店接待外国人情况来看，2012 年海南接待人数最多的国家是：俄罗斯、新加坡、马来西亚、美国、日本、韩国、德国、印度尼西亚、泰国、加拿大；而 2008 年海南接待人数最多的国家是：韩国、日本、新加坡、马来西亚、美国、德国、澳大利亚、法国、加拿大。从数据可以看出俄罗斯、印度尼西亚、泰国等国家来海南旅游的人数增长迅速（见表 5）。

---

① 徐海军：《基于入境旅游视角的国际旅游岛建设标准与评价体系研究——以海南岛为例》，南京师范大学博士学位论文，2011 年 3 月。

表 4　2008～2012 年海南旅游业主要指标

项　　目	2008 年	2009 年	2010 年	2011 年	2012 年
接待过夜旅游人数合计(万人次)	2060.00	2250.33	2587.35	3001.34	3320.37
入境过夜游客(万人次)	97.93	55.15	66.33	81.46	81.56
外国人(万人次)	73.13	37.21	47.40	56.17	51.97
港澳同胞(万人次)	16.82	12.74	12.10	14.75	11.93
台湾同胞(万人次)	7.98	5.20	6.83	10.54	17.77
大陆过夜游客(万人次)	1962.07	2195.18	2521.02	2919.88	3238.80
旅游饭店接待人数(万人次)	1560.19	1706.64	1857.31	2123.51	2320.89
其他住宿设施接待人数(万人次)	401.88	488.54	663.71	796.37	917.91
旅游收入(亿元)	192.33	211.72	257.63	324.04	379.12
国内旅游收入(亿元)	165.01	192.82	235.61	299.47	356.79
旅游景区	—	52	57	60	68
旅游饭店总数(个)	440	459	464	540	674
客房总数(间)	61499	67391	68142	82703	94361
床位总数(张)	116973	124689	124740	149149	162664
客房开房率(%)	59.18	58.86	60.37	62.37	58.4
旅行社总数(个)	196	236	301	335	369
出境社	—	11	14	24	26

数据来源：海南省统计局、国家统计局海南调查总队编《海南统计年鉴（2013）》（中英文对照），中国统计出版社，2013。

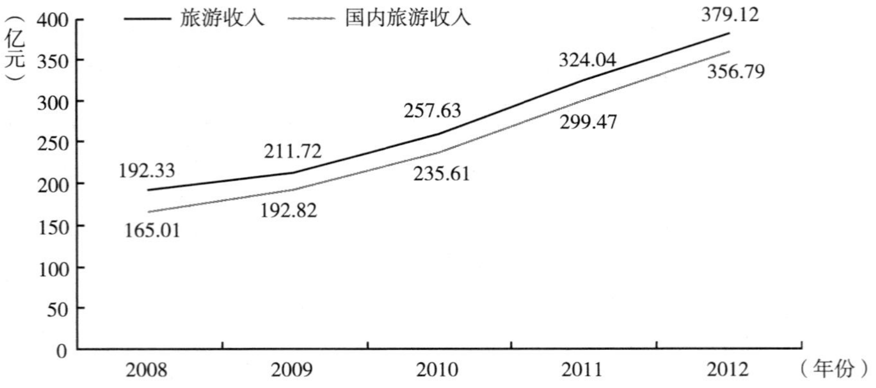

图 2　2008～2012 年海南旅游收入和国内旅游收入比较

数据来源：海南省统计局、国家统计局海南调查总队编《海南统计年鉴（2013）》（中英文对照），中国统计出版社，2013。

表 5　2012 年和 2008 年旅游饭店接待外国人情况比较

国　别	2012 年(人次)	2008 年(人次)	国　别	2012 年(人次)	2008 年(人次)
俄罗斯	191960	5722	英　国	10441	—
新加坡	69446	34089	泰　国	7293	5613
韩　国	16053	127076	印度尼西亚	7707	2827
马来西亚	26624	33271	意大利	2663	2978
日　本	16969	36754	瑞　士	1628	2776
美　国	21137	21978	菲律宾	2559	1849
德　国	10438	13493	瑞　典	2266	—
法　国	6216	6993	印　度	2264	2304
加拿大	7246	6667	西班牙	945	1375
澳大利亚	6871	7021	越　南	871	—

数据来源：海南省统计局、国家统计局海南调查总队编《海南统计年鉴（2013）》（中英文对照），中国统计出版社，2013。海南省统计局、国家统计局海南调查总队编《海南统计年鉴（2009）》（中英文对照），中国统计出版社，2009。

（三）结论和政策建议

1. 做好长期的人文旅游资源规划

海南国际旅游岛的建设，不仅要做好五年的发展规划，而且应该借鉴巴厘岛的经验，做好 30 年的发展规划，要借鉴国内外国际旅游岛的发展经验，将海南民族和文化的底蕴挖掘出来，增强海南黎、苗、回少数民族文化和汉文化的民族感，以海南的自然生态文化为载体，充分发挥传统的生产模式优势，打造海南独特的民族文化旅游产品，只有这样才能形成可持续发展的生态化的国际旅游岛。

2. 提升旅游产品质量

海南需要借鉴国际旅游岛的成功经验，尤其是美国的夏威夷、泰国的普吉岛、澳大利亚的大堡礁、印度尼西亚的巴厘岛等优越的岛屿旅游建设经验，不断提升海南旅游产品的品质，强调品牌和人文意识，增强旅游产品的文化内涵和底蕴，增加产品的附加值，提升游客的主动性和参与性。

参考文献

[1] 李雪玉:《国际旅游岛旅游产业竞争力研究》,《特区经济》2012 年第 3 期,第 145~147 页。

[2] 李昭:《巴厘岛对海南国际旅游岛人文旅游资源开发利用的启示》,《商》2012 年第 3 期,第 134~135 页。

[3] 李昭:《关于夏威夷与海南国际旅游岛人文旅游资源开发的比较研究》,《知识经济》2012 年第 5 期,第 124~125 页。

[4] 沈华玉:《岛屿旅游、海岛旅游研究述评及启示》,《北京第二外国语学院学报》2012 年第 5 期,第 9~18 页。

[5] 徐海军:《基于入境旅游视角的国际旅游岛建设标准与评价体系研究——以海南岛为例》,南京师范大学博士学位论文,2011 年 3 月。

[6] 张华云:《关于建立〈海南国际旅游岛标准体系〉的探讨》,《标准科学》2009 年第 11 期,第 65~69 页。

[7] Crouch G. I. & Ritchie, J. R. B. 2000 The competitive destination: a sustainability perspective. *Tourism Management*: 21.

[8] Crouch G. I. & Ritchie, J. R. B., Tourism competitiveness and societal prosperity. *Journal of Business Research*, 1999, 44 (3): 137-152.

[9] Fortuny M., Soler R., Cánovas C., Sánchez A. Technical approach for a sustainable tourism development: Case study in the Balearic Islands. *Journal of Cleaner Production*, 2008, 16 (7): 860-869.

[10] Kuo N., Chen P., Quantifying Energy Use, Carbon Dioxide Emission, and other environmental loads from island tourism based on a life cycle assessment approach, *Journal of Cleaner Production*, 2009, 17 (15): 1324-1330.

[11] Michalena E., Tripanagnostopoulos Y., Contribution of the solar energy in the sustainable tourism development of the Mediterranean islands, *Renewable Energy*, 2010, 35 (3): 667-673.

[12] Seetanah B. Assessing the dynamic economic impact of tourism for island economies, *Annals of Tourism Research*, 2011, 38 (1): 291-308.

[13] Wilkinson P. F. Sustainable Tourism in Island Destinations, *Annals of Tourism Research*, 2011, 38 (3): 1206-1208.

B.15 上海浦东新区发展报告

章平　张扬*

一　中国（上海）自由贸易试验区建立

2013年8月，中国（上海）自由贸易试验区（简称上海自贸区）成立。作为中国自由贸易区的区域性试验区，上海自贸区涵盖上海市外高桥保税区、外高桥保税物流园区、洋山保税港区和上海浦东机场综合保税区等4个海关特殊监管区域，其宗旨是降低贸易成本。其总体规划方案见表1。

表1　上海自贸区总体规划方案

开放项目	具体措施
银行服务业	建议允许符合条件的外资金融机构设立外资银行，以及符合条件的民资与外资共同设立外资银行。条件具备时在试验区内设立有限牌照银行；建议允许符合条件的中资银行从事离岸业务
健康医疗保险	建议设点设立外资专业健康医疗保险机构
第三方支付	建议允许外商投资支付机构向央行申请支付业务
融资租赁	建议融资租赁公司在试验区内设立单机、单船子公司，不设立最低资本限制
远洋货物运输	建议放宽中外合资等船舶企业的外资比例限制
国际船舶管理	建议允许设立外商独资国际船舶管理企业
资信调查	建议允许设立外商投资资信调查公司
投资管理	建议允许设立股份制外资投资性公司
医疗服务	建议允许设立外商独资医疗机构

* 章平，深圳大学中国经济特区研究中心副研究员、博士；张扬，深圳大学中国经济特区研究中心硕士研究生。

对于上海而言，上海自贸区的获批设立，对于其贸易、航运、金融等方面均会产生“牵一发而动全身”的重大影响。

（1）将使上海突破已有的条框，获得税收放宽、外汇使用等优惠政策，有利于跨国公司内部的全球调拨，会有更多的金融机构在上海注册开业。

（2）上海自贸区的建设将使得海上保险等航运服务业务在上海得以培育和集聚，解决航运中心建设中金融支持的问题。

（3）国务院 2012 年年底批复同意，自 2013 年 1 月 1 日起，经浦东和虹桥国际机场中转第三国的 45 个国家外籍旅客将享受 72 小时过境免签政策，再加上自由贸易区的项目，自贸区将有望成为贸易和购物零关税的自由港。

（4）免税和自由港将有利于吸引高端制造业，而贸易区将有利于吸引更多的加工、制造、贸易和仓储物流企业集聚，推进中国的产业升级。因此，自由贸易区对于物流的集聚效应将更加显著。

此次改革，除提高贸易便利化水平之外，投资、金融的深层次开放更是重中之重，这也是此次改革的主要目的。改革可能先实行在自贸区内推行人民币资本项目开放，在此基础上企业法人可以在自贸区内自由兑换人民币，但对个人暂不适用。上海自贸区作为中国加入 TPP① 的试点窗口，也为将来中国进入 TPP 的谈判增加了筹码。

从以上政策可以看出，此次上海自贸区的设立主要从金融领域开始进行根本性的改革，货币的自由兑换、离岸金融市场的建立等都为上海与国际市场的交流提供了更加便利的条件。

与 1979 年建立深圳等经济特区不同，此次上海自贸区的设立更大意义上是一种制度创新而不是政策优惠。

经济特区，是指在国内划定一定范围，在其范围内实行特殊经济管理体制和特殊政策，用减免税收等优惠办法和提供良好的基础设施，吸引外商投资和

---

① TPP 即跨太平洋伙伴关系协定，其前身是跨太平洋战略经济伙伴关系协定，它是由亚太经济合作会议成员国中的新西兰、新加坡、智利和文莱等 4 国发起，从 2002 年开始酝酿的一组多边关系的自由贸易协定，原名亚太自由贸易区，旨在促进亚太地区的自由贸易化。2011 年日本正式加入 TPP；2013 年，韩国也宣布加入；2008 年 2 月，美国宣布加入，并就金融服务和投资领域等开展新的谈判。

促进出口的特定地区。

而自由贸易区通常是指两个以上的国家或地区，通过签订自由贸易协定，相互取消绝大部分货物的关税和非关税壁垒，取消绝大多数服务部门的市场准入限制，开放投资，从而促进商品、服务和资本、技术、人员等生产要素的自由流动，实现优势互补，促进共同发展；有时也用来形容一国国内一个或多个消除了关税和贸易配额并且对经济的行政干预较小的区域。

但是上海并不是我国第一个自由贸易区，目前我国在建自贸区 18 个，涉及 31 个国家和地区。其中，已签署自贸协定 12 个，涉及 20 个国家和地区，分别是中国与东盟、新加坡、巴基斯坦、新西兰、智利、秘鲁、哥斯达黎加、冰岛和瑞士的自贸协定，内地与香港、澳门的更紧密经贸关系安排（CEPA），以及大陆与台湾的海峡两岸经济合作框架协议（ECFA），除了与冰岛和瑞士的自贸协定还未生效外，其余均已实施；正在谈判的自贸协定 6 个，涉及 22 个国家，分别是中国与韩国、海湾合作委员会（GCC）、澳大利亚和挪威的自贸谈判，以及中日韩自贸区和《区域全面经济合作伙伴关系》（RCEP）协定谈判。此外，中国完成了与印度的区域贸易安排（RTA）联合研究；正与哥伦比亚等开展自贸区联合可行性研究；还加入了《亚太贸易协定》。

以上自贸区之间的往来还基本停留在货物、服务的简单层面上，个别还涉及了投资领域，可以说这些都是最初级的国与国之间的贸易交流。此次上海自贸区的建立旨在从更深层次的金融领域逐步开始对外开放，其目的在于通过上海自贸区的设立让世界认识一个更开放的中国，为中国进入 TPP 加分。

TPP 成员国之间彼此承诺在货物贸易、服务贸易、知识产权以及投资等领域相互给予优惠并加强合作。其中最核心的内容是关税减免，即成员国之间 90% 的货物关税立刻免除，所有产品关税将在 12 年内免除。对于中国来说，之前基本上都是同东南亚国家（包括日本、韩国等亚洲发达国家）签订一系列自由贸易协定。与之不同的是，TPP 的范围不仅仅局限于亚洲，新西兰、美国、澳大利亚、加拿大、秘鲁等的加入使其具有了连通世界其他洲经济的职能。

之所以选择在上海试点一小部分区域作为自贸区开放，其主要原因就是看好上海经济发展的前景和上海作为老牌的亚太经济金融中心具有的其他地方不可比拟的优势。

日本于1964年放开了国内经常项目的外汇管制，1980年放开了资本项目的外汇管制。作为现今世界上第三大经济体，或者说占据着世界上GDP排名第二位40年之久的国家，在20世纪90年代初日本也曾因为经济发展过快、金融危机和外国资本的大量出逃而导致其后10年的衰退。

类似的外国资本出逃事件或者金融危机对印度尼西亚、泰国等小国的影响就更为严重，直接严重打击了其经济生产和居民的正常生活。

我国作为世界上最大的发展中国家，从改革开放引进外资起到国内资本逐渐发展壮大走出国门对外投资，经过30多年，GDP从1980年世界排名第七的3000多亿美元增长到2012年的8.3万亿美元，经济发展取得了重大的成绩。但同时，我们也应该清醒地认识到，一旦全面开放国内资本市场，届时国外资金可能大量涌入，这些资金在找不到实业投资的情况下，只能投入投机领域，这样就可以通过我国的资本市场对实业投资产生严重影响。这些资金一旦发现赚不到钱或者赚够了钱而撤离，将会对我国经济造成更大程度上的影响。日本就是最好的例证。

但是放开对资本项目的管制又是必然的趋势，我们在对国内经济进行保护的同时也因为其保护措施而错失了很多同世界其他经济体进行交流的机会。此次上海自贸区的试点就是一个先行试验。随着上海自贸区概念的提出，全社会都聚焦上海，但是自贸区并不是上海的全部，自贸区只是以上海浦东新区为依托，通过上海辐射全国乃至世界的一个区域。所以考察上海浦东新区的社会发展总体情况才是本文所关注的重点。

二　基于新区发展评价指标体系的分析

经济发展并不能代表一个地区发展成果的全部，但是其可计量性、可比性等指标远超其他综合性评价指标。因其统计数据取得较为容易且对其进行计量方式的争论也较其他指标为小，所以经济发展成为评价一个地区发展最基本、最直接的指标。

（一）经济发展的程度或规模

用 GDP 衡量一个地区的经济发展规模是全世界通行的做法。如图 1 所示，2012 年全年浦东新区实现生产总值 5929. 91 亿元，较上年同期增长了 10. 1%。价值是人创造的，提供就业岗位自然也被看作经济发展的必要评价指标，如图 2 所示，2012 年浦东新区新增就业人数 16. 33 万人，就业人数由上年的 280. 68 万人增加到了 297. 01 万人。这表示经济发展的成果由更多的劳动人民共同创造和分享。

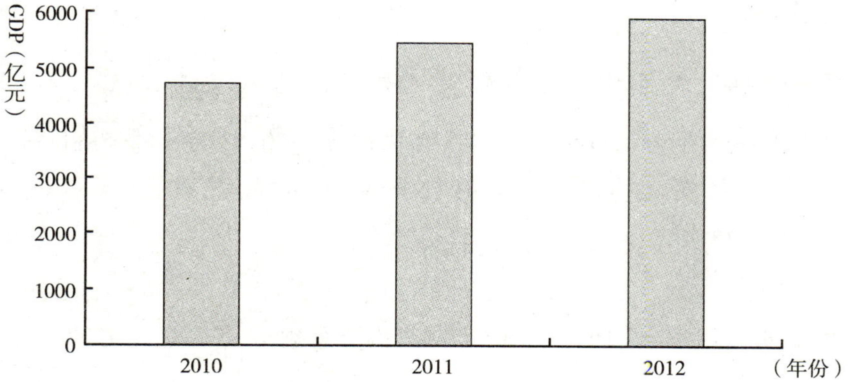

图 1　上海浦东新区 2010～2012 年 GDP

数据来源：《上海浦东新区统计年鉴（2013）》。

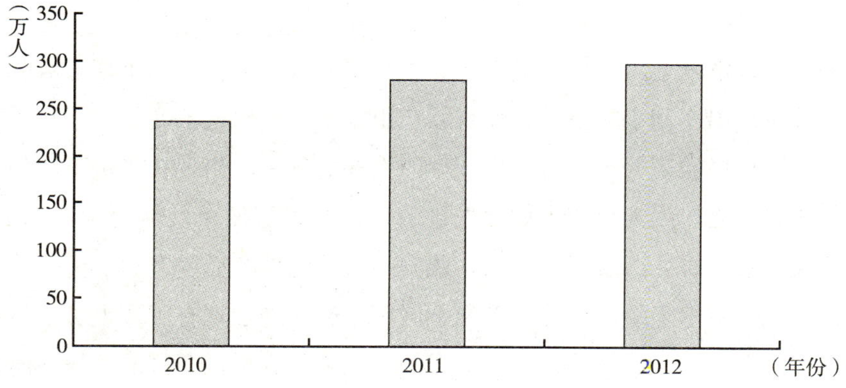

图 2　上海浦东新区 2010～2012 年从业人员数量

数据来源：《上海浦东新区统计年鉴（2013）》。

从图 1 和图 2 的走势也基本可以看出，从业人员数量基本上与 GDP 增长率趋同。

（二）经济发展的效率

企业评估一个项目投产与否主要看项目的投入能给自己带来多少收入，只有在收入大于投入时才会进行生产，将此标准应用到一个地区的经济发展评价中也同样适用，这里经济发展的效率用投入与产出的比率关系来表示，投入包括了人的参与、物质的投入以及金钱的投资等多方面因素，而产出统一由 GDP 来代替。

- 劳动生产率 = GDP/劳动者平均人数 = $\frac{5929.91}{(280.68+297.01)\div 2}=20.53$（万元），代表每个劳动力在 2012 年一年内创造了 20.53 万元的经济价值。

- 制造业劳动生产率 = 第二产业 GDP/第二产业从业人员 = $\frac{2220.75}{(147.36+166.99)\div 2}=14.13$（万元）。

- 投资产出率 = GDP/当年固定资产投资总额 = $\frac{5929.91}{1454.98}=4.08$，即每投入 1 元资本用于固定资产更新，就可以产出 4.08 元的价值。

- 贷款产出率 = GDP/银行贷款年平均余额 = $\frac{5929.91}{(11672+12621)\div 2}=$ 0.49，显示出每 1 元贷款可以创造出 0.49 元的财富。

图 3 可以清晰地表现出，最近 3 年来浦东新区劳动生产率小幅下滑，与此同时，投资产出率却小幅攀升，而贷款产出率则基本保持不变。

依据历史经验来分析，劳动生产率的大幅上升一般出现在固定资产的大规模更新之时，这时因为采用了更为先进的生产技术促使单位劳动生产率上升；还可能发生在经济危机爆发后不久，此时不仅伴随着落后生产力的淘汰，而且存在大量企业对未来经济形势的判断不确定，通过加强现有工作人员的劳动强度或增加其劳动时间，而不是雇用更多的工人来实现增加产量的目的，两方面共同作用的结果就会导致以货币衡量的个人劳动生产率的提升。上海目前处于稳步发展阶段，且随着人们对闲暇时间长度的要求提高，企业不论是在技术大

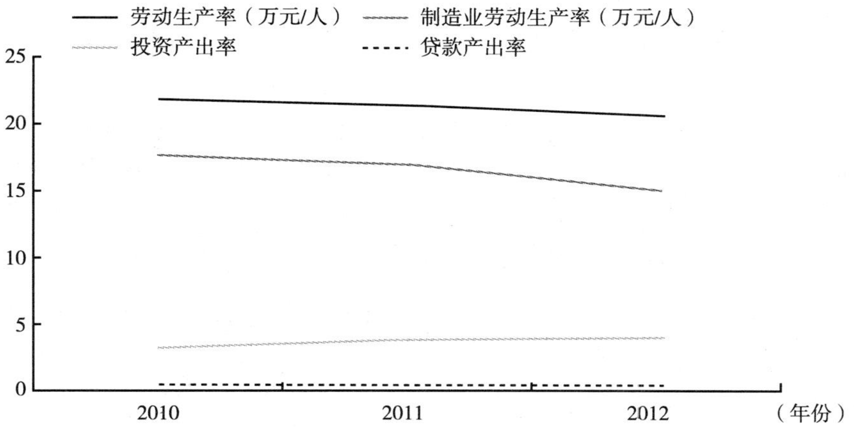

图 3　上海浦东新区 2010 ~ 2012 年经济效率汇总

数据来源：《上海浦东新区统计年鉴（2013）》。

范围的更新还是增加现有劳动者工作时间上都没有实现的基础，故劳动生产率的小幅下跌属于正常现象。

对比产业层次结构，第一产业为农林牧渔业，第二产业为制造加工业，第三产业为第一、第二产业以外的服务业。第二产业劳动生产率走低也论证了上述论断。

近三年来浦东新区的固定资产投资总额基本保持不变，GDP 的增加必然会导致投资产出率的增加。分析 GDP 增加的构成可以看出，第一产业和第二产业基本维持与上年相同的水平，而第三产业的 GDP 则三年来连续增加，且固定资产投资一般集中于第二产业，第三产业的固定资产投资只有在城市建成初期需要大规模修建基础设施时才会呈井喷式增长，浦东新区在建设了 20 多年后基础设施已逐渐趋于完善，不会再进行大规模兴建，且第三产业 GDP 占全部 GDP 的比重已经上升到 60.3%，综合分析，投资产出率的小幅上涨完全可以理解。

改革初期，因资金缺口较大，资金产生的效用也就比较大，如在 2005 年资金贷款产出率还为 0.91，随着资金的积累量越来越大，即其不再属于稀缺元素，其产生的边际效用也会越来越小最终趋于平缓。这在经济学理论中属于边际效用递减，鉴于资金也是生产要素之一，完全符合边际效用递减规则。

（三）经济发展的分享性

经济发展并不是一组冷冰冰的数字，而是其对人民群众切实产生的福利。如图4所示，城镇居民2012年人均可支配收入为40901元，农村居民人均可支配收入为17641元，分别较上年增长11.1%和11.2%，略高于GDP增长速度，说明人民享受到了GDP增长带来的收益。

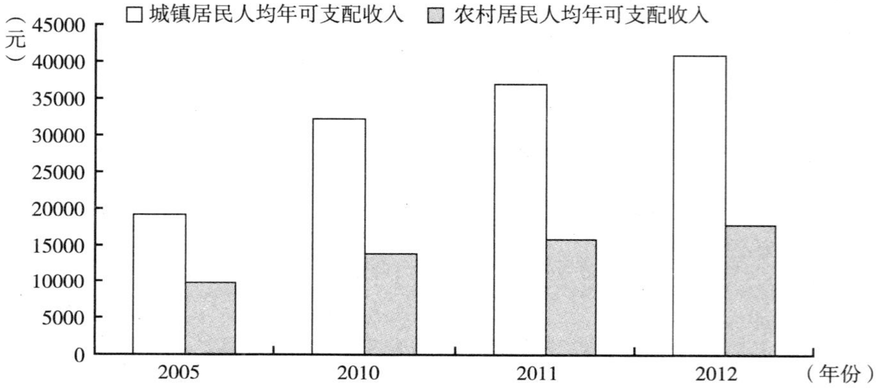

图4　上海浦东新区城镇居民和农村居民人均年可支配收入变化及对比

除可支配收入的增长以外，人们生活中的其他部分，如文化体育等娱乐活动的丰富、基础医疗保健设施的完善、空气质量的提高、绿化面积的增加等都和生活质量有着密不可分的关系。

地方财政对教育的支出由2011年的692047万元增加到2012年的917618万元，增幅达到32.59%，地方政府对医疗卫生的支出则小幅下降至267673万元，文化体育与传媒2012年支出则为76838万元。以上几项支出总和占2012年全年GDP的2.13%。

2012年人均公共绿地面积小幅上涨至24.04平方米，城镇人均住宅面积为36.5平方米，按全国往年数据估算，新区在人均公共绿地和城镇人均住宅面积上均高于全国平均水平。

具体可以用以下几个经济指标来测算表示。

- 居民人均年可支配收入增长率

居民人均年可支配收入增长率 = （现期可支配收入/基期可支配收入） ×100%

此指标又具体分为城镇居民人均年可支配收入增长率和农村居民人均年可支配收入增长率。

（1）城镇居民人均年可支配收入增长率 = $\left(\frac{40901}{36815}-1\right)\times 100\% = 11.10\%$

（2）同理，农村居民人均年可支配收入增长率 = $\left(\frac{17641}{15861}-1\right)\times 100\% = 11.22\%$

居民人均年可支配收入呈逐年递增趋势，且增长幅度逐年下降，城市居民人均年可支配收入和农村居民人均年可支配收入增长率亦逐渐趋同，这一方面表明城市居民和农村居民人均年可支配收入比例趋于固定在2倍多，另一方面也说明城市居民和农村居民人均年可支配收入的绝对差在逐年增大。

经济学原理告诉我们，要素的自由流动最终应该导致相同要素在各部门得到同样的边际报酬率，城镇居民人均年可支配收入远高于农村居民人均年可支配收入这一事实反映出人这一要素生产产品最终价格的不合理，因此可见目前要素配置尚未达到均衡状态。

农村居民人均年可支配收入远低于城市居民的原因可以归结为以下三点。①最直观的原因是其劳动生产率低于城市居民，这可能是由其自身素质决定的，受教育程度的差别被认为是造成劳动者素质差别的最主要因素。②农村地区固定资产投资不足。单位劳动者掌握的固定资产越多，其劳动效率就越高，产出值就越多，我国目前普遍存在的问题是资金向城市流动，而农村普遍缺少投资，这与投资者的观念和政府的引导有很大关系，下一步，浦东新区政府应该增加对投资者的引导，鼓励并从政策上支持资金向农村流动。这不但可以大幅提高农村的生产力而且可以引导一批进城务工人员向家乡回流，解决城市拥挤而农村缺乏劳动力的问题。③一个部门某一要素过多时就会产生要素边际报酬率低下的问题. 从数字上看，我们可能会得出农村劳动力过多的结论，但是根据上面的分析，我们可以否定此结论。

- 恩格尔系数

恩格尔系数即食品支出占个人全部消费的比重。当一个人收入越多时，食品支出在他的全部消费支出中所占的比重就越小；反之，则越多。恩格尔系数部分反映了一个地区的发达程度。根据《上海市浦东新区统计年鉴（2013）》中的数据，2012 年城镇居民的恩格尔系数为 37.5%，处在国际社会公认的富裕家庭标准之内。

- 职工工资总额占 GDP 的比重 =（职工工资总额/GDP）×100%

建区伊始，1993 年，该指标为 28.82%，2005 年下跌至 11.15%，近 3 年，分别为 16.27%、22.67% 和 22.46%。按收入法核算 GDP 时，可以将 GDP 分解为固定资产折旧、劳动者报酬、生产税净额和营业盈余 4 部分。

该指标主要是用来衡量国民收入初次分配是否公平，数值越高，则分配越公平，反之则越不公平。欧美发达地区工资占 GDP 的比重普遍在 50% 以上，东南亚地区的平均水平也在 28% 左右，因此浦东新区的该项指标可能会产生“劫贫济富”的问题，即经济增长的收益不是由大多数劳动人民享有，而是由富人阶层享有，经济发展的分享面不够广泛。

这与历史遗留问题有很大的关系，改革开放初期，为了引进外资，我们接收了很多低技术含量的劳动密集型企业，而吸引这些企业来华投资的正是我们国家低廉的劳动力成本；虽然现阶段已经出现了很多高新技术产业，且由于中国劳动力成本的上升，很多类似企业转向东南亚等经济不发达的地区，但是我国的劳动力成本与发达国家相比仍很低，产出分配机制不可能一下子做出大幅度改变，这是一个循序渐进的过程。

当然，若想改变这一现状，我们可以借鉴资本主义国家的经验，建立强有力且真正代表劳动者利益的工会，加快提高劳动者工资的速度，使其涨幅高于 GDP 的涨幅，逐渐实现分配的公平，真正做到由广大劳动者分享经济发展成果。

- 居民在文化体育服务上的支出比重

2012 年上海浦东新区居民在教育文化娱乐服务上的支出占其消费总支出的比重为 15.9%，这一比重在 2011 年末为 13.98%（见图 5）。

从图 5 可以看出，城镇居民在教育文化娱乐服务上的支出占其全部消费支出的比重 8 年来的平均值为 15.48%，除了 2011 年这一比重占比偏离均值较大外，其余各年基本处于均值附近，这也就意味着多年来居民用在文化娱乐方面

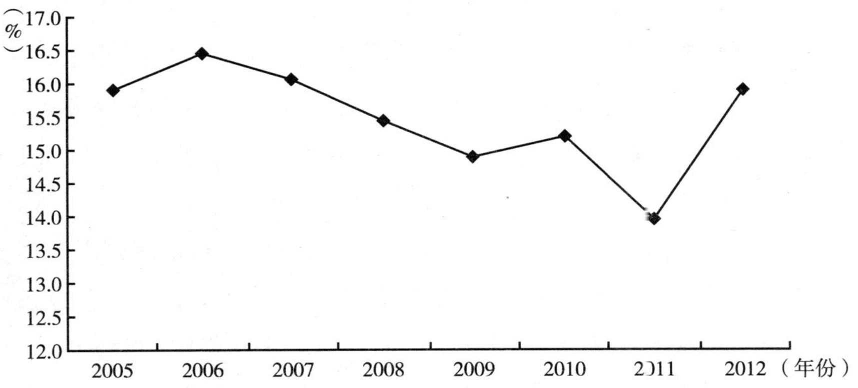

图5　城镇居民教育文化娱乐服务占消费支出比重8年来的变化情况

的支出占其总消费支出的比重基本固定不变。

基本固定的教育文化娱乐服务支出占消费总支出的比重说明随着收入的提高，居民对文化服务的需求在不断增加，但同时也应看到这一比重并不是很高，这也就意味着随着居民可支配收入的进一步提高，食品支出占总消费支出的比重进一步下降，未来教育文化产业的发展空间会进一步加大。

（四）经济发展的持续性

经济发展的问题更类似于一个无限博弈问题，即是在现期利用可利用的一切资源以得到最大限度的发展，还是分配资源以支持未来的经济发展。这不仅涉及当代人和后代子孙发展的资源分配，也包括资源在一代人的早年、中年和晚年之间的分配。

只顾当代人的利益无节制地耗费自然资源，可能在现期产生巨大的经济利益并积累较多的金融财富以供后代利用，但是生产活动是各资源要素协同作用的结果，人力资本、金融资本、技术资本、固定资本和自然资源缺一不可，现期的掠夺式发展会积累足够的人力资本、金融资本等生产要素，但是没有了自然资源这一必要条件，生产将不能顺利进行，就会产生竭泽而渔的公地悲剧。

但是牺牲当代人的利益而只为给后代留下发展所需的足够的自然资源也是不可取的。首先，借用凯恩斯的名言“长期来看，我们都将死去”，通俗讲，就是要重视现时的利益，经济发展是为每一个人服务的，不能因为对未来的过分担心而伤害当代人的利益。其次，放弃当代的发展，损害的不仅仅是当代人，还会直接引起技术进步放缓、资本积累减少等，而这些都会成为未来发展的绊脚石。因此如何更好地在当代和后代的利益和发展之间进行平衡才是我们应该认真考虑的问题。

国际上计算资源消耗的通行做法是用消耗的煤炭或者石油等自然资源来衡量，因这两个统计数据获得的局限性，且考虑到煤炭基本上以供电或供暖形式使用，而上海并没有利用煤炭大规模取暖，故可以用用电量转化成煤炭消耗量来代表其对煤炭资源的消耗，进而衡量消耗的自然资源。

- 单位产值能源消耗量 = 能源消耗总量（标准煤）/GDP

假设一度电的费用为 0.5 元，则上海浦东新区 2012 年全年耗电量费用总额为 123.88 亿元，占 GDP 的比重为 2.09%，这意味着 1 元标准能源可以产生 50 元左右的经济效益。

鉴于煤炭资源在短期内的不可再生性，在单位产值能源消耗量保持不变的前提下，通过研究我国可利用的煤炭储量就基本可以确定未来的 GDP 产值，所以为了更长远的发展，我们只能通过开发新能源或者提高能源的利用效率来增加产出。

- 环境治理成本 = ［（工业废水排放量 - 符合排放标准排放量）× 单位废水处理成本 + 工业废气排放总量 × 单位废气治理成本 + （工业固体废物产生量 - 工业固体废物综合利用量）× 工业固体废物处理成本］/GDP

指标中单位废物处理成本均用现行条件下处理的最低成本表示。

因为不能得到单位废物处理成本的参考数据，所以环境治理成本在现阶段还处于理论研究阶段，不能得到实际的应用，但是从上式中仍然可以简单得出这样的结论：为了减少环境治理成本，我们必须令工业废水、废气和固体废物排放时经过适当处理以符合排放标准，这不仅需要研发机构设计出更多的有效设备，而且需要监管机构对企业进行更认真的监督，并采取奖惩结合的制度激励企业进行废物处理再利用。

- 绿色 GDP = GDP - 能源消耗量折现价格 - 环境污染成本

根据联合国和我国经济专家的计算，我国经济发展过程中的环境污染成本基本占 GDP 总量的 2.8% ~3.8%，我们这里取平均值，即用 3.3% 来表示。能源消耗即用当年耗电量、耗水量、耗用天然气量和耗用液化石油气量分别乘以当年这些资源的平均价格来计算。

按照以上标准，上海 2012 年的绿色 GDP = 5929.91 × （1 - 3.3%） - 247.75 ×1 - 5.8694 ×3 - 6.95 ×2 - 5.57 ×0.6 = 5452.12（亿元），绿色 GDP 占 GDP 的比重为 92%，说明如果用绿色 GDP 的标准来核算浦东新区 2012 年生产总值的话，将会比用 GDP 为标准的核算缩水约 8%。

（五）经济发展的充分性

经济发展的可持续性主要是针对将来而言，是相对的，经济发展的充分性则是针对现期而言。它衡量了经济发展潜能的利用程度。其一为现有的各项资源是否得到了有效的利用并发挥了其应有的作用。其二为现有的经济资源在生产过程中是否形成了新的生产能力，是否为未来的生产准备了足够的资本以及是否提高了生产的技术含量等。

- 经济增长率 $= \dfrac{\text{当期 GDP} - \text{基期 GDP}}{\text{基期 GDP}} \times 100\%$

如果说 GDP 代表了一个地区经济的发展成果，GDP 增长率则代表了一个地区的发展速度。举例来说，当两个地区基期 GDP 相同时，一个地区 A 以年均 8% 的增长率发展，则 9 年后，其 GDP 就是基期的 2 倍，而另一地区 B 若年均增长率仅为 2%，则 35 年后其 GDP 才会翻番，此时地区 A 的 GDP 就会是地区 B 的 7 倍还要多。

浦东经过了多年的高速发展后 GDP 增长率逐渐下降，但 8% 的增长率和与其同级的经济体相比仍处于高位，发展势头依然强劲（见图 6）。

- 就业弹性系数 = 当期从业人员增长率/GDP 增长率

这一指标反映了 GDP 增长是否提供了更多的就业岗位，我们一直强调要保持 GDP 的增长率，其实就是要保证创造足够的就业岗位，让更多的人参与到经济建设中，让更多的人享受经济增长带来的利益。当其比值大于 1 时，代表经济增长为就业提供了更多的机会，当这一比值小于 1 时，则代表经济增长不是由更多的人加入到劳动中来实现的，而是由现有劳动者劳动强度的增加或

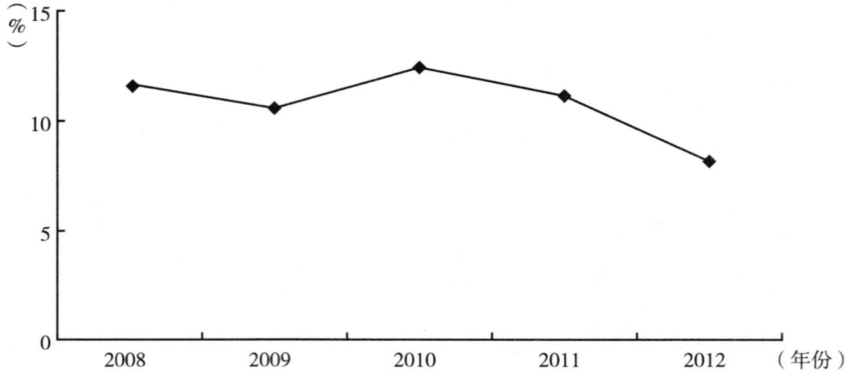

图 6　2008~2012 年上海浦东新区经济增长率

数据来源：《上海浦东新区统计年鉴（2013）》。

劳动生产率的提高所完成的。

2012 年浦东新区就业弹性系数为 0.72，表示每当 GDP 增长 1%，从业人员就会增加大约 0.7%。

- 港口利用变化率 = 当期港口吞吐量/基期港口吞吐量

2012 年浦东新区港口利用变化率为 1.03，此次建设上海自贸区的目的之一就是将上海打造成世界货物中转中心。新加坡并不是一个特别具有资源优势的地区，但是却因为距离中国大陆、香港、日本、韩国、俄罗斯的远东地区等地几乎是等距离，且连通太平洋和印度洋的马六甲海峡，并使其处于管制之中，新加坡又是自由贸易港，几个优势加起来使它成为了世界上重要的经济货运中转站，如上海期货交易所的货物交割大部分就是在新加坡而不是在上海进行的。上海自贸区的建立，旨在充分利用上海至香港、日本、澳门等地的等距离条件，且上海内部连通中国最重要的河流——长江，内外因素综合起来考虑，在上海建立自贸区会大大增加来上海靠境转运的船只数量，而物流中心一定会成为资金流中心，资金流中心就会生成金融中心，继而成为商业中心、经济中心。自贸区的建立，在未来一定会使上海的港口成为世界上最繁忙的港口，而从最近的动态来看，上海市政府已经开始加快港口的建设，且和研究机构以及企业合作，着力解决港口货物周转的问题并已取得一定的成效。

（六）经济发展的稳定性

经济发展速度的忽然变快可能会造成通货膨胀，而通货膨胀很可能会造成穷人的财富向富人转移，这会对社会的稳定造成极为不利的影响；同样的，经济发展若出现硬着陆，即发展速度忽然放缓，则会因为大量失业等造成社会动荡，所以保持经济的平稳发展是所有政府的愿望。

经济发展的稳定性可通过下面两个指标来衡量。

- 经济增长波动率 =（当期 GDP 增长率/基期 GDP 增长率 - 1）× 100%

当经济发展较平缓时，经济增长波动率徘徊在 0 附近，而图 7 表现出上海浦东新区经济增长波动率的较大幅度变化，说明其经济增长的不稳定性，而不稳定的经济增长最终会威胁到经济增长的长期表现，一般认为，内需相对于外需更稳定，所以浦东新区下一步发展还是要更加侧重于刺激内需，减少对出口的依赖。

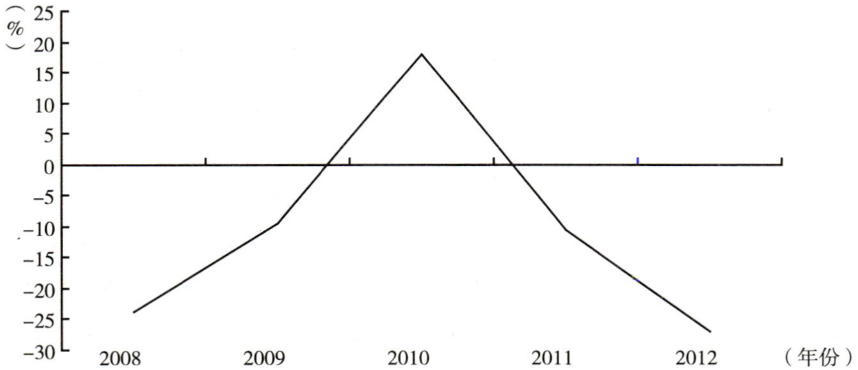

图 7　2008 ~ 2012 年上海浦东新区经济增长波动率

- 价值指数波动率 = ｜当期 CPI 增长率/基期 CPI 增长率 - 1｜ × 100%

从图 8 我们可以得出基本结论：2008 ~ 2012 年上海浦东新区以 CPI 衡量的物价指数波动率很小。物价波动率小可以让人们形成一个稳定的预期，以便更合理地安排自己的消费支出。

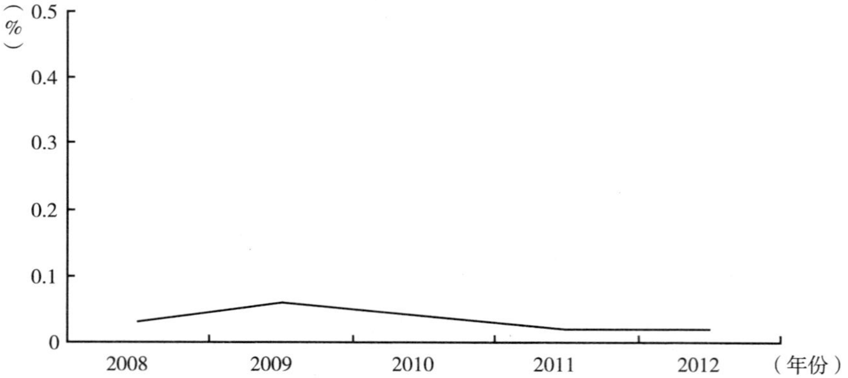

图 8　上海浦东新区价值指数波动率

（七）经济发展的协调性

经济发展的协调性即经济发展是否兼顾了社会的各个方面，具体包括产业结构、区域结构和贸易结构等的协调程度。

- 产业结构比 = 第一产业增加值∶第二产业增加值∶第三产业增加值

2012 年浦东新区的第三产业增加值已经占了 GDP 的大半江山，而第一产业所占比重则基本上可以忽略不计，这与我国近些年大力倡导发展第三产业的产业政策相一致。而第一产业比重在浦东新区占比如此之低与浦东新区本身农业占地面积小且建立时主要发展点就是工业和服务业有关，这一现象与浦东所处的区位有很大的关系，属于正常现象，并不是产业发展不均衡的表现。

- 城市化率 = 城市人口/全部人口 ×100%

浦东新区因所处地理位置的特殊性，城市人口占全部人口的比重较全国平均水平高出很多，至 2012 年连续多年城市人口占全部人口的比重在 80% 以上，单就此指标分析，浦东的城市化率很高。

- 外贸依存度 = 进出口总额/GDP

2012 年上海浦东新区的外贸依存度为 2. 54，这一比例远远高于国内平均 0. 47 的水平，这一方面反映了上海浦东新区对外贸易的活跃度，另一方面也反映出上海浦东新区经济受国际经济影响的程度。

这个指标又可以细分为进口依存度和出口依存度，2012 年上海浦东新区进口依存度为1.67。进口依存度一般被认为是反映一个地区对外开放程度的指标，由此数据可以看出浦东处于高度对外开放状态；2012年出口依存度为0.996，出口依存度接近于1的数据再一次验证了浦东对外贸经济的依赖程度。

（八）经济发展的创新性

创新是推动社会向前发展的动力，技术创新可以节省投入资本，产品创新可以改进现有产品的性能抑或直接发明出新的产品。纵观历史，每次创新都会催生出社会的巨大进步。蒸汽机的发明，工业自动化开始大规模代替手工业，带来了生产效率的大幅度提高，交通运输也产生了质的飞跃，世界各地的交流也更加便捷，商品流通的便利为李嘉图的比较优势学说提供了研究基础；电的发明则为一切现代文明提供了必不可少的基础；电脑的诞生则对现代社会人们生活、生产模式的改变产生了极大的影响，可以说离开电脑等存储设备，人类的生活将寸步难行。这一切都源于创新，所以说创新是一个社会进步的原动力。

- 研究与开发投入占GDP的比重

研究与开发投入由政府对科学技术的财政支出、企业内部研发支出与企业委托外单位科技活动支出三部分组成。2012年浦东新区研究与开发投入占GDP的比重为3.94%，美国2011年研发投入占GDP的比重为2.8%。研发投入代表着未来的经济发展力，在现代社会领先的技术就意味着超额利润，只有掌握先进技术才能不被淘汰，获得高于正常利润的超额利润，所以世界各国都很重视对技术的投入，浦东2012年对研发的投入比重还是比较高的，而其成果也直接反映了高新技术产业增加值占工业总产值的比重越来越高（见图9）。

- 高新技术产业增加值占工业总产值的比重

在图9中，连续上升的直线很好地反映了上海浦东新区技术创新给经济发展带来的影响，2010~2012年连续3年高新技术产业增加值占工业总产值比重的增加说明科技在现代生产中占据着越来越重要的地位。

- 专利授权指数=报告期获授权专利数/基期获授权专利数

2012年授权专利数为11226项，2011年为12685项，专利授权指数为0.885%，虽然2012年专利获批数量较2011年有所下滑，但是2012年专利授予中的发明和实用新型数量却比2011年高出24.7%，而这两种专利正是促进

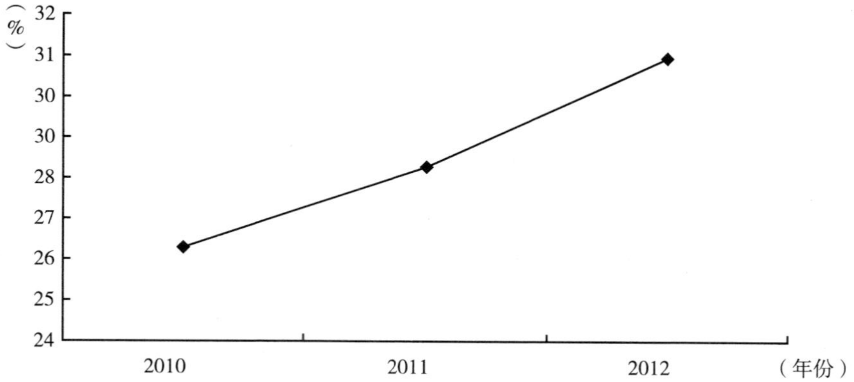

图9　2010～2012年高新技术产业增加值占工业总产值的比重

科技和经济发展最重要的组成部分，所以从实际效益上来看，2012年专利效果要远高于2011年。

三　浦东新区发展面临的新机遇和新挑战

浦东新区在发展了20多年后，已经积累了一定的物质条件和科教人文条件，这为其将来的发展奠定了良好的基础。

我们将上海浦东新区和香港进行了对比（见表2、表3），以此来分析浦东未来发展的机遇和挑战。

表2　上海浦东新区和香港基本条件的比较

项目	浦东	香港
GDP(2012年)(亿元)	5929.91	16533
人口(万人)	529.39	717.39
面积(平方公里)	1210.41	1070
地理港口	外高桥港 洋山深水港	维多利亚港
教育(世界大学排名前200)	0所	4所

通过对上海浦东新区和香港（见表2）、上海自贸区和香港（见表3）的对比，可以看出，上海在地理位置上有着不弱于香港的优势，洋山港和外高桥

港两个港口的联合，可以有效发挥其对内航运和对外航运的叠加效应，以航运中心建设带动金融中心、贸易中心建设。同时我们也应该注意到，上海优越的地理位置并不是其成功的关键，香港可以成为世界上最大的自由贸易港，绝不仅仅因为维多利亚港的水深、江面开阔、不冻港等条件，世界上也有其他地方具备和香港一样的地理条件，但都没有香港发展得这么好，其实香港的税收、金融和贸易政策才是促使其成功的关键因素。

表 3　上海自贸区政策与香港政策对比

政策法规	香港	上海自贸区
公司注册	基本无限制，最低注册资本 1 万港币	除特定行业外，取消公司注册资本限制
税收政策	无流转税，所得税率 16.5%	流转税、所得税、资源税等，企业税负比例在 30% 甚至 40% 以上，改革仅针对个别类型的税种有优惠
金融政策	离岸金融中心，资金可以自由流动，管制较少，但人民币兑换仍受限制	争取可以实现资金自由流动，建立离岸金融中心，人民币项目开放尚在讨论中
贸易政策	基本无管制，离岸贸易、转口贸易中心，世界上最大的自由贸易港	建立离岸贸易、转口贸易中心，试点期货贸易中心 一线逐步彻底放开、二线安全高效管住、区内货物自由流动
航运政策	自由港，船舶注册免税，航运体制与国际接轨	延续此前国务院"建设国际航运中心"的政策，即大力发展船舶交易、船舶管理、航运经纪、航运咨询、船舶技术等各类航运服务机构，拓展航运服务产业链，延伸发展现代物流等关联产业，不断完善航运服务功能

本次在上海试点自贸区，就是为了吸引更多的货运中转在上海进行，以货运带动周边经济的发展，香港就是因为其税率低、货币开放程度高、政治清明等吸引了世界各地企业在香港设立分支机构、各种品牌在香港设立营业点，这些都极大地拉动了香港的消费并提供了大量的就业岗位。

上海要创造更具竞争力的投资环境，则势必要从税收、金融等政策方面进行改革，但这绝对不是讨要政策优惠，而是从根本上改变现有体制模式，这也符合此次设立自贸区的初衷。机遇与挑战并存，期待上海能从航运中心入手，进而成为贸易中心、金融中心和经济中心。

四 结论与政策建议

通过以上分析，可以得出以下几点结论。

1. 浦东新区的发展已经初具规模

浦东新区一年的 GDP 总量基本占据全国 GDP 总量的 4%，人均 GDP 也遥遥领先全国平均水平。拥有全国最密集的地铁交通网络，陆家嘴金融中心也是全国著名的地标性建筑。

2. 发展红利很大一部分没有由劳动人民分享，资本红利所占比重过大

职工工资总额占 GDP 的比重在 2012 年仅为 22.46%。经济增长的大部分收益由占有资源的少数人享有，多数劳动者并未享有其生产带来的发展红利。

3. 人口和资本的要素流动不充分，导致生产效率低下

城乡之间因为信息的不对等，人口和资本都向城市流动，真正缺少劳动者和资金的农村地区却得不到发展所需要的要素，一方面造成城市的拥挤和资本生产率的低下，另一方面造成农村大量低效率利用土地和小农经济的存续。

4. 对外依存度过高

浦东新区 2012 年的外贸依存度为 2.54，这意味着国际市场需求对其经济有着极大的影响，当国际市场产生较大变化时其经济就可能发生大幅度震荡。

5. 经济波动幅度偏大

一般认为，当经济体较成熟时，其经济增长率比较固定，不会出现大幅度的波动，上文的分析显示上海浦东新区经济增长率波动幅度仍然较大，经济发展并不平稳。

6. 科技发展取得良好成绩

2012 年浦东新区高新技术产业增加值占工业总产值的比重超过 30%，说明其已初步摆脱了以低技术含量的加工等工业为主的产业结构，逐步转向依靠高科技产业带来更多的产业附加值。

针对得出的结论，提出以下几点改进意见。

1. 提高初次分配的公平程度，逐步加大劳动者工资收入在 GDP 中所占的比重

这样可以直接提高居民的消费积极性，进而做到以消费带动经济发展。如果将经济发展比作做蛋糕，则 GDP 总量就是蛋糕的大小，公平则是看这块蛋糕怎么分配，由资本享有的比例越大，由劳动者享有的比例就越小。但占有资本的毕竟是少数人，发展成果若不能由广大的劳动者来共同享受，劳动者将无力购买由其他劳动者生产的产品，这就会导致供给大于需求，最终导致失业和经济的倒退，所以公平的初次分配不仅仅关系到公平问题，也关系到未来的效率问题。

2. 政府出台优惠措施引导人口和资本向更需要的地方流动

针对城市人口和资本过于拥挤的现象，政府可以制定针对农村地区投资进行税收减免等优惠措施，资金的流动自然会带动人口的流动，这样不但能解决城市失业问题，同时还能发展农村经济。

3. 加强对企业处理废弃物的监督，改善环境并减少污染成本

城市的发展不能以牺牲环境为代价，短期的利己行为可能会产生长远的恶劣影响。环境污染不仅仅反映在治理成本的增加和绿色 GDP 数字的减少上，由环境问题引起的人们在医疗保健上的支出增加也是一个显性成本。而现今越来越多的人在选择工作地点时将环境因素考虑在内，环境的好坏也直接影响其未来对人才的吸引进而影响其未来的经济发展。

4. 加快推进自贸区制度的改革，以带动周边产业的发展

此次改革，行政审批制度的精简是一大亮点，但是比起世界其他发达经济体，自贸区的行政审批还是较为繁杂，这会降低企业来此投资的意愿。未来改革应更加侧重于权力下放、给予航运中转等更大的政策优惠，逐步放宽对人民币自由兑换的限制等方面。

参考文献

[1] 冷崇总：《构建经济发展质量评价指标体系》，《宏观经济管理》2008 年第 4 期。

[2] 李答民：《区域经济发展评价指标体系与评价方法》，《西安财经学院学报》2008 年 9 月第 21 卷第 5 期。

[3] 李丽莎：《我国经济发展指标体系的构建与应用研究——基于经济发展的数量与

质量角度》，《特区经济》2011 年第 6 期。

［4］冷崇总：《关于构建经济发展质量评价指标体系的思考》，《发展纵横》2008 年第 4 期。

［5］蔡国梁、廖为鲲：《区域经济发展评价指标体系的建立》，《工作视点》2005 年第 10 期。

［6］李凤梧、池金明：《我国经济发展指标体系的设计》，《山西财经学院学报》1991 年第 6 期。

［7］倪鹏飞：《城市竞争力蓝皮书：中国城市竞争力报告》，社会科学文献出版社，2004。

B.16

天津滨海新区发展报告

章平 张扬*

天津1404年建城，1860年成为通商口岸，在中西文化的共同作用下，天津成为了一座既有悠久的历史文化积淀又不乏异域风情的城市。洋务运动时期，天津工业发展初具雏形，为清末天津工业的发展奠定了一定的基础，令天津成为我国第一台汽车发动机、第一台电视机、第一台照相机、第一部电话和第一块手表的生产地。

天津滨海新区位于天津东部沿海地区，总面积2270平方公里，包括塘沽、汉沽、大港经济技术开发区、天津港保税区和高新区等区域，是我国北方对外开放的门户、高水平的现代制造业和研发转化基地、北方国际航运中心和国际物流中心，2005年成为国家重点支持开发开放的国家级新区。

一 天津滨海新区2012年发展情况回顾

滨海新区地处环渤海经济区，依托天津和北京两个直辖市，辐射东北亚经济圈，有利的地理位置直接促进了其经济的发展。

滨海新区拥有世界吞吐量第四的天津港，聚集了国家级开发区、保税区、高新区、出口加工区、保税物流园区和中国面积最大、开放度最高的保税港区，是全国综合配套改革的试验区。

天津滨海新区具有带动和服务区域经济发展的综合优势（见表1）。①

* 章平，深圳大学中国经济特区研究中心副研究员、管理学博士；张扬，深圳大学中国经济特区研究中心硕士研究生。

① 资料来源于滨海新区政务网。

表 1　滨海新区优势一览

交通优势	滨海新区的海、陆、空立体交通网络发达； 通过京沈、京沪、京九、大秦等国家主干铁路与全国铁路网相连，通过京津塘、津晋、唐津等高速公路与国家干线公路网沟通
工业优势	滨海新区已经形成了优势比较突出的航空航天、电子信息、石油开采及加工、海洋化工、现代冶金、汽车及装备制造、食品加工和生物制药等八大主导产业，具备了比较雄厚的产业基础，形成了高新技术产业群。这些产业科技含量高，产业链长，辐射功能强。目前，已经成为我国重要的大型石化基地、冶金基地，IT 制造业居全国前列，石油套管产量跻身世界四强
发展优势	滨海新区十几年来始终保持强劲的发展态势，是目前我国经济最活跃、利用国际资本最多的地区之一，成为以外向型经济为主的经济新区

滨海新区未来的发展方向包括以下方面。

（一）建设成为我国北方对外开放门户

滨海新区特殊的地理位置，决定了其对外连接的便利性，天津港保税区的设立更为新区的对外交流提供了制度上的优势条件。

（二）建设成为北方国际航运和物流中心

天津港是世界上最大的人工深水港，2012 年全年港口货物吞吐量达到 4.77 亿吨，比上年增长 5.2%，保持了北方第一大港的地位；集装箱吞吐量为 1230.31 万标准箱，增长 6.2%；全年旅客吞吐量 814 万人次，增长 7.8%。除此之外，天津滨海新区还对其港口容量和机场等进行扩建改造，截至 2012 年底，天津港 30 万吨级航道一期已经完工，神华煤炭码头二期建设加快，天津机场扩建工程也在顺利进行中。[①] 这些都为天津成为北方国际航运和物流中心提供了强有力的支撑。

（三）建设成为宜居生态型新城区

宜居型城市建设囊括了从环境到人文、教育、医疗等各方面内容。2012 年天津设立了天津大神堂牡蛎礁国家级海洋特别保护区，自此自然保护区达到

① 资料来源于《天津滨海新区统计年鉴（2013）》。

3个，总面积为3.91万公顷。全年新开10条公交线路，新投入节能环保公交车100辆，这不仅可以部分解决城市拥堵问题而且减少了汽车尾气排放量，对环境保护也更为有利。在污水处理上，建成了北塘、空港、南排河等6座污水处理厂，新增日污水处理能力13.6万吨，城市污水处理率达到了93%。废物再利用方面，第一垃圾发电厂也建成投产。新增和改造提升绿化面积1262万平方米，使绿化覆盖率达到了35.5%。

学校总数2012年比2011年增加1.1%，达到276所，专任教师数增加4%，达到14076人。在校生数与老师数之比是12.6比1。

城乡居民基本医疗保险的参保率达到98%，基本做到了全民医保。新开工建设空港国际医院、天津医科大学中新生态医院，扩建的第五中心医院、安定医院和港口医院的新病房也投入使用。

基础设施与环境的不断改善让滨海新区成为吸引广大外来企业和人员进驻的新城区。

（四）建设成为全国综合配套改革试验区

为了更加全面地发展，滨海新区在以下10个方面提出了“十二五”时期的发展方向（见表2）。

表2 滨海新区“十二五”时期改革方案

深化金融改革	制定和落实金融改革创新专项方案，围绕新区功能定位和产业发展，推进金融重大改革，创建全国金融改革创新基地
深化土地管理体制改革	深化土地管理体制改革，优化土地资源配置，推进城市总体规划和土地利用规划修编，形成土地资产效益得到切实发挥的集约节约用地新格局
深化涉外经济体制改革	推进东疆保税港区制度创新，扩大保税港区范围，加快向自由贸易港区转型，深化口岸监管方式改革，加快海关特殊监管区域的功能整合和政策叠加
深化科技体制改革	加大政策扶持和制度创新力度，在科技与金融结合、科技创新平台建设、科技成果转化等方面开展先行先试
深化农村综合改革	实施城乡规划一体化，加快农村集体产权制度改革，深化户籍制度改革，推进城乡就业、社会保障、公共服务的二元并轨
深化企业改革并促进民营经济发展	完善新区统一的国有资产监管体制，实施大集团战略，打造15～20家资产超百亿集团、3～5家千亿集团，拓宽民间投资的领域和范围，鼓励民间资本进入基础设施、金融服务、公共服务和社会事业等领域，打造民营企业集群

续表

深化医疗卫生等社会体制改革	构建新型社区卫生服务体系，推进社区卫生服务中心的医疗服务职能和公共卫生服务职能相分离，支持和引导境外资本、民营资本进入医疗服务领域，构建多元化医疗市场
深化住房保障制度改革	加快经济适用房、限价商品房、公共租赁房等保障性住房建设，创新保障性住房申请、退出、交易等管理制度
深化社会管理创新	加强社会服务体系建设，构建综合调解格局，完善应急联动指挥机制，建立新型劳动关系，建设全国社会管理创新试点区
深化行政管理和审批制度改革	落实新区的事新区办的工作机制，进一步理顺新区政府部门之间的权责关系，明确新区政府与塘沽、汉沽、大港、各功能区、各街镇的事权财权划分，建立责权到位、分工明确的管理体制和运行机制

天津滨海新区 2012 年在各项建设上都取得了显著的成绩，与 2011 年相比均实现了正的净增长。

从 2005 年天津滨海新区列入国家发展计划开始，滨海新区在经过近 10 年的发展后，GDP 从当年的 1633.93 亿元增加到 2012 年的 7205.17 亿元，增长了 3.4 倍之多，且 2012 年滨海新区 GDP 占天津全市 GDP 的比重超过一半，达到了 55.9%。

二　基于新区发展评价指标体系的分析

当然，一个城市的发展不能唯 GDP 论英雄，但是经济发展对一个城市的重要性也是不可替代的。以下将对天津滨海新区 2012 年的发展进行指标性的定量分析。

（一）经济发展的程度或规模

用 GDP 衡量一个地区的经济发展规模是全世界通行的做法。2012 年滨海新区实现生产总值 7205.17 亿元①，较上年同期增长了 20.1%。价值是人创造的，提供就业岗位自然也被看作是经济发展的重要评价指标，2012 年新增就业人数 13.79 万人，城镇单位就业人数由 116.15 万人增加到了 131.94 万人。这表示经济发展的成果由更多的劳动人民分享（见图 1 ~ 图 2）。

① 数据来源于《天津滨海新区统计年鉴（2013）》。

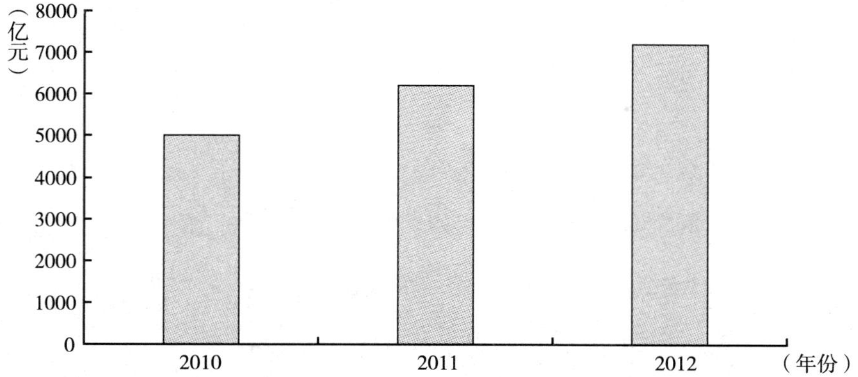

图 1　天津滨海新区 2010～2012 年 GDP

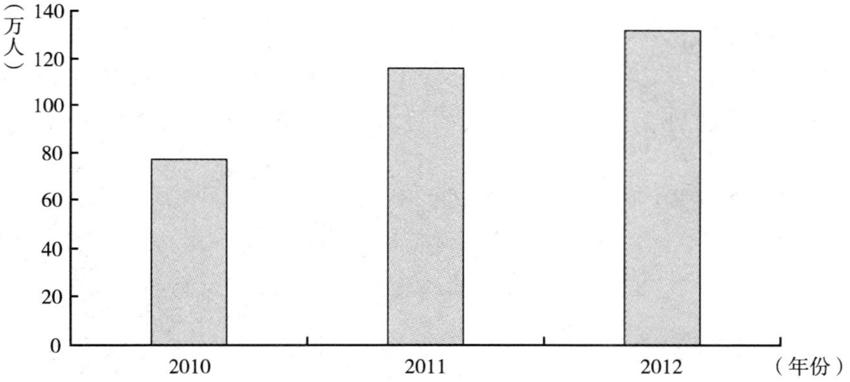

图 2　天津滨海新区 2010～2012 年城镇单位从业人员数量

从图 1 和图 2 的走势可以看出，城镇单位从业人员数量基本上与 GDP 增长率趋同。

（二）经济发展的效率

用投入与产出的比率关系来表示经济发展的效率。投入包括人的参与、物质的投入以及金钱的投资等多方面因素，而产出统一由 GDP 来代替。

- 劳动生产率 = GDP/劳动者平均人数 = $\frac{7205.17}{(116.15+131.94)\div 2}=58.09$（万元），代表每个劳动力在上年一年内生产了 58.09 万元的经济价值。

• 制造业劳动生产率 = 第二产业增加值/第二产业从业人员 = $\frac{4857.76}{87.68}$ = 55.40（万元）

• 投资产出率 = GDP/当年固定资产投资总额 = $\frac{7205.17}{4453.30}$ = 1.62，即每投入1元资本用于固定资产更新，就可以产出1.62元的价值。

• 贷款产出率 = GDP/银行贷款年平均余额 = $\frac{7205.17}{(3580+3692)\div 2}$ = 1.98，显示出每1元贷款可以创造出1.98元的财富（见图3－a）。

由图3－a可见，投资产出率在2011年先上升而在2012年又小幅下降，这可以从其房地产投资上入手分析。2011年房地产投资较2010年增长了81.52%，而2012年固定资产投资主要集中在交通、油气勘测和新城区的建设等方面，相较于房地产投资见效快的特点，这些投资的效益往往要经过更长时间才能显现。所以2011年投资产出率相对于2010年有较大幅度上升，而在2012年则小幅下降。

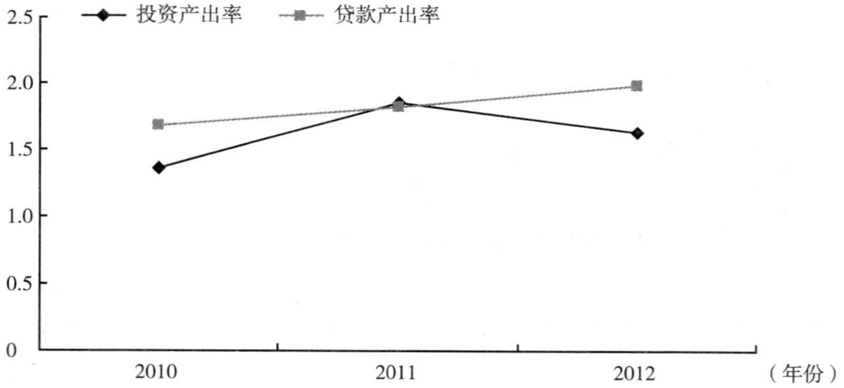

图3－a　天津滨海新区2010～2012年经济效率汇总

贷款产出率连续3年持续增长说明了天津滨海新区在资金的利用效率上取得了持续的增长。同时，贷款产出率大于1的数据也说明了滨海新区对于资金还有很大的吸纳空间，为了发展其经济，更多的资金投入是可取的。

图3－b表现出的最明显的特征是劳动生产率的下滑。

劳动生产率代表劳动者的生产效率，它由劳动者自身的素质和生产条件共

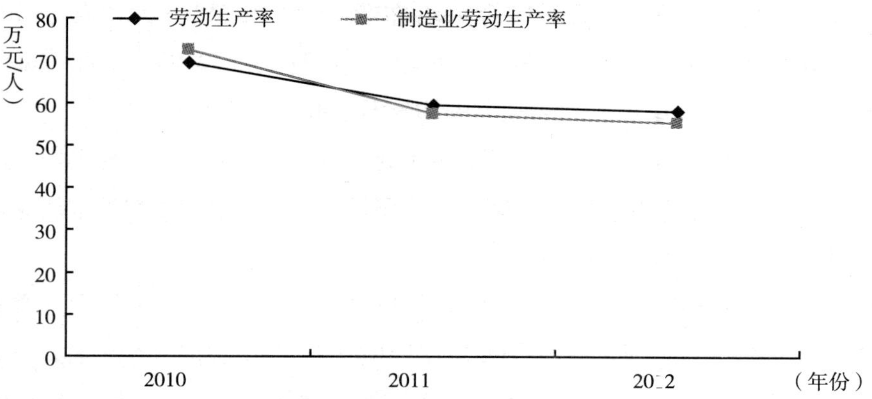

图 3 - b　天津滨海新区 2010 ~ 2012 年经济效率汇总

同决定。在生产条件一定的情况下，劳动者的熟练程度决定了其生产效率的高低，这是就单个劳动者而言。就全社会而言，劳动者的平均劳动熟练程度决定了劳动生产率的高低。但是在生产条件不断变化或者说由技术水平决定的生产条件不断提高的前提下，劳动者个人的熟练程度对劳动生产率的影响也在不断降低。而最能代表技术水平的就是机器设备，它决定了劳动者的生产方式，每次技术水平的大幅提高就会带来生产方式的革新继而带来劳动生产率的大幅度提高。

对比产业层次结构来看，第一产业为农林牧渔业，第二产业为制造加工业，第三产业为第一、第二产业以外的产业，一般可将其概括为服务业。第二产业劳动生产率的走低也论证了上述的论述。且滨海新区第二产业增加值占新区 GDP 的总量超过 50%，第二产业劳动生产率降低必然导致总的劳动生产率的降低。

从总的劳动生产率和第二产业劳动生产率两者的走势图（见图 3 - b）可以看出，总的劳动生产率降低幅度小于第二产业劳动生产率降低幅度，由此也可以得出第一产业和第三产业劳动生产率下降幅度相对第二产业要小的结论。

（三）经济发展的分享性

经济发展并不能单纯看数字，还要看经济发展是否真的对于减少贫困、提高居民的生活水平等有切实的作用。

由图4可见，城镇居民2012年人均可支配收入为33866元，农村居民人均可支配收入为13725元，分别较上年增长11.99%和12.95%，此数据低于GDP增长率，说明GDP增长的很大一部分不是由普通劳动人民享有。

除可支配收入增长以外，人们生活中的其他部分，如文化体育等娱乐活动的丰富、基础医疗保健设施的完善、空气质量的提高、绿化面积的增加等都和其生活质量有着密不可分的关系。

地方财政对教育的支出由2011年的46.2亿元增加到58.8亿元，增幅达到27.3%，地方政府对医疗卫生的支出也由12.0亿元增加到15.9亿元，文化体育与传媒2012年的支出则增加到5.7亿元，此外，政府在环境保护上的支出也增加了64.1%，增加到3.9亿元。以上几项支出总和占2012年全年GDP的1.17%，小于上海浦东新区的2.13%。

具体可以用以下几个经济指标来表示。

- 居民人均年可支配收入增长率 = 现期可支配收入/基期可支配收入 × 100%

此指标又具体分为城镇居民人均年可支配收入增长率和农村居民人均年可支配收入增长率。

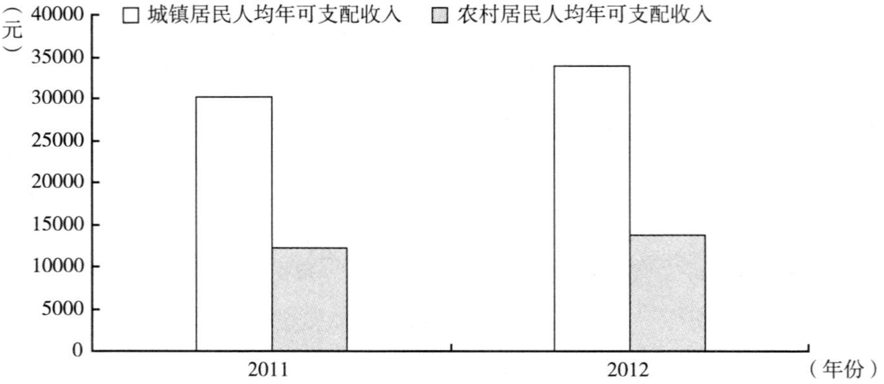

图4　天津滨海新区城镇居民和农村居民人均年可支配收入变化及对比

不论是城镇居民还是农村居民，其人均年可支配收入均呈逐年递增趋势（见图4），农村居民人均年可支配收入增长幅度大于城镇居民，但是因为其基数过低，增长幅度差距并不是很大，可以肯定的是城镇居民人均年可支配收入在未来数年内仍然会高于农村居民，但是差距会逐年缩小。

城镇居民人均年可支配收入基本上相当于农村居民人均年可支配收入的2.5倍，这一事实很好地解释了为什么人口由农村向城市流动这一问题。要素会自发向高收益的地方流动是经济学的一个基本观点，要素的流动最终应实现不同领域的同质要素得到相同的报酬。一般认为，城镇居民受教育程度普遍高于农村居民，收益高于农村居民属于正常现象，但是随着教育的普及，未来城市居民和农村居民的素质差异也会呈缩小态势，这势必会引起收入差距的缩小。

总结起来，农村居民人均年可支配收入远低于城镇居民的原因可以归结为以下两点。第一，最直观的原因是其劳动生产率低于城镇居民，这可能是由其自身素质所决定的，受教育程度的差别被认为是造成劳动者素质差别的最主要因素。第二，农村地区固定资产投资不足。滨海新区政府应该加强对投资者的引导，鼓励并从政策上支持资金向农村流动。这不但可以大幅提高农村的生产力而且可以引导一批进城务工人员向家乡回流，解决城市拥挤而农村缺乏劳动力的问题。

- 恩格尔系数

恩格尔系数即食品支出占个人消费支出总额的比重。它由德国统计学家恩格尔提出，当一个人收入越多时，其食品支出在他的全部消费支出中所占的比重就越小，反之，则越多。因此恩格尔系数可以部分反映一个地区的发达程度。根据《天津滨海新区统计年鉴（2013）》，2012年城镇居民的恩格尔系数为35.93%，处在国际社会公认的富裕家庭标准之内；农村居民的恩格尔系数为39.14%，处于富裕家庭标准的边缘，如果再考虑到农村居民的一部分食品消费并不以金钱方式支出，则此比例还要高，这样就导致其跌出富裕家庭行列。

- 职工工资总额占GDP的比重＝职工工资总额/GDP×100%

如图5所示，2012年滨海新区职工工资总额占GDP的比重为11.95%，对比上海浦东新区22.46%的比例，其差距可见一斑。再对比世界上的数据，欧美发达国家此数据一般在50%以上，而世界平均水平也在40%。滨海新区11.95%

的比例，说明经济发展的成果大部分由占有资本的人享有，职工所分享到的收益则少之又少。

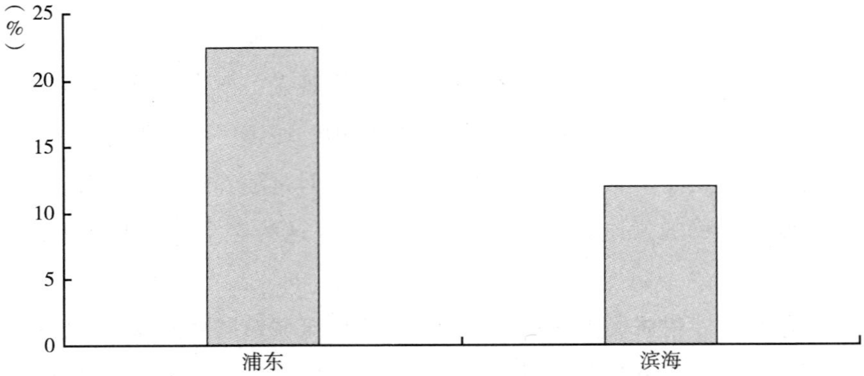

图 5　滨海新区和浦东新区职工工资总额占 GDP 比重的比较

多年来，我国政府一直强调不能依靠投资和出口来拉动经济增长，要依靠人民群众的消费力来拉动经济增长，但是职工工资的低水平决定了职工有购买力的需求处于低水平，这一事实说明了现实的无力。

如图 6 所示，2012 年，第一产业增加值占全部 GDP 的比例为 0.1%；第二产业为 67.4%；第三产业为 32.5%。相对应的，第一产业从业人员工资总额占全部从业人员工资总额的比例为 0.1%；第二产业为 63.7%；第三产业为 36.2%。对比两者之间的关系，可以看出，依照三次产业结构划分的职工之间的工资比例与占增加值的比重基本相同。其中第二产业相对第一产业和第三产业更低，说明了第二产业的收益更多地被资本占有者拿走。

改变这一现状可以通过增加人员要素流动性和增加职工在企业利益分配上的话语权两种方式来达到。而要做到这一点，需要政府进行更多的引导和政策支持。

- 居民在文化体育上的支出比率

2012 年天津滨海新区城镇居民花费在教育、文化和娱乐服务上的支出占其消费总支出的比例为 11.17%，这一比例在 2011 年为 11.01%，两年占比基本相同。而农村居民 2011 年和 2012 年此数据分别为 6.36% 和 6.98%，变化亦不大。

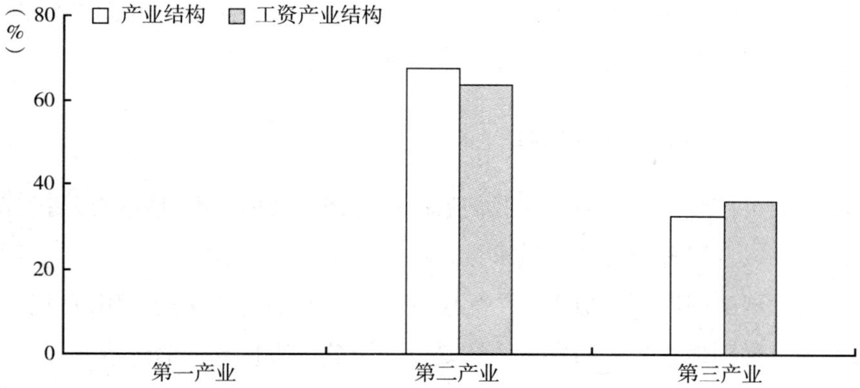

图 6　三次产业结构划分下职工工资总额在 GDP 中的比重

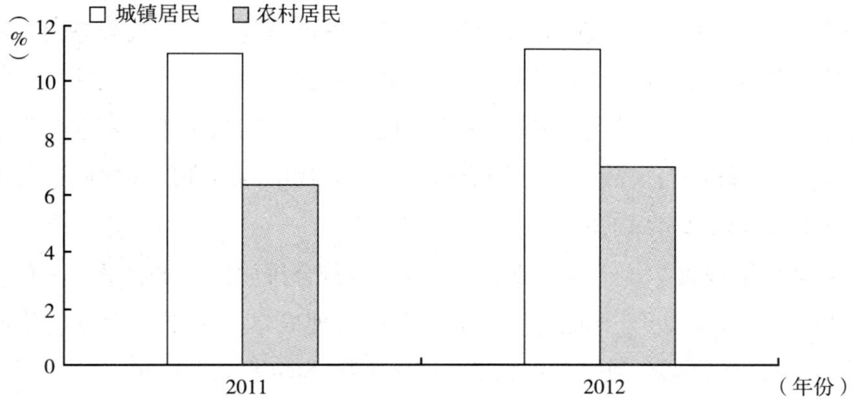

图 7　居民教育文化和娱乐服务占消费支出比重

由图 7 可以看出，不论是城镇居民还是农村居民，其花费在教育、文化和娱乐服务上的支出占其消费总支出的比例基本维持不变，但城镇居民和农村居民在此项支出上的差距却比较大。这一方面可以从其消费渠道上得到解释，城镇居民拥有更多的娱乐消费场所；另一方面也能从消费者本身的消费意愿上得到解释，相比农村居民，城镇居民更愿意在教育和娱乐等方面支出更多。

基本固定的教育文化娱乐服务支出占消费总支出的比重说明居民随着收入的提高，对文化服务的需求在不断增加，但同时也应看到这一比重并不是很高，这就意味着随着居民可支配收入的进一步提高，食品支出占总消费支出比重的进一步下降，未来教育文化产业的发展空间会进一步加大。

（四）经济发展的持续性

经济的可持续发展能力，向我们展示了经济发展的资源耗用率或者资源的经济产出率以及资源的可持续供求量。

经济发展的问题更类似于一个无限博弈问题，即在现期是利用可以利用的一切资源以得到最大限度的发展，还是分配资源以支持未来的经济发展，这不仅涉及当代人和后代子孙发展的资源分配，也包括资源在一代人的早年、中年和晚年之间的分配。

当然，牺牲当代人的利益而只为给后代留下发展所需的足够的自然资源也是不可取的。首先，要重视现时的利益，经济发展是为每一个人服务的，不能因为对未来的过分担心而伤害当代人的利益。其次，放弃当代的发展，损害的不仅是当代人，还会直接引起技术进步放缓、资本积累减少等，而这些都会成为未来发展的绊脚石。故如何更好地在当代和后代的利益和发展之间进行平衡才是我们应该认真考虑的问题。

- 环境治理成本 = ［（工业废水排放量 - 符合排放标准排放量）×单位废水处理成本 + 工业废气排放总量×单位废气治理成本 +（工业固体废物产生量 - 工业固体废物综合利用量）×工业固体废物处理成本］/GDP

指标中单位废物处理成本均用现行条件下处理的最低成本表示。

滨海新区 2012 年共产生工业废渣 420.61 万吨，其中综合利用量为 417.24 万吨，占到其产生量的 99.2%，此即变废为宝，不但减少了对环境的污染，而且实现了废物再利用，节约了资源。

但因为不能得到单位废物处理成本的参考数据，所以环境治理成本在现阶段还处于理论研究阶段，不能得到实际的应用，但是从上式中仍然可以简单得出这样的结论：为了减少环境治理成本，我们必须令工业废水、废气和固体废物在排放时经过适当处理以符合排放标准，这不仅需要研发机构设计出更多的有效设备，而且需要监管机构对企业进行更认真的监督，并采取奖惩结合的制度激励企业进行废物处理再利用。

- 绿色 GDP = GDP - 能源消耗量折现价格 - 环境污染成本

因为天津滨海新区的统计年鉴中并未给出计算资源消耗量的基础数据，故此项指标不能得出准确统计结果。

（五）经济发展的充分性

讨论完了针对将来发展而设计的经济发展的可持续性问题，接下来自然要考虑到针对现期而言的经济发展的充分性问题。它衡量的是经济发展潜能的利用程度。具体可以分为两个方面进行讨论：其一是现有的各种社会与经济资源是否能得到有效利用以及现有的生产能力是否发挥了充分的作用；其二是在经济发展的过程中是否形成了新的生产能力，是否使原有的生产能力得以提高，是否为未来经济的健康发展创造了各种必需的物质与技术条件以及良好的外部环境。

- 经济增长率 $= \frac{\text{当期 GDP} - \text{基期 GDP}}{\text{基期 GDP}} \times 100\%$

如果说 GDP 代表了一个地区经济的发展成果，则 GDP 增长率代表了一个地区发展的速度。图 8 清晰地表明了滨海新区的发展速度连续 5 年经济增长率都处于 20% 以上，这一比例不仅远远高于全国同期水平，也远远高于同为新区的浦东。

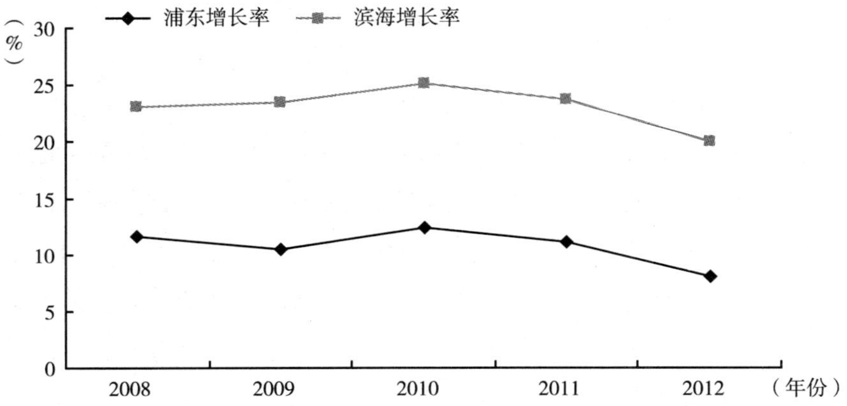

图 8　2008 ~ 2012 年滨海新区和上海浦东新区经济增长率对比

同时我们也可以看出，从 2010 年起，不论是浦东还是滨海，其 GDP 增长率都在逐渐下降，一个经济体不可能始终保持高速度的增长，在经济发展到一定程度后，其增长率必然出现下降趋势，但是，与同样发展程度的经济体比较，滨海新区的增长速度仍然是很快的。

- 就业弹性系数 = 当期从业人员增长率/GDP 增长率

这一指标反映了 GDP 增长是否提供了更多的就业岗位，我们一直强调要保持 GDP 的增长率，其实就是要保证创造足够的就业岗位，让更多的人参与到经济建设中，让更多的人享受经济增长带来的利益。当其比值大于 1 时，表示经济增长为就业提供了更多的机会，当这一比值小于 1 时，则表示经济增长不是由更多的人加入到劳动中来实现的，而是由现有劳动者劳动强度的增加或劳动生产率的提高所完成的。

2012 年滨海新区就业弹性系数为 67.66%，表示每当 GDP 增长 1%，从业人员数量就会增加大约 0.68%。

- 港口利用变化率 = 当期港口吞吐量/基期港口吞吐量

2012 年港口利用变化率为 1.05，天津滨海新区的未来发展方向之一就是建设成为北方航运和物流中心。天津港多年来一直保持北方第一大港的位置，为了更好地利用这一地理优势，滨海新区正在制订措施，努力使通过天津港转口的货物能够更加便捷地流通。

（六）经济发展的稳定性

经济发展是否稳定即指国民经济运行是否平稳。经济发展速度过快在很多情况下会造成通货膨胀，通货膨胀率若过高则会严重危害实体经济的正常运行，严重情况下，会造成社会动荡；但若经济在保持多年高速发展后，忽然间发展速度放缓，则会由于不能消化大量剩余劳动力和剩余劳动产品而对整体经济运行造成不良影响。因此保持经济发展的稳定性一直被视为政府的工作内容之一。

经济发展的稳定性可通过下面的两个指标来衡量。

- 经济增长波动率 = （当期 GDP 增长率/基期 GDP 增长率 - 1） ×100%

当经济发展较平缓时，经济增长波动率徘徊在 0 附近，而图 9 表现出的天津滨海新区经济增长波动率较大幅度的变化，说明了经济增长的不稳定性，而不稳定的经济增长最终会威胁到经济增长的长期表现。一般认为，内需相对于外需更稳定，所以滨海新区下一步的发展还是要更加侧重于刺激内需，减少对出口的依赖。

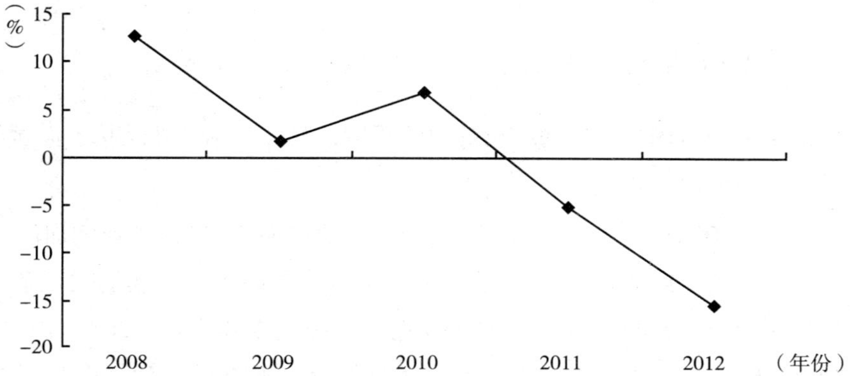

图 9　2008～2012 年天津滨海新区经济增长波动率

- 价值指数波动率 = 绝对值的｜当期 CPI 增长率/基期 CPI 增长率 - 1｜×100%

图 10 说明了天津滨海新区价值指数波动率具有较大的不稳定性。其既不属于稳定不变也不属于稳步向上或者稳步下降，它的波动呈现出不规则的变化状态，说明了物价的不稳定，而物价的不稳定会让人们无法对自身的未来消费做出规划，这样就需要预留出更多的防备型资金来应付未来价格上涨，当未来价格真的上涨时，这部分资金会被消费，但当价格上涨幅度未达

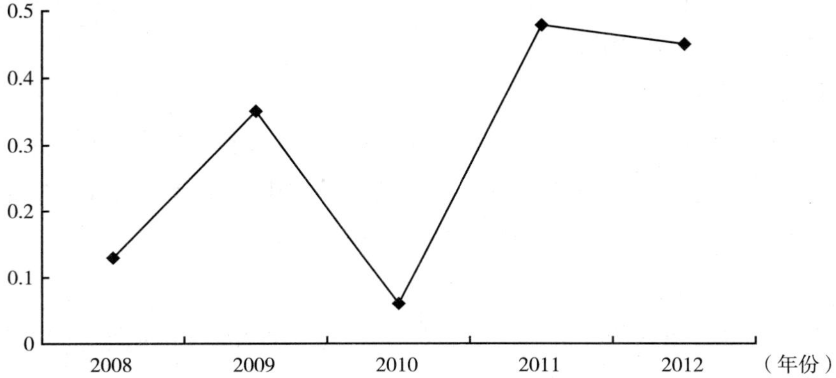

图 10　天津滨海新区价值指数波动率

到消费者预计水平或者价格下降时，这部分预留资金则不会形成消费能力，对消费市场将形成不利影响，维持物价的稳定对经济发展的重要性由此可见一斑。

（七）经济发展的协调性

经济发展的协调性即经济结构的协调程度，具体包括产业结构、区域结构和贸易结构等的协调程度。

- 产业结构比 = 第一产业增加值∶第二产业增加值∶第三产业增加值

滨海新区第一产业占 GDP 的总比重几乎可以忽略不计，而第二产业仍然是其支柱性产业，说明滨海新区依然以重工业为其主要产业，2012 年三次产业结构比 =0. 1∶67. 4∶32. 5。虽然第二产业仍然占据主要地位，但是同 2011 年相比，2012 年第三产业比重提高了 1. 4 个百分点，这符合政府的发展目标。在看到成绩的同时，也应正视滨海新区同浦东新区的差距，2012 年浦东新区第三产业增加值占 GDP 的比重超过了 50%，这与滨海新区 32. 5% 的比例相比，有相当大的优势。当然，提倡增加第三产业对经济的贡献度，并不意味着只发展第三产业，天津在新中国成立初期就被设定为重工业城市，重工业最大的特点就是初期投资所需资金相当多，这即决定了滨海新区不可能在短期内转型为依靠第三产业发展的区域，也说明了其在工业上的先天性优势是其他很多地方所不能取代的。

可以预计，短期内滨海新区仍会以第二产业为其支柱性产业，但是第三产业所占比重也会逐步提高。

- 城市化率 = 城市人口/全部人口 ×100%

滨海新区城市人口占总人口的比重在 2012 年为 81. 70%。这同其所处地理位置有极大关系。从 GDP 的三次产业结构产值中也不难得出这一结论。单就此项指标进行分析，滨海新区的城市化率处于高水平。

- 外贸依存度 = 进出口总额/GDP

2012 年滨海新区的外贸依存度为 0. 71，这一比例高于国内平均 0. 47 的水平，但远远低于浦东 2. 54 的数值。

这个指标又可以细分为进口依存度和出口依存度，2012 年滨海新区进口依存度为0.44。进口依存度一般被认为是反映一个地区对外开放程度的指标；2012年其出口依存度为0.27。

以上3个指标数据都说明了滨海新区对外交流程度虽然优于全国平均水平，但并不是特别活跃，而好的一方面就是国际经济形势对其影响也比较小。

（八）经济发展的创新性

经济没有创新则很难可持续发展，不论是对原有产业生产技术的改造还是新兴产业的发展，都是创新。这一指标反映了技术创新在经济发展中所起的作用。

创新是推动社会向前发展的动力，技术创新可以节省投入资本，产品创新可以改进现有产品的性能抑或直接发明出新的产品，纵观历史，每次创新都会催生出社会的巨大进步。

- 研究与开发投入占GDP的比重

2012年滨海新区研究与开发投入占GDP的比重为1.83%，浦东的这一数据为3.94%。美国2011年研发投入占GDP的比重为2.8%，研发投入代表着未来的经济发展力，在现代社会领先的技术就意味着超额利润，只有掌握先进技术才能不被淘汰，获得高于正常利润的超额利润，所以世界各国都很重视对技术的投入。滨海新区2012年对研发的投入比重不论是同美国相比还是同浦东新区相比都处于劣势，故滨海新区若想进一步提高其实力还要加大对研发的投入力度。

- 专利授权指数=报告期获授权专利数/基期获授权专利数

2012年滨海新区授权专利数为6682项，2011年为5649项，专利授权指数为1.18。专利按其类型可划分为发明专利、实用新型专利和外观设计专利。

从图11可以看出，发明专利和实用新型专利在2012年均比2011年有所上升，而这两者恰恰是推动科学技术进步最主要的组成部分。其上升的态势说明了为滨海新区科研发展带来了成效。

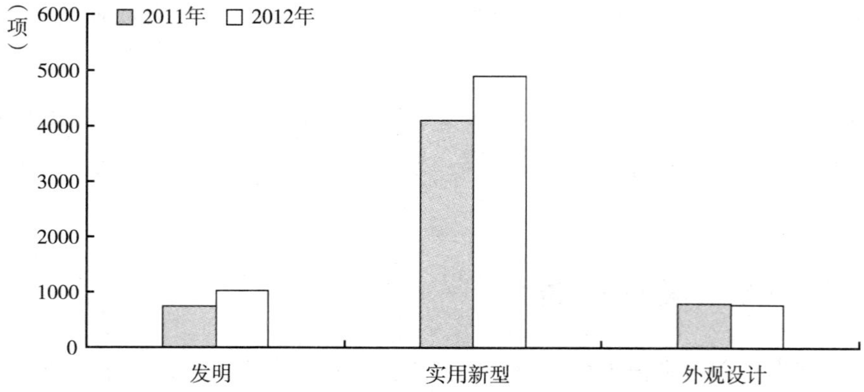

图 11　天津市滨海新区专利授权情况

三　发展总结及政策建议

天津滨海新区在建立时提出的口号是“建立继深圳经济特区、上海浦东新区之后中国经济增长的第三极”，多年来，浦东和滨海也一直是人们进行相互比较的对象。

表 3　滨海新区和浦东新区基本条件比较

项　目	浦　东	滨　海
GDP(2012 年)(亿元)	5929.91	7205.17
人口(万人)	529.39	263.52
面积(平方公里)	1210.41	2270
地理港口	外高桥港	天津港
	洋山深水港	

在中央尚未决定在何处设立自贸区时，滨海新区也积极争取过自贸区的设立资格，但最终自贸区花落上海。而在上海设立自贸区，其主旨就是吸引更多的货运中转在上海进行，以货运带动周边经济的发展。从这点来说，短期乃至长期内都会令上海的发展要优于天津。但是我们从天津自身的条件来进行分析可以看出，天津的港口条件并不如上海好，且滨海新区的目标一直都是建设北方最大的港口，加之上文对滨海对外依存度的分析也可以看出，同浦东相比，滨海对外贸的依

存度要远远低于浦东，故自贸区设立在浦东的意义要远远大于设立在滨海。

滨海同浦东相比，最大的差别在于 GDP 构成的差别，滨海新区还是以第二产业为支柱性产业，而浦东已经发展为依靠第三产业来推动经济的发展。从这点来分析，滨海未来的发展方向是增加高附加值产业的产值，逐步淘汰落后产能，稳步改变产业结构。

（一）发展评价的结论

通过以上分析，可以得出以下几个结论。

1. 滨海新区经济总量已达到一定程度

滨海新区 2012 年 GDP 总量占全国的 1.39%，人均接近 30 万元的产值也是全国平均水平的将近 10 倍，这些都代表着滨海新区的发展成就。

2. 科教取得显著成效

2012 年全年共实施 44 项重大科技成果产业化攻关，形成 30 项代表行业制高点的关键技术，科技成果中的 7 项获得国家科学技术奖。专利技术的增加即可直观地体现其变化。

3. 劳动者报酬占总收入比重过低

滨海新区劳动者工资收入占 GDP 总量的比重仅为 11.95%，说明经济发展的成果主要由占有资本等资源的少数人占有，而大部分劳动者并未分享到经济增长的成果。

4. 城乡居民收入差距过大

城镇居民年均可支配收入是农村居民的 2.5 倍，侧面反映了商品定价机制的不合理以及二者生产率差距的问题。

5. 经济增长波动率过大

滨海新区经济增长年度间差距过大，不利于经济的平稳发展。

（二）政策建议

针对得出的结论，提出以下几点改进建议。

1. 提高初次分配的公平程度，逐步加大劳动者工资收入在 GDP 中所占的比重

这样可以直接提高居民的消费积极性，进而做到以消费带动经济发展。

如果将经济发展比作做蛋糕，则 GDP 总量就是蛋糕的大小，公平则是看这块蛋糕怎么分配，由资本享有的比例越大，由劳动者享有的比例就越小。但占有资本的毕竟是少数人，发展成果若不能由广大的劳动者来共同享有，劳动者将无力购买由其他劳动者生产的产品，这就会导致供给大于需求并最终导致失业和经济的倒退，所以公平的初次分配不仅仅是公平问题，也关系到未来的效率问题。

2. 政府出台优惠措施引导人口和资本合理流动

针对城市人口和资本过于拥挤的现象，政府可以制定针对农村地区的投资进行税收减免等优惠措施，资金的流动自然会带动人口的流动，这样不但解决城市失业问题，同时还能发展农村经济。

3. 加强对企业处理废弃物的监督，改善环境并减少污染成本

城市的发展不能以牺牲环境为代价，短期的利己行为可能会产生长远的恶劣影响。环境污染不仅仅反映在治理成本的增加和绿色 GDP 数字的减少上，由环境问题引起的人们在医疗保健上的支出增加也是一个显性成本。而现今越来越多的人在选择工作地点时将环境因素考虑在内，环境的好坏也直接影响到其未来对人才的吸引进而影响其未来的经济发展。

新建的中新天津生态城是中国和新加坡两国政府战略性合作项目，其目的就是探讨如何在经济发展的同时又兼顾到生态环境的保护。如果生态城是一个成功的案例，就应该大力进行推广。

4. 加快经济转型的发展

在保护环境的同时，应该加快淘汰落后产能的步伐，稳步推进第三产业的发展，以高科技带动整体经济发展，不仅要将高科技应用于第二产业和第三产业，对于第一产业，也应当给予足够的重视，以实现农业的现代化。

参考文献

［1］冷崇总：《构建经济发展质量评价指标体系》，《宏观经济管理》2008 年第 4 期。
［2］李答民：《区域经济发展评价指标体系与评价方法》，《西安财经学院学报》2008

年 9 月第 21 卷第 5 期。
[3] 李丽莎：《我国经济发展指标体系的构建与应用研究——基于经济发展的数量与质量角度》，《特区经济》2011 年第 6 期。
[4] 冷崇总：《关于构建经济发展质量评价指标体系的思考》，《发展纵横》2008 年第 4 期。
[5] 蔡国梁、廖为鲲：《区域经济发展评价指标体系的建立》，《工作视点》2005 年第 10 期。
[6] 李凤梧、池金明：《我国经济发展指标体系的设计》，《山西财经学院学报》1991 年第 6 期。
[7] 倪鹏飞：《城市竞争力蓝皮书：中国城市竞争力报告》，社会科学文献出版社，2004。
[8]《中国共产党第十八届中央委员会第三次全体会议公报》，2013 年 11 月。

特区发展动态考察报告

Investigation Reports on the Development Trends of the Special Economic Zones

B.17

深圳前海合作区发展报告

雍　炜*

作为“特区中的特区”，前海既是深圳未来经济发展的新起点，也是我国进一步改革开放的新起点。2012 年前海完成了填海软基等处理工作；2013 年前海开始步入了全面开发建设阶段。前海的开发开放将会为我国的现代服务业体制机制带来创新，还会为我国经济结构的转型升级构建起一个先行先试的实验平台。

一　前海合作区的发展定位

前海，这个背靠深圳、毗邻香港，地处广州—深圳—香港核心位置，具有重要经济发展战略意义的区域，早在 20 世纪 80 年代就已经列入深圳市的发展

* 雍炜，深圳大学中国经济特区研究中心讲师，博士。

规划，成为政府的后备用地；在经历了“软件开发及科技孵化基地”“物流园基地”等一系列的政府规划后（见表1），前海地区最终被定位为“深港现代服务业合作示范区”。

表1 前海定位规划的变迁

时间	文件或规划	定位规划
2001年9月	《深圳高新技术产业带规划》	前海地区进入高新技术产业带，建成与现有高新区配套的软件开发及科技孵化基地
2003年8月	《深圳市近期建设规划（2003～2005年）》	将前海列入重点开展的六大现代物流区，建设成前海物流园区
2005年12月	《深圳2030城市发展策略》	将前海湾地区建设成泛珠三角的现代服务业中心之一
2007年11月	《深圳市城市总体规划（2007～2020年）》	首次提出了福田中心和前海中心双城市中心的概念，强调了前海的区域性生产服务功能
2008年9月	《前海计划》	以前海合作区域为载体，推动深港在现代服务领域的全面合作
2008年10月	国务院批准在前海地区设立前海湾保税港区	前海湾保税港区成为国内第九个保税港区
2008年12月	国务院批复《珠江三角洲地区改革发展规划纲要》	将前海列入粤港澳合作的先行先试区，将前海规划建设成深港现代服务业合作的重要载体
2009年5月	国务院批复《深圳市综合配套改革总体方案》	借助香港优势，在前海集聚发展现代服务业，将前海规划建设成世界级的现代服务业基地
2009年8月	深圳与香港特区政府签订了《推进前海现代服务业合作》	将“深港合作”作为前海规划的主题
2010年4月	广东省与香港特区政府签订了《粤港合作框架建议》	明确前海建设成为“深港合作共建现代服务业的示范区”，前海定位最终敲定为发展现代服务业
2010年8月	国务院批复《前海深港现代服务业合作区总体发展规划》	明确将前海建设成为粤港现代服务业创新合作示范区，引领带动我国现代服务业的发展和升级，积极探索促进现代服务业发展的体制机制，为全国现代服务业的创新发展提供新经验

2010年8月国务院在回复前海深港现代服务业合作区总体发展规划的批复中说：要高举中国特色社会主义伟大旗帜，深入贯彻落实科学发展观，在

"一国两制"框架下，进一步深化粤港紧密合作，以现代服务业发展促进产业结构优化升级，为我国构建对外开放新格局，为全国转变经济发展方式，实现科学发展发挥带动作用；要充分发挥香港国际经济中心的优势和作用，利用前海粤港合作平台，推进与香港的紧密合作和融合发展，逐步把前海建设成为粤港现代服务业创新合作示范区，在全面推进香港与内地服务业合作中发挥先导作用。要加强统筹规划，集中优势资源，发展总部经济，促使现代服务业的集聚发展，增强资源配置和集约利用能力，把前海深港现代服务业合作区建设成为全国现代服务业的重要基地和具有强大辐射能力的生产性服务中心，引领带动我国现代服务业的发展升级；要进一步发挥经济特区先行先试的作用，以前海现代服务业的开放发展为契机，积极探索促进现代服务业发展的体制机制，为全国现代服务业的创新发展提供新经验。①

《前海深港现代服务业合作区总体发展规划》对前海合作区的战略定位作了如下的表述：高举中国特色社会主义伟大旗帜，以邓小平理论和"三个代表"重要思想为指导，深入贯彻科学发展观，坚持开放合作、互利共赢，体制创新、科学高效，高端引领、集约发展，统筹规划、辐射示范的原则，在"一国两制"框架下，深化与香港合作，构建更具活力的体制机制，以生产性服务业为重点，推动现代服务业集聚发展，促进珠三角地区产业结构优化升级，提升粤港澳合作水平，努力打造粤港现代服务业创新合作示范区。②

综观前海合作区的发展规划，前海合作区的发展定位可从以下三个方面来诠释。首先从服务的对象以及总体发展定位来看（见表2），前海合作区注重于服务深港，为深港现代服务业的共同发展提供平台，香港通过这一平台实现本土现代服务业与深圳产业的紧密连接，扩大服务对象；深圳则通过这一平台学习借鉴香港国际化的管理方式及经验，加快自身体制机制的改革创新，从而将前海合作区建设成深港现代服务业的创新合作示范区。其次从功能定位上看，前海合作区将重点放在现代服务业发展及其体制机制的改革创新、香港与内地的紧密合作等方面，具体包括与香港合作共同打造服务业，促进生产性服

① 国务院关于《前海深港现代服务业合作区总体发展规划》的批复。

② 《前海深港现代服务业合作区总体发展规划》。

务业的集聚发展，探索香港与内地在合作方式及合作领域等方面的新模式，建设带动区域产业升级的模范区等。最后从产业定位上看，现代服务业是前海合作区发展的重要产业，其中以金融、现代物流、信息服务、科技服务和其他专业服务为重点，而金融业又是重中之重。

表 2　前海合作区发展定位规划

服务对象	服务深港
总体发展定位	粤港现代服务业创新合作示范区
功能定位	现代服务业体制机制创新区
	现代服务业发展集聚区
	香港与内地紧密合作的先导区
	珠三角地区产业升级的引领区
产业定位	发展现代服务业
	金融业：人民币离岸业务、资本项目对外开放、人民币国际化路径
	现代物流：打造航运衍生服务基地、国际供应链管理中心
	信息服务：打造南方物流信息交换中枢、国际电子商务服务中心
	科技服务及其他专业服务：打造国际文化创意中心

资料来源：根据《前海深港现代服务业合作区总体发展规划》整理而成。

综上所述，前海合作区的发展定位可以归纳如下。

（一）前海合作区首先是一个“示范区”

“示范区”是前海合作区的一个重要标签，也是国家赋予前海的一个重要使命。笔者认为，这里的“示范”作用更多地体现在体制机制的创新改革方面，也就是说，前海合作区在未来的开发开放中将肩负着示范功能，为珠三角乃至全国经济转型以及产业结构的优化升级带来示范效应，特别是通过在金融体制、土地机制方面的改革创新以及营商环境的优化等方面进行先行先试，为我国的经济体制机制改革创新积累实战经验，减少试错成本。

国家之所以将前海定位为“示范区”，无外乎出于对前海背靠深圳经济特区、毗邻香港的地缘优势的考虑。深圳经济特区是我国最早设立的同时也是发展最好的经济特区，经过短短 30 多年的建设发展，已由原来的一个落后的小渔村逐步发展成现在 GDP 总量跃居全国第四，与上海、北京、广州并驾齐驱的重要经济中心。在过去的改革开放中，深圳经济特区为中国经济的发展尤其是在体制机制改革创新方面，提供并积累了丰富的实战经验，这为前海合作区的开发开放奠定了一个良好的基础。香港是世界市场经济最自由的地区之一，拥有自由的经济体制、先进的管理方法和与国际接轨的制度规则，“借鉴、学习香港”对前海合作区在体制机制改革创新方面将起到重要的推动作用。

（二）现代服务业的集聚发展

现代服务业是前海合作区发展的重要产业，而其中金融服务业、现代物流服务业、信息服务业、科技服务和其他专业服务是未来前海合作区的重点发展领域。众所周知，现代服务业已经成为众多发达国家的重要支柱产业，作为吸纳劳动力最多、增长速度最快的行业，现代服务业的发展水平和质量直接关系到一个国家和地区经济的可持续发展以及产业结构的优化和升级。

自 2008 年世界经济危机后，深圳的服务业对国民经济的贡献率逐年上升，2013 年达到 55.6%。可以说，从“十一五”下半期到“十二五”上半期，深圳服务业进入了一个高速发展的阶段，平均以 16.5% 的年增长速度增长。2013 年服务业的增加值为 7206.1 亿元，同比增长 17.06%。而现代服务业又是推动深圳服务业发展的核心力量。2013 年深圳现代服务业增加值为 4899.25 亿元，同比增长 11.9%。以金融、物流、文化、高新技术为支柱产业的深圳现代服务业，将会为前海合作区与香港在现代服务业的深度合作与融合发展奠定重要的产业基础。而与此同时，香港现代服务业的发展遇到了土地、人才等成本高昂的瓶颈，目前急需一个更大的市场，以及强大的产业支撑，而这恰恰会为前海合作区与香港共同发展现代服务业提供一个契机。可以说，发展现代服务业对于前海合作区来说具有天然的产业基础和相对优势。

（三）深化与香港的紧密合作和融合发展

深化与香港的紧密合作和融合发展是前海合作区的另一个重要使命。“深港合作”是深港两地经济共同繁荣发展的永恒话题，30 多年前，深圳通过与香港的紧密合作创造了一个又一个奇迹，打造了经济总量位居全国第四的经济体；而香港也通过“前店后厂”等产业合作方式，逐步地将制造业等低端产业成功北上转移，实现了本土经济产业结构转型升级的华丽转身。而30多年后的今天，前海将作为深港合作的纽带，为深港进一步的融合发展带来新的契机。

背靠深圳、毗邻香港的前海，具有独特的区位优势和战略意义。正如深圳市市长许勤所说的“前海地区将成为一个双跳板”，深圳利用这个跳板，推动产业结构优化升级，推进体制机制创新，走向国际；香港利用这个跳板，实现香港服务业与内地产业的合理衔接，扩大服务半径，更好地走向内地。前海合作区将在未来的开发开放中推进深港两地在经济、制度、文化等方面融合发展，联合深港共同构建世界级的国际大都市。

二 2012～2013年前海合作区取得的新进展

自2010年成立以来，前海合作区开发建设已经走过了3个年头。2012～2013年是前海合作区进入全面开发建设的重要一年，作为国家指定的“粤港现代服务业创新合作的示范区”，这一年里前海合作区在“示范区”、“现代服务业集聚区”以及“深化与香港的紧密合作和融合发展”等三个方面都取得了长足的发展，本节将从以上三个方面综述前海合作区在这一年里开发开放的新进展。

（一）“示范区”方面取得的新进展

1. 土地管理制度的改革创新

土地管理制度的改革创新是前海合作区制度创新的重点。前海合作区的土地制度创新不仅要服务于深港在现代服务业领域的合作，而且还要在深圳、珠三角乃至全国体现示范效应①。2013年5月24日，深圳市政府批复了前海合作区的《土地管理改革创新要点》（以下简称“创新要点”）。根据“创新要点”，前海合作区将会在土地的供应模式、运作模式、集约利用、监管机制、管理机制等五个方面实现创新突破（见表3）。例如，在土地的供应模式方面实行弹性年

① 刘永红：《前海前行——关于深圳市前海地区土地制度创新的思考》，《中国土地》2013年第6期。

期制度、建立节约集约用地等差别化的供应新模式等；在土地的运作模式方面实行土地资本化、资本证券化等土地资源的资产资本一体化模式等。

表3　土地管理政策的创新

土地政策的创新	内　容	
差别化的土地供应新模式	弹性年期制度	自用部分:分期出让、分段计收,根据产业特点及拟引进项目情况,合理确定手段年期和分段年期的安排; 出售部分:按法定最高年限出让(20年)
	标定地价	综合考虑区位条件、宗地属性、土地用途、市场情况等因素,每年核定更新地价
	奖励节约集约用地	将土地收入(扣除政策性刚性支出)的15%~20%划入前海合作区产业发展基金
	需求管控机制	自用部分:原则上10年内不得转让;出售部分:原则上5年内不得转让
	土地交易新机制	有条件的“带设计方案”出让;“带管理方案”出让
土地资源资产资本一体化模式	深化资产资本运作	土地资本化、资本证券化
	创新土地开发经营模式	成片开发、定制开发、带资开发、一级开发等开发模式
	推进公共资源市场化	探索有偿使用、市场化配置、利益共享机制
土地节约集约利用	建立节约集约用地新机制新模式	产城融合,构建紧凑、智能、绿色、低碳的城市机能
	科学安排土地开发供应	科学制定近期土地开发供应模式、结构、布局及时序
	严格项目用地准入	综合评价注册资本、投资强度、产业发展、开发经验等方面,提高节约集约用地水平
	开发地上地下空间	建立三维地籍、土地空间权利体系,细化地上、地表、地下使用权权利边界和权益
土地市场和监管机制	土地利用全程监管	建立土地使用权出让合同验收制度、探索黄金股机制
	预防土地闲置机制	土地出让后,用地单位将一定比例的地价款托管于前海管理局和市财政,接受监管
	建立用地退出机制	对于通过招牌方式公开出让的土地确需转让的以及合作区内拟转让物业等,前海管理局有优先购买权
	土地增值收益分配调节机制	建立科学合理的土地增值收益分配调节机制

续表

土地政策的创新	内容	
土地管理体制机制	土地增值的联动模式	通过注入土地使用权出让收入、投资收益等方式，设立前海合作区产业发展基金，扶持重大产业项目
	创新型产业用房和人才公寓	按租售并举原则配置创新性产业用房和人才公寓，并实施差别化动态需求管制
	土地供应的市场化	采取境内外媒体公布、网上交易等方式
	土地和房产审裁制度	设立前海土地审裁机构
	廉洁公正推进改革	建立前海合作区监督机构，健全反腐败制度和工作机制

资料来源：根据《深圳市人民政府关于前海深港现代服务业合作区土地管理改革创新要点的批复》整理。

2013 年 6 月 25 日前海管理局首次发布了关于土地使用权的出让公告，决定以一次竞价的方式对合作区内国际创新金融区的三宗地①进行公开挂牌出让。土地的使用期限被设定为 40 年。在对竞买主体及其资产总数、营业收入等方面进行严格审核后，最终由内资企业卓越集团（T201 - 0077、T201 - 0075）与华润置地（T201 - 0078）分别以 123.7 亿元、109 亿元的高价将这 3 宗土地收入囊中（见表 4）。这次前海合作区的土地出让，实现了土地管理“创新要点”中的部分创新。例如，在差别化土地供应新模式中的“需求管控机制创新”（自用部分 10 年以后转让）、土地节约集约利用中的“严格项目用地准入”、土地市场和监管机制中的“建立用地退出机制”等方面进行了先行先试，但遗憾的是，土地出让前备受社会关注的“弹性年期制度”的设定仍然是“40 年”，没有取得突破。

2. 金融机制的改革创新

金融服务是前海合作区未来产业发展的重头戏，金融机制的改革创新将会为合作区内金融服务业的健康顺利发展提供一个重要的制度环境和体制保障。2012 年 6 月 29 日，国务院批复了关于前海合作区开发开放的相关政策。在这次批复的 22 条先行先试政策中，有 8 条是关于金融创新的，主要在跨境人民

① T201 - 0077、T201 - 0075、T201 - 0078。

表 4　前海合作区首宗土地出让情况

<table>
<tr><td>土地编号</td><td>T201 - 0077</td><td>T201 - 0075</td><td>T201 - 0078</td></tr>
<tr><td>土地用途</td><td>商业性办公用地</td><td>商业性办公用地</td><td>商业性办公用地</td></tr>
<tr><td>面积(平方米)</td><td>49152</td><td>57481</td><td>61831</td></tr>
<tr><td>建筑面积(平方米)</td><td>320400</td><td>450200</td><td>503000</td></tr>
<tr><td>出让方式</td><td>一次竞价</td><td>一次竞价</td><td>一次竞价</td></tr>
<tr><td>使用年期</td><td>40 年</td><td>40 年</td><td>40 年</td></tr>
<tr><td>竞买者主体资格</td><td colspan="2">境内外房地产开发企业
具有城市综合开发经验</td><td>须在香港联合交易所上市企业</td></tr>
<tr><td>资产总数</td><td colspan="2">不低于 100 亿元人民币
(2012 年会计年度)</td><td>不低于 400 亿港币(2013 年 6 月 24 日市值)</td></tr>
<tr><td>营业收入</td><td colspan="2">不低于 100 亿元人民币
(2012 年会计年度)</td><td>不低于 200 亿元人民币(2012 年会计年度)</td></tr>
<tr><td>其他条件</td><td colspan="2">—</td><td>签订《产业发展协议书》;竞得地后 1 年内在合作区内设立总部;项目建成后两年内,吸引入驻企业的纳税额不低于 10 亿元人民币。</td></tr>
<tr><td>竞买价</td><td colspan="2">123.7 亿元人民币</td><td>109 亿元人民币</td></tr>
<tr><td>中标企业</td><td colspan="2">卓越集团(深圳本土企业)</td><td>华润置地(内资企业)</td></tr>
</table>

资料来源：根据《深圳市前海深港现代服务业合作区土地使用权出让公告》整理。

币业务、资本项目对外开放、金融机构设立三个方面进行了先行先试。随着前海合作区的开发开放，这些金融创新政策也一一落地（见表5）。截至目前，8条金融创新的政策中除了关于资本项目对外开放方面的“探索外资股权投资企业的创新模式”，以及关于金融机构设立方面的“降低香港金融企业准入条件”“设立创新型金融机构”正在待批中外，其余几项均已落实。具体情况如下。

首先关于跨境人民币业务创新方面。建立人民币在香港与内地之间的循环流动机制是本次改革的一个重大亮点。2012 年 12 月 27 日，《前海跨境人民币贷款管理暂行办法》（以下简称“暂行办法”）被中国人民银行批复，标志着深圳前海合作区跨境人民币贷款业务的正式启动。该“暂行办法”规定：在

表5　金融创新政策及其落实情况

金融创新政策		落实机构	落实情况
• 跨境人民币业务方面	支持前海构建跨境人民币业务创新试验区	人民银行	《前海跨境人民币贷款管理暂行办法细则》(2012年12月28日)《前海跨境人民币贷款管理暂行方法实施细则》(2013年1月6日)
	探索试点跨境贷款		
	支持前海企业赴港发行人民币债券	国家发展改革委	2013年已得到国家发展改革委的支持，目前还没有金融机构赴港发行债券
• 资本项目开放方面	支持设立前海股权投资母基金	国家发展改革委	批复了前海管理局提出的设立股权投资母基金方案(2013年3月21日)
	支持外资股权投资基金在前海的创新发展	金融办、市场检查局、前海管理局、经贸信委、人民银行	《关于开展外商投资股权投资企业试点工作的暂行办法》(2012年11月26日)《深圳市外商投资股权投资企业试点工作操作规程》(2013年2月6日)
	探索外资股权投资企业在资本金结汇、投资、基金管理等方面新模式	金融办、市场检查局、前海管理局、经贸信委、人民银行	待批中
• 金融机构设立方面	支持在CEPA框架下适当降低香港金融企业的准入条件	国家发展改革委	待批中
	支持前海试点设立创新型金融机构和要素交易平台	银监会、保监会、证监会	已有7家金融要素市场入驻前海(截至2013年8月底)
	支持境内外金融机构在前海设立国际性或全国性管理总部、业务运营总部等	银监会、保监会、证监会	已有889家金融机构入驻前海，其中金融总部42家(截至2013年8月底)

资料来源：根据前海开发开放22条先行先试政策及公开资料制作而成。

前海注册成立并在前海实际经营或投资的企业，可以从香港经营人民币业务的银行借入人民币资金，并通过深圳市银行业金融机构办理资金结算；中国人民银行深圳市中心支行根据香港人民币业务发展情况、前海建设发展需求和国内宏观调控的需要，对前海企业获得香港人民币贷款实行余额管理；前海跨境人民币贷款利率及期限由借贷双方自主确定。[①] 2013年1月28日，前海跨境人

① 《前海跨境人民币贷款管理暂行办法》。

民币贷款协议在15家前海企业与15家香港银行之间达成，双方就跨境人民币贷款共签署了26个项目（其中12项贷款项目是被前海管理局旗下的前海开发控股签下的），协议总金额约20亿元人民币，将用于前海地区的开发建设。这次跨境人民币贷款在利率设定方面进行了先行先试，采取双方协商制定，为4%~5%，远低于国内贷款利率①。同年7月、8月，深圳国际控股分别与渣打银行（香港）、星展银行（香港）签署了总金额为1亿元人民币、贷款期限为1年的跨境人民币贷款协议。截至2013年9月底，前海跨境人民币合同备案贷款已经达到78亿元人民币。

除了以上建立境外人民币的回流机制外，深圳银行还积极与香港企业签署贷款协议，使人民币以跨境贷款的方式流入香港，从而促进人民币在香港与内地之间的循环，加速人民币的自由化。2013年1月中国建设银行（深圳）、交通银行（深圳）分别与香港华孚贸易、联富国际（香港）、宝能国际（香港）3家港资企业签署了总金额为6.2亿元的境外人民币贷款协议。至此，在香港与内地之间人民币的双向流动渠道打开了。

其次关于资本项目开放方面。2013年3月21日，国家发展改革委正式批复股权投资母基金设立方案，标志着“前海股权投资母基金”政策的正式实施。而随着《关于本市开展外商投资股权投资企业试点工作的暂行办法》（2012年11月26日）、《深圳市外商投资股权投资企业试点工作操作规程》（2013年2月6日）的相继出台，前海合作区也开始了面向世界股权投资企业的正式开放。

打造财富管理中心是前海合作区发展金融服务业的重要任务。无论是股权投资母基金的设立，还是支持外资股权投资基金在前海的创新发展，都是对跨境资本流动管制的一种开放，也就是吸引越来越多的境外合格机构和投资者以人民币的形式投资境内的金融市场（RQFII），使境内资本项目逐步开放，加速人民币的国际化进程。

最后关于金融机构设立方面。随着金融要素交易市场建设的快速推进，截

① 中国人民银行公布（2012年7月6日）：贷款期限为6个月之内的贷款利率为5.6%；6个月到1年的贷款利率为6.0%；1年至3年的贷款利率为6.15%；3年至5年的贷款利率为6.4%；5年以上的贷款利率为6.55%。

至2013年6月底，已有7家金融要素交易平台①入驻前海，其中深圳碳排放权交易所是国内第一家“碳排放权”试点交易所，它以碳排放权益为交易对象，以配额的形式控制二氧化碳的排放量。这不仅是前海合作区向低碳经济发展迈出的重要一步，也是我国在低碳环保事业中迈出的实质性一步。

前海首家金融交易机构——前海金融资产交易所正式挂牌后（2011年4月8日），2012年3月30日前海合作区又迎来了首家全国性金融机构总部——前海人寿的入驻；2012年12月21日，前海全球基金总部联盟也相继成立，截至2013年8月底，已有1054家金融类企业签约入驻前海合作区。

3. 法律机制的改革创新

“探路试水、立法先行”，这是国家赋予前海的权力。作为“特区中的特区”，前海合作区在立法方面具有决策权，自成立之日起，相继颁布了《深圳经济特区前海深港现代服务业合作区条例》、《深圳市前海深港现代服务业合作区管理局暂行办法》和《深圳市前海湾保税港区管理暂行办法》。这不仅为前海合作区在体制管理创新等方面提供了制度保障，而且还为前海合作区今后的开发开放奠定了坚实的法律基础。

为了便利粤港企业解决大量的商事纠纷，粤港两地积极地在仲裁机构改革方面进行探索，2012年6月粤港（前海）国际仲裁合作正式开始启动，2013年9月22日前海合作区又迎来了深圳国际仲裁院的正式入驻。国际仲裁院是前海管理局与深圳国际仲裁院共同搭建的合作平台，是粤港两地在法律服务上的深度合作。它的入驻，将会为落户于前海合作区的国内外企业机构带来与国际接轨的仲裁规则，并为其提供公正、高效的仲裁服务，同时也将创新合作区内商事纠纷的解决方式和管理机制，完善合作区内的法制体制建设。另外，“前海律师专家服务团”也正式成立。这个由29名在立法、金融、保险等方面的资深律师组成的律师专家服务团，将会为前海管理局在未来前海合作区开发建设实践中，免费提供专业的法律咨询等服务。

4. 管理机制的改革创新

前海管理局和部际联席会议制度的建立，是2011年前海合作区在管理创

① 包括：前海石化交易所、前海金融资产交易所、深圳碳排放权交易所、深圳农产品交易所、前海股权交易中心、前海保险结算中心、文化产权交易所。

新上的重大成果。2012～2013 年前海合作区在管理机制创新方面又有了新的突破。

2013 年 5 月 8 日，前海廉政监督局正式在合作区内挂牌成立。前海廉政监督局借鉴香港廉政公署的做法，将我国原有的纪委、公安、审计等监督机构独立设置的格局打破，将所有监督部门的监管职能合并在一起，形成大监督格局，是我国首次建立的统一的廉政监督机制和运行体制，它将会为前海合作区内的反腐倡廉工作“护驾保航”。同时，前海廉政监督局还积极借鉴香港的成功经验，实行“打、防、教”三管齐下，即运用打击、预防、教育三种方式推进合作区内的反腐倡廉工作。

（二）现代服务业集聚方面取得的新进展

为了更好地吸引更多的现代服务业集聚前海，过去的一年里前海合作区在构建营商环境方面做了多方面的努力，详述如下。

1. 前海湾保税港区的“无纸化”改革

自 2013 年年初以来，前海湾保税港区为了进一步简化通关手续，降低通关及管理成本，提高通关效率，一直大力推广通关作业“无纸化”的改革。“通关作业无纸化”是指海关以企业分类管理和风险分析为基础，按照风险等级对进出口货物实施分类，运用信息化技术改变海关验核进出口企业递交纸质报关单及随附单证办理通关手续的做法，直接对企业通过中国电子口岸录入申报的报关单及随附单证的电子数据进行无纸审核、验放处理的通关作业方式。[①] 目前，前海湾保税港区已经成为我国第一个“无纸化保税港区”。

2. 商事登记制度改革

早在 2010 年，商事登记制度就已经作为重点改革对象被纳入《深圳市 2010 改革计划》。2012 年 2 月 27 日深圳首先在前海合作区开始了注册资本认缴制的先行先试。随着深圳商事登记制度改革的稳步推进，2013 年 3 月 1 日，改革后的第一张营业执照在前海诞生。同年 8 月 1 日，深圳市又在全国率先推

① 《海关总署关于在全国海关试点开展通关作业无纸化改革工作的公告》。

出全流程网上商事登记模式。商事登记制度的改革不仅提高了政府的办事效率，而且还降低了企业进入市场的门槛，为企业的发展创造了良好的营商环境。

3. “E站通”

按照《深圳前海深港现代服务业合作区行政审批和行政服务管理暂行办法》的要求，2013年7月1日，前海“E站通”服务中心正式开始运作。“E站通”在参考和借鉴香港及深圳实践经验的基础上，将合作区内行政审批及服务150个事项，集中到20个窗口承接办理，实现了行政管理与社区管理相结合的一站式服务。另外，前海合作区还同步实行综合审批制度，针对同一申请人提交的相关审批事项，允许在一个窗口进行同步审批等业务办理。“E站通”和综合审批制度是前海合作区在公共服务机制上的重大创新，它简化了政府行政审批等方面的手续，提高了政府、企业的办事效率，为前海合作区内现代服务产业的发展创造了良好的营商环境。

4. 前海股权交易中心的建立

前海股权交易中心于2012年12月6日正式在前海合作区内挂牌运营。它不同于传统的交易所，通过建立OTC市场（场外交易市场），为非上市的中小企业以及各类合格投资者提供包括股权托管、登记、交易等一体化综合金融服务。运作模式上采用“十无”模式，即无审批、无中介、无（不）改变企业原有形态和方式、无登记托管挂牌费用、无发行方式及批次与数量限制、无行业限制、无强制性的信息披露、无（不）阻拦企业到证券交易所上市、无企业组织形态限制和无止境提供培训服务。[①] 金融服务创新模式上积极探索互联网与资本市场相结合，通过互联网为投资者和中小企业提供一个创新金融服务平台。投资者可以通过这一平台，对企业的发展状况及价值等作充分的了解分析；企业则通过这一平台与投资者进行直接交流交易。前海股权交易中心的建立将会为中小企业搭建一个融资平台，有助于合作区内现代服务业的发展。

在前海合作区现代服务业集聚方面，除了前海合作区在构建良好的营商环

① http：//finance. caixin. com/2013 - 03 - 11/100500024. html（财新网）。

境方面做了以上积极努力外，深圳市政府还积极地以财政补助、落户奖励等方式扶持合作区内现代服务产业的发展，截至目前已对金融、物流、信息服务领域的13个综合试点项目进行扶持，财政总拨款8250万元。经过51名来自金融、物流、信息、科技等四大服务产业领域的专家评审，截至2013年8月底，已有1465家企业签约入驻前海，其中注册资本在10亿元以上的企业42家，5亿元以上的企业85家。另外世界500强企业20家，要素平台类企业7家。在签约入驻的企业中，金融类企业约占总入驻企业的71.95%，多达1054家。前海合作区已经初步形成了以金融业为主体的多元化、全方位的现代服务产业发展格局。

另外在行业协会入驻方面，2013年3月18日深圳市投资基金同业公会在前海正式成立，成为入驻前海的第一家行业协会。作为政府和企业之间的桥梁，行业协会入驻前海，一方面会将合作区内各行业企业的共同要求转达给政府，另一方面又会协助政府制定行业发展规划、产业政策等，从而发挥其产业的集聚效应，推动前海金融、物流、信息、科技等现代服务业的发展。因此这个拥有48名会员、11500亿元管理资产的金融类行业协会——深圳市投资基金同业公会的入驻，将会为前海合作区内金融行业的发展及其金融体制机制的创新，发挥积极的作用。

（三）与香港紧密合作方面取得的新进展

“深化与香港的紧密合作和融合发展”是前海合作区开发开放的重要使命之一。2009年深圳市副市长王蓉在接待香港特别行政区行政长官曾荫权时曾表示：当前深港合作呈现四个明显转变，一是由民间自发向政府主导转变，二是由局部合作向全面合作转变，三是由单向投资向双向互动转变，四是由低端环节向高端环节转变。[①] 在过去的一年里，深港两地积极从政府和民间两个层面，在“完善两地合作机制”“开展前海政策理论研究”“推进合作区内现代服务业发展”三个方面建立了良好的协作关系，并取得了一些新进展。

---

① 孙颖、邬绵：《深港设前海合作联合专责小组》，《南方日报》2009年12月1日。

1. 积极完善两地合作机制

（1）政府层面。建立部际联席会议制度与前海联合专责小组工作机制是2012年之前深港两地在合作机制上所取得的重大成果。部际联席会议制度是由国家发展和改革委员会牵头，香港特别行政区政府、广东省政府、深圳市政府以及国务院相关部门共同参与的、专门协调解决前海合作区建设中在政策实施、项目安排、体制机制创新等方面问题的协调机制①。其中部际联席会议是前海合作区最高的权力机构。前海联合专责小组工作机制是香港特别行政区政府与深圳市政府共同参与的、专门商讨深港两地在前海合作区未来发展中的具体合作方向、合作内容等方面问题的工作机制。

部际联席会议制度以及前海联合专责小组工作机制的建立，为深港两地在前海的紧密合作提供了制度保障，在这两个机制的框架下，深港两地建立了定期交流沟通的合作机制。过去的一年里，深港两地积极完善部际联席会议制度和前海联合专责小组工作机制的同时，前海管理局还与香港发展局签订了为期5年的合作意向书，建立了战略发展合作机制，为香港机构以及专业人士参与前海合作区的开发建设提供便利和保障机制。另外深圳市政府与香港特别行政区政府达成协议，决定双方建立每半年互访的沟通机制，并设立了深港高规格的咨询委员会，针对前海开发开放等问题进行商讨。

（2）民间层面。为了多方面、多层次、多角度地汲取社会各界的意见，深圳市政府邀请香港、内地学者以及社会各界知名人士，共同组建了“深圳前海咨询委员会”。这个由9名内地专家和6名香港学者组成的前海合作区咨询机构，作为前海合作区的智囊团，将会为未来合作区的开发建设提供政策咨询和参考意见，为前海合作区的开发建设提供智力保障。

2. 积极开展前海政策理论研究，融合各方意见

（1）政府层面。在开展政策研究方面，深港两地政府成立了前海金融政策、法律环境、专业服务暨CEPA先行先试政策、招商政策四个工作小组，充分听取和吸收港方的意见和建议，联合开展前海政策的研究。②

---

① 深圳政府网，http：//www. sz. gov. cn/cn/xxgk/xwfyr/xwtg/201109/t20110927_ 1733032. htm。

② 深圳大运会组委会新闻办新闻发布会会议记录。

另外，在政策解读说明等方面，深圳市政府以及前海管理局积极向香港以及内地的社会各界进行政策说明。例如，就中央对前海在政府服务、财政税收、土地及社会保障等方面的支持，召开了前海合作区政策解读研讨会；为了推进香港注册税务师更好地服务前海，深圳市国税局邀请深港两地注册税务行业的各方代表，就《香港注册税务师服务深圳前海现代服务业合作区管理暂行办法》举办了政策解读会；等等。

（2）民间层面。香港社会各界积极参与开展前海政策理论的研究，如香港金融发展局举办“前海金融发展与挑战研讨会”，邀请前海管理局与香港金融界围绕前海金融服务的发展进行深入探讨研究；香港中华总商会举办“CEPA 十年粤港共赢”，就横琴、南沙、前海三地与香港多方位的合作展开了专题探讨；等等。

3. 积极推进前海合作区现代服务产业的发展

（1）政府层面。深圳市政府以及前海管理局为了推进前海现代服务业的发展，吸引香港高端的服务产业入驻前海，在面向香港社会各界举行招商引资推介会的同时，联合香港特别行政区政府共同举办政策解释会，邀请香港政府官员、人大代表到前海展开调研工作，等等。例如，在香港举办的前海合作区政策宣讲暨招商推介会（2012 年 7 月 16 日）上，前海管理局与香港贸易发展局、汇丰银行等机构企业签订了总金额超过 2200 亿元人民币的合作协议；2013 年香港立法会议员代表团应邀来到前海，了解前海合作区开发进展的情况；等等。

（2）民间层面。在推进前海合作发展现代服务产业方面，深港两地社会各界也积极地参与其中。例如，在推进文化产业发展方面，2012 年深港两地的文化创意界人士以及产业界的代表共同举行了关于深港设计战略合作的专题研讨会，研讨会上就建立深港设计中心筹备委员会的相关事项、联合筹办“深港设计双年展”等内容进行深入的探讨研究；在推进专业服务的发展方面，2013 年深港两地律师协会共同举办律协理事会联席会议，并签署了前海国际律师学院合作框架协议；等等。

综上所述，本着“深圳主导、香港参与”的合作原则，前海管理局积极与香港特别行政区政府及工商界等社会各界，在建立合作机制、政策探讨研究以及产业发展等方面进行沟通，并建立起协作的关系。可以说在过去的一年里，深港合作新模式初见成效。

三 前海合作区开发开放面临的挑战

（一）上海自贸区的设立给前海合作区的招商引资带来挑战

2013 年 9 月 27 日国务院批复上海自贸区总体方案，上海自贸区正式成立。上海自贸区的设立将会给前海合作区的招商引资带来挑战。金融业是上海自贸区和前海合作区共同发展的重点产业，与前海合作区相比，上海自贸区更具备良好的金融硬件基础，这势必会给前海合作区的招商引资带来挑战。以发展金融业为重中之重的前海合作区，如何在未来的招商引资方面做好文章，将是前海合作区开发开放中亟须解决的问题。

（二）目前招商引资力度不强，对香港、外资企业吸引力不大

在过去的 3 年里，签约入驻前海合作区的 1465 家企业中，内资企业 1300 家，所占比例为 88.74%，而港资、外资企业 135 家，所占比例仅仅为 9.22%（见图 1），

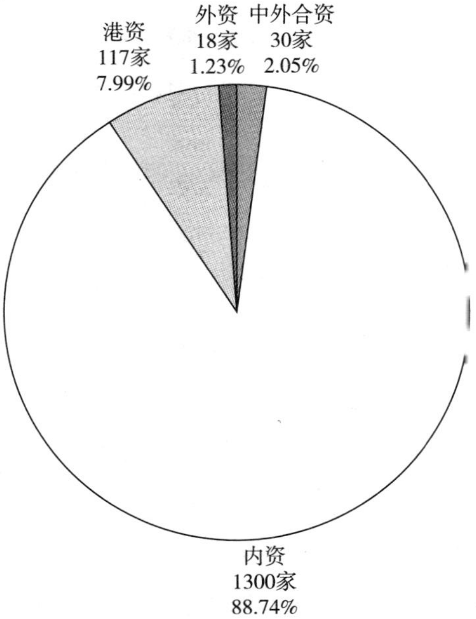

图 1 2012 ~ 2013 年入驻前海合作区企业统计

还不到入驻企业总数的一成，这与规划中所预期的“港资企业占三分之一”的目标还相差很远；另外，在之前前海的土地拍卖会上也曾一度出现港资巨头集体缺席的情况。如何吸引更多的企业尤其是港资、外资企业入驻前海，将是前海合作区未来发展所面临的重要挑战。

（三）与南沙、横琴的同质化竞争问题

南沙、横琴、前海是国家设立在广东省的三个国家级新区，在产业定位上三个新区都是以现代服务业为主导产业，虽然在现代服务业中各有侧重，但部分产业如金融、商业服务等仍存在着重叠，未来发展势必会出现竞争。前海合作区在未来的开发开放中如何避免与横琴南山新区的同质化竞争，避免资源的浪费，这也将是前海合作区未来发展中亟须解决的重要问题。

另外在人才引进方面，南沙、横琴、前海三个新区也存在着竞争的关系。构建人才特区是三个新区共同的目标，要使前海合作区在未来的开发开放中，在人才引进建设方面独占鳌头，就需要前海合作区在社会保障、社会公共服务等诸多方面率先实现改革创新，形成完善的制度机制，为引进国际高层次的人才提供完善的硬件及软件环境。

四　前海合作区未来的发展

（一）着重基础设施的建设为招商引资营造良好的硬件环境

着重前海合作区的城市基础设施的建设。前海合作区的开发建设必须首先要建设基础设施。一是加快交通建设。加快广深沿江高速公路、海滨大道、南坪快速、深港机场快线等公路、轨道、航空枢纽的建设，逐步形成与深圳、广州、香港、澳门等城市相连的便捷高效安全的公路、铁路、航空综合交通系统。二是加快南山污水处理厂、妈湾电厂、南山垃圾焚烧厂、南山热电厂等重大市政设施建设，逐步提升合作区的服务功能。三是加快合作区内“三区两带”各功能单元的建设，加快前海合作区的招商引资，促进合作区内产业项

目的建设。四是加快教育、文化娱乐、医疗卫生、行政管理、社会服务等公共设施建设，吸引更多的国际高层次人才集聚前海。

（二）着重机制体制改革创新，为合作区内现代服务业发展创造良好的软件环境

在过去的3年里，前海合作区在营商环境建设方面做出了积极的努力，如前海湾保税区“无纸化”改革、商事登记制度改革、设立“E站通”、建立前海股权交易中心，等等。在未来的开发建设中，前海合作区应该着重在以下方面进行先行先试。

第一，充分利用“特区中特区”的立法权，建立完善的监督管理体制，营造适合现代服务业开放发展的法治环境。“探路试水，立法先行”是国家赋予前海合作区的权力。前海合作区应充分利用立法权，学习借鉴香港以及国际先进城市的管理经验，全面提升合作区管理的法治化、国际化水平，吸引更多的国际企业以及国际高层次人才的入驻。

第二，充分利用毗邻香港“国际金融中心”的优势，构建符合国际惯例的金融秩序和制度体系，为合作区内金融服务业的健康发展创造完善的制度软环境。纵观前海合作区的发展，无论从规划定位上，还是在实际的招商引资方面，金融服务显然是前海合作区现代服务业发展的重中之重。要使前海合作区金融服务更好地发展，除了与横琴、南沙以及刚刚建立的上海自贸区在金融服务方面实行错位发展外，率先形成“制度优势”也是至关重要的。前海合作区应该在金融体制管理、运营模式等方面积极学习和借鉴香港国际金融中心的做法，在将香港成熟的金融产品引入前海的同时，推动金融机制体制的创新，逐步与国际接轨，全力提升合作区内金融服务的国际化水平。

第三，打破信息垄断，建立良好的信用机制。良好的信用机制环境是现代服务业健康发展的沃土，能为现代服务业发展提供一个信息公开，交易公正、公平的市场环境。以发展金融、物流等现代服务业为主导的前海合作区，建立良好的信用机制对于政府来说责无旁贷。如何建立良好的信用机制，首先需要打破信息的垄断，尽可能消除“信息不对称”的柠檬市场；其次发挥政府的监管职能，加大监管力度，建立规章制度，规范现代服务产业特别是金融市场

的诚信体系，同时积极发挥社会监督作用，打击严惩失信行为。

第四，在人才引进方面，前海合作区要加快社会保障的国际转移接续，以加速国际高端人才的引进。积极引进国际高层次人才是前海合作区开发开放的重要工作之一。而在引进国际人才的同时，要充分考虑境内外社会保险的国际转移接续问题，也就是说要将国际人才的境外社会保险关系顺利地转移接续到境内，从而避免重复保险等状况的发生。要解决国际人员的流动与境内外社会保险关系的重叠、参保义务的冲突等之间的矛盾，这就需要政府积极地与世界各国建立社会保险转移接续制度，从而完善我国现有的社会保障制度，为国际人才的流动提供良好的制度保障。

参考文献

[1]《深圳市人民政府关于前海深港现代服务业合作区土地管理改革创新要点的批复》，2013 年 5 月 24 日深圳市政府批复。

[2]《前海跨境人民币贷款管理暂行办法》，2012 年 12 月中国人民银行批复。

[3] 钟辉：《跨境人民币贷款前海破冰　20 亿规模协议利率 4% ~5%　建行交行启动双向贷款》，《21 世纪经济报道》2013 年 1 月 29 日。

[4]《前海深港现代服务业合作区总体规划》，2010 年 8 月 26 日国务院批复。

[5] 钟若愚：《“三十六条”与深港服务经济的全面融合》，《特区经济》2011 年第 9 期。

[6] 前海管理局网页，http：//www. szqh. gov. cn/。

[7] 深圳政府网页，http：//www. sz. gov. cn/cn/xxgk/xwfyr/xwtg/201109/t20110927_1733032. htm。

B.18

中国（上海）自由贸易试验区发展报告

范霄文　孙俊歌*

中国（上海）自由贸易试验区①（China Shanghai Pilot Free Trade Zone）是国务院2013年8月22日正式批准设立的我国大陆境内第一个自由贸易园区。建立上海自贸区既是深入贯彻党的十八大精神、在新形势下深化改革开放的重大战略举措，也是中国在新的世界贸易格局下与全球经济接轨的重要布局。上海自贸区的设立标志着中国将置身于全球大的经济背景下，以开放促改革，按照比较优势原则培育新的国际竞争优势，逐步形成与国际投资、贸易通行规则相衔接的基本制度框架，通过倒逼机制促进新一轮的经济改革。

目前，在TPP②、TTIP③、PSA④协议的围追堵截下，我国改革和发展已进入深水区和攻坚期，之前改革的制度红利已逐渐消失，社会经济发展面临瓶颈，中国需要寻找新的经济增长引擎。上海自贸区的设立，无疑为中国提供了一条既充满机遇又充满挑战的发展路径。在我们看来，上海自由贸易试验区是一项真正的国家战略，对于进一步完善中国经济制度架构的意义堪比第一轮以开放促改革时建立的深圳经济特区。上海自贸区是一个从经济体制到监管体制再到行政体制改革的综合试验区，虽然面临很多挑战和问题，上海自贸区一定会肩负起我国经济进一步全面改革开放制度创新的重大历史使命。

---

* 范霄文，深圳大学中国经济特区研究中心副教授，博士；孙俊歌，深圳大学经济学院硕士研究生。

① 以下简称上海自贸区。

② TPP是跨太平洋伙伴关系协议（Trans - Pacific Partnership Agreement）的英文简称。

③ TTIP是跨大西洋贸易与投资伙伴协议（Transatlantic Trade and Investment Partnership）的英文简称。

④ PSA是诸（多）边服务业协议（Plurilateral Services Agreement）的英文简称。

一　上海自贸区基本概况

（一）上海自贸区——自由贸易园区（Free Trade Zone）

传统的自由贸易区（Free Trade Area，FTA），是根据两个或多个国家之间协议设立的包括协议国（地区）在内的区域经济贸易团体。它是在多个国家或地区（经济体）之间进行贸易，为改善市场，彼此给予各种优惠政策；至于怎样进行货物交易，不是某一国说了算，而是在国际协议的基础上多国合作伙伴一起商议制定游戏规则，按多国共同制定的规则进行。

自由贸易园区（Free Trade Zone，FTZ），是指根据本国（地区）法律法规在本国（地区）境内设立的区域性经济特区。这种方式属一国（或地区）境内关外的贸易行为，即某一国（或地区）在其辖区内划出一块地盘作为市场对外进行货物和服务贸易，对该地盘的交易活动不过多干预，且对外运入的货物不收关税或给予关税优惠。1973 年国际海关理事会签订的《京都公约》，将自由贸易园区定义为："指一国的部分领土，在这部分领土内运入的任何货物就进口关税及其他各税而言，被认为在关境以外，并免于实施惯常的海关监管制度。"

FTZ 与国际传统上自由贸易区（FTA）不同的是，这种方式是一国在"自个"的地盘玩，自己地盘自己做主，游戏规则自己制定；而传统自由贸易区则是多个国家一起玩，游戏规则多国共同制定。为了以示区分，2008 年商务部等部门专门提出将 FTZ 和 FTA 分别译为"自由贸易园区"和"自由贸易区"。

按照国际通行规则，在 FTZ 内，货物可以自由进出，不存在关税壁垒和非关税壁垒，凡是符合国际惯例的货物进出均畅通无阻，没有任何国界限制。投资自由，信息、资金、人才流通自由，没有国民待遇与非国民待遇之分，同时受到法律法规保障。

上海自贸区实质上就是 FTZ，是我国在划定区域内主动让门户洞开，在我国制定的游戏规则下世界上所有国家均可以在划定区域进行自由投资和贸易。将上海自贸区作为一个对接的小窗口，可以在一定程度上将国际上的高商业水准映射到整个中国制造和服务业。在一个较小的限定范围内进行开放实验，可以降低风险。而一旦成功，又可以进一步扩大推广并全面对接整个中国经济。上海自贸区以“一国之内”自由贸易区的形式出现，无论成败，都将对我国的转口贸易、离岸贸易具有积极促进作用。

（二）区位优势

上海自贸区总面积28.78平方公里，范围涵盖上海市外高桥保税区、外高桥保税物流园区、洋山保税港区和上海浦东机场综合保税区等4个海关特殊监管区域。外高桥保税区和外高桥保税物流园区位于长江口，与长江第一镇高桥镇毗邻，距离城市副中心五角场不到10公里。上海浦东机场综合保税区毗邻浦东国际机场，接近上海市区。洋山保税港区毗邻临港新城，离上海市区大约110公里，其中有航运、航运金融、物流学科实力强劲的上海海事大学作为学术支撑。据上海口岸服务办公布，2012年上海口岸外贸货物吞吐量累计达3.6亿吨，同

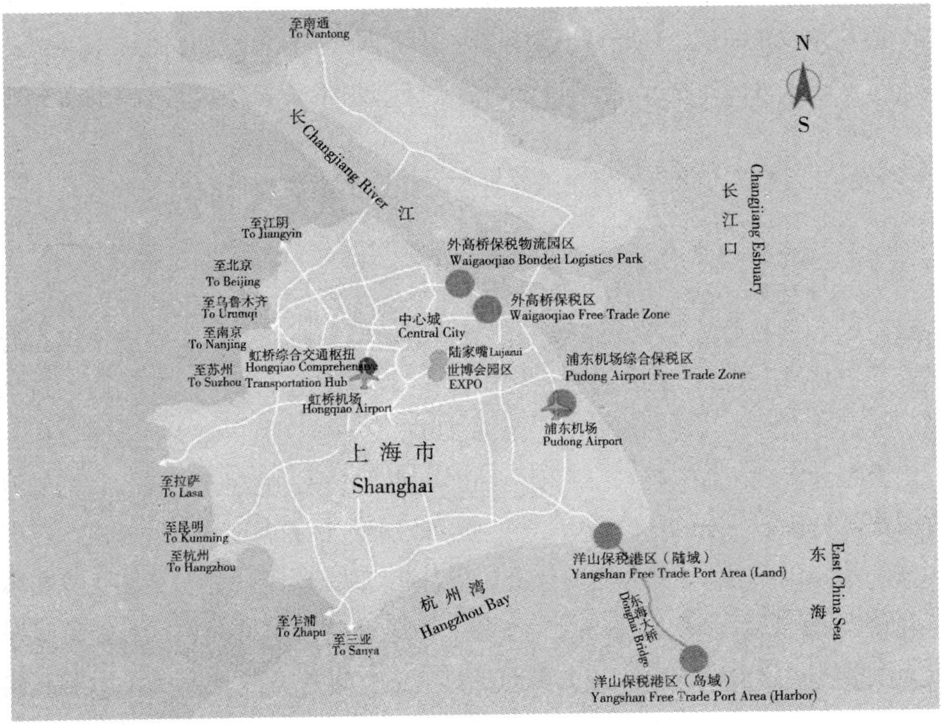

图1　上海自由贸易试验区范围

比增长5.9%，上海港继续保持货物和集装箱吞吐量世界第一大港地位。外高桥港区完成1536万标准箱，连续八年蝉联全国国际船舶吞吐量最高的港区。

1990年9月正式启动的外高桥保税区占地10平方公里，是国务院批准设立的我国第一个保税区，也是目前全国15个保税区中经济总量最大的保税区。现已聚集各类企业近万家，2012年进口手表、酒类、化妆品分别占全国的43%、37%、29%，进口医药品、医疗器械分别占全国的24%和21%。

2004年4月通过海关总署联合验收的外高桥保税物流园区占地1.03平方公里，是国务院特批的全国第一家保税物流园区，也是上海市"十一五"期间重点规划的三大物流基地之一，同时还是国内首个可同时享受保税区、出口加工区相关政策和上海港的港航资源的"区港联动"试点区域，与外高桥港区连成一体，现已成为面向东北亚的出口采购中心和有色金属、IT零部件进口分拨基地。

2010年9月正式运作的浦东机场综合保税区占地3.59平方公里，处于亚、欧、美三角航线上，是我国东部沿海经济带与长江流域的交汇点，现已逐步形成空运亚太分拨中心，融资租赁、快件转运中心，高端消费品保税展销等临空功能服务产业链。

2005年12月正式启用的洋山保税港区，是经国务院批准设立的我国第一个保税港区，规划面积14.16平方公里，由小洋山港口区域、陆域部分和连接小洋山岛与陆地的东海大桥组成。洋山保税港区作为上海"国际航运发展综合试验区"核心功能区域，集聚了包括通信及电子产品、汽车及零部件、高档食品、品牌服装等在内的分拨配送中心，基本形成了面向欧美的分拨配送基地、大宗商品产业基地和面向国内的进口贸易基地以及航运龙头企业集聚地。

上海自贸区并非零起点，无论是货物的进出管理方面还是关税、外汇管理方面都已具备了一定的基础和积累了一定的经验。作为高度开放的外向型经济区域，其综合了区位优势、腹地经济优势、港口基础优势、物流枢纽优势和城市综合优势，已经具有雄厚的产业基础。2012年，外高桥保税区、外高桥保税物流园区、洋山保税港区和上海浦东机场综合保税区合计完成进出口总额1130.5亿美元，比上年增长14.5%；税务部门税收429.0亿元，比上年增长11.8%；商品销售额10998.1亿元，比上年增长13%；物流企业经营收入

4041.4 亿元，其中物流业收入 816.9 亿元，比上年增长 18.1%。自贸区花落上海可以说是水到渠成之事。

（三）区位功能

上海自贸区肩负着我国全面扩大开放深化改革、探索新发展路径的重要使命。在 2013 年 9 月 27 日国务院批准的国发〔2013〕38 号《中国（上海）自由贸易试验区总体方案》和 2013 年 9 月 29 日上海市人民政府令第 7 号公布的《中国（上海）自由贸易试验区管理办法》中，上海自贸区的区域功能主要有四个方面：一是推进服务业扩大开放和投资管理体制改革；二是推动贸易转型升级，创新监管服务模式；三是深化金融领域开放；四是探索建立与国际投资和贸易规则体系相适应的行政管理体系，培育国际化、法治化的营商环境。

根据《中国（上海）自由贸易试验区总体方案》，上海自贸区将在金融、航运、商贸、专业服务、文化和社会服务等六大领域扩大开放，暂停或者取消有关准入限制措施。自贸试验区实行外商投资准入前国民待遇，实施负面清单管理模式。对境外投资一般项目实行备案制。设立企业实行注册资本认缴登记制。实行资本项目人民币可兑换，并建立金融机构自主定价机制，逐步推进利率市场化改革。自贸试验区内企业根据自身经营需要，可以开展跨境人民币创新业务，实现人民币跨境使用便利化。同时将逐步建立与自贸试验区发展需求相适应的外汇管理体制，允许不同类型的金融机构进入自贸试验区，推进贸易投资便利化。

对自贸试验区和境外之间货物进出，允许自贸试验区内企业凭进口舱单信息将货物先行提运入区，再办理进境备案手续。对自贸试验区和境内区外之间进出货物，实行智能化卡口、电子信息联网管理模式。4 个区位功能的实现，必将推动国内金融制度体系和政府行政监管制度的深入改革，为中国加大改革开放力度提供可扩展和复制的经验。

二　上海自贸区的历史使命——全面改革开放制度的试验田

上海自贸区是进一步推进改革和提高开放型经济水平的“试验田”，历史赋予其示范带动、服务全国的历史使命，自贸区要形成可复制、可推广的经验，从而促进各地区共同发展。因此，从某种意义上说，上海自贸区最重要的历史使命是推进我国全面改革开放制度的创新。

（一）贸易、投资自由的体制创新

自由贸易区的特点之一首先是货物进出自由，不存在关税壁垒和非关税壁垒，凡合乎国际惯例的货物进出均畅通无阻，没有任何国界限制。其次是投资自由，不因国别差异带来行业限制与经营方式限制。伴随着货物的自由进出必然带来相应的服务与投资需要。在取消关税壁垒的基础上就要求减少非关税壁垒，上海自贸区作为一个单边自由贸易的试验区，借鉴国际通行规则全面实施准入前国民待遇，并探索建立负面清单管理模式，非禁即入，最大限度地为服务业发展突破政策藩篱，为金融、航运、商贸服务、专业服务、文化服务、社会服务等六大服务业领域扩大开放措施，提供了一揽子解决方案。为了增进同国外市场的经贸往来与合作，试验区不仅支持区内企业发展离岸业务，并提出加快培育跨境电子商务服务功能，逐步建立与之相适应的支撑系统，积极倡导培育贸易新型业态和功能，形成新的外贸竞争优势，提升我国在世界贸易中的地位和作用。鼓励跨国公司在区内建立亚太地区总部，建立集中的营运中心。另外，上海自贸区还面临着如何整合外高桥港、浦东空港国际枢纽港、洋山深水港的资源，形成联动机制，提升国际航运服务能级，形成具有国际竞争力的航运发展制度和模式，使上海成为亚太供应链核心枢纽。

自贸区在带来机遇的同时，也带来了严峻的挑战。在推行货物、服务自由贸易之下，必然会给自贸区内与自贸区外的货物往来管理、资金管理带来巨大的挑战，也必然会面临很多体制的巨大变革。如何建立行之有效的体制机制，有效控制自贸区和在岸市场之间经营活动所带来的风险依然具有挑战性。

（二）金融制度创新

货币是实现物品和服务交易的媒介，其最重要的功能是协助完成交易和财富的积累，商品和服务的交换必然伴随着对货币自由进出及自由兑换的需求，也就涉及经常项目下人民币的自由兑换和汇率问题。投资自由则带来了人民币资本项目下人民币自由兑换及金融市场利率的市场化问题。随着人民币的自由兑换，人民币国际化将是大势所趋，人民币国际化又会对国内经济产生难以预料的影响。因此，上海自贸区最大的机遇与挑战都在于金融体制的创新。

目前我国经常项目下的人民币在某种程度上已实现了自由兑换，金融制度的创新压力主要来自资本项目下的人民币自由兑换。在人民币可以自由兑换和进出的情况下，即使存在外汇管制，也一定会出现监管之外的自由浮动汇率“地下”市场，即汇率管制会失效，换言之，人民币自由兑换下汇率要放开，要创新外汇管理制度。

实行开放型经济的依据是经济学比较优势原理，从全球市场的角度更有效地配置资源。因此，利率的市场化是有效配置资源的前提条件，上海自贸区在金融制度创新中，就要遵循比较优势原则，引入投融资竞争机制，由市场决定资金的利率。在欧美国家实行量化宽松货币政策的金融环境下，人民币自由兑换有可能产生的问题是国外热钱的流入和国内资金流出，在没有有效风险控制机制下，自贸区内与自贸区外的资金流动，可能会对中国经济产生冲击并带来严重的影响。因而，最严峻的挑战是如何设立有效机制以防区内和区外间发生利率套利交易。积极进行金融体制创新，在风险可控前提下，先在试验区内对人民币资本项目可兑换、金融市场利率市场化、人民币跨境使用等创造条件进行先行先试是上海自贸区的历史使命。

只有建立起与自由贸易试验区相适应的金融管理体制，实现人民币自由兑换、自由进出，汇率自由浮动和利率的市场化，才能全面实现贸易投资便利化。与此同时，只有实现贸易投资便利化，才能推动跨境人民币结算业务发展，扩大人民币在各领域的使用，也才有可能使中国具备成为国际金融中心的条件，从而与上海国际金融中心的建设形成联动机制，在上海创造一个真正的全球离岸金融中心。借助此平台，中国的企业才有可能整合世界资源，充分利用境内外两种资源、两个市场，按照比较优势原则，在竞争中实现资源的有效配置。上海自贸区金融制度创新的成败与否，将直接影响到中国能否把握住千载难逢的历史机遇，实现人民币的国际化，上海自贸区任重而道远。

（三）构建高效便捷的监管机制

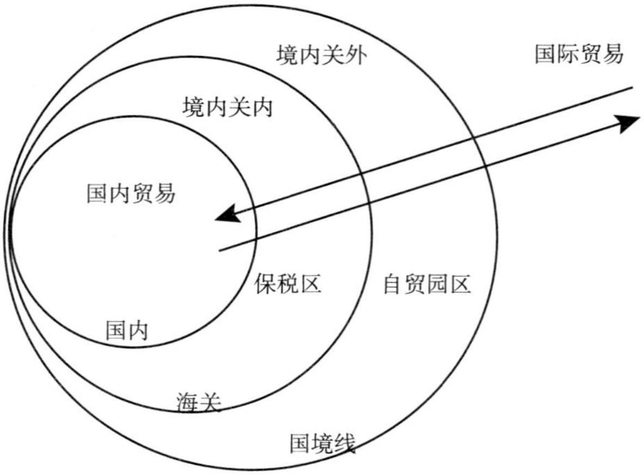

图2　自由贸易区“境内关外”关系

不同于国内各类保税区，自由贸易区的最大特点在于“境内关外”的特殊海关监管制度，即“一线放开，二线管住”。所谓“一线”是指自由贸易区与国境外的通道口，“一线放开”是指境外的货物可以自由地、不受海关监管地自由进入自由贸易区，自由贸易区内的货物也可以自由地、不受海关监管地自由运出境外；“二线”则是指自由贸易区与海关境内的通道口，“二线管住”，是指货物从自由贸易区进入国内非自由贸易区或货物从国内非自由贸易区进入自由贸易区时，海关必须依据本国海关法的规定，征收相应的税收。自贸区货物的监管已在保税区的基础上积累了相应的经验，并已形成相对有效的监管机制，上海自贸区最大的挑战在于实现人民币自由兑换和自由进出后，如何建立高效便捷的金融监管机制。

高效便捷的监管机制应该是一个化繁为简、减少政府行政干预，充分发挥市场作用，减少行政成本，在国际通行规则条例及法律保障下推动贸易和投资的更大自由化的监管体制。这就要求政府转变政府职能，厘清市场和政府职能所在，放权给市场，在充分发挥市场作用的前提下，提供一条整合现有海关特殊监管区的有效路径。通过构建特定的条例法规，构建比较完备的离岸金融体系和完善的制度监管框架体系，形成企业自律的新机制，扩大自由贸易区的自主管理空间。

上海自贸区全面实施准入前国民待遇和负面清单管理及备案制，其目的就是突破现有监管机制，实际上是政府放权，让市场和企业具有更大的发展空间，这也代表着政府管理方法和思维的变化，将市场行为的主导权更多地给予市场主体，使政府从过去的管理型政府逐步转变为服务型政府，这对推动中国政府机构改革来说也具有示范效应。

解除汇率管制，实现人民币的自由兑换与进出，庞大的资产市场会随之形成，面对庞大的资金流动性，资本的自由进出可能带来跨境套利，出于对金融安全的考虑，必然要求建立相应的高效便捷的金融监管制度。与人民币国际化随之而来的是更加复杂的金融监管环境，未来上海自贸区的金融监管机制的创新就需要国家货币政策的支持与上海国际金融中心建设监管机制的联动。此外，上海自贸区作为单一试点试验区，取消关税可以更好地体现各国的比较优势，实现更有效的资源配置。但目前我国自贸区外汇税收政策较为复杂，创新现有税收政策制度，在符合税制改革方向和国际惯例前提下，自贸区应构建适应境外股权投资和离岸业务发展的税收政策，建立不会导致利润转移和税基侵蚀的税收监管机制。

（四）规范的法制环境

法制健全、制度透明公开，确保法律面前人人平等，完善的法制是复杂经济活动中有效的风险防范屏障。面对国际与国内的投资者，上海自贸区迫切需要参照国际准则建立一个崭新的法律保障平台，让国际投资者和国内投资者都获得利益保障。为了体现“境内关外”“接轨国际惯例”的特征，在《中国（上海）自由贸易试验区总体方案》中，目前已经暂停执行《中华人民共和国外资企业法》、《中华人民共和国中外合资经营企业法》和《中华人民共和国中外合作经营企事业法》的部分条款，已经使自贸区成为一个有限的“超法制”特区，为上海自由贸易区创设新的法律体制奠定了基础。从 2013 年 10 月 1 日起的三年内试行相关规定的立法审批，实施准入前国民待遇，及时解决试点过程中的制度保障问题，加快形成符合试验区发展的高标准的投资和贸易规则体系，并通过地方立法，完善法制保障。

三 上海自贸区发展的焦点问题

上海自贸区的设立，无疑是关系中国未来改革进程甚至是世界经济格局的一件大事，自贸区的成功与否在一定程度上会直接影响中国进一步对外开放改革的力度。任何事物的发展总是机遇与挑战并存，自贸区在为中国未来的发展绘就美好蓝图的同时，也引起了一些质疑的声音。

（一）上海自贸区是否会动摇香港的自由港地位

目前，由上海自贸区引发的焦点问题之一是："上海自贸区来了，香港的领先地位能否保持"，"自贸区将帮助上海成为国际金融中心，直接威胁香港金融中心的地位"。也有学者认为上海会取而代之，成为亚洲乃至世界金融中心。

香港居于亚洲中枢地位，实行自由贸易政策，具有优越的地理位置、健全的制度和简单的低税制的优势，同时又具有信息、人才、资金和货物自由流通的投资环境，拥有成熟的金融和银行体制，法律制度透明公开，不设贸易壁垒，是全球最开放的外向型经济体之一，作为亚洲商贸和金融中心，香港是内地企业拓展全球业务及海外投资者进入中国的最主要的桥梁。然而，随着上海自贸区的设立，未来香港的商贸和金融中心地位将受到挑战。

从目前情况看，上海已拥有400多家跨国公司地区总部及几乎所有全球大型银行办事机构，有着全国最全的各种各样的交易所、银行间市场和要素市场，同时也具有优越的地理位置。一旦建立起符合国际化、法治化要求的跨境投资和贸易规则体系，在人民币国际化大的背景下，随着人民币的自由兑换和跨境人民币结算业务的开展，汇率自由浮动和利率的市场化，自贸区的金融开放将使海外投资者很有可能选择绕过香港，直接进入自贸区进行贸易投资活动。上海将可能成为亚洲乃至全球供应链最重要的节点，金融服务的升级将可能导致大型跨国企业中大多数亚太供应链协调中心从香港、新加坡等地移师上海。中国将在自贸区里建立一个庞大的金融资产缓冲区和蓄水池，在风险可控的条件下，通过双向投资建立起人民币的全球循环路径，实现金融资源的全球优化配置，从而为人民币国际化奠定坚实的基础。

上海自贸区在未来有可能动摇香港自由港地位的最重要因素是人民币的国际化地位要强于港币，只要中国的货币政策处理得当，作为全球第二大经济体的中国，在币值稳定的条件下，人民币相对容易被接受作为结算货币，从而奠定人民币的国际地位。到那时海外投资者或国内投资者还会借道香港吗？

（二）金融体系开放潜藏的金融风险

当今我们面临的是发达国家超低利息和量化宽松货币政策，全球流动性泛滥，这无疑给新兴市场国家的金融改革带来莫大的挑战。在这种大的金融背景下，上海自贸区实行汇率自由浮动、利率市场化和资金自由进出的金融改革举措，在优化资源配置的同时，如果没有高效的金融监管机制，也可能面临资本外逃和热钱涌入的问题，投机套利很可能会给我国的金融市场带来负面冲击。在人民币国际化的背景下，自贸区与其他地区利率和汇率不同，将造成贸易扭曲和套利交易，导致产生与设立上海自贸区初衷相违背的结果。

金融“自由”充满挑战，开放条件下金融监管要面临的问题常常远比我们想象的要复杂，创造性地在自贸区内进行金融监管机制创新极具挑战性和不确定性。“过度监管”可能会有违开放的初衷，在国际上丧失金融竞争力。“过度开放”又会埋下投机套利、扭曲资源配置效率的隐患，使经济陷入危机四伏的困境。资本项目下的人民币自由兑换能否带来资源配置效率的提高也存在不确定性，历史上不少新兴发展中国家在开放资本项目的过程中都曾出现过金融危机，我国能否建立有效的金融监管体制抵御可能出现的金融危机仍需时间来验证。

在刚刚设立自贸区的今天，新的金融监管机制尚未成形，还存在许多不确定的因素，出现问题如何应对，目前尚不得而知。未来美国量化宽松货币政策的变化必然会对中国及其他国家产生冲击，作为上海自贸区，如果对于自贸区与在岸市场之间的资金流动不能进行有效的监管，那么自贸区可能出现的金融风险就会扩散到自贸区外，严重时可能导致金融危机的出现。因此，上海自贸区潜在的最大风险可能是金融风险所导致的经济危机。

（三）上海自贸区制度创新的扩展性和可复制性

《中国（上海）自由贸易试验区总体方案》中明确指出：上海自贸区要成为推进改革和提高开放型经济水平的“试验田”，形成可复制、可推广的经验，发挥示范带动、服务全国的积极作用，促进各地区共同发展。

2013 年 3 月国务院总理李克强鼓励上海进行大胆探索，建立一个自由贸易试验区，推动完善开放型经济体制机制。因此可知，国务院批准设立上海自贸区意在制度创新，自贸区将作为试验区为中国经济进一步改革开放探路，其核心的利率市场化、汇率自由浮动、人民币的自由兑换和自由进出如果成功，未来将推广至更大的区域乃至全国。换言之，上海自贸区将成为中国进一步对外改革开放的催化剂，它的成功将意味着中国经济在“小门”打开之后，将“大门”洞开，中国将从“半开放型”经济迈向开放型经济，意味着中国将以自贸区为突破口逐渐打开贸易和资本的大门。

从制度创新的角度看，上海自贸区开放力度最大、难度最大的制度创新是资本项目下的人民币自由兑换与流动，其次是开放下政府管理职能的转变。人民币自由兑换必然会形成汇率自由浮动，而利率的市场化则是高效配置资源的必然要求，伴随着人民币国际化战略的实施，为了稳定人民币币值，必然要求货币制度的支持，也就会对货币制度形成倒逼改革机制，从而形成安全有效的国家金融体系支撑。且开放经济下必然要有与之配套的规范的条例、法制，这也将推动政府由管理型政府向监管高效便捷的行政服务型政府转变。两者在上海自贸区试验的基础上，均具有扩展性和可复制性。

四　上海自贸区未来发展的政策建议

（一）在发挥比较优势原则下进行制度创新

建立开放型经济体制的经济理论依据是比较优势定理。根据该定理，货物服务贸易和投资的自由化可以在比较优势的基础上扩大彼此间的贸易规模，从而提高国民的福利水平。从一个国家的角度来看自由贸易是最优的选择，自由化程度越高，由比较优势带来的贸易利益就越多。

从福利经济学角度看，建立自贸区后取消了进出口活动的关税，增加了区域内的竞争，降低了价格和生产成本，使消费者剩余增加 a + c，政府税收减少 a，社会总福利增加了 c（见图 3）。并且自贸区与其他国家相互形成一个相对统一的市场，扩大了企业生产，增加了市场规模，使规模经济成为可能。自贸区的建立还有助于吸引外国投资。由于相互之间关税壁垒的削减，会产生一种伴随生产转移的国外资本的流入，从而可以引进国外投资。

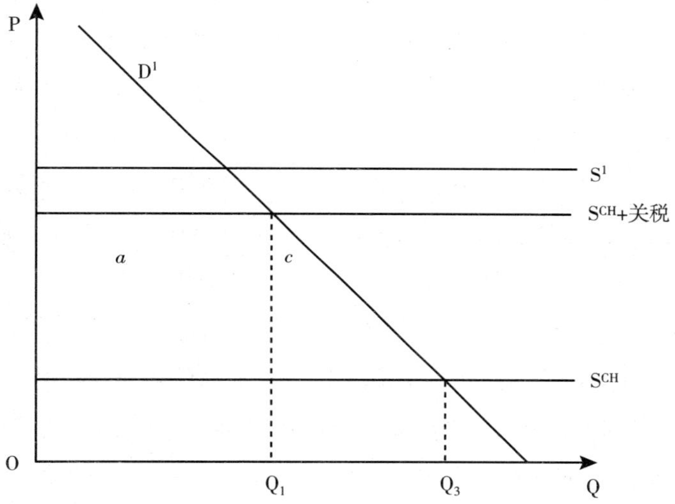

图 3　关税同盟的净福利效应

既然实行自由贸易的理论依据是通过发挥比较优势来增加国民福利，那么，上海自贸区的制度创新就应以制度创新能否发挥比较优势为原则来判断制度创新的优劣。例如，在至关重要的金融制度创新中，实现资本项目下的人民币自由兑换必然会形成汇率自由浮动的机制，而对于由什么样的货币制度确定汇率浮动，则要以汇率是否体现了各国产品的相对价格作为取舍的依据，从而保证制度创新不违背贸易自由化的初衷。

（二）货币制度创新应形成与新兴发展中国家的良性竞争机制

人民币升值，美国减少中国产品的进口，但增加了从其他发展中国家的产品进口，由此看来，中国在人民币升值进程中输给了其他新兴发展中国家。如何与其他发展中国家保持良性竞争，是中国在外汇体制改革中要谨慎考量的问题。

一方面，根据国际清算银行的计算[①]，2013年第一季度，人民币名义有效汇率升值3.41%，实际有效汇率升值3.52%；2005年人民币汇率形成机制改革以来至2013年3月，人民币名义有效汇率升值27.45%，实际有效汇率升值36.49%。实际有效汇率的升值意味着在美元作为国际主要结算货币的情况下，人民币对美元的升值意味着对所有货币平均都在升值，这将扭曲中国与其他新兴发展中国家的相对比较优势，使中国在国际贸易中处于被动。

另一方面，美国与太平洋沿岸国家建立TPP贸易同盟、与欧盟建立TTIP贸易同盟，同时在全球建立PSA服务贸易同盟，新的国际贸易体系已逐渐取代WTO，而这三个同盟均把仅次于美国的全球第二大贸易国——中国排除在外。中国不少企业的产品需要到境外自由贸易区港口中转，中国必须在全球贸易体系中寻求自己新的定位，通过开放来深化国内体制改革，突破制度瓶颈，将中国经济置身于国际大的资源配置中寻求比较优势。

要在国际贸易中定位自己的比较优势，汇率就要反映出相对比较优势，经济学中的比较优势定理也只有在汇率可以反映物品的相对价格时才能实现有效的资源配置。人民币跨境结算是国际贸易中合理定位我国比较优势的有效路径，除此之外，要保证人民币与其他发展中国家汇率在一定程度上反映出相对比较优势，其前提条件是要有稳定的人民币币值，因此，在人民币国际化的大环境下，实行稳定人民币币值的货币政策，央行面临严峻挑战。就这一点而言，自贸区金融制度创新也是中国货币制度创新，自贸区金融制度的改革必须依赖于央行货币制度的改革。

（三）设立与上海自贸区遥相呼应的深圳自贸区

设立上海自贸区的主要目的在于“按照先行先试、风险可控、分步推进、逐步完善的方式，以开放促改革，通过制度创新，形成我国与国际投资、贸易通行规则相衔接的基本制度框架”。上海自贸区是本届政府力图推动改革，打造中国经济“升级版”的战略举措。

---

① 中国人民银行网站公布的数据。

上海自贸区的设立将会推动长三角地区形成与国际接轨的贸易、投资运行机制，而另一个可与长三角比肩的珠三角地区却有可能在新一轮改革中落伍。珠三角是我国最早开始改革开放的地区，第一轮改革红利已不复存在，急需新一轮的改革来促进经济的发展。长三角与珠三角无疑是我国两个重要的经济区域，这两个区域改革的成败直接影响到中国改革的成败，如果设立深圳自贸区，与上海自贸区遥相呼应，形成竞争互动的改革开放格局，则可在共同发展的同时形成协同效应，必将进一步加快我国珠三角市场化改革的步伐，促进我国开放型经济制度的完善。

深圳作为我国最早的经济特区，不仅拥有福田保税区、盐田港保税区、沙头角保税区、前海湾保税港区及前海合作区，而且紧邻香港，区位优势明显，完全具备设立自由贸易园区的条件。港深两地在产业结构、资源配置等方面可以优势互补，且受益于 CEPA 协议，在消除关税壁垒与非关税壁垒方面形成了一定的机制，但也存在一定的问题。CEPA 的基本目标是：“逐步取消货物贸易的关税和非关税壁垒，逐步实现服务贸易自由化，促进贸易投资便利化，提高内地与香港、澳门之间的经贸合作水平。”但 CEPA 从 1 签到 10，却依然存在“大门开了，小门开不了”的困境。其最大的发展阻力还在于资本项目下的人民币自由兑换、汇率的自由浮动及利率的市场化不能落实，因为开放型经济实质上是关税壁垒、非关税壁垒的取消和货币的自由兑换，因而，深圳需要通过自贸区的设立全面整合资源。

当下欧美经济依然未摆脱金融危机的影响，这恰恰是人民币国际化的最好时机。如果设立深圳自由贸易园区，深圳可以通过香港金融中心这一通道快速与世界对接，形成与上海遥相呼应的改革开放格局，这必将有助于加速人民币的国际化进程，促进珠三角经济进入一个全新的改革开放阶段，在大的世界经济格局下增强国际竞争力，为我国开放型经济体制的完善提供可资借鉴的经验。

参考文献

[1] 中国（上海）自由贸易试验区网站，http://www.ysftpa.gov.cn/WebViewPublic/item_page.aspx?parentId=594&id=598#。

[2] 张五常：《货币战略论》，中信出版社，2010。
[3]《我国首个自由贸易区或落户上海复制香港模式》，《中国经济周刊》2010 年 11 月 30 日。
[4]《解读上海自贸区》，搜狐财经，http：//business. sohu. com/20130704/n380720318. shtml。
[5]《直击上海自贸区落地》，搜狐财经新闻网，http：//business. sohu. com/s2013/shzmq/。
[6]《上海自贸试验区总体方案获批　金融等五领域政策迎创新》，《每日经济新闻》2013 年 7 月 4 日。http：//news. sohu. com/20130704/n380636697. shtml。
[7]《国务院印发中国（上海）自由贸易试验区总体方案》，中国政府网，腾讯财经，http：//finance. qq. com/a/20130927/013426_ all. htm#page1。
[8]《上海自贸区将营造相应的监管和税收制度环境》，证券时报网，http：//finance. qq. com/a/20130927/012973. htm。
[9]《直面八大风险与挑战》：《东方早报》（上海），http：//news. 163. com/13/0928/10/99RQ9N2B00014AED. html。

B.19

巴基斯坦经济特区发展报告

罗海平*

巴基斯坦是正处在工业化进程中的发展中国家，拥有多元化的经济组织体系、理想的发展出口产业和世界贸易的区位优势与条件。巴基斯坦通过建立各种形式和职能的经济特区、出台各种优惠政策和提供便利服务鼓励外商投资、吸引外资。出口加工区是巴基斯坦最重要的特区形式，目前已初见成效。巴基斯坦作为我国的重要盟友，两国长期保持经济上的友好合作。在巴建立中国经济特区或工业园区是中巴经济合作的重要形式和主要载体。与中国经济特区不同，巴经济特区不存在市场经济的试验性，特区仅具有经济功能，且形式单一、规模较小，进一步发展的潜力巨大。

一　巴基斯坦外向经济的发展条件与水平

巴基斯坦是经济较快增长的发展中国家，隶属多个世界经济组织和经济体系，是英联邦、世界贸易组织、伊斯兰会议组织、77 国集团、上海合作组织（观察员）、不结盟运动成员国。巴基斯坦拥有理想的发展出口导向产业和世界贸易的商业区位优势，是连通中亚、海湾等能源丰裕国家和东南亚国家的枢纽。巴基斯坦实行自由外汇制度，对利润、借贷和金融服务所得资金的进入和进出以及进口支付等资金的流进和流出均不设限，具有吸引投资的完善基础设施和法律制度，包括高速公路、铁路、海运综合运输网，IT 服务和通信服务以及现代的《公司法》。

---

* 罗海平，南昌大学中国中部经济社会发展研究中心助理研究员，博士。此文为教育部人文社会科学研究青年基金项目（项目编号：12YJC790134）课题成果。

巴基斯坦是正处在工业化进程中的发展中国家。2012 年巴基斯坦 GDP 总计 2318.79 亿美元，人均 GDP 1296 美元（同期中国为 6100 美元）。目前巴基斯坦依然是个农业国，粮食作物以小麦为主，水稻产量次于小麦，但水稻出口量居世界前列。棉花是巴基斯坦最主要的经济作物，产量居世界前列，是世界重要棉花出口国。巴基斯坦工业发展比较迅速，棉纺织业为最大工业部门，纺织品是最重要的出口工业产品。从事轧棉、纺纱、织布、加工及成衣制造的产值约占巴基斯坦工业产值的 1/4，占 GDP 的 8%，就业人数约占工业就业人数的 40%，其出口值一度占全国总出口值的 60%，居全球排名第 12 位。尽管受全球金融危机和国际市场棉花价格下降的影响，但 2011～2012 财政年纺织品仍是巴主要出口产品。但非纺织品出口占总出口的比例从 2006～2007 财政年的 36.5% 上升至 2011～2012 财政年的 48%。近年化肥、水泥、冶金、机械等工业部门也有较大发展。巴基斯坦出口市场多样化也有所提高，主要表现为对亚洲和非洲出口的增长。

受益于良好的外向经济区位优势、较好的吸引外资的基础设施和较大力度的外资优惠政策，巴基斯坦外资的净流入和出口经济均实现了高速增长。金融危机前的 2007～2008 财政年巴吸引净直接投资达到历史最高的 5276.60 百万美元，是 2001～2002 财政年的 15 倍。在 2007～2008 财政年后巴基斯坦吸引 FDI 逐年下降，2010～2011 财政年下降为 1571.50 百万美元，金融类外资 344.5 百万美元（见表 1）。与 FDI 下降不同，2010～2011 财政年巴基斯坦出口同比增长 27%，达到 248 亿美元的历史最高水平。

表 1　巴基斯坦历年吸引外国直接投资简表

单位：百万美元

财　　年	净直接投资	私有化项目外资	总直接投资	金融类外资
2001～2002	357	128	485	-10
2002～2003	622	176	798	22
2003～2004	750	199	949	-28
2004～2005	1161.00	363	1524.00	153
2005～2006	1981.00	1540.00	3521.00	351
2006～2007	4873.20	266.4	5139.60	1820.00
2007～2008	5276.60	133.2	5409.80	19.3

续表

财　年	净直接投资	私有化项目外资	总直接投资	金融类外资
2008～2009	3719.90	0	3719.90	－510.3
2009～2010	2150.80	0	2150.80	587.9
2010～2011	1571.50	0	1571.50	344.5

数据来源：巴基斯坦央行、巴基斯坦投资委员会（BOI）（注：巴基斯坦财政年为当年7月初至下年6月底）。

二　巴基斯坦促进外向经济发展的特殊政策与措施

巴基斯坦是WTO成员国，其贸易政策在WTO框架下制定，为此巴基斯坦的贸易政策总体上比较开放，除了根据特定需要所实行的必要限制外，对进口没有过多的管制，绝大多数商品实行自由进口制度，对进口主要是通过法律法规手段进行管理，主管进口事务的联邦商业部根据形势需要，会及时颁布和修订进口管理的法规和规章。巴基斯坦对进口的调节主要是通过关税手段进行，对鼓励进口的商品实行低关税甚至零关税，反之则实行高关税。从发展中国家整体情况看，巴基斯坦的关税总水平并不算高。目前巴基斯坦进口关税税率设为4档，分别为25%、20%、10%和5%，部分商品如外国投资项下的部分机械设备进口还享受零关税。

（一）外商投资优惠政策（见表2）

1. 制造业和工业领域投资政策

巴基斯坦制造业和工业领域是吸收外商直接投资的优先领域。巴基斯坦制造业和工业类项目投资激励政策分为A、B、C、D四类。A类专指高附加值工业和产品出口型工业；B类是指高科技产业；C类是指其他重点产业；D类是指以农业为基础的产业。进行制造业和工业投资的外国投资者可以不经政府许可即可拥有工业投资项目100%的股权，设立非禁止任何工业项目不需政府审批；设立项目地可以任选而无须取得各省政府的“不反对证书”（NOC）；允许全部资本、资本收益、红利和利润汇回。

表 2　巴基斯坦投资政策和优惠措施一览

	制造业优先产业领域				非制造业领域			
	高附加值和出口类项目(A)	高科技类(B)	工程、化工、农业房地产、建筑、旅游	其他工业	农业	基础设施	社会领域	服务业
政府许可	除了四项领域外无须政府许可				无须政府许可			部分需经许可
外资上限	100%	100%	100%	100%	100%	100%	100%	最初 100%，5 年后 60%
利润、红利汇回	允许	允许	允许	允许	允许	允许	允许	允许
最低投资限额	无	无	无	无	无	30 万美元	30 万美元	30 万美元
所需机械设备进口关税税率	5%	5	10%	10% ~30%	0	10%	10%	10%
第一年税收减让	90%	90%	75%	50%	75%	50%	50%	50%
特许权使用费和技术提成费	对支付特许权使用费和技术提成费没有限制				第一笔不超过 10 万美元			
					最高限额是销售额的 5%			
					最初 5 年内允许			

2. 农业投资政策

农业投资允许 100% 外资拥有，资本、利润、红利可以自由汇回；同时公司化农业经营享受信贷和其他便利服务；不设最低投资限额和拥有土地限制；公司化农业经营而转让土地享受免税待遇；进口农业机械设备享受零关税待遇。

3. 信息产业投资政策

信息产业是巴基斯坦优先鼓励发展的产业，计算机软件和信息产业被作为工业对待，归于鼓励类的 B 类；进口信息产业所需机械设备征收 5% 的关税；软件出口免征所得税 15 年；软件出口商可以留存创汇额的 35%。

4. 矿产资源投资政策

采矿业和矿产加工被列为政府投资政策鼓励类工业 A 类。机械设备的进口享受 5% 的低关税；建立冶炼厂无须经过政府许可；近海石油开采的公司税减按 40% 收取（陆上石油开采按 50% ~55%）；石油产地使用费在投产的前 4 年为零，在开采时进口关税和税收为零，投产后为 3%。

5. 基础设施投资政策

外方在项目投资总额中最低不低于 30 万美元；外资可以拥有 100% 的股

份并允许汇回。

6. 旅游业投资政策

旅游业被作为工业享受相关优惠待遇，归于鼓励类的 C 类；旅游业中允许 100% 的外资拥有；旅馆用品和旅游企业进口适用 10% 的关税税率。

7. 服务业投资政策

外方对项目出资不低于 30 万美元；允许外国投资者拥有 100% 的股份，但在五年之内利润汇回最多只能达股本的 60%，巴方合资者应拥有最低 40% 的股份。

8. 社会领域投资政策

外商如投资此类项目，投资额最少为 30 万美元；外资比例允许达到 100%；允许利润及红利汇出境外。

（二）税收优惠政策

1. 对新上项目给予“第一年税收减让”待遇

减让幅度按其占厂房和机械设备投资额的百分比计算。税收减让额可以折纳税年度内的法定收入。如果规定的减让额第一年没有用完，可以向下一年度顺延，直至用完为止。

2. 再投资税收减让

对再投资的给予 50% 的“再投资税收减让”。

3. 厂房折旧减让

在厂房折旧减让上，为鼓励发展中小企业，对于建设厂房出售、出租给中小企业的，在第一年给予相当于厂房建设成本 30% 的“厂房折旧减让”。

通过与巴基斯坦发展阶段相近和区位相似的其他南亚和东南亚等部分国家如孟加拉国、印度、印度尼西亚、马来西亚、斯里兰卡和泰国等在吸引外商投资政策和措施方面的对比来看，巴基斯坦吸引外资的优惠力度在发展中国家中是比较大的。在相比较的七国中，仅孟加拉国、巴基斯坦和斯里兰卡允许 100% 外资拥有，只有巴基斯坦和斯里兰卡不需要对外资项目进行政府审批。在其他比较项中，巴基斯坦的优惠力度也不算低。相对而言，巴基斯坦对外资企业税收率 43% 在所比较的七国中最高，在基础设施满意程度上工业用水的供给能力较差。总体而言，巴基斯坦发展外向经济、吸引外资的优惠力度并不算小，经济自由程度较高，非常有利于以发展出口经济为主要目的的各种类型的经济特区发展（见表3）。

表3　巴基斯坦与南亚和东南亚部分国家在吸引外商投资政策和措施上的比较

国家	是否允许100%外资拥有	外资项目是否需要政府审批	免税年限（企业税率）	所需机械设备进口税率	特许权和技术使用费/税率	基础设施情况			
						交通通信	电力	水	气
孟加拉国	允许	需要	5～12年 （35%～40%）	2.5%～7.5% 出口为0%	无限制 0%	差	满意	好	差
印度	个案审批	需要	出口工业5年；IT园区8年；电力项目5年；（20%～30%）	出口为0；其他20%～48%	个案处理；30%	差	差	满意	差
印度尼西亚	最初15年	需要	2～10年（10%～30%）	0	个案处理；20%	满意	满意	好	好
马来西亚	出口项目允许	需要	投资税收减让占资本投入的60%；（28%）	0	个案处理；10%	好	好	好	好
巴基斯坦	允许	不需要	按90%、75%、50%分别给予第一年税收减让（33%～43%）	分不同情况分别使用0、5%、10%的关税税率	无限制；15%	满意	满意	差	好
斯里兰卡	允许	不需要	5～20年	0	个案处理；15%	满意	好	好	差
泰国	出口工业允许	需要	3～8年	10%以上	个案处理；10%	好	好	满意	满意

（三）进出口促进措施

为鼓励进出口，2009年7月巴基斯坦发布《2009～2012年贸易政策框架》，2013年1月巴基斯坦商务部长马赫杜姆·阿明·法希姆宣布新的“贸易政策框架”，即《2012～2015年战略性贸易政策框架》。该框架新增进出口促进措施主要有：

1. 出口促进措施

（1）对出口/购置机器提供长期融资便利计划利率支持。为鼓励对出口型产业的投资，向皮革、机电（包括汽车零部件）、园艺、加工食品、大理石和花岗石、体育用品、与计算机相关的服务等产业进口或购置机器在现有长期融资便利计划（LTFF）利率基础上提供2%的优惠。

（2）对部分出口部门出口融资计划提供利率支持。为缓解资金紧张状况，对以下领域现有EFS利率提供1.5%的支持：鱼类和鱼制品、加工食品、肉和肉制品、体育用品、鞋类、皮革制品、手术器械、餐具、玛瑙产品、药品、电扇、汽车配件、交通设备、电气机械等。

（3）向特定领域出口商提供离岸价补贴。能源危机降低了小型出口商的竞争力。为减少公共事业费成本上升造成的影响，规定特别向非纺织类出口部门提供3%的离岸价（FOB）补贴。

（4）促进农业加工产品出口。为帮助农民更好地融入国际市场，巴基斯坦政府决定在费萨拉巴德、拉瓦尔品第、白沙瓦和登多贾姆等地农业大学毕业生的帮助下启动出口促进计划。上述地区农业大学相关专业学生将在接受培训后深入农村，向农民传授最佳农业实践经验，使其农业加工品符合国际标准。

（5）鼓励海外开设零售店。为激励出口商推广产品，巴基斯坦政府将向在亚洲、非洲和澳大利亚的出口市场开设零售网点或仓库连续三年提供租金补贴，额度为第1年75%，第2年50%，第3年25%。

（6）提供农产品加工厂机械购置补贴。为鼓励食品加工及相关投资，巴基斯坦政府决定向部分地区蔬菜和水果加工厂购置所需机械提供50%的补贴。包括在俾路支省、吉尔吉特与巴尔蒂斯坦地区（GB）、联邦直辖部落区（FATA）和开普省（KPK）设立肉类、水果、蔬菜、椰枣和橄榄等产品加工厂购置机械。

（7）升级大米监测实验室。大米是巴基斯坦主要出口产品之一。为了确保出口高质量大米，维护巴基斯坦优质大米出口国的形象，巴基斯坦政府将升级监测实验室，使其获得国际机构认证。

（8）向购置采矿机器的企业提供补贴。巴基斯坦政府向开伯尔－普什图省、吉尔吉特－巴尔蒂斯坦（GB）地区和俾路支省等地区购置采矿和矿产加工用切割机的企业提供100%免息贷款和50%的补贴。

（9）促进皮革业出口。皮革业是巴基斯坦第三大出口行业，巴基斯坦政府将采取公私领域合作管理方式成立皮革业出口促进局，如获成功可为其他行业借鉴。此外，为改善皮革服饰质量和鼓励增值，允许出口收入的2%用于制造商和进口商免关税进口配饰。

(10)鼓励食品出口。为方便出口商和鼓励增值，允许出口25公斤（升）以下包装的菜油和食用油，之前的规定是16公斤（升）。所有食品产品出口商必须在相关协会登记。如果没有对应的协会，必须在巴基斯坦贸易发展署登记。

2. 进口促进措施

(1) 确保进口质量。为确保进口产品符合国内标准，巴基斯坦标准和质量控制局制定的所有国内标准将成为进口政策的组成部分。

(2) 放宽二手电动轮椅/救护车进口。允许任何人自由进口供残障人士使用的二手电动轮椅。允许医院、慈善机构和大型组织（如大学）等进口二手（旧）救护车。

(3) 进口车辆适用欧二排放标准。目前巴基斯坦市场上仅供应符合欧二标准的燃料，因此允许进口所有类型特别车辆时适用欧二排放标准。

(4) 保障公共健康。为保障民众健康，仅允许在相关公共卫生机构登记的工业企业进口未灭菌手术缝合针和注射器。

(5) 允许进口废旧轮胎。为了在鼓励使用废旧轮胎作为替代能源的同时保护地方工业，允许在满足环境要求的前提下进口达到损耗标准的二手轮胎。

(6) 允许进口无害塑料产品。允许工业消费者作为产业原材料进口医疗垃圾之外的塑料废料/垃圾、二手废水管、二手化学品容器等，前提是其不含《巴塞尔公约》所定义的有害废物。

三　巴基斯坦经济特区的设立、建设与管理

巴基斯坦经济特区的主要形式为出口加工区。出口加工区（Export Processing Zones）是巴基斯坦政府为了增加出口，提升产业化能力、增加就业、引进新技术和吸引外资而设立。目前，巴基斯坦四省均设有出口加工区，主要的出口加工区有里萨尔普出口加工区（Risalpur）、卡拉奇出口加工区（Karachi）、锡亚科特出口加工区（Sialkot）、古杰兰瓦拉出口加工区（Gujranwala）等。

巴基斯坦最大的出口加工区亦是巴基斯坦第一个出口加工区，名为卡拉奇

(Karachi) 出口加工区，位于卡拉奇市。卡拉奇市是巴信德省省会，巴基斯坦第一大城市和最大的海港和军港，是巴基斯坦的工商业、贸易和金融中心，也是往来东南亚和中东、非洲、欧洲的国际航空站。

此外，巴基斯坦还有五个特殊项目和工程享有出口加工区地位，享受出口加工区的优惠政策，分别为山达克出口铜金矿加工区（Saindak EPZ）、杜达尔铅锌矿出口加工区（Duddar EPZ）、雷克迪克铁矿出口加工区（Reko Diq EPZ）、泰奇钢铁出口加工区（Tuwairqi EPZ）和哈利法沿海炼油出口加工区（Khalifa Coastal Oil Refinery EPZ）（见表4）。

表4　巴基斯坦出口加工区概况

序号	出口加工区	面积(英亩)	状态
1	卡拉奇出口加工区1期(Karachi EPZ Phase - I EPZ)	211	已运营
2	卡拉奇出口加工区2期(Karachi EPZ Phase - Ⅱ)	94	已运营
3	卡拉奇出口加工区3期(Karachi EPZ Phase - Ⅲ)	200	已运营
4	里萨尔布尔出口加工区(Risalpur EPZ)	92	已运营
5	锡亚尔科特出口加工区(Sialkot EPZ)	238	已运营
6	山达克出口铜金矿加工区(Saindak EPZ,中国冶金)	1284	已运营
7	杜达尔铅锌矿出口加工区(Duddar EPZ,中冶建设)	1500	已运营
8	古杰兰瓦拉出口加工区(Gujranwala EPZ)	113	未运营
9	雷克迪克铁矿出口加工区(Reko Diq EPZ)	3700	未运营
10	泰奇钢铁出口加工区(Tuwairqi EPZ)	220	未运营
11	哈利法沿海炼油出口加工区(Khalifa Coastal Oil Refinery EPZ)	1811	未运营
12	瓜达尔出口加工区(Gwadar EPZ)	1000	未运营

巴基斯坦出口加工区均由出口加工区局（Export Processing Zones Authority，EPZA）直接或间接管理。EPZA 是通过 1980 年 1V 法案成立的被授权进行巴基斯坦 EPZ 的规划、开发和运作的政府机构，是在工业部领导下的独立实体，有 9 个成员单位，承载了政府增加出口和赚取外汇，为希望进入 EPZ 进行投资的单位提供便利和商业支持的职能。EPZA 总部位于卡拉奇，目前出口加工区局在 EPZ 的管理和服务上已经实现了四个省的 5 个新成立 EPZ 运营管理的全覆盖。EPZA 的管理形式跟 EPZ 的投资和建设形式密切相关，根据 EPZ 的性质不同，EPZA 参与 EPZ 的运营和管理的形式也不同，主要有以下几种形式。①政府独资 - EPZA 全权管理，KEPZ（Karachi EPZ）的第一个项目由公共部门开发计划署领导（PSDP）开发完成。开发基金通过 ADP 提供，目前由 ADP 全资控制，EPZA 向投资者提供设施的维修和运作服务。②合资。锡亚尔科特（Sialkot）出口加工区开发是通过 EPZA 与 Punjab 小企业公司（PSIC）合资成立，里萨尔布尔（Risalpur）出口加工区则由 Khyber Pukhtunkhwa 的 Sarhad 开发局（SDA）成立，PSIC/SDA 负责区域的维护，EPZA 向投资者提供必要的运行服务。③被视为 EPZ 对待的特别项目。Saindak、Reko Dig 和 Duddar 三个矿产项目被巴基斯坦政府视为 EPZ 对待，享有 EPZ 地位和相关优惠政策。这些矿产项目的土地分别由石油天然气联邦部（Federal Ministry of Petroleum & Natural Resources）和俾路支地区（Balochistan）政府按一定期限和特定目的租赁，由内阁负责。阿泰奇（Al-Tuwairqi）钢厂是 Al-Tuwairqi 钢铁集团与巴基斯坦的另一种特殊合作项目。在这些特殊项目中 EPZA 的角色定位是服务于与 FBR 相关的双边进口和出口事务。

巴基斯坦出口加工区分布见图 1。

巴基斯坦对国内的 EPZ 实行特殊政策，通过特殊政策达到吸引投资、增加出口的目的。目前，所有的 EPZ 主要激励政策有：已开发土地提供最高 30 年租约；机器设备和原材料进口免税；不实行外汇管制；资金和红利可自由汇回；投入商品不征销售税；符合条规的机动车免税；弃用或旧的机器设备在支付了使用税后可在巴基斯坦国内出售；次品和废弃物在缴纳使用税（最高为总价值的 3%）后可在巴基斯坦国内市场销售；推定课税率（presumptive tax）1%，EPZA 征收 0.5% 的服务费。另外，各出口加工区还在园区土地出售和出

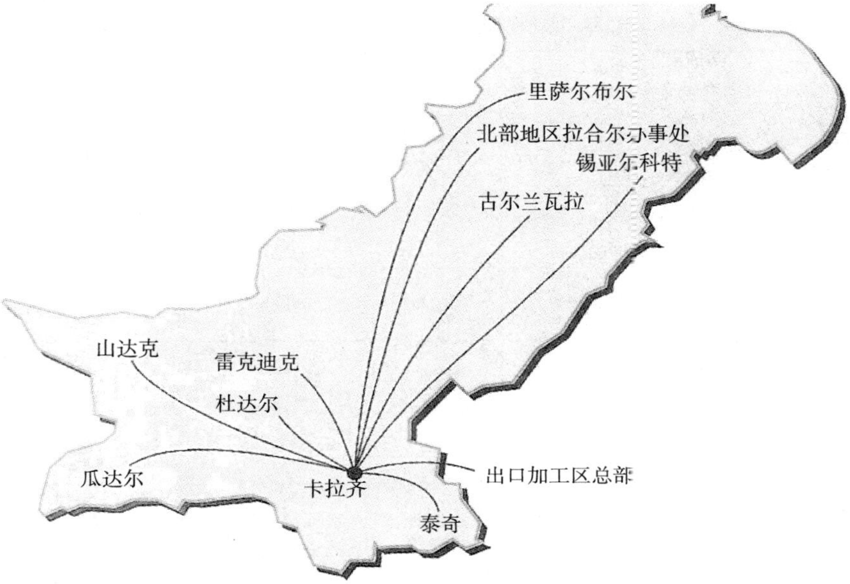

图1　巴基斯坦出口加工区分布

租等方面给予优惠，使得出口加工区内的企业能以较低的价格和成本获得入驻机会。出口加工区的土地价格各不相同，主要根据区位条件和土地用途不同而具有较大的差异（见表5）。在出口加工区用地中通常商业用地高于工业用地，比如里萨尔普出口加工区工业用地购买价格是每平方米6.51美元，商贸用地则是16.02美元，接近于工业用地的3倍。土地租金也是商贸用地远远高于工业用地。在所有EPZ中，卡拉奇出口加工区商贸用地的土地价格最贵，达到每平方米20.02美元。这与卡拉奇（KARACHI）出口加工区的独特地位有关，卡拉奇作为巴基斯坦第一大城市人口达1800万，产生着全国15%的GDP、42%的规模以上工业增加值、25%的联邦政府收入。鉴于卡拉奇市无论是经济总量还是经济多元化的独特地位，卡拉奇市已成为世界知名银行和巴基斯坦银行、保险公司以及船运航线公司的总部所在地。所以，相对于卡拉奇市的经济地位而言，卡拉奇市出口加工区的土地价格是极其低廉的。为此，仅从土地价格和土地租金来看，巴基斯坦出口加工区的政策激励力度是非常大的，能较好反映出巴基斯坦政府吸引投资、增加出口的决心。

表 5　巴基斯坦出口加工区土地价格与租金

出口加工区	土地购买价格(每平方米)		土地年租金(每平方米)	
	卢比	美元	卢比	美元
里萨尔普出口加工区(工业用地)(Risalpur,for Industrial)	555	6.51	43	0.50
里萨尔普出口加工区(贸易和商业用地)(Risalpur, for trading/commercial)	1365	16.02	107	1.26
卡拉奇出口加工区(工业用地)(Karachi, for Industrial)	426	5.00	128	1.50
卡拉奇出口加工区(贸易和商业用地)(Karachi, for trading/commercial)	1706	20.02	213	2.50
锡亚科特出口加工区(工业用地)(Sialkot (for Industrial)	444	5.21	所有权	
古杰兰瓦拉出口加工区(工业用地)(Gujranwala (for Industrial)	1085	12.73	所有权	

数据来源：巴基斯坦出口加工区管理局（Export Processing Zones Authority）。

四　经济特区发展绩效及未来规划

（一）特区的绩效与贡献

巴基斯坦大力发展出口加工区的重要目的在于吸引外商投资、创造就业和发展工业制造业。作为巴基斯坦出口加工区的主管部门和具体负责出口加工区尤其是卡拉奇出口加工区运营的出口加工区局，EPZA 在 2000～2011 财政年共征收推定税额 30.609 百万美元，相当于 21.46 亿卢比，而用于 KEPZ 二期在 100 英亩以上的总投入成本仅为 5.7 亿卢比。可见，政府开办出口加工区单纯对政府来说，具有很高的投入回报。

除此之外，出口加工区的最重要贡献在于其所创造的出口产值，2009～2010 财政年巴基斯坦出口加工区共出口 4.11056 亿美元，2010～2011 财政年出口额达到 5.80116 亿美元，相对上年增加 41.13%，远远超过全国出口增长比例。

2011～2012 财政年相对于 2010～2011 财政年巴基斯坦经济发展极不平常。年内全球经济尤其是欧洲经济仍然衰退持续，2012 年欧洲将又是一个惨淡的经济业绩，拖累全球经济增长。许多全球最大的发达经济市场依然是领跌全球。从 EPZA 作为出口加工区的主管部门和营运部门的角度看，2011～2012 财政年出口加工区总出口额为 485.268 百万美元，相对 2010～2011 年降低 16%。其中按照出口额 0.5% 征收的服务费为 2.425 百万美元，按 1% 征收的推定税为 4.85 百万美元。从整个经济贡献来看，2010～2011 财政年出口加工区出口占进出口的 66%，进口为 33%，2011～2012 财政年出口比重降为 62%，进口上升为 37%。

具体到每个特区来讲，则是卡拉奇出口加工区和山达克铜金矿出口加工区两个特区的出口占所有特区总和的绝大部分（见表 6）。2010～2011 财政年卡拉奇出口加工区出口额为 320.544 百万美元，山达克出口加工区出口额为 245 百万美元，而其他已经运行的四个出口加工区（杜达尔铅锌矿、泰奇钢铁、锡亚尔科特和雷克迪克铁矿）出口总额合计不足 15 百万美元。2011～2012 财政年卡拉奇出口加工区出口额 305.487 百万美元、山达克铜金矿出口加工区 171.534 百万美元，其他四个出口加工区总出口额不足 600 万美元。同时，巴基斯坦出口加工区出口增长率变动极不稳定，2011～2012 财政年相对于 2010～2011 财政年，山达克出口铜金矿加工区出口下降 30%，杜达尔铅锌矿出口加工区下降 57%，而泰奇钢铁出口加工区则增长 28%，雷克迪克铁矿出口加工区增长 22%，其中锡亚尔科特出口加工区增长率最高，达到 59%。但整体而言，2011～2012 财政年出口加工区出口总额依然比 2010～2011 财政年下降 16%。相对而言，老牌的出口加工区卡拉奇出口加工区出口量不仅最大且相对稳定，在金融危机大背景下下降仅为 5%。

从进口来看，2010～2012 两个财政年所有出口加工区的总进口保持在 290 百万美元以上，其中出口加工区主要的进口来自卡拉奇出口加工区，2010～2011 财政年 KEPZ 进口 209.078 百万美元，占总进口的 71%；2011～2012 财政年进口 191.658 百万美元，相对上年下降 8%，但依然占总进口的 66%。排在第二位的是山达克铜金出口加工区，其 2010～2011 财政年进口 66.489 百万美元，占总进

表6　2011～2012年主要出口加工区的出口额

单位：百万美元

序号	出口加工区	2010～2011年	2011～2012年	增长率(%)
1	卡拉奇出口加工区	320.544	305.487	-5
2	山达克出口铜金矿加工区	245	171.534	-30
3	杜达尔铅锌矿出口加工区	12.406	5.387	-57
4	泰奇钢铁出口加工区	0.448	0.571	28
5	锡亚尔科特出口加工区	0.538	0.855	59
6	雷克迪克铁矿出口加工区	1.179	1.434	22
合　计		580.115	485.268	-16

口的22%；2011～2012财政年进口83.621百万美元，占总进口的29%。而其他四个出口加工区的进口总额，2010～2011财政年仅占7%，2011～2012财政年为5%。相对于巴基斯坦出口加工区的出口而言，进口额的增长率变动较为稳定，2011～2012财政年相对于2010～2011财政年，山达克出口铜金矿加工区增长26%，杜达尔铅锌矿出口加工区下降37%，锡亚尔科特出口加工区增长6%，雷克迪克铁矿出口加工区增长13%，其中泰奇钢铁出口加工区进口增长率最高，达到126%。但整体而言，2011～2012财政年出口加工区进口总额依然比2010～2011财政年下降2%。同样，作为老牌的出口加工区卡拉奇出口加工区进口额仍然最高，在金融危机大背景下进口额下降8%（见表7）。

表7　巴基斯坦出口加工区进口额

单位：百万美元

序号	出口加工区	2010～2011年	2011～2012年	增率
1	卡拉奇出口加工区	209.078	191.658	-8%
2	山达克出口铜金矿加工区	66.489	83.621	26%
3	杜达尔铅锌矿出口加工区	16.489	10.392	-37%
4	泰奇钢铁出口加工区	1.763	3.972	125%
5	锡亚尔科特出口加工区	0.613	0.649	6%
6	雷克迪克铁矿出口加工区	1.357	1.531	13%
合　计		295.789	291.823	-2%

巴基斯坦出口加工区的出口水平，基本保持在全国出口总额2%的水平，其中主要为卡拉奇出口加工区的贡献。其中卡拉奇出口加工区2011～2012财政年出口额占所有出口加工区的62.95%，进口额占所有出口加工区的65.68%。2010～2011财政年巴基斯坦总出口24810百万美元，出口加工区总出口580.116百万美元，出口加工区的出口量占全国的2.34%，2011～2012财政年出口均有较大幅度下降，全国出口额为23625百万美元，出口加工区总出口485.268百万美元，占全国的2.05%，较上一财政年降低0.29个百分点（见表8）。

表8　巴基斯坦出口加工区的出口贡献

单位：百万美元

	2010～2011年	2011～2012年
巴基斯坦全国总出口	24810	23625
出口加工区总出口	580.116	485.268
比重	2.34%	2.05%

总体来看，巴基斯坦经济特区的规模依然较小，市场开发不足，相对于巴基斯坦各出口加工区独特的区位优势和丰富的矿藏资源而言，未来发展的潜力还很大。除卡拉奇出口加工区相对成熟和已经起步外，其他出口加工区均还未真正发挥潜能，还未能产生较大的经济绩效。为此，巴基斯坦应加快未运行出口加工区的施工进度，已运行园区应加快招商引资步伐，优化出口加工区的产业布局，协助园区企业优化管理、提升技术水平以增强出口加工区的生产能力和出口能力。同时，探寻新的商业机会和市场，让出口加工区的数量、水平和规模更上一层台阶。

（二）巴基斯坦未来重点建设和规划的特区：清真产品（Halal）出口加工区

根据EPZA出口加工区建设的未来规划，巴基斯坦未来将通过建立全球性清真产品（Halal）出口加工区，培育巴基斯坦的清真工业，抢占全球清真产品市场。根据EPZA清真产品出口加工区的可行性分析，未来全球清真产品需求将会迅速增长。清真产品不仅在美国、欧洲、加拿大等地需求将增大，在中东、东南亚、北非和澳大利亚等清真产品相对发达的市场体中，需求也将不断增加。

根据皮尤宗教和公众生活论坛（Pew Forum on Religion & Public Life）的测算和评估，世界穆斯林人口 2010 年已达 18 亿，占世界人口的 28%。庞大的穆斯林人群为全世界清真产品的生产和销售提供了极大的市场和商业机会。根据美国伊斯兰食品和营养委员会估算，2010 年全球清真商品价值大概在 6350 亿美元。除传统的清真食品外还有符合伊斯兰教教规和习俗的特殊金融服务、服饰、酒店、时尚以及保险等需进一步大力开发的清真市场的商业价值达 1 万亿美元。

巴基斯坦在开发清真产品上不仅具有宗教的先天优势，更具有发展清真工业的人力优势、区位优势和资源优势，巴基斯坦完全可以在世界清真市场上占有更多的市场份额，在全球清真市场占重要的一席之地。这是巴基斯坦的重要商机，所以建立清真工业区具有必要性、可行性，更具有很高的市场回报。目前 EPZA 已在拉合尔（Lahore）港区规划 100 ~ 200 英亩工业用地，在卡拉奇（Karachi）规划 50 ~ 100 英亩土地用于建立专门的清真产品出口加工园区。巴基斯坦希望通过建立清真工业园区，迅速占领清真产品市场，这无疑有利于增强巴基斯坦出口能力，提升和壮大巴基斯坦整体经济实力。

五　中巴经贸合作与巴基斯坦“中国经济特区”

（一）中巴经贸合作现状

巴基斯坦与我国有着传统友好关系，友谊深厚。巴基斯坦具有联系中东、中亚和南亚的独特区位优势，是我国连接东亚和中东地区重要运输走廊、贸易走廊。中巴之间经贸往来频繁，主要的合作领域有纺织机械、农业领域、建材工业、汽车工业、电力设备等。根据巴商务部提供的数据，2010 ~ 2011 财政年中巴双边贸易总额为 74.23 亿美元，中国已成为巴基斯坦第一大贸易国。其中巴基斯坦自我国进口 57.89 亿美元，我国成为巴基斯坦第一大进口来源地；巴基斯坦向我国出口 16.34 亿美元，同比增长 41.6%。目前，我国是巴基斯坦第四大出口国，巴基斯坦对我国的出口额占其出口总额的比重已由上一财政年的5.98%提升至6.58%（见表9）。

从进出口商品看，巴对我国的出口商品高度集中在初级产品和工业原材料等领域。2010～2011财政年棉纱、棉布和棉花出口额分别大幅增长44.3%、77.3%和141.6%，仅该三种商品对我国出口额占巴向我国出口总额的比重就高达69.21%；而传统的镍铬铜锌等金属矿石和矿砂出口则呈下降态势。巴自我国进口的商品则相对分散，但进口额普遍增加，机械设备及配件、化工类产品、钢铁及其制品、机动车及配件、轮胎等主要产品进口额2010～2011财政年均有稳定增长。

表9　巴基斯坦十大出口国和地区

单位：千美元

国　家		财政年	
		2011～2012年	2010～2011年
出口总额		23624256	24810422
1	美　国	3532275	3957185
2	阿联酋	2292675	1808260
3	阿富汗	2249592	2336665
4	中　国	2183669	1633764
5	英　国	1184502	1206058
6	德　国	1055361	1272265
7	孟加拉国	633743	1015461
8	意大利	580444	790557
9	比利时	522706	659107
10	西班牙	490148	571505

（二）中巴经贸合作发展历程

巴基斯坦和中国互为重要盟友，两国长期保持经济和政治上的友好合作。尤其是改革开放后，随着中国对外开放的扩大以及经济实力的增强，巴中经济合作关系不断发展。中国在各个领域对巴基斯坦进行了友好援助。

1978年连接巴基斯坦东北部和新疆维吾尔自治区的中巴公路（接通红其拉甫山口）正式开通。

1999年中国援建巴基斯坦旁遮普省的30万千瓦核电厂正式投产。

2003年中国副总理吴邦国参加瓜达尔港深水港口的一期开工仪式，中国在该项目总投资2.48亿美元，中方出资比例逾80%。

2013年2月18日巴基斯坦总统扎尔达里（Asif Ali Zardari）宣布，瓜达尔港的运营权正式移交给中国大星海集团有限公司（Chinese Overseas Port Holdings Limited）。接手运营瓜达尔港后，中国计划打开一条始自海湾地区，穿越巴基斯坦，抵达中国西部的能源和贸易走廊。

在中巴经贸合作中，最重要的成果是中巴自由贸易区协定的达成和实施。2005年4月5日中巴自贸协定谈判启动。此后，在进行了6轮磋商后，中巴双方就市场准入、原产地规则、技术性贸易壁垒等协定内容达成一致。2006年11月24日中巴在伊斯兰堡签署《中华人民共和国政府和巴基斯坦伊斯兰共和国政府自由贸易协定》，该协定是我国签署的第三个自由贸易协定。

2009年2月21日，中国政府与巴基斯坦政府在武汉签署《中国—巴基斯坦自由贸易区服务贸易协定》。根据协定巴方将大幅减少对中资的股比限制，从原来的外资股比不得超过40%~51%，提高到允许中资占股60%~100%。根据协定，12个主要服务部门中，巴方将在11个主要服务部门的102个分部门对中国服务提供者进一步开放，包括建筑、电信、金融、分销、环境、医疗、旅游、运输、快递、研发、计算机教育、娱乐文化和体育等众多服务部门，其中分销、教育、环境、运输、娱乐文化和体育等5个主要服务部门的56个分部门为新开放部门。巴方还将大幅减少对中资的股比限制。我国在6个主要服务部门的28个分部门对巴基斯坦服务提供者进一步开放，具体包括采矿、研发、环保、医院、旅游、体育、交通、翻译、房地产、计算机、市场调研、管理咨询、印刷出版、建筑物清洁、人员提供和安排服务等。《中巴自贸区服务贸易协定》是迄今中巴两国各自对外国开放程度最高、内容最全面的自贸区服务贸易协定。该协定将使两国建成一个涵盖货物贸易、服务贸易和投资等内容全面的自贸区，两国相互进一步开放服务市场，增进服务业优势互补。

（三）中巴经贸合作中的巴基斯坦"中国经济特区"

在巴基斯坦建立中国经济特区是中巴经济合作的重要形式和主要载体。2006年11月26日，我国第一个境外经济贸易合作区即海尔—鲁巴经济区正式挂牌成立，时任国家主席胡锦涛和巴基斯坦总理阿齐兹共同出席揭牌仪式。海尔—鲁巴经济区由中国海尔集团与巴基斯坦 RUBA 集团按照股比 55∶45 合资建设，规划面积 1.03 平方公里，投资总额达 2.5 亿美元。海尔—鲁巴经济区位于巴基斯坦第二大城市拉合尔市，是经巴政府批准重点建设的“巴基斯坦中国经济特区”，是胡锦涛主席亲自揭牌启动的第一个境外经济区。巴基斯坦给予经济区内的优惠政策包括，为外销目的进口原材料免关税；区内商品出口中国或中国商品进入经济区享受进一步降税的优惠；经济区内设独立海关；免除与投资项目相关的机电设备的进口关税及税收；投资项目自运营之日起 5 年内免税；现行初始折旧率由 50% 可提高至 100%；入区享受免费咨询及“一站式”服务。

2007 年巴基斯坦内阁经济协调委员会，正式批准在东部城市拉合尔附近的卡拉沙喀库建立面积达 3000 英亩（约合 12 平方公里）巴基斯坦境内的第二个中国经济特区，同时出台一系列与鲁巴经济区相似的政策鼓励中国企业或巴中合资企业在该区域投资设厂。这些激励政策主要包括免除园区建设及工程项目所需机器、设备的进口关税以及税收；园区内项目自运营之日起 5 年内免税；巴国内其他地方享受的出口优惠政策同样适用于该特区。巴政府还负责提供气、电和其他公用设施，旁遮普省政府负责道路修建，有关部门在园区内设立办公机构提供一站式服务，投资委员会（BOI）提供上门服务、免费咨询等。建立与中国合作的经济区即建立中国经济特区，目的是在提供促进巴基斯坦本国的生产能力、增加就业方面发挥重要作用。

在中国与巴基斯坦的经济合作中，矿业开采的合作同样采取了类似于经济特区（出口加工区）的合作方式。20 世纪 90 年代初中国冶金建设集团公司开始进入巴基斯坦，承担了巴基斯坦山达克铜金矿建设工程，参与了巴锌矿开发。2003 年 11 月，与巴基斯坦矿业开发公司签署《巴基斯坦俾路支省杜达铅锌矿项目开发协议》，时任国家主席胡锦涛和巴基斯坦总统穆沙拉夫出席了签字仪式。该项目总投资 7264 万美元，巴方将杜达矿的开采权转让给中方。同时，将杜达铅锌矿区开辟为免税的出口加工区。

在煤炭开发合作方面，2003 年中国神华集团有限公司与巴基斯坦政府签订合作开发巴基斯坦塔尔露天煤田的协议。根据协议神华集团以“建设—运营—转让”（BOT）的方式开采塔尔露天煤矿，并建设两座火力发电站，项目投资总额达10.74亿美元。但因双方在项目投资总额和煤开采出来后的用途方面产生了分歧，中国神华公司单方面退出塔尔煤电开发项目。2006年在两国政府敦促下，神华集团与巴重开谈判，恢复塔尔煤田的10亿美元投资。

在中巴油气开发合作上，2007年3月中国振华石油控股有限公司在伊斯兰堡与巴基斯坦签署油气勘探合同。根据合同振华公司获得巴斯卡和东巴哈瓦普尔两个区块面积达5000平方公里100%石油天然气开采权。该项目标志着我国与巴基斯坦在能源领域特别是油气领域实质性合作的突破。

总体来看，在巴基斯坦建立中巴经济合作区或中国企业园区是中巴经贸合作的重要形式。中巴自由贸易协定以及中巴服务业自由贸易协定的签订和实施，将为各类巴基斯坦中国经济特区的诞生和发展创造极为有利的条件和制度保障。

六　巴基斯坦经济特区与我国经济特区发展的比较启示

（一）巴基斯坦经济特区与中国经济特区存在较大的功能差异

中国的经济特区服务于市场经济和对外开放的试验，从全国大局来看经济特区是试验田，具有更多的拓荒性质。而巴基斯坦本身就是一个拥有多个世界经济组织成员身份的市场经济国家，不存在市场经济对外开放的试验，本身就具有与国际接轨的世界经贸合作的经济规则和制度建设。巴基斯坦的出口加工区以及各类经济合作区仅具有经济功能，设立的目的在于利用外部资源实现区域开发、资源开发和区位优势的开发和利用，从而增强经济实力和加强与特定国家和地区的对外联系与经贸合作。

（二）巴基斯坦经济特区与中国经济特区存在较明显的形式差异

巴基斯坦的经济特区类型相对单一，典型形式是出口加工区。我国经济特区始于改革开放后，特区形式包含世界所有的特区类型，比如出口加工区、保税区、保税港区、高新园区等，而真正被冠以特区，且属于中国创造的仅有五大综合型经济特区。五大综合型经济特区不是单纯的工业区而是享受特殊经济政策的地区，目前已经发展成具有一定规模和水平的现代化城市。但巴基斯坦出口加工区门类较中国出口加工区更具多样性，各种矿场开发均按照出口加工区对待，享有出口加工区地位和享受各项优惠政策。

（三）巴基斯坦经济特区与中国经济特区存在管理模式上的差异

巴基斯坦出口加工区因出资差异不同而具有不同的管理形式，但巴出口加工区局对所有出口加工区具有实质性的管理权限，且出口加工区局实行公司制的统一管理，各出口加工区均为其成员公司或子公司，出口加工区局按1%征收推定税和按0.5%征收管理费。中国各种类型的特区都采取属地管理，不存在由全国性的实体进行实质性的统一管理，而是由出口加工区、保税区所隶属的上级政府的管委会，负责特区的开发建设和服务，管委会则由特区所在市级政府组建成立。

（四）巴基斯坦经济特区与中国经济特区存在发展绩效差异

巴基斯坦作为市场经济国家，其独特的区位优势十分有利于发展出口加工区。巴基斯坦建立出口加工区的设想始于1960年，当年2月成立出口加工区局，该局设想在卡拉奇、拉合尔、白沙瓦建立3个出口加工区，可是20年后，这种设想才成为现实。很显然，巴基斯坦错过了出口加工黄金发展的20年，以至于到现在巴基斯坦出口加工区的经济规模和出口总额依然较低。与之相对应的是中国各类特区均起步较晚，但近二三十年的发展却令世人瞩目。经济特区的成功，除了跟特区的选址、政策设计以及发展定位等相关外，更重要的是所有经济特区均需对各种特殊政策提供强有力的支撑，这种支撑既可来自健全的法律和法规，也可来自强有力的中央政府和地方政府。

（五）我国经济特区的成功以及中国特区模式的输出将为中巴经贸合作和中巴经济合作区带来极大发展机会

中国经济特区的创办和成功，是中国迈向现代化进程中的产物，是市场经济体制与中国特殊的制度相结合的产物，是社会主义发展史上的一大创举，不仅引起了发达国家和其他发展中国家的极大关注，而且在世界经济特区发展史上也是一个新的贡献。世界不少国家纷纷效仿中国，向中国取经然后建设各种类型的经济特区。另外，随着中国经济实力的增强，受资源和生产要素以及生态、环境、人口承载压力的约束，在国外建立产业园区、特殊合作区、自由贸易区已成为中国对外经济合作的大趋势。中巴具有传统友谊，又具有很好的互补性，通过与中国政府或企业建立中巴特殊合作区将为巴基斯坦带来极大的商机和发展机会。

参考文献

[1] EPZA：Custom EPZ Rules，http：//www. epza. gov. pk/rulesOrdinance. html.
[2] EPZA：EPZA Year Book 2011 –2012，http：//www. epza. gov. pk/.
[3] EPZA：Success is on Road to EPZA，http：//www. epza. gov. pk/images/eng_ bro. Pak – China Free Trade Agreement in Goods & Investment，http：//commerce. gov. pk.
[4] Pak – China Free Trade Agreement in Services，http：// commerce. gov. pk. Pak – China Early Harvest Programme，http：//commerce. gov. pk.
[5] 田光强、韩召颖：《中国的巴基斯坦研究简述》，《东南亚南亚研究》2013 年第 2 期。
[6] 驻巴基斯坦经商参处：《2012 ~ 2015 年贸易政策框架》，http：//pk. mofcom. gov. cn/article/ztdy/201304/20130400082533. shtml。
[7] 驻巴基斯坦经商参处：《巴基斯坦进口贸易政策》，http：//ccn. mofcom. gov. cn。
[8] 驻巴基斯坦经商参处：《巴基斯坦投资政策和优惠措施》，http：//ccn. mofcom. gov. cn。

B.20 后记

呈现在读者面前的《经济特区蓝皮书》是由教育部人文社科重点基地——中国经济特区研究中心所承担的一个持续了六年的研究项目，自2009年起，《经济特区蓝皮书》就以真实反映中国经济特区发展状况，如实记录中国经济特区发展历程，动态记载中国经济特区成长路径的独特地位，及时反映国家区域发展战略布局调整和大思路，而受到社会各界的关注。

从结构上来说，《经济特区蓝皮书》分为总报告、专题研究报告、特区发展分述报告和特区发展动态考察报告四个部分。总报告部分是全书的基本纲要，是站在国家整体发展战略和规划的角度，对中国经济特区，包括改革试验区和部分新特区一年发展状态的整体评述。我们希望总报告部分能更充分地体现国家整体战略，并准确反映中国改革的大方向，能成为具有一定学术分量和政策意义的有关中国经济特区发展现状与趋势的拥有权威意义与地位的总报告。当然，由于认识能力、研究水平及对国家整体发展战略理解的局限，目前的总报告作为初探时期的结果，离我们所期望的还有些距离。

专题研究报告部分不是泛泛而论的综述，而是以问题为导向的探索。即分别从特区的发展现状、比较分析、发展建议为切入点，对特区所面临的转型问题、资源的使用与可持续发展问题、政治体制改革问题、经济社会发展问题、社会保障问题、科技创新问题、金融体制改革问题、特区文化及文化产业发展问题等进行了综述、比较，并提出了发展建议。可以说这些问题既是经济特区所面临的问题，也是中国社会发展现阶段所遇到的问题，特区对上述问题的解决路径与举措，或许会对全国产生借鉴与先行的意义。这部分研究的重要意义在于拓展了研究的领域，从简单的历史回顾，走向理论与对策建议的前沿与前瞻性研究；从单纯的经济问题研究，走向对经济社会比较全面的问题研究。

特区发展分述报告部分，是对五大传统特区及上海浦东新区和天津滨海新区一年发展状况的历史性记录与梳理，但增加了分析的内容。如果说专题研究报告部分是共性问题的比较，那么分述报告部分则是偏重于不同特区的特殊问题的比较。由于历史及地域位置的不同，各经济特区及新区或经济圈对所处经济区域所担负的责任不同；由于不同经济区域或经济圈在产业结构的定位和在中国经济发展布局中的地位、角色、作用不同，各经济特区及新区的发展路径选择也有所不同，第三部分的分析正是从这些不同展开的。

第四部分的动态考察报告，是为了及时反映中国区域发展战略调整及介绍、借鉴国外，尤其是新兴经济特区发展状况所做的一个比较灵活且具有无限扩展空间的结构安排。从沿海开放到沿边开放是在中国大地上确立、完善市场经济体系的战略大思路；是中国社会实现协调发展的大举措；是全方位开放路径的积极探索；是科学发展的伟大实践；是全面实现现代化的整体部署。它不仅以战略的眼光规划着中国社会全面发展的宏伟蓝图，同时也将促进产业结构区域间的合理布局和不同区域间由要素禀赋等构成的比较优势的形成与有效发挥；扩大中国经济增长的对外辐射力，从而开拓更加广阔的国际市场；减弱世界经济危机对以外向型经济为主的经济增长模式的正面冲击，建立具有日益增长空间的稳定而又可持续的内生的经济发展实力；形成全国范围内的逐渐趋于平衡发展的共同繁荣的以区域间协调互补为特征的经济共同体。所以它对中国未来的发展将产生深刻而持久的影响，它的战略意义是深远而巨大的。这部分我们有以下三方面的考虑。第一，记录、研究、探索诸如喀什、霍尔果斯、深圳前海、上海自贸区等新兴经济特区和自贸区的基本状况和发展政策路径。这类新兴经济特区和自贸区的成立，不仅仅是区域发展战略部署的结果，更是以点代面、深化经济体制改革，从而带动政治体制改革和社会整体协调发展的试验区，尤其是深圳前海和上海自贸区的成立。如果说35年前以深圳为代表的传统经济特区的成立是为了完成由计划经济向市场经济的转型，那么今天新兴特区的成立则更在于扩大特区的广泛效应，深化中国社会的改革开放，推动全方位改革的有序进行。本年度蓝皮书就把深圳前海和上海自贸区纳入其中。第二，记录、反映、研究国外尤其是新兴经济体的经济特区发展路径、成长模式、政策支持等问题，在比较中寻找共性规律、探索共同面临的问题及解决方案，寻求共同发展繁荣的途径和方式。因为诸如印度、巴基斯坦等新兴经济体，几乎无一例外地面临着许多共性的问题：既依赖于国际分工，又受制于国际分工；都在经历经济高速增长的同时，也面临资源过度消耗和污染及环境保护等问题；都遭遇未富先老的社会尴尬和矛盾。尽管对于经济可持续发展和社会文明、进步而言没有一条放之四海而皆准的道路或模式可言，但借鉴、学习和对共同问题的共识与解决方案的提出，无疑是一种合作的力量。本年度蓝皮书就把巴基斯坦纳入其中，在后面的蓝皮书中，国外新兴市场经济国家特区的分量将会不断增加。第三，边疆特殊经济区是我们目前关注的新问题。从地理位置上讲，已有的喀什、霍尔果斯、图们江新兴特区已具备边疆特殊经济区的特质。但我们关注的视野是那些目前并没有被纳入国家经济特区之列的边疆特殊经济区，如中俄边境的虎林市。这类边疆特殊经济区既没有传统经济特区和东南沿海区域开放区位的“先天优势”，如深圳毗邻香港，直接与发达市场经济接轨，又无国家对特区的某些特殊政策和发达省份的外援支撑。同时，它们所毗邻的国家又大多正处于经济起步或刚刚步入发展阶段，如何选择经济发展方式，如何与周边国家在双边贸易中共同繁荣，如何避免中国社会35年发展中出现的先发展后保护，过分依赖出口和低价出卖包括劳动力在内的廉价资源困境，都是这类边疆特殊经济区必须在发展之初就要解决好的大问题。我认为，对这类边疆特殊经济区的关注是对中国经济特区研究的拓展与深入。因为，建立经济特区对中国这个依然存在城乡差距和区域间经济发展不均衡的大国而言，是实现现代化的一条捷径。

其实，在编写《经济特区蓝皮书》的过程中，我们也面临着现实的挑战与考问。因为从概念上讲，特区本来就是“实行特区优惠政策的地区”的简称，一旦这种政策取消了，特区在概念上自然就没有可能存在了。从近30年的实践来看，特区已经很好地或者说圆满地完成了她当初的特殊的政治－历史使命，即“窗口”“试验田”“排头兵”的使命。1992年之后，当全国都走上市场经济之路时，特区也就没有存在的必要了。也正是在这个意义上，时任总理朱镕基说："现在特区已经不（特）了，已经没有什么特区优惠政策了，全中国都是一样的。我们并不是按地区来优惠，而是按产业来优惠。"[①] 在经济特区成立二十周年大会上，中央要求特区"增创新优势，更上一层楼"，宣告经济特区将贯穿于中国改革开放的全过程，贯穿于中国现代化建设的全过程[②]。有学者认为，上述两个全过程清楚表明经济特区被历史地赋予了双重使命：即从"改革"的意义上讲，是要加快完成市场经济的转型，继续当好改革开放的先锋队、排头兵；从"发展"的意义上讲，是要加快实现发展方式的转变，早日完成现代化国际性大城市建设，构筑中国区域经济的新版图。胡锦涛在2009年12月视察珠海时曾对特区提出要求："努力当好推动科学发展、促进社会和谐的排头兵。"[③]

我认为，从根本上说无论对中国社会还是一直走在改革开放前沿的特区而言，改革的任务并没有完成，改革的时代也并没有结束。所以，无论如何我们都不能得出这样的结论：中国社会已从"改革的时代"进入了"发展的时代"，更不能以发展替代改革。从根本上说，只有深化改革，扩大开放，确实建立起社会主义市场经济体制，才能实现发展方式的彻底转变，才能使中国社会真正走上科学发展的道路，才能实现震撼人心的中国梦。因为无论从逻辑上还是现实上说，"改革"与"发展"之间的关系绝不是此先彼后的关系，而是深刻的因果关系。它们不是处于两个不同时代的承上启下的两项任务，而是同一时代的同一过程中的共同主题。这正如阿玛蒂亚·森所阐述的自由与发展的关系一样。

共筑"中国梦"的过程，依然是改革开放的过程。改革开放30多年来，中国社会取得了举世瞩目的巨大成就。可以说，30多年来的高速增长，靠的就是改革开放；令世人感叹的"中国奇迹"，靠的也是改革开放；实现科学发展，靠的也是改革开放；共筑"中国梦"的伟大实践，靠的也必然是改革开放。

经济特区作为特殊政策的产物，已经完美地完成了她特殊的历史使命，但

---

① 《朱镕基答记者问》，人民日报出版社，2009，第397页。

② 《江泽民在特区成立二十周年大会上的讲话》，《深圳特区报》2000年8月11日。

③ 《广东，珠海再出发》，《南方周末》2010年2月25日。

特区作为中国道路的一种选择，或者说作为中国实现现代化的一条捷径，她的存在是有其必要性的，她的使命是与时俱进的。或许特区作为一种路径选择将伴随着中国梦实现的全过程，诸如喀什、霍尔果斯、图们江、上海自贸区等新兴经济特区的出现就是一个很有力的现实说明。

蓝皮书的顺利完成，首先要感谢创作团队的全体同仁。这是一支专业知识扎实，学术功底深厚，对经济特区问题有比较深入思考与研究的学术团队。如果说共同的学术兴趣是蓝皮书团队的凝聚力之所在，那么团结、友善、合作、充满活力与朝气则是这个团队的战斗力之所在。蓝皮书的完成是项目的完成，更是学术团队的共同收获。对学术的敬畏和对专业的热爱是这支学术团队已经拥有，并期待永远拥有的美好品格。另外，作为学术团队的重要成员和负责人之一，袁易明教授为蓝皮书的完成付出了更多的精力和努力。

蓝皮书编委会是由学者和来自几大中国经济特区的实际工作者与地方官员组成的。蓝皮书从前期调研、资料收集到制定撰写框架和初稿的论证都得到了编委会全体成员的积极参与和大力支持。来自各大特区的编委们以丰富的实践经验和实证思考，为蓝皮书的完善提出了许多有针对性、有价值的意见与建议，他们是蓝皮书撰写中的冷静而现实的头脑。在这里尤其要说明的是，蓝皮书受到了来自越南广宁经济特区、南非、巴基斯坦、印度、柬埔寨等新兴经济体学者与官员的高度关注，逐步加入新兴经济体经济特区、自贸区的内容，将是蓝皮书未来的一个研究方向。这是国别比较、借鉴的过程，也是宣传、介绍中国道路的过程。

在这里还要特别感谢《经济特区蓝皮书》出版项目负责人高雁女士和本书的责任编辑王玉山先生。他们踏实的工作作风和令人敬佩的专业精神为蓝皮书的顺利完成提供了不可或缺的指导与帮助。

蓝皮书的出版还获得了深圳市文化宣传基金的资助，深圳市政府的远见卓识不仅会为中国特区发展的历史，为中国改革开放的历史，而且还会为中国现代历史留下厚重的一笔。它的意义和价值随着时间的延续将越来越显现出来。在这里还要特别感谢时任深圳社会科学院院长、市委宣传部副部长，现任深圳市委宣传部常务副部长吴忠同志的支持与帮助，他作为编委会主任委员不仅为蓝皮书的撰写贡献了思想与政治智慧，同时也给予了切实的资助。还要感谢深圳市宣传文化事业发展专项基金领导小组办公室李建阳主任对蓝皮书的支持，政府的远见卓识将是学术自由发展的制度环境保证。

希望蓝皮书在以飨读者的同时，能得到同行和读者的批评与指教。

陶一桃

二〇一三年十二月四日于荔园

权威·前沿·原创

社会科学文献出版社

皮书系列

2014年

盘点年度资讯　预测时代前程

社会科学文献出版社 学术传播中心 编制

社会科学文献出版社
SOCIAL SCIENCES ACADEMIC PRESS (CHINA)

社会科学文献出版社成立于1985年，是直属于中国社会科学院的人文社会科学专业学术出版机构。

成立以来，特别是1998年实施第二次创业以来，依托于中国社会科学院丰厚的学术出版和专家学者两大资源，坚持“创社科经典，出传世文献”的出版理念和“权威、前沿、原创”的产品定位，社科文献立足内涵式发展道路，从战略层面推动学术出版的五大能力建设，逐步走上了学术产品的系列化、规模化、数字化、国际化、市场化经营道路。

先后策划出版了著名的图书品牌和学术品牌“皮书”系列、“列国志”、“社科文献精品译库”、“中国史话”、“全球化译丛”、“气候变化与人类发展译丛”“近世中国”等一大批既有学术影响又有市场价值的系列图书。形成了较强的学术出版能力和资源整合能力，年发稿3.5亿字，年出版新书1200余种，承印发行中国社科院院属期刊近70种。

2012年，《社会科学文献出版社学术著作出版规范》修订完成。同年10月，社会科学文献出版社参加了由新闻出版总署召开加强学术著作出版规范座谈会，并代表50多家出版社发起实施学术著作出版规范的倡议。2013年，社会科学文献出版社参与新闻出版总署学术著作规范国家标准的起草工作。

依托于雄厚的出版资源整合能力，社会科学文献出版社长期以来一直致力于从内容资源和数字平台两个方面实现传统出版的再造，并先后推出了皮书数据库、列国志数据库、中国田野调查数据库等一系列数字产品。

在国内原创著作、国外名家经典著作大量出版，数字出版突飞猛进的同时，社会科学文献出版社在学术出版国际化方面也取得了不俗的成绩。先后与荷兰博睿等十余家国际出版机构合作面向海外推出了《经济蓝皮书》《社会蓝皮书》等十余种皮书的英文版、俄文版、日文版等。

此外，社会科学文献出版社积极与中央和地方各类媒体合作，联合大型书店、学术书店、机场书店、网络书店、图书馆，逐步构建起了强大的学术图书的内容传播力和社会影响力，学术图书的媒体曝光率居全国之首，图书馆藏率居于全国出版机构前十位。

作为已经开启第三次创业梦想的人文社会科学学术出版机构，社会科学文献出版社结合社会需求、自身的条件以及行业发展，提出了新的创业目标：精心打造人文社会科学成果推广平台，发展成为一家集图书、期刊、声像电子和数字出版物为一体，面向海内外高端读者和客户，具备独特竞争力的人文社会科学内容资源供应商和海内外知名的专业学术出版机构。

社长致辞

我们是图书出版者，更是人文社会科学内容资源供应商；

我们背靠中国社会科学院，面向中国与世界人文社会科学界，坚持为人文社会科学的繁荣与发展服务；

我们精心打造权威信息资源整合平台，坚持为中国经济与社会的繁荣与发展提供决策咨询服务；

我们以读者定位自身，立志让爱书人读到好书，让求知者获得知识；

我们精心编辑、设计每一本好书以形成品牌张力，以优秀的品牌形象服务读者，开拓市场；

我们始终坚持“创社科经典，出传世文献”的经营理念，坚持“权威、前沿、原创”的产品特色；

我们“以人为本”，提倡阳光下创业，员工与企业共享发展之成果；

我们立足于现实，认真对待我们的优势、劣势，我们更着眼于未来，以不断的学习与创新适应不断变化的世界，以不断的努力提升自己的实力；

我们愿与社会各界友好合作，共享人文社会科学发展之成果，共同推动中国学术出版乃至内容产业的繁荣与发展。

社会科学文献出版社社长

中国社会学会秘书长

2014 年 1 月

“皮书”起源于十七、十八世纪的英国，主要指官方或社会组织正式发表的重要文件或报告，多以“白皮书”命名。在中国，“皮书”这一概念被社会广泛接受，并被成功运作、发展成为一种全新的出版形态，则源于中国社会科学院社会科学文献出版社。

皮书是对中国与世界发展状况和热点问题进行年度监测，以专家和学术的视角，针对某一领域或区域现状与发展态势展开分析和预测，具备权威性、前沿性、原创性、实证性、时效性等特点的连续性公开出版物，由一系列权威研究报告组成。皮书系列是社会科学文献出版社编辑出版的蓝皮书、绿皮书、黄皮书等的统称。

皮书系列的作者以中国社会科学院、著名高校、地方社会科学院的研究人员为主，多为国内一流研究机构的权威专家学者，他们的看法和观点代表了学界对中国与世界的现实和未来最高水平的解读与分析。

自20世纪90年代末推出以经济蓝皮书为开端的皮书系列以来，至今已出版皮书近1000余部，内容涵盖经济、社会、政法、文化传媒、行业、地方发展、国际形势等领域。皮书系列已成为社会科学文献出版社的著名图书品牌和中国社会科学院的知名学术品牌。

皮书系列在数字出版和国际出版方面成就斐然。皮书数据库被评为“2008~2009年度数字出版知名品牌”；经济蓝皮书、社会蓝皮书等十几种皮书每年还由国外知名学术出版机构出版英文版、俄文版、韩文版和日文版，面向全球发行。

2011年，皮书系列正式列入“十二五”国家重点出版规划项目，一年一度的皮书年会升格由中国社会科学院主办；2012年，部分重点皮书列入中国社会科学院承担的国家哲学社会科学创新工程项目。

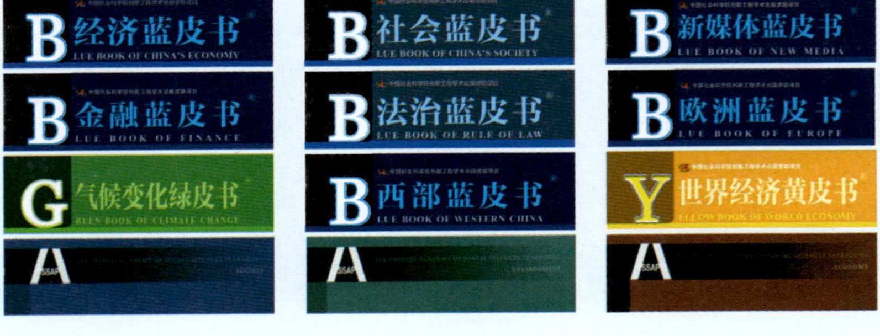

经 济 类

经济类皮书涵盖宏观经济、城市经济、大区域经济，
提供权威、前沿的分析与预测

经济蓝皮书

2014 年中国经济形势分析与预测（赠阅读卡）

李 扬 / 主编　　2013 年 12 月出版　　估价 :69.00 元

◆ 本书课题为“总理基金项目”，由著名经济学家李扬领衔，联合数十家科研机构、国家部委和高等院校的专家共同撰写，对 2013 年中国宏观及微观经济形势，特别是全球金融危机及其对中国经济的影响进行了深入分析，并且提出了 2014 年经济走势的预测。

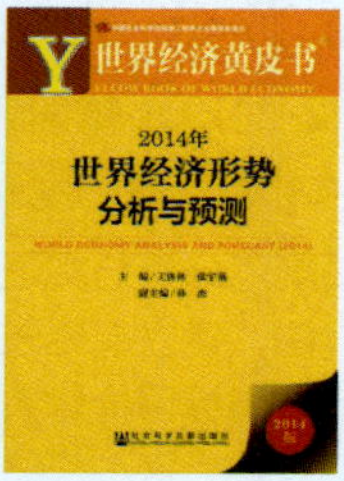

世界经济黄皮书

2014 年世界经济形势分析与预测（赠阅读卡）

王洛林　张宇燕 / 主编　　2014 年 1 月出版　　估价 :69.00 元

◆ 2013 年的世界经济仍旧行进在坎坷复苏的道路上。发达经济体经济复苏继续巩固，美国和日本经济进入低速增长通道，欧元区结束衰退并呈复苏迹象。本书展望 2014 年世界经济，预计全球经济增长仍将维持在中低速的水平上。

工业化蓝皮书

中国工业化进程报告（2014）（赠阅读卡）

黄群慧　吕　铁　李晓华　等 / 著　2014 年 11 月出版　估价 :89.00 元

◆ 中国的工业化是事关中华民族复兴的伟大事业，分析跟踪研究中国的工业化进程，无疑具有重大意义。科学评价与客观认识我国的工业化水平，对于我国明确自身发展中的优势和不足，对于经济结构的升级与转型，对于制定经济发展政策，从而提升我国的现代化水平具有重要作用。

金融蓝皮书

中国金融发展报告（2014）（赠阅读卡）

李　扬　王国刚 / 主编　2013 年 12 月出版　　定价 :69.00 元

◆　由中国社会科学院金融研究所组织编写的《中国金融发展报告（2014）》，概括和分析了 2013 年中国金融发展和运行中的各方面情况，研讨和评论了 2013 年发生的主要金融事件。本书由业内专家和青年精英联合编著，有利于读者了解掌握 2013 年中国的金融状况，把握 2014 年中国金融的走势。

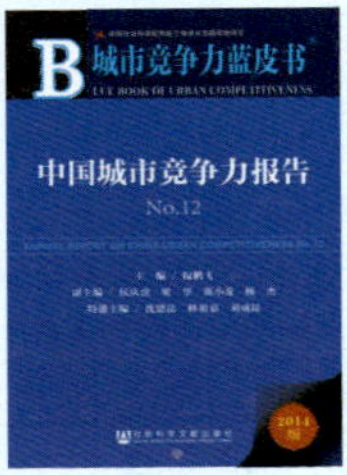

城市竞争力蓝皮书

中国城市竞争力报告 No.12（赠阅读卡）

倪鹏飞 / 主编　　2014 年 5 月出版　　估价 :89.00 元

◆　本书由中国社会科学院城市与竞争力研究中心主任倪鹏飞主持编写，汇集了众多研究城市经济问题的专家学者关于城市竞争力研究的最新成果。本报告构建了一套科学的城市竞争力评价指标体系，采用第一手数据材料，对国内重点城市年度竞争力格局变化进行客观分析和综合比较、排名，对研究城市经济及城市竞争力极具参考价值。

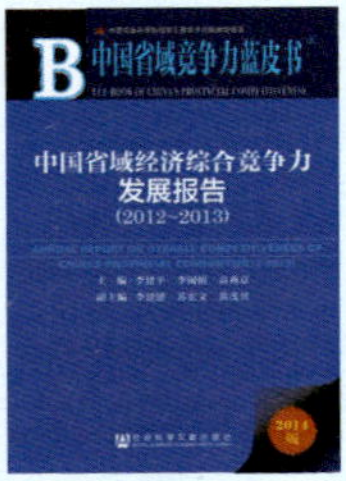

中国省域竞争力蓝皮书

中国省域经济综合竞争力发展报告（2012~2013）（赠阅读卡）

李建平　李闽榕　高燕京 / 主编　　2014 年 3 月出版　估价 :188.00 元

◆　本书充分运用数理分析、空间分析、规范分析与实证分析相结合、定性分析与定量分析相结合的方法，建立起比较科学完善、符合中国国情的省域经济综合竞争力指标评价体系及数学模型，对 2011~2012 年中国内地 31 个省、市、区的经济综合竞争力进行全面、深入、科学的总体评价与比较分析。

农村经济绿皮书

中国农村经济形势分析与预测 (2013~2014)（赠阅读卡）

中国社会科学院农村发展研究所　国家统计局农村社会经济调查司 / 著

2014 年 4 月出版　　估价 :59.00 元

◆　本书对 2013 年中国农业和农村经济运行情况进行了系统的分析和评价，对 2014 年中国农业和农村经济发展趋势进行了预测，并提出相应的政策建议，专题部分将围绕某个重大的理论和现实问题进行多维、深入、细致的分析和探讨。

西部蓝皮书

中国西部经济发展报告（2014）（赠阅读卡）

姚慧琴　徐璋勇 / 主编　　2014 年 7 月出版　　估价 :69.00 元

◆　本书由西北大学中国西部经济发展研究中心主编，汇集了源自西部本土以及国内研究西部问题的权威专家的第一手资料，对国家实施西部大开发战略进行年度动态跟踪，并对 2014 年西部经济、社会发展态势进行预测和展望。

气候变化绿皮书

应对气候变化报告（2014）（赠阅读卡）

王伟光　郑国光 / 主编　　2014 年 11 月出版　　估价 :79.00 元

◆　本书由社科院城环所和国家气候中心共同组织编写，各篇报告的作者长期从事气候变化科学问题、社会经济影响，以及国际气候制度等领域的研究工作，密切跟踪国际谈判的进程，参与国家应对气候变化相关政策的咨询，有丰富的理论与实践经验。

就业蓝皮书

2014 年中国大学生就业报告（赠阅读卡）

麦可思研究院 / 编著　王伯庆　郭　娇 / 主审
2014 年 6 月出版　估价 :98.00 元

◆　本书是迄今为止关于中国应届大学毕业生就业、大学毕业生中期职业发展及高等教育人口流动情况的视野最为宽广、资料最为翔实、分类最为精细的实证调查和定量研究；为我国教育主管部门的教育决策提供了极有价值的参考。

企业社会责任蓝皮书

中国企业社会责任研究报告（2014）（赠阅读卡）

黄群慧　彭华岗　钟宏武　张　蒽 / 编著
2014 年　11 月出版　估价 :69.00 元

◆　本书系中国社会科学院经济学部企业社会责任研究中心组织编写的《企业社会责任蓝皮书》2014 年分册。该书在对企业社会责任进行宏观总体研究的基础上，根据 2013 年企业社会责任及相关背景进行了创新研究，在全国企业中观层面对企业健全社会责任管理体系提供了弥足珍贵的丰富信息。

社 会 政 法 类

社会政法类皮书聚焦社会发展领域的热点、难点问题，
提供权威、原创的资讯与视点

社会蓝皮书

2014 年中国社会形势分析与预测（赠阅读卡）

李培林　陈光金　张　翼 / 主编　2013 年 12 月出版　估价 :69.00 元

◆　本报告是中国社会科学院“社会形势分析与预测”课题组 2014 年度分析报告，由中国社会科学院社会学研究所组织研究机构专家、高校学者和政府研究人员撰写。对 2013 年中国社会发展的各个方面内容进行了权威解读，同时对 2014 年社会形势发展趋势进行了预测。

法治蓝皮书

中国法治发展报告 No.12（2014）(赠阅读卡）

李　林　田　禾 / 主编　　2014 年 2 月出版　　估价 :98.00 元

◆　本年度法治蓝皮书一如既往秉承关注中国法治发展进程中的焦点问题的特点，回顾总结了 2013 年度中国法治发展取得的成就和存在的不足，并对 2014 年中国法治发展形势进行了预测和展望。

民间组织蓝皮书

中国民间组织报告（2014）(赠阅读卡）

黄晓勇 / 主编　　2014 年 8 月出版　　估价 :69.00 元

◆　本报告是中国社会科学院“民间组织与公共治理研究”课题组推出的第五本民间组织蓝皮书。基于国家权威统计数据、实地调研和广泛搜集的资料，本报告对 2012 年以来我国民间组织的发展现状、热点专题、改革趋势等问题进行了深入研究，并提出了相应的政策建议。

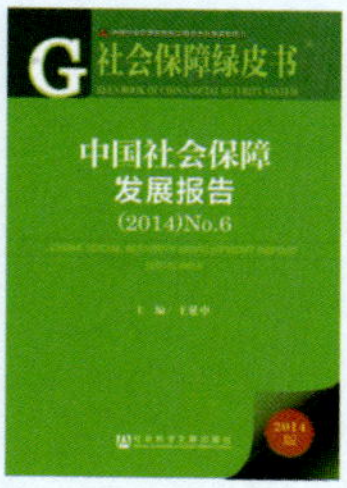

社会保障绿皮书

中国社会保障发展报告（2014）No.6（赠阅读卡）

王延中 / 主编　2014 年 9 月出版　估价 :69.00 元

◆　社会保障是调节收入分配的重要工具，随着社会保障制度的不断建立健全、社会保障覆盖面的不断扩大和社会保障资金的不断增加，社会保障在调节收入分配中的重要性不断提高。本书全面评述了 2013 年以来社会保障制度各个主要领域的发展情况。

环境绿皮书

中国环境发展报告（2014）（赠阅读卡）

刘鉴强 / 主编　2014 年 4 月出版　估价 :69.00 元

◆　本书由民间环保组织“自然之友”组织编写，由特别关注、生态保护、宜居城市、可持续消费以及政策与治理等版块构成，以公共利益的视角记录、审视和思考中国环境状况，呈现 2013 年中国环境与可持续发展领域的全局态势，用深刻的思考、科学的数据分析 2013 年的环境热点事件。

教育蓝皮书

中国教育发展报告（2014）(赠阅读卡）

杨东平 / 主编　2014 年 3 月出版　估价 :69.00 元

◆　本书站在教育前沿，突出教育中的问题，特别是对当前教育改革中出现的教育公平、高校教育结构调整、义务教育均衡发展等问题进行了深入分析，从教育的内在发展谈教育，又从外部条件来谈教育，具有重要的现实意义，对我国的教育体制的改革与发展具有一定的学术价值和参考意义。

反腐倡廉蓝皮书

中国反腐倡廉建设报告 No.3（赠阅读卡）

中国社会科学院中国廉政研究中心 / 主编
2013 年 12 月出版　估价 :79.00 元

◆　本书抓住了若干社会热点和焦点问题，全面反映了新时期新阶段中国反腐倡廉面对的严峻局面，以及中国共产党反腐倡廉建设的新实践新成果。根据实地调研、问卷调查和舆情分析，梳理了当下社会普遍关注的与反腐败密切相关的热点问题。

行业报告类

行业报告类皮书立足重点行业、新兴行业领域，
提供及时、前瞻的数据与信息

房地产蓝皮书

中国房地产发展报告 No.11（赠阅读卡）

魏后凯　李景国 / 主编　　2014 年 4 月出版　　估价 :79.00 元

◆　本书由中国社会科学院城市发展与环境研究所组织编写，秉承客观公正、科学中立的原则，深度解析 2013 年中国房地产发展的形势和存在的主要矛盾，并预测 2014 年及未来 10 年或更长时间的房地产发展大势。观点精辟，数据翔实，对关注房地产市场的各阶层人士极具参考价值。

旅游绿皮书

2013~2014 年中国旅游发展分析与预测（赠阅读卡）

宋　瑞 / 主编　2013 年 12 月出版　　定价 :69.00 元

◆　如何从全球的视野理性审视中国旅游，如何在世界旅游版图上客观定位中国，如何积极有效地推进中国旅游的世界化，如何制定中国实现世界旅游强国梦想的线路图？本年度开始，《旅游绿皮书》将围绕“世界与中国”这一主题进行系列研究，以期为推进中国旅游的长远发展提供科学参考和智力支持。

信息化蓝皮书

中国信息化形势分析与预测（2014）（赠阅读卡）

周宏仁 / 主编　2014 年 7 月出版　　估价 :98.00 元

◆　本书在以中国信息化发展的分析和预测为重点的同时，反映了过去一年间中国信息化关注的重点和热点，视野宽阔，观点新颖，内容丰富，数据翔实，对中国信息化的发展有很强的指导性，可读性很强。

企业蓝皮书

中国企业竞争力报告（2014）（赠阅读卡）

金　碚 / 主编　　2014 年 11 月出版　　估价 :89.00 元

◆　中国经济正处于新一轮的经济波动中，如何保持稳健的经营心态和经营方式并进一步求发展，对于企业保持并提升核心竞争力至关重要。本书利用上市公司的财务数据，研究上市公司竞争力变化的最新趋势，探索进一步提升中国企业国际竞争力的有效途径，这无论对实践工作者还是理论研究者都具有重大意义。

食品药品蓝皮书

食品药品安全与监管政策研究报告（2014）（赠阅读卡）

唐民皓 / 主编　　2014 年 7 月出版　　估价 :69.00 元

◆　食品药品安全是当下社会关注的焦点问题之一，如何破解食品药品安全监管重点难点问题是需要以社会合力才能解决的系统工程。本书围绕安全热点问题、监管重点问题和政策焦点问题，注重于对食品药品公共政策和行政监管体制的探索和研究。

流通蓝皮书

中国商业发展报告（2013~2014）（赠阅读卡）

荆林波 / 主编　　2014 年 5 月出版　　估价 :89.00 元

◆《中国商业发展报告》是中国社会科学院财经战略研究院与香港利丰研究中心合作的成果，并且在 2010 年开始以中英文版同步在全球发行。蓝皮书从关注中国宏观经济出发，突出中国流通业的宏观背景反映了本年度中国流通业发展的状况。

住房绿皮书

中国住房发展报告（2013~2014）（赠阅读卡）

倪鹏飞 / 主编　　2013 年 12 月出版　　估价 :79.00 元

◆　本报告从宏观背景、市场主体、市场体系、公共政策和年度主题五个方面，对中国住宅市场体系做了全面系统的分析、预测与评价，并给出了相关政策建议，并在评述 2012~2013 年住房及相关市场走势的基础上，预测了 2013~2014 年住房及相关市场的发展变化。

国别与地区类

国别与地区类皮书关注全球重点国家与地区，
提供全面、独特的解读与研究

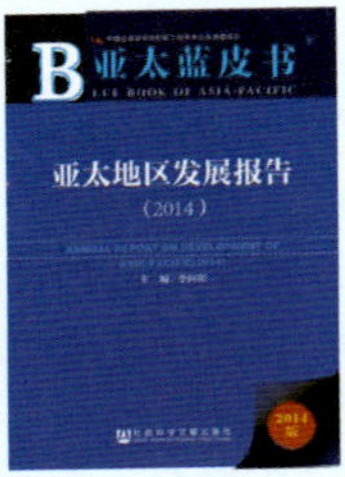

亚太蓝皮书

亚太地区发展报告（2014）（赠阅读卡）

李向阳 / 主编　　2013 年 12 月出版　　定价 :69.00 元

◆　本书是由中国社会科学院亚太与全球战略研究院精心打造的又一品牌皮书，关注时下亚太地区局势发展动向里隐藏的中长趋势，剖析亚太地区政治与安全格局下的区域形势最新动向以及地区关系发展的热点问题，并对 2014 年亚太地区重大动态作出前瞻性的分析与预测。

日本蓝皮书

日本研究报告（2014）（赠阅读卡）

李　薇 / 主编　　2014 年 2 月出版　　估价 :69.00 元

◆　本书由中华日本学会、中国社会科学院日本研究所合作推出，是以中国社会科学院日本研究所的研究人员为主完成的研究成果。对 2013 年日本的政治、外交、经济、社会文化作了回顾、分析与展望，并收录了该年度日本大事记。

欧洲蓝皮书

欧洲发展报告 (2013~2014)（赠阅读卡）

周　弘 / 主编　　2014 年 3 月出版　　估价 :89.00 元

◆　本年度的欧洲发展报告，对欧洲经济、政治、社会、外交等面的形式进行了跟踪介绍与分析。力求反映作为一个整体的欧盟及 30 多个欧洲国家在 2013 年出现的各种变化。

拉美黄皮书

拉丁美洲和加勒比发展报告（2013~2014）（赠阅读卡）

吴白乙 / 主编　2014 年 4 月出版　估价 :89.00 元

◆　本书是中国社会科学院拉丁美洲研究所的第 13 份关于拉丁美洲和加勒比地区发展形势状况的年度报告。本书对 2013 年拉丁美洲和加勒比地区诸国的政治、经济、社会、外交等方面的发展情况做了系统介绍，对该地区相关国家的热点及焦点问题进行了总结和分析，并在此基础上对该地区各国 2014 年的发展前景做出预测。

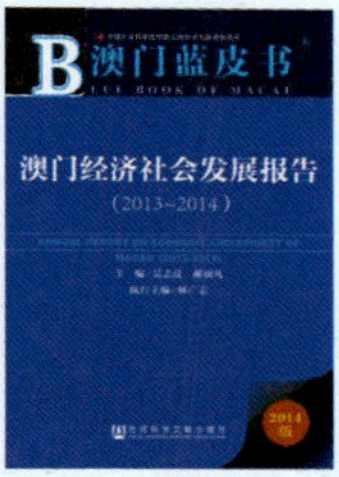

澳门蓝皮书

澳门经济社会发展报告（2013~2014）（赠阅读卡）

吴志良　郝雨凡 / 主编　2014 年 3 月出版　估价 :79.00 元

◆　本书集中反映 2013 年本澳各个领域的发展动态，总结评价近年澳门政治、经济、社会的总体变化，同时对 2014 年社会经济情况作初步预测。

日本经济蓝皮书

日本经济与中日经贸关系研究报告（2014）（赠阅读卡）

王洛林　张季风 / 主编　2014 年 5 月出版　估价 :79.00 元

◆　本书对当前日本经济以及中日经济合作的发展动态进行了多角度、全景式的深度分析。本报告回顾并展望了 2013~2014 年度日本宏观经济的运行状况。此外，本报告还收录了大量来自于日本政府权威机构的数据图表，具有极高的参考价值。

美国蓝皮书

美国问题研究报告（2014）（赠阅读卡）

黄　平　倪　峰 / 主编　2014 年 6 月出版　估价 :89.00 元

◆　本书是由中国社会科学院美国所主持完成的研究成果，它回顾了美国 2013 年的经济、政治形势与外交战略，对 2013 年以来美国内政外交发生的重大事件以及重要政策进行了较为全面的回顾和梳理。

地方发展类

地方发展类皮书关注大陆各省份、经济区域，
提供科学、多元的预判与咨政信息

社会建设蓝皮书

2014 年北京社会建设分析报告（赠阅读卡）

宋贵伦 / 主编　2014 年 4 月出版　估价 :69.00 元

◆　本书依据社会学理论框架和分析方法，对北京市的人口、就业、分配、社会阶层以及城乡关系等社会学基本问题进行了广泛调研与分析，对广受社会关注的住房、教育、医疗、养老、交通等社会热点问题做了深刻了解与剖析，对日益显现的征地搬迁、外籍人口管理、群体性心理障碍等进行了有益探讨。

温州蓝皮书

2014 年温州经济社会形势分析与预测（赠阅读卡）

潘忠强　王春光　金 浩 / 主编　2014 年 4 月出版　估价：69.00 元

◆　本书是由中共温州市委党校与中国社会科学院社会学研究所合作推出的第七本“温州经济社会形势分析与预测”年度报告，深入全面分析了 2013 年温州经济、社会、政治、文化发展的主要特点、经验、成效与不足，提出了相应的政策建议。

上海蓝皮书

上海资源环境发展报告（2014）（赠阅读卡）

周冯琦　汤庆合　王利民 / 著　2014 年 1 月出版　估价：59.00 元

◆　本书在上海所面临资源环境风险的来源、程度、成因、对策等方面作了些有益的探索，希望能对有关部门完善上海的资源环境风险防控工作提供一些有价值的参考，也让普通民众更全面地了解上海资源环境风险及其防控的图景。

广州蓝皮书

2014 年中国广州社会形势分析与预测（赠阅读卡）

易佐永　杨　秦　顾涧清 / 主编　　2014 年 5 月出版　　估价 :65.00 元

◆　本书由广州大学与广州市委宣传部、广州市人力资源和社会保障局联合主编，汇集了广州科研团体、高等院校和政府部门诸多社会问题研究专家、学者和实际部门工作者的最新研究成果，是关于广州社会运行情况和相关专题分析与预测的重要参考资料。

河南经济蓝皮书

2014 年河南经济形势分析与预测（赠阅读卡）

胡五岳 / 主编　2014 年 4 月出版　估价 :59.00 元

◆　本书由河南省统计局主持编纂。该分析与展望以 2013 年最新年度统计数据为基础，科学研判河南经济发展的脉络轨迹、分析年度运行态势；以客观翔实、权威资料为特征，突出科学性、前瞻性和可操作性，服务于科学决策和科学发展。

陕西蓝皮书

陕西社会发展报告（2014）（赠阅读卡）

任宗哲　石　英　江　波 / 主编　2014 年 1 月出版　估价 :65.00 元

◆　本书系统而全面地描述了陕西省 2013 年社会发展各个领域所取得的成就、存在的问题、面临的挑战及其应对思路，为更好地思考 2014 年陕西发展前景、政策指向和工作策略等方面提供了一个较为简洁清晰的参考蓝本。

上海蓝皮书

上海经济发展报告（2014）（赠阅读卡）

沈开艳 / 主编　2014 年 1 月出版　估价 :69.00 元

◆　本书系上海社会科学院系列之一，报告对 2014 年上海经济增长与发展趋势的进行了预测，把握了上海经济发展的脉搏和学术研究的前沿。

广州蓝皮书

广州经济发展报告（2014）（赠阅读卡）

李江涛　刘江华 / 主编　2014 年 6 月出版　估价 :65.00 元

◆　本书是由广州市社会科学院主持编写的“广州蓝皮书”系列之一，本报告对广州 2013 年宏观经济运行情况作了深入分析，对 2014 年宏观经济走势进行了合理预测，并在此基础上提出了相应的政策建议。

文化传媒类

文化传媒类皮书透视文化领域、文化产业，
探索文化大繁荣、大发展的路径

新媒体蓝皮书

中国新媒体发展报告 No.4(2013)（赠阅读卡）

唐绪军 / 主编　2014 年 6 月出版　估价 :69.00 元

◆　本书由中国社会科学院新闻与传播研究所和上海大学合作编写，在构建新媒体发展研究基本框架的基础上，全面梳理 2013 年中国新媒体发展现状，发表最前沿的网络媒体深度调查数据和研究成果，并对新媒体发展的未来趋势做出预测。

舆情蓝皮书

中国社会舆情与危机管理报告（2014）（赠阅读卡）

谢耘耕 / 主编　2014 年 8 月出版　估价 :85.00 元

◆　本书由上海交通大学舆情研究实验室和危机管理研究中心主编，已被列入教育部人文社会科学研究报告培育项目。本书以新媒体环境下的中国社会为立足点，对 2013 年中国社会舆情、分类舆情等进行了深入系统的研究，并预测了2014年社会舆情走势。

经济类

产业蓝皮书
中国产业竞争力报告（2014） No.4
著(编)者:张其仔　　2014年5月出版 / 估价:79.00元

长三角蓝皮书
2014年率先基本实现现代化的长三角
著(编)者:刘志彪　　2014年6月出版 / 估价:120.00元

城市竞争力蓝皮书
中国城市竞争力报告No.12
著(编)者:倪鹏飞　　2014年5月出版 / 估价:89.00元

城市蓝皮书
中国城市发展报告No.7
著(编)者:潘家华 魏后凯　　2014年7月出版 / 估价:69.00元

城市群蓝皮书
中国城市群发展指数报告(2014)
著(编)者:刘士林 刘新静　　2014年10月出版 / 估价:59.00元

城乡统筹蓝皮书
中国城乡统筹发展报告（2014）
著(编)者:程志强、潘晨光　　2014年3月出版 / 估价:59.00元

城乡一体化蓝皮书
中国城乡一体化发展报告（2014）
著(编)者:汝信 付崇兰　　2014年8月出版 / 估价:59.00元

城镇化蓝皮书
中国城镇化健康发展报告（2014）
著(编)者:张占斌　　2014年10月出版 / 估价:69.00元

低碳发展蓝皮书
中国低碳发展报告（2014）
著(编)者:齐晔　　2014年7月出版 / 估价:69.00元

低碳经济蓝皮书
中国低碳经济发展报告（2014）
著(编)者:薛进军 赵忠秀　　2014年5月出版 / 估价:79.00元

东北蓝皮书
中国东北地区发展报告（2014）
著(编)者:鲍振东 曹晓峰　　2014年8月出版 / 估价:79.00元

发展和改革蓝皮书
中国经济发展和体制改革报告No.7
著(编)者:邹东涛　　2014年7月出版 / 估价:79.00元

工业化蓝皮书
中国工业化进程报告（2014）
著(编)者: 黄群慧 吕铁 李晓华 等
2014年11月出版 / 估价:89.00元

国际城市蓝皮书
国际城市发展报告（2014）
著(编)者:屠启宇　　2014年1月出版 / 估价:69.00元

国家创新蓝皮书
国家创新发展报告（2013~2014）
著(编)者:陈劲　　2014年3月出版 / 估价:69.00元

国家竞争力蓝皮书
中国国家竞争力报告No.2
著(编)者:倪鹏飞　　2014年10月出版 / 估价:98.00元

宏观经济蓝皮书
中国经济增长报告（2014）
著(编)者:张平 刘霞辉　　2014年10月出版 / 估价:69.00元

减贫蓝皮书
中国减贫与社会发展报告
著(编)者:黄承伟　　2014年7月出版 / 估价:69.00元

金融蓝皮书
中国金融发展报告（2014）
著(编)者:李扬 王国刚　　2013年12月出版 / 定价:69.00元

经济蓝皮书
2014年中国经济形势分析与预测
著(编)者:李扬　　2013年12月出版 / 估价:69.00元

经济蓝皮书春季号
中国经济前景分析——2014年春季报告
著(编)者:李扬　　2014年4月出版 / 估价:59.00元

经济信息绿皮书
中国与世界经济发展报告（2014）
著(编)者:王长胜　　2013年12月出版 / 定价:69.00元

就业蓝皮书
2014年中国大学生就业报告
著(编)者:麦可思研究院　　2014年6月出版 / 估价:98.00元

民营经济蓝皮书
中国民营经济发展报告No.10（2013～2014）
著(编)者:黄孟复　　2014年9月出版 / 估价:69.00元

民营企业蓝皮书
中国民营企业竞争力报告No.7（2014）
著(编)者:刘迎秋　　2014年1月出版 / 估价:79.00元

农村绿皮书
中国农村经济形势分析与预测（2014）
著(编)者:中国社会科学院农村发展研究所
国家统计局农村社会经济调查司 著
2014年4月出版 / 估价:59.00元

企业公民蓝皮书
中国企业公民报告No.4
著(编)者:邹东涛　　2014年7月出版 / 估价:69.00元

企业社会责任蓝皮书
中国企业社会责任研究报告（2014）
著(编)者:黄群慧 彭华岗 钟宏武 等
2014年11月出版 估价:59.00元

气候变化绿皮书
应对气候变化报告（2014）
著(编)者:王伟光 郑国光　　2014年11月出版 / 估价:79.00元

区域蓝皮书
中国区域经济发展报告（2014）
著(编)者:梁昊光　　2014年4月出版 / 估价:69.00元

人口与劳动绿皮书
中国人口与劳动问题报告No.15
著(编)者:蔡昉 2014年6月出版 / 估价:69.00元

生态经济(建设)绿皮书
中国经济(建设)发展报告(2013~2014)
著(编)者:黄浩涛 李周 2014年10月出版 / 估价:69.00元

世界经济黄皮书
2014年世界经济形势分析与预测
著(编)者:王洛林 张宇燕 2014年1月出版 / 估价:69.00元

西北蓝皮书
中国西北发展报告(2014)
著(编)者:张进海 陈冬红 段庆林 2014年1月出版 / 定价:65.00元

西部蓝皮书
中国西部发展报告(2014)
著(编)者:姚慧琴 徐璋勇 2014年7月出版 / 估价:69.00元

新型城镇化蓝皮书
新型城镇化发展报告(2014)
著(编)者:沈体雁 李伟 宋敏 2014年3月出版 / 估价:69.00元

新兴经济体蓝皮书
金砖国家发展报告(2014)
著(编)者:林跃勤 周文 2014年3月出版 / 估价:79.00元

循环经济绿皮书
中国循环经济发展报告(2013~2014)
著(编)者:齐建国 2014年12月出版 / 估价:69.00元

中部竞争力蓝皮书
中国中部经济社会竞争力报告(2014)
著(编)者:教育部人文社会科学重点研究基地
南昌大学中国中部经济社会发展研究中心
2014年7月出版 / 估价:59.00元

中部蓝皮书
中国中部地区发展报告(2014)
著(编)者:朱有志 2014年10月出版 / 估价:59.00元

中国科技蓝皮书
中国科技发展报告(2014)
著(编)者:陈劲 2014年4月出版 / 估价:69.00元

中国省域竞争力蓝皮书
中国省域经济综合竞争力发展报告(2012~2013)
著(编)者:李建平 李闽榕 高燕京 2014年3月出版 / 估价:188.00

中三角蓝皮书
长江中游城市群发展报告(2013~2014)
著(编)者:秦尊文 2014年6月出版 / 估价:69.00元

中小城市绿皮书
中国中小城市发展报告(2014)
著(编)者:中国城市经济学会中小城市经济发展委员会
《中国中小城市发展报告》编纂委员会
2014年10月出版 / 估价:98.00元

中原蓝皮书
中原经济区发展报告(2014)
著(编)者:刘怀廉 2014年6月出版 / 估价:68.00元

社会政法类

殡葬绿皮书
中国殡葬事业发展报告(2014)
著(编)者:朱勇 副主编 李伯森 2014年3月出版 / 估价:59.00元

城市创新蓝皮书
中国城市创新报告(2014)
著(编)者:周天勇 旷建伟 2014年7月出版 / 估价:69.00元

城市管理蓝皮书
中国城市管理报告2014
著(编)者:谭维克 刘林 2014年7月出版 / 估价:98.00元

城市生活质量蓝皮书
中国城市生活质量指数报告(2014)
著(编)者:张平 2014年7月出版 / 估价:59.00元

城市政府能力蓝皮书
中国城市政府公共服务能力评估报告(2014)
著(编)者:何艳玲 2014年7月出版 / 估价:59.00元

创新蓝皮书
创新型国家建设报告(2014)
著(编)者:詹正茂 2014年7月出版 / 估价:69.00元

慈善蓝皮书
中国慈善发展报告(2014)
著(编)者:杨团 2014年6月出版 / 估价:69.00元

法治蓝皮书
中国法治发展报告No.12(2014)
著(编)者:李林 田禾 2014年2月出版 / 估价:98.00元

反腐倡廉蓝皮书
中国反腐倡廉建设报告No.3
著(编)者:李秋芳 2013年12月出版 / 估价:79.00元

非传统安全蓝皮书
中国非传统安全研究报告(2014)
著(编)者:余潇枫 2014年5月出版 / 估价:69.00元

妇女发展蓝皮书
福建省妇女发展报告（2014）
著(编)者:刘群英　2014年10月出版 / 估价:58.00元

妇女发展蓝皮书
中国妇女发展报告No.5
著(编)者:王金玲 高小贤　2014年5月出版 / 估价:65.00元

妇女教育蓝皮书
中国妇女教育发展报告No.3
著(编)者:张李玺　2014年10月出版 / 估价:69.00元

公共服务满意度蓝皮书
中国城市公共服务评价报告（2014）
著(编)者:胡伟　2014年11月出版 / 估价:69.00元

公共服务蓝皮书
中国城市基本公共服务力评价（2014）
著(编)者:侯惠勤 辛向阳 易定宏
2014年10月出版 / 估价:55.00元

公民科学素质蓝皮书
中国公民科学素质调查报告（2013~2014）
著(编)者:李群 许佳军　2014年2月出版 / 估价:69.00元

公益蓝皮书
中国公益发展报告（2014）
著(编)者:朱健刚　2014年5月出版 / 估价:78.00元

国际人才蓝皮书
中国海归创业发展报告（2014）No.2
著(编)者:王辉耀 路江涌　2014年10月出版 / 估价:69.00元

国际人才蓝皮书
中国留学发展报告（2014） No.3
著(编)者:王辉耀　2014年9月出版 / 估价:59.00元

行政改革蓝皮书
中国行政体制改革报告（2014）No.3
著(编)者:魏礼群　2014年3月出版 / 估价:69.00元

华侨华人蓝皮书
华侨华人研究报告（2014）
著(编)者:丘进　2014年5月出版 / 估价:128.00元

环境竞争力绿皮书
中国省域环境竞争力发展报告（2014）
著(编)者:李建平 李闽榕 王金南
2014年12月出版 / 估价:148.00元

环境绿皮书
中国环境发展报告（2014）
著(编)者:刘鉴强　2014年4月出版 / 估价:69.00元

基本公共服务蓝皮书
中国省级政府基本公共服务发展报告（2014）
著(编)者:孙德超　2014年1月出版 / 估价:69.00元

基金会透明度蓝皮书
中国基金会透明度发展研究报告（2014）
著(编)者:基金会中心网　2014年7月出版 / 估价:79.00元

教师蓝皮书
中国中小学教师发展报告（2014）
著(编)者:曾晓东　2014年4月出版 / 估价:59.00元

教育蓝皮书
中国教育发展报告（2014）
著(编)者:杨东平　2014年3月出版 / 估价:69.00元

科普蓝皮书
中国科普基础设施发展报告（2014）
著(编)者:任福君　2014年6月出版 / 估价:79.00元

口腔健康蓝皮书
中国口腔健康发展报告（2014）
著(编)者:胡德渝　2014年12月出版 / 估价:59.00元

老龄蓝皮书
中国老龄事业发展报告（2014）
著(编)者:吴玉韶　2014年2月出版 / 估价:59.00元

连片特困区蓝皮书
中国连片特困区发展报告（2014）
著(编)者:丁建军 冷志明 游俊　2014年3月出版 / 估价:79.00元

民间组织蓝皮书
中国民间组织报告（2014）
著(编)者:黄晓勇　2014年8月出版 / 估价:69.00元

民族发展蓝皮书
中国民族区域自治发展报告（2014）
著(编)者:郝时远　2014年6月出版 / 估价:98.00元

女性生活蓝皮书
中国女性生活状况报告No.8（2014）
著(编)者:韩湘景　2014年3月出版 / 估价:78.00元

汽车社会蓝皮书
中国汽车社会发展报告（2014）
著(编)者:王俊秀　2014年1月出版 / 估价:59.00元

青年蓝皮书
中国青年发展报告（2014）No.2
著(编)者:廉思　2014年6月出版 / 估价:59.00元

全球环境竞争力绿皮书
全球环境竞争力发展报告（2014）
著(编)者:李建平 李闽榕 王金南　2014年11月出版 / 估价:69.00元

青少年蓝皮书
中国未成年人新媒体运用报告（2014）
著(编)者:李文革 沈杰 季为民　2014年6月出版 / 估价:69.00元

区域人才蓝皮书
中国区域人才竞争力报告No.2
著(编)者:桂昭明 王辉耀 2014年6月出版 / 估价:69.00元

人才蓝皮书
中国人才发展报告（2014）
著(编)者:潘晨光 2014年10月出版 / 估价:79.00元

人权蓝皮书
中国人权事业发展报告No.4（2014）
著(编)者:李君如 2014年7月出版 / 估价:98.00元

世界人才蓝皮书
全球人才发展报告No.1
著(编)者:孙学玉 张冠梓 2013年12月出版 / 估价:69.00元

社会保障绿皮书
中国社会保障发展报告（2014）No.6
著(编)者:王延中 2014年4月出版 / 估价:69.00元

社会工作蓝皮书
中国社会工作发展报告（2013~2014）
著(编)者:王杰秀 邹文开 2014年8月出版 / 估价:59.00元

社会管理蓝皮书
中国社会管理创新报告No.3
著(编)者:连玉明 2014年9月出版 / 估价:79.00元

社会蓝皮书
2014年中国社会形势分析与预测
著(编)者:李培林 陈光金 张翼 2013年12月出版 / 估价:69.00元

社会体制蓝皮书
中国社会体制改革报告（2014）No.2
著(编)者:龚维斌 2014年5月出版 / 估价:59.00元

社会心态蓝皮书
2014年中国社会心态研究报告
著(编)者:王俊秀 杨宜音 2014年1月出版 / 估价:59.00元

生态城市绿皮书
中国生态城市建设发展报告（2014）
著(编)者:李景源 孙伟平 刘举科 2014年6月出版 / 估价:128.00元

生态文明绿皮书
中国省域生态文明建设评价报告（ECI 2014）
著(编)者:严耕 2014年9月出版 / 估价:98.00元

世界创新竞争力黄皮书
世界创新竞争力发展报告（2014）
著(编)者:李建平 李闽榕 赵新力 2014年11月出版 / 估价:128.0

水与发展蓝皮书
中国水风险评估报告（2014）
著(编)者:苏杨 2014年9月出版 / 估价:69.00元

危机管理蓝皮书
中国危机管理报告（2014）
著(编)者:文学国 范正青 2014年8月出版 / 估价:79.00元

小康蓝皮书
中国全面建设小康社会监测报告（2014）
著(编)者:潘璠 2014年11月出版 / 估价:59.00元

形象危机应对蓝皮书
形象危机应对研究报告（2014）
著(编)者:唐钧 2014年9月出版 / 估价:118.00元

政治参与蓝皮书
中国政治参与报告（2014）
著(编)者:房宁 2014年7月出版 / 估价:58.00元

政治发展蓝皮书
中国政治发展报告（2014）
著(编)者:房宁 杨海蛟 2014年6月出版 / 估价:98.00元

宗教蓝皮书
中国宗教报告（2014）
著(编)者:金泽 邱永辉 2014年8月出版 / 估价:59.00元

社会组织蓝皮书
中国社会组织评估报告（2014）
著(编)者:徐家良 2014年3月出版 / 估价:69.00元

政府绩效评估蓝皮书
中国地方政府绩效评估报告（2014）
著(编)者:贠杰 2014年9月出版 / 估价:69.00元

行业报告类

保健蓝皮书
中国保健服务产业发展报告No.2
著(编)者:中国保健协会 中共中央党校
2014年7月出版 / 估价:198.00元

保健蓝皮书
中国保健食品产业发展报告No.2
著(编)者:中国保健协会
中国社会科学院食品药品产业发展与监管研究中心
2014年7月出版 / 估价:198.00元

保健蓝皮书
中国保健用品产业发展报告No.2
著(编)者:中国保健协会 2014年3月出版 / 估价:198.00元

保险蓝皮书
中国保险业竞争力报告（2014）
著(编)者:罗忠敏 2014年1月出版 / 估价:98.00元

餐饮产业蓝皮书
中国餐饮产业发展报告（2014）
著(编)者:中国烹饪协会 中国社会科学院财经战略研究院
2014年5月出版 / 估价:59.00元

测绘地理信息蓝皮书
中国地理信息产业发展报告（2014）
著(编)者:徐德明 2014年12月出版 / 估价:98.00元

茶业蓝皮书
中国茶产业发展报告 （2014）
著(编)者:李闽榕 杨江帆 2014年4月出版 / 估价:79.00元

产权市场蓝皮书
中国产权市场发展报告（2014）
著(编)者:曹和平 2014年1月出版 / 估价:69.00元

产业安全蓝皮书
中国出版与传媒安全报告（2014）
著(编)者:北京交通大学中国产业安全研究中心
2014年1月出版 / 估价:59.00元

产业安全蓝皮书
中国医疗产业安全报告（2014）
著(编)者:北京交通大学中国产业安全研究中心
2014年1月出版 / 估价:59.00元

产业安全蓝皮书
中国医疗产业安全报告（2014）
著(编)者:李孟刚 2014年7月出版 / 估价:69.00元

产业安全蓝皮书
中国文化产业安全蓝皮书(2013~2014)
著(编)者:高海涛 刘益 2014年3月出版 / 估价:69.00元

产业安全蓝皮书
中国出版传媒产业安全报告（2014）
著(编)者:孙万军 王玉海 2014年12月出版 / 估价:69.00元

典当业蓝皮书
中国典当行业发展报告（2013~2014）
著(编)者:黄育华 王力 张红地
2014年10月出版 / 估价:69.00元

电子商务蓝皮书
中国城市电子商务影响力报告（2014）
著(编)者:荆林波 2014年5月出版 / 估价:69.00元

电子政务蓝皮书
中国电子政务发展报告（2014）
著(编)者:洪毅 王长胜 2014年2月出版 / 估价:59.00元

杜仲产业绿皮书
中国杜仲橡胶资源与产业发展报告（2014）
著(编)者:杜红岩 胡文臻 俞瑞
2014年9月出版 / 估价:99.00元

房地产蓝皮书
中国房地产发展报告No.11
著(编)者:魏后凯 李景国 2014年4月出版 / 估价:79.00元

服务外包蓝皮书
中国服务外包产业发展报告（2014）
著(编)者:王晓红 李皓 2014年4月出版 / 估价:89.00元

高端消费蓝皮书
中国高端消费市场研究报告
著(编)者:依绍华 王雪峰 2013年12月出版 / 估价:69.00元

会展经济蓝皮书
中国会展经济发展报告（2014）
著(编)者:过聚荣 2014年9月出版 / 估价:65.00元

会展蓝皮书
中外会展业动态评估年度报告（2014）
著(编)者:张敏 2014年8月出版 / 估价:68.00元

基金会绿皮书
中国基金会发展独立研究报告（2014）
著(编)者:基金会中心网 2014年8月出版 / 估价:58.00元

交通运输蓝皮书
中国交通运输服务发展报告（2014）
著(编)者:林晓言 卜伟 武剑红
2014年10月出版 / 估价:69.00元

金融监管蓝皮书
中国金融监管报告（2014）
著(编)者:胡滨 2014年9月出版 / 估价:65.00元

金融蓝皮书
中国金融中心发展报告（2014）
著(编)者:中国社会科学院金融研究所
中国博士后特华科研工作站 王力 黄育华
2014年10月出版 / 估价:59.00元

金融蓝皮书
中国商业银行竞争力报告（2014）
著(编)者:王松奇 2014年5月出版 / 估价:79.00元

金融蓝皮书
中国金融发展报告（2014）
著(编)者:李扬 王国刚 2013年12月出版 / 估价:69.00元

金融蓝皮书
中国金融法治报告（2014）
著(编)者:胡滨 全先银 2014年3月出版 / 估价:65.00元

金融蓝皮书
中国金融产品与服务报告（2014）
著(编)者:殷剑峰 2014年6月出版 / 估价:59.00元

金融信息服务蓝皮书
金融信息服务业发展报告（2014）
著(编)者:鲁广锦 2014年11月出版 / 估价:69.00元

抗衰老医学蓝皮书
抗衰老医学发展报告（2014）
著(编)者:罗伯特·高德曼 罗纳德·科莱兹
尼尔·布什 朱敏 金大鹏 郭弋
2014年3月出版 / 估价:69.00元

客车蓝皮书
中国客车产业发展报告（2014）
著(编)者:姚蔚 2014年12月出版 / 估价:69.00元

科学传播蓝皮书
中国科学传播报告（2014）
著(编)者:詹正茂 2014年4月出版 / 估价:69.00元

流通蓝皮书
中国商业发展报告（2014）
著(编)者:荆林波 2014年5月出版 / 估价:89.00元

旅游安全蓝皮书
中国旅游安全报告（2014）
著(编)者:郑向敏 谢朝武 2014年6月出版 / 估价:79.00元

旅游绿皮书
2013~2014年中国旅游发展分析与预测
著(编)者:宋瑞 2013年12月出版 / 估价:69.00元

旅游城市绿皮书
世界旅游城市发展报告（2013~2014）
著(编)者:张辉 2014年1月出版 / 估价:69.00元

贸易蓝皮书
中国贸易发展报告（2014）
著(编)者:荆林波 2014年5月出版 / 估价:49.00元

民营医院蓝皮书
中国民营医院发展报告（2014）
著(编)者:朱幼棣 2014年10月出版 / 估价:69.00元

闽商蓝皮书
闽商发展报告（2014）
著(编)者:李闽榕 王日根 2014年12月出版 / 估价:69.00元

能源蓝皮书
中国能源发展报告（2014）
著(编)者:崔民选 王军生 陈义和
2014年10月出版 / 估价:59.00元

农产品流通蓝皮书
中国农产品流通产业发展报告（2014）
著(编)者:贾敬敦 王炳南 张玉玺 张鹏毅 陈丽华
2014年9月出版 / 估价:89.00元

期货蓝皮书
中国期货市场发展报告（2014）
著(编)者:荆林波 2014年6月出版 / 估价:98.00元

企业蓝皮书
中国企业竞争力报告（2014）
著(编)者:金碚 2014年11月出版 / 估价:89.00元

汽车安全蓝皮书
中国汽车安全发展报告（2014）
著(编)者:赵福全 孙小端 等 2014年1月出版 / 估价:69.00元

汽车蓝皮书
中国汽车产业发展报告（2014）
著(编)者:国务院发展研究中心产业经济研究部
中国汽车工程学会 大众汽车集团（中国）
2014年7月出版 / 估价:79.00元

清洁能源蓝皮书
国际清洁能源发展报告（2014）
著(编)者:国际清洁能源论坛（澳门）
2014年9月出版 / 估价:89.00元

人力资源蓝皮书
中国人力资源发展报告（2014）
著(编)者:吴江 2014年9月出版 / 估价:69.00元

软件和信息服务业蓝皮书
中国软件和信息服务业发展报告（2014）
著(编)者:洪京一 工业和信息化部电子科学技术情报研究所
2014年6月出版 / 估价:98.00元

商会蓝皮书
中国商会发展报告 No.4（2014）
著(编)者:黄孟复 2014年4月出版 / 估价:59.00元

商品市场蓝皮书
中国商品市场发展报告（2014）
著(编)者:荆林波 2014年7月出版 / 估价:59.00元

上市公司蓝皮书
中国上市公司非财务信息披露报告（2014）
著(编)者:钟宏武 张旺 张蒽 等
2014年12月出版 / 估价:59.00元

食品药品蓝皮书
食品药品安全与监管政策研究报告（2014）
著(编)者:唐民皓 2014年7月出版 / 估价:69.00元

世界能源蓝皮书
世界能源发展报告（2014）
著(编)者:黄晓勇 2014年9月出版 / 估价:99.00元

私募市场蓝皮书
中国私募股权市场发展报告（2014）
著(编)者:曹和平 2014年4月出版 / 估价:69.00元

体育蓝皮书
中国体育产业发展报告（2014）
著(编)者:阮伟 钟秉枢 2013年2月出版 / 估价:69.00元

体育蓝皮书·公共体育服务
中国公共体育服务发展报告（2014）
著(编)者:戴健　2014年12月出版 / 估价:69.00元

投资蓝皮书
中国投资发展报告（2014）
著(编)者:杨庆蔚　2014年4月出版 / 估价:79.00元

投资蓝皮书
中国企业海外投资发展报告（2013~2014）
著(编)者:陈文晖　薛誉华　2013年12月出版 / 估价:69.00元

物联网蓝皮书
中国物联网发展报告（2014）
著(编)者:龚六堂　2014年1月出版 / 估价:59.00元

西部工业蓝皮书
中国西部工业发展报告（2014）
著(编)者:方行明 刘方健 姜凌等
2014年9月出版 / 估价:69.00元

西部金融蓝皮书
中国西部金融发展报告（2014）
著(编)者:李忠民　2014年10月出版 / 估价:69.00元

新能源汽车蓝皮书
中国新能源汽车产业发展报告（2014）
著(编)者:中国汽车技术研究中心
日产（中国）投资有限公司
东风汽车有限公司
2014年9月出版 / 估价:69.00元

信托蓝皮书
中国信托业研究报告（2014）
著(编)者:中建投信托研究中心　中国建设建投研究院
2014年9月出版 / 估价:59.00元

信托蓝皮书
中国信托投资报告（2014）
著(编)者:杨金龙　刘屹　2014年7月出版 / 估价:69.00元

信息化蓝皮书
中国信息化形势分析与预测（2014）
著(编)者:周宏仁　2014年7月出版 / 估价:98.00元

信用蓝皮书
中国信用发展报告（2014）
著(编)者:章政 田侃　2014年4月出版 / 估价:69.00元

休闲绿皮书
2014年中国休闲发展报告
著(编)者:刘德谦　唐兵　宋瑞
2014年6月出版 / 估价:59.00元

养老产业蓝皮书
中国养老产业发展报告（2013~2014年）
著(编)者:张车伟　2014年1月出版 / 估价:69.00元

移动互联网蓝皮书
中国移动互联网发展报告（2014）
著(编)者:官建文　2014年5月出版 / 估价:79.00元

医药蓝皮书
中国药品市场报告（2014）
著(编)者:程锦锥 朱恒鹏　2014年12月出版 / 估价:79.00元

中国林业竞争力蓝皮书
中国省域林业竞争力发展报告No.2（2014）（上下册）
著(编)者:郑传芳 李闽榕 张春霞 张会儒
2014年8月出版 / 估价:139.00元

中国农业竞争力蓝皮书
中国省域农业竞争力发展报告No.2（2014）
著(编)者:郑传芳 宋洪远 李闽榕 张春霞
2014年7月出版 / 估价:128.00元

中国信托市场蓝皮书
中国信托业市场报告（2013~2014）
著(编)者:李旸　2014年10月出版 / 估价:69.00元

中国总部经济蓝皮书
中国总部经济发展报告（2014）
著(编)者:赵弘　2014年9月出版 / 估价:69.00元

珠三角流通蓝皮书
珠三角商圈发展研究报告（2014）
著(编)者:王先庆 林至颖　2014年8月出版 / 估价:69.00元

住房绿皮书
中国住房发展报告（2013~2014）
著(编)者:倪鹏飞　2013年12月出版 / 估价:79.00元

资本市场蓝皮书
中国场外交易市场发展报告（2014）
著(编)者:高峦　2014年3月出版 / 估价:79.00元

资产管理蓝皮书
中国信托业发展报告（2014）
著(编)者:智信资产管理研究院　2014年7月出版 / 估价:69.00元

支付清算蓝皮书
中国支付清算发展报告（2014）
著(编)者:杨涛　2014年4月出版 / 估价:45.00元

文化传媒类

传媒蓝皮书
中国传媒产业发展报告（2014）
著(编)者:崔保国　2014年4月出版 / 估价:79.00元

传媒竞争力蓝皮书
中国传媒国际竞争力研究报告（2014）
著(编)者:李本乾　2014年9月出版 / 估价:69.00元

创意城市蓝皮书
武汉市文化创意产业发展报告（2014）
著(编)者:张京成　黄永林　2014年10月出版 / 估价:69.00元

电视蓝皮书
中国电视产业发展报告（2014）
著(编)者:卢斌　2014年4月出版 / 估价:79.00元

电影蓝皮书
中国电影出版发展报告（2014）
著(编)者:卢斌　2014年4月出版 / 估价:79.00元

动漫蓝皮书
中国动漫产业发展报告（2014）
著(编)者:卢斌　郑玉明　牛兴侦　2014年4月出版 / 估价:79.00元

广电蓝皮书
中国广播电影电视发展报告（2014）
著(编)者:庞井君　杨明品　李岚
2014年6月出版 / 估价:88.00元

广告主蓝皮书
中国广告主营销传播趋势报告N0.8
著(编)者:中国传媒大学广告主研究所
中国广告主营销传播创新研究课题组
黄升民　杜国清　邵华冬等
2014年5月出版 / 估价:98.00元

国际传播蓝皮书
中国国际传播发展报告（2014）
著(编)者:胡正荣　李继东　姬德强
2014年1月出版 / 估价:69.00元

纪录片蓝皮书
中国纪录片发展报告（2014）
著(编)者:何苏六　2014年10月出版 / 估价:89.00元

两岸文化蓝皮书
两岸文化产业合作发展报告（2014）
著(编)者:胡惠林 肖夏勇　2014年6月出版 / 估价:59.00元

媒介与女性蓝皮书
中国媒介与女性发展报告（2014）
著(编)者:刘利群　2014年8月出版 / 估价:69.00元

全球传媒蓝皮书
全球传媒产业发展报告（2014）
著(编)者:胡正荣　2014年12月出版 / 估价:79.00元

视听新媒体蓝皮书
中国视听新媒体发展报告（2014）
著(编)者:庞井君　2014年6月出版 / 估价:148.00元

文化创新蓝皮书
中国文化创新报告（2014）No.5
著(编)者:于平　傅才武　2014年7月出版 / 估价:79.00元

文化科技蓝皮书
文化科技融合与创意城市发展报告（2014）
著(编)者:李凤亮　于平　2014年7月出版 / 估价:79.00元

文化蓝皮书
2014年中国文化产业发展报告
著(编)者:张晓明　胡惠林　章建刚
2014年3月出版 / 估价:69.00元

文化蓝皮书
中国文化产业供需协调增长测评报（2013）
著(编)者:高书生　王亚楠　2014年5月出版 / 估价:79.00元

文化蓝皮书
中国城镇文化消费需求景气评价报告（2014）
著(编)者:王亚南　张晓明　祁述裕
2014年5月出版 / 估价:79.00元

文化蓝皮书
中国公共文化服务发展报告（2014）
著(编)者:于群 李国新　2014年10月出版 / 估价:98.00元

文化蓝皮书
中国文化消费需求景气评价报告（2014）
著(编)者:王亚南　2014年5月出版 / 估价:79.00元

文化蓝皮书
中国乡村文化消费需求景气评价报告（2014）
著(编)者:王亚南　2014年5月出版 / 估价:79.00元

文化蓝皮书
中国中心城市文化消费需求景气评价报告（2014）
著(编)者:王亚南　2014年5月出版 / 估价:79.00元

文化蓝皮书
中国少数民族文化发展报告（2014）
著(编)者:武翠英 张晓明 张学进
2014年3月出版 / 估价:69.00元

文化建设蓝皮书
中国文化建设发展报告（2014）
著(编)者:江畅　孙伟平　2014年3月出版 / 估价:69.00元

文化品牌蓝皮书
中国文化品牌发展报告（2014）
著(编)者:欧阳友权　2014年5月出版 / 估价:75.00元

文化软实力蓝皮书
中国文化软实力研究报告（2014）
著(编)者:张国祚　2014年7月出版 / 估价:79.00元

文化遗产蓝皮书
中国文化遗产事业发展报告（2014）
著(编)者:刘世锦　2014年3月出版 / 估价:79.00元

文学蓝皮书
中国文情报告（2014）
著(编)者:白烨　2014年5月出版 / 估价:59.00元

新媒体蓝皮书
中国新媒体发展报告No.5（2014）
著(编)者:唐绪军　2014年6月出版 / 估价:69.00元

移动互联网蓝皮书
中国移动互联网发展报告（2014）
著(编)者:官建文　2014年4月出版 / 估价:79.00元

游戏蓝皮书
中国游戏产业发展报告（2014）
著(编)者:卢斌　2014年4月出版 / 估价:79.00元

舆情蓝皮书
中国社会舆情与危机管理报告（2014）
著(编)者:谢耘耕　2014年8月出版 / 估价:85.00元

粤港澳台文化蓝皮书
粤港澳台文化创意产业发展报告（2014）
著(编)者:丁未　2014年4月出版 / 估价:69.00元

地方发展类

安徽蓝皮书
安徽社会发展报告（2014）
著(编)者:程桦　2014年4月出版 / 估价:79.00元

安徽社会建设蓝皮书
安徽社会建设分析报告（2014）
著(编)者:黄家海 王开玉 蔡宪　2014年4月出版 / 估价:69.00元

北京蓝皮书
北京城乡发展报告（2014）
著(编)者:黄序　2014年4月出版 / 估价:59.00元

北京蓝皮书
北京公共服务发展报告（2014）
著(编)者:张耘　2014年3月出版 / 估价:65.00元

北京蓝皮书
北京经济发展报告（2014）
著(编)者:赵弘　2014年4月出版 / 估价:59.00元

北京蓝皮书
北京社会发展报告（2014）
著(编)者:缪青　2014年10月出版 / 估价:59.00元

北京蓝皮书
北京文化发展报告（2014）
著(编)者:李建盛　2014年5月出版 / 估价:69.00元

北京蓝皮书
中国社区发展报告（2014）
著(编)者:于燕燕　2014年8月出版 / 估价:59.00元

北京蓝皮书
北京公共服务发展报告（2014）
著(编)者:施昌奎　2014年8月出版 / 估价:59.00元

北京旅游绿皮书
北京旅游发展报告（2014）
著(编)者:鲁勇　2014年7月出版 / 估价:98.00元

北京律师蓝皮书
北京律师发展报告No.2（2014）
著(编)者:王隽　周塞军　2014年9月出版 / 估价:79.00元

北京人才蓝皮书
北京人才发展报告（2014）
著(编)者:于淼　2014年10月出版 / 估价:89.00元

城乡一体化蓝皮书
中国城乡一体化发展报告·北京卷（2014）
著(编)者:张宝秀 黄序　2014年6月出版 / 估价:59.00元

创意城市蓝皮书
北京文化创意产业发展报告（2014）
著(编)者:张京成 王国华　2014年10月出版 / 估价:69.00元

创意城市蓝皮书
青岛文化创意产业发展报告（2014）
著(编)者:马达　2014年5月出版 / 估价:69.00元

创意城市蓝皮书
无锡文化创意产业发展报告（2014）
著(编)者:庄若江　张鸣年　2014年8月出版 / 估价:75.00元

服务业蓝皮书
广东现代服务业发展报告（2014）
著(编)者:祁明 程晓 2014年1月出版 / 估价:69.00元

甘肃蓝皮书
甘肃舆情分析与预测（2014）
著(编)者:陈双梅 郝树声 2014年1月出版 / 估价:69.00元

甘肃蓝皮书
甘肃县域社会发展评价报告（2014）
著(编)者:魏胜文 2014年1月出版 / 估价:69.00元

甘肃蓝皮书
甘肃经济发展分析与预测（2014）
著(编)者:魏胜文 2014年1月出版 / 估价:69.00元

甘肃蓝皮书
甘肃社会发展分析与预测（2014）
著(编)者:安文华 2014年1月出版 / 估价:69.00元

甘肃蓝皮书
甘肃文化发展分析与预测（2014）
著(编)者:周小华 2014年1月出版 / 估价:69.00元

广东蓝皮书
广东省电子商务发展报告（2014）
著(编)者:黄建明 祁明 2014年11月出版 / 估价:69.00元

广东蓝皮书
广东社会工作发展报告（2014）
著(编)者:罗观翠 2013年12月出版 / 估价:69.00元

广东外经贸蓝皮书
广东对外经济贸易发展研究报告（2014）
著(编)者:陈万灵 2014年3月出版 / 估价:65.00元

广西北部湾经济区蓝皮书
广西北部湾经济区开放开发报告（2014）
著(编)者:广西北部湾经济区规划建设管理委员会办公室
广西社会科学院 广西北部湾发展研究院
2014年7月出版 / 估价:69.00元

广州蓝皮书
2014年中国广州经济形势分析与预测
著(编)者:庾建设 郭志勇 沈奎 2014年6月出版 / 估价:69.00元

广州蓝皮书
2014年中国广州社会形势分析与预测
著(编)者:易佐永 杨秦 顾涧清 2014年5月出版 / 估价:65.00元

广州蓝皮书
广州城市国际化发展报告（2014）
著(编)者:朱名宏 2014年9月出版 / 估价:59.00元

广州蓝皮书
广州创新型城市发展报告（2014）
著(编)者:李江涛 2014年8月出版 / 估价:59.00元

广州蓝皮书
广州经济发展报告（2014）
著(编)者:李江涛 刘江华 2014年6月出版 / 估价:65.00元

广州蓝皮书
广州农村发展报告（2014）
著(编)者:李江涛 汤锦华 2014年8月出版 / 估价:59.00元

广州蓝皮书
广州青年发展报告（2014）
著(编)者:魏国华 张强 2014年9月出版 / 估价:65.00元

广州蓝皮书
广州汽车产业发展报告（2014）
著(编)者:李江涛 杨再高 2014年10月出版 / 估价:69.00元

广州蓝皮书
广州商贸业发展报告（2014）
著(编)者:陈家成 王旭东 荀振英
2014年7月出版 / 估价:69.00元

广州蓝皮书
广州文化创意产业发展报告（2014）
著(编)者:甘新 2014年10月出版 / 估价:59.00元

广州蓝皮书
中国广州城市建设发展报告（2014）
著(编)者:董皞 冼伟雄 李俊夫
2014年8月出版 / 估价:69.00元

广州蓝皮书
中国广州科技与信息化发展报告（2014）
著(编)者:庾建设 谢学宁 2014年8月出版 / 估价:59.00元

广州蓝皮书
中国广州文化创意产业发展报告（2014）
著(编)者:甘新 2014年10月出版 / 估价:59.00元

广州蓝皮书
中国广州文化发展报告（2014）
著(编)者:徐俊忠 汤应武 陆志强
2014年8月出版 / 估价:69.00元

贵州蓝皮书
贵州法治发展报告（2014）
著(编)者:吴大华 2014年3月出版 / 估价:69.00元

贵州蓝皮书
贵州社会发展报告（2014）
著(编)者:王兴骥 2014年3月出版 / 估价:59.00元

贵州蓝皮书
贵州农村扶贫开发报告（2014）
著(编)者:王朝新 宋明 2014年3月出版 / 估价:69.00元

贵州蓝皮书
贵州文化产业发展报告（2014）
著(编)者:李建国 2014年3月出版 / 估价:69.00元

海淀蓝皮书
海淀区文化和科技融合发展报告（2014）
著(编)者:陈名杰 孟景伟　2014年5月出版 / 估价:75.00元

海峡经济区蓝皮书
海峡经济区发展报告（2014）
著(编)者:李闽榕 王秉安 谢明辉（台湾）
2014年10月出版 / 估价:78.00元

海峡西岸蓝皮书
海峡西岸经济区发展报告（2014）
著(编)者:福建省人民政府发展研究中心
2014年9月出版 / 估价:85.00元

杭州蓝皮书
杭州市妇女发展报告（2014）
著(编)者:魏颖 揭爱花　2014年2月出版 / 估价:69.00元

河北蓝皮书
河北省经济发展报告（2014）
著(编)者:马树强 张贵　2013年12月出版 / 估价:69.00元

河北蓝皮书
河北经济社会发展报告（2014）
著(编)者:周文夫　2013年12月出版 / 估价:69.00元

河南经济蓝皮书
2014年河南经济形势分析与预测
著(编)者:胡五岳　2014年3月出版 / 估价:65.00元

河南蓝皮书
2014年河南社会形势分析与预测
著(编)者:刘道兴 牛苏林　2014年1月出版 / 估价:59.00元

河南蓝皮书
河南城市发展报告（2014）
著(编)者:林宪斋 王建国　2014年1月出版 / 估价:69.00元

河南蓝皮书
河南经济发展报告（2014）
著(编)者:喻新安　2014年1月出版 / 估价:59.00元

河南蓝皮书
河南文化发展报告（2014）
著(编)者:谷建全 卫绍生　2014年1月出版 / 估价:69.00元

河南蓝皮书
河南工业发展报告（2014）
著(编)者:龚绍东　2014年1月出版 / 估价:59.00元

黑龙江产业蓝皮书
黑龙江产业发展报告（2014）
著(编)者:于渤　2014年10月出版 / 估价:79.00元

黑龙江蓝皮书
黑龙江经济发展报告（2014）
著(编)者:曲伟　2014年1月出版 / 估价:59.00元

黑龙江蓝皮书
黑龙江社会发展报告（2014）
著(编)者:艾书琴　2014年1月出版 / 估价:69.00元

湖南城市蓝皮书
城市社会管理
著(编)者:罗海藩　2014年10月出版 / 估价:59.00元

湖南蓝皮书
2014年湖南产业发展报告
著(编)者:梁志峰　2014年5月出版 / 估价:89.00元

湖南蓝皮书
2014年湖南法治发展报告
著(编)者:梁志峰　2014年5月出版 / 估价:79.00元

湖南蓝皮书
2014年湖南经济展望
著(编)者:梁志峰　2014年5月出版 / 估价:79.00元

湖南蓝皮书
2014年湖南两型社会发展报告
著(编)者:梁志峰　2014年5月出版 / 估价:79.00元

湖南县域绿皮书
湖南县域发展报告No.2
著(编)者:朱有志 袁准 周小毛　2014年7月出版 / 估价:69.00元

沪港蓝皮书
沪港发展报告（2014）
著(编)者:尤安山　2014年9月出版 / 估价:89.00元

吉林蓝皮书
2014年吉林经济社会形势分析与预测
著(编)者:马克　2014年1月出版 / 估价:69.00元

江苏法治蓝皮书
江苏法治发展报告No.3（2014）
著(编)者:李力 龚廷泰 严海良　2014年8月出版 / 估价:88.00元

京津冀蓝皮书
京津冀区域一体化发展报告（2014）
著(编)者:文魁 祝尔娟　2014年3月出版 / 估价:89.00元

经济特区蓝皮书
中国经济特区发展报告（2014）
著(编)者:陶一桃　2014年3月出版 / 估价:89.00元

辽宁蓝皮书
2014年辽宁经济社会形势分析与预测
著(编)者:曹晓峰 张晶 张卓民　2014年1月出版 / 估价:69.00元

流通蓝皮书
湖南省商贸流通产业发展报告No.2
著(编)者:柳思维　2014年10月出版 / 估价:75.00元

内蒙古蓝皮书
内蒙古经济发展蓝皮书(2013~2014)
著(编)者:黄育华　2014年7月出版 / 估价:69.00元

内蒙古蓝皮书
内蒙古反腐倡廉建设报告No.1
著(编)者:张志华　无极　2013年12月出版 / 估价:69.00元

浦东新区蓝皮书
上海浦东经济发展报告（2014）
著(编)者:左学金　陆沪根　2014年1月出版 / 估价:59.00元

侨乡蓝皮书
中国侨乡发展报告（2014）
著(编)者:郑一省　2013年12月出版 / 估价:69.00元

青海蓝皮书
2014年青海经济社会形势分析与预测
著(编)者:赵宗福　2014年2月出版 / 估价:69.00元

人口与健康蓝皮书
深圳人口与健康发展报告（2014）
著(编)者:陆杰华　江捍平　2014年10月出版 / 估价:98.00元

山西蓝皮书
山西资源型经济转型发展报告（2014）
著(编)者:李志强　容和平　2014年3月出版 / 估价:79.00元

陕西蓝皮书
陕西经济发展报告（2014）
著(编)者:任宗哲　石英　裴成荣　2014年3月出版 / 估价:65.00元

陕西蓝皮书
陕西社会发展报告（2014）
著(编)者:任宗哲　石英　江波　2014年1月出版 / 估价:65.00元

陕西蓝皮书
陕西文化发展报告（2014）
著(编)者:任宗哲　石英　王长寿　2014年3月出版 / 估价:59.00元

上海蓝皮书
上海传媒发展报告（2014）
著(编)者:强荧　焦雨虹　2014年1月出版 / 估价:59.00元

上海蓝皮书
上海法治发展报告（2014）
著(编)者:潘世伟　叶青　2014年1月出版 / 估价:59.00元

上海蓝皮书
上海经济发展报告（2014）
著(编)者:沈开艳　2014年1月出版 / 估价:69.00元

上海蓝皮书
上海社会发展报告（2014）
著(编)者:卢汉龙　周海旺　2014年1月出版 / 估价:59.00元

上海蓝皮书
上海文化发展报告（2014）
著(编)者:蒯大申　2014年1月出版 / 估价:59.00元

上海蓝皮书
上海文学发展报告（2014）
著(编)者:陈圣来　2014年1月出版 / 估价:59.00元

上海蓝皮书
上海资源环境发展报告（2014）
著(编)者:周冯琦　汤庆合　王利民　2014年1月出版 / 估价:59.

上海社会保障绿皮书
上海社会保障改革与发展报告（2013~2014）
著(编)者:汪泓　2014年1月出版 / 估价:65.00元

社会建设蓝皮书
2014年北京社会建设分析报告
著(编)者:宋贵伦　2014年4月出版 / 估价:69.00元

深圳蓝皮书
深圳经济发展报告（2014）
著(编)者:吴忠　2014年6月出版 / 估价:69.00元

深圳蓝皮书
深圳劳动关系发展报告（2014）
著(编)者:汤庭芬　2014年6月出版 / 估价:69.00元

深圳蓝皮书
深圳社会发展报告（2014）
著(编)者:吴忠　余智晟　2014年7月出版 / 估价:69.00元

四川蓝皮书
四川文化产业发展报告（2014）
著(编)者:向宝云　2014年1月出版 / 估价:69.00元

温州蓝皮书
2014年温州经济社会形势分析与预测
著(编)者:潘忠强　王春光　金浩　2014年4月出版 / 估价:69.00

温州蓝皮书
浙江温州金融综合改革试验区发展报告（2013~20
著(编)者:钱水土　王去非　李义超
2014年4月出版 / 估价:69.00元

扬州蓝皮书
扬州经济社会发展报告（2014）
著(编)者:张爱军　2014年1月出版 / 估价:78.00元

义乌蓝皮书
浙江义乌市国际贸易综合改革试验区发展报告（2013~2014）
著(编)者:马淑琴　刘文革　周松强
2014年4月出版 / 估价:69.00元

云南蓝皮书
中国面向西南开放重要桥头堡建设发展报告（2014
著(编)者:刘绍怀　2014年12月出版 / 估价:69.00元

长株潭城市群蓝皮书
长株潭城市群发展报告（2014）
著(编)者:张萍　2014年10月出版 / 估价:69.00元

郑州蓝皮书
2014年郑州文化发展报告
著(编)者:王哲　　2014年7月出版 / 估价:69.00元

中国省会经济圈蓝皮书
合肥经济圈经济社会发展报告No.4(2013~2014)
著(编)者:董昭礼　　2014年4月出版 / 估价:79.00元

国别与地区类

G20国家创新竞争力黄皮书
二十国集团(G20)国家创新竞争力发展报告(2014)
著(编)者:李建平 李闽榕 赵新力
2014年9月出版 / 估价:118.00元

澳门蓝皮书
澳门经济社会发展报告(2013~2014)
著(编)者:吴志良 郝雨凡　　2014年3月出版 / 估价:79.00元

北部湾蓝皮书
泛北部湾合作发展报告(2014)
著(编)者:吕余生　　2014年7月出版 / 估价:79.00元

大湄公河次区域蓝皮书
大湄公河次区域合作发展报告(2014)
著(编)者:刘稚　　2014年8月出版 / 估价:79.00元

大洋洲蓝皮书
大洋洲发展报告(2014)
著(编)者:魏明海 喻常森　　2014年7月出版 / 估价:69.00元

德国蓝皮书
德国发展报告(2014)
著(编)者:李乐曾 郑春荣等　　2014年5月出版 / 估价:69.00元

东北亚黄皮书
东北亚地区政治与安全报告(2014)
著(编)者:黄凤志 刘雪莲　　2014年6月出版 / 估价:69.00元

东盟黄皮书
东盟发展报告(2014)
著(编)者:黄兴球 庄国土　　2014年12月出版 / 估价:68.00元

东南亚蓝皮书
东南亚地区发展报告(2014)
著(编)者:王勤　　2014年11月出版 / 估价:59.00元

俄罗斯黄皮书
俄罗斯发展报告(2014)
著(编)者:李永全　　2014年7月出版 / 估价:79.00元

非洲黄皮书
非洲发展报告No.15(2014)
著(编)者:张宏明　　2014年7月出版 / 估价:79.00元

港澳珠三角蓝皮书
粤港澳区域合作与发展报告(2014)
著(编)者:梁庆寅 陈广汉　　2014年6月出版 / 估价:59.00元

国际形势黄皮书
全球政治与安全报告(2014)
著(编)者:李慎明 张宇燕　　2014年1月出版 / 估价:69.00元

韩国蓝皮书
韩国发展报告(2014)
著(编)者:牛林杰 刘宝全　　2014年6月出版 / 估价:69.00元

加拿大蓝皮书
加拿大国情研究报告(2014)
著(编)者:仲伟合 唐小松　2013年12月出版 / 估价:69.00元

柬埔寨蓝皮书
柬埔寨国情报告(2014)
著(编)者:毕世鸿　2014年6月出版 / 估价:79.00元

拉美黄皮书
拉丁美洲和加勒比发展报告(2014)
著(编)者:吴白乙 刘维广　　2014年4月出版 / 估价:89.00元

老挝蓝皮书
老挝国情报告(2014)
著(编)者:卢光盛 方芸 吕星　2014年6月出版 / 估价:79.00元

美国蓝皮书
美国问题研究报告(2014)
著(编)者:黄平 倪峰　　2014年5月出版 / 估价:79.00元

缅甸蓝皮书
缅甸国情报告(2014)
著(编)者:李晨阳　　2014年4月出版 / 估价:79.00元

欧亚大陆桥发展蓝皮书
欧亚大陆桥发展报告(2014)
著(编)者:李忠民　　2014年10月出版 / 估价:59.00元

欧洲蓝皮书
欧洲发展报告(2014)
著(编)者:周弘　　2014年3月出版 / 估价:79.00元

葡语国家蓝皮书
巴西发展与中巴关系报告2014（中英文）
著(编)者:张曙光 David T. Ritchie
2014年8月出版 / 估价:69.00元

日本经济蓝皮书
日本经济与中日经贸关系发展报告（2014）
著(编)者:王洛林 张季风 2014年5月出版 / 估价:79.00元

日本蓝皮书
日本发展报告（2014）
著(编)者:李薇 2014年2月出版 / 估价:69.00元

上海合作组织黄皮书
上海合作组织发展报告（2014）
著(编)者:李进峰 吴宏伟 李伟 2014年9月出版 / 估价:98.00元

世界创新竞争力黄皮书
世界创新竞争力发展报告（2014）
著(编)者:李建平 2014年1月出版 / 估价:148.00元

世界能源黄皮书
世界能源分析与展望（2013~2014）
著(编)者:张宇燕 等 2014年1月出版 / 估价:69.00元

世界社会主义黄皮书
世界社会主义跟踪研究报告（2014）
著(编)者:李慎明 2014年5月出版 / 估价:189.00元

泰国蓝皮书
泰国国情报告（2014）
著(编)者:邹春萌 2014年6月出版 / 估价:79.00元

亚太蓝皮书
亚太地区发展报告（2014）
著(编)者:李向阳 2013年12月出版 / 估价:69.00元

印度蓝皮书
印度国情报告（2014）
著(编)者:吕昭义 2014年1月出版 / 估价:69.00元

印度洋地区蓝皮书
印度洋地区发展报告（2014）
著(编)者:汪戎 万广华 2014年6月出版 / 估价:79.00元

越南蓝皮书
越南国情报告（2014）
著(编)者:吕余生 2014年8月出版 / 估价:65.00元

中东黄皮书
中东发展报告No.15（2014）
著(编)者:杨光 2014年10月出版 / 估价:59.00元

中欧关系蓝皮书
中国与欧洲关系发展报告（2014）
著(编)者:周弘 2013年12月出版 / 估价:69.00元

中亚黄皮书
中亚国家发展报告（2014）
著(编)者:孙力 2014年9月出版 / 估价:79.00元

皮书大事记

☆　2012年12月，《中国社会科学院皮书资助规定（试行）》由中国社会科学院科研局正式颁布实施。

☆　2011年，部分重点皮书纳入院创新工程。

☆　2011年8月，2011年皮书年会在安徽合肥举行，这是皮书年会首次由中国社会科学院主办。

☆　2011年2月，“2011年全国皮书研讨会”在北京京西宾馆举行。王伟光院长（时任常务副院长）出席并讲话。本次会议标志着皮书及皮书研创出版从一个具体出版单位的出版产品和出版活动上升为由中国社会科学院牵头的国家哲学社会科学智库产品和创新活动。

☆　2010年9月，“2010年中国经济社会形势报告会暨第十一次全国皮书工作研讨会”在福建福州举行，高全立副院长参加会议并做学术报告。

☆　2010年9月，皮书学术委员会成立，由我院李扬副院长领衔，并由在各个学科领域有一定的学术影响力、了解皮书编创出版并持续关注皮书品牌的专家学者组成。皮书学术委员会的成立为进一步提高皮书这一品牌的学术质量、为学术界构建一个更大的学术出版与学术推广平台提供了专家支持。

☆　2009年8月，“2009年中国经济社会形势分析与预测暨第十次皮书工作研讨会”在辽宁丹东举行。李扬副院长参加本次会议，本次会议颁发了首届优秀皮书奖，我院多部皮书获奖。

皮书数据库

www.pishu.com.cn

皮书数据库三期即将上线

- 皮书数据库（SSDB）是社会科学文献出版社整合现有皮书资源开发的在线数字产品，全面收录“皮书系列”的内容资源，并以此为基础整合大量相关资讯构建而成。

- 皮书数据库现有中国经济发展数据库、中国社会发展数据库、世界经济与国际政治数据库等子库，覆盖经济、社会、文化等多个行业、领域，现有报告30000多篇，总字数超过5亿字，并以每年4000多篇的速度不断更新累积。2009年7月，皮书数据库荣获“2008～2009年中国数字出版知名品牌”。

- 2011年3月，皮书数据库二期正式上线，开发了更加灵活便捷的检索系统，可以实现精确查找和模糊匹配，并与纸书发行基本同步，可为读者提供更加广泛的资讯服务。

更多信息请登录

中国皮书网
http://www.pishu.cn

中国皮书网的BLOG [编辑]
http://blog.sina.com.cn/pishu

中国皮书网
http://www.pishu.cn

皮书微博
http://weibo.com/pishu

皮书博客
http://blog.sina.com.cn/pishu

皮书微信
皮书说

请到各地书店皮书专架 / 专柜购买，也可办理邮购

咨询 / 邮购电话： 010-59367028　59367070　　**邮　　箱：** duzhe@ssap.cn

邮购地址： 北京市西城区北三环中路甲29号院3号楼华龙大厦13层读者服务中心

邮　　编： 100029

银行户名： 社会科学文献出版社

开户银行： 中国工商银行北京北太平庄支行

账　　号： 0200010019200365434

网上书店： 010-59367070　qq：1265056568

网　　址： www.ssap.com.cn　　www.pishu.cn

社会科学文献出版社

皮书系列

“皮书”起源于十七、十八世纪的英国，主要指官方或社会组织正式发表的重要文件或报告，多以“白皮书”命名。在中国，“皮书”这一概念被社会广泛接受，并被成功运作、发展成为一种全新的出版形态，则源于中国社会科学院社会科学文献出版社。

皮书是对中国与世界发展状况和热点问题进行年度监测，以专业的角度、专家的视野和实证研究方法，针对某一领域或区域现状与发展态势展开分析和预测，具备权威性、前沿性、原创性、实证性、时效性等特点的连续性公开出版物，由一系列权威研究报告组成。皮书系列是社会科学文献出版社编辑出版的蓝皮书、绿皮书、黄皮书等的统称。

皮书系列的作者以中国社会科学院、著名高校、地方社会科学院的研究人员为主，多为国内一流研究机构的权威专家学者，他们的看法和观点代表了学界对中国与世界的现实和未来最高水平的解读与分析。

自 20 世纪 90 年代末推出以《经济蓝皮书》为开端的皮书系列以来，社会科学文献出版社至今已累计出版皮书千余部，内容涵盖经济、社会、政法、文化传媒、行业、地方发展、国际形势等领域。皮书系列已成为社会科学文献出版社的著名图书品牌和中国社会科学院的知名学术品牌。

皮书系列在数字出版和国际出版方面成就斐然。皮书数据库被评为“2008~2009 年度数字出版知名品牌”;《经济蓝皮书》《社会蓝皮书》等十几种皮书每年还由国外知名学术出版机构出版英文版、俄文版、韩文版和日文版，面向全球发行。

2011 年，皮书系列正式列入“十二五”国家重点出版规划项目；2012 年，部分重点皮书列入中国社会科学院承担的国家哲学社会科学创新工程项目；2014 年，35 种院外皮书使用“中国社会科学院创新工程学术出版项目”标识。

法律声明